Historische

WASSERTÜRME

Beiträge zur Technikgeschichte von Wasserspeicherung und Wasserversorgung

Gerhard Merkl
Albert Baur
Bernd Gockel
Walter Mevius

R. Oldenbourg Verlag München Wien 1985

CIP-Kurztitelaufnahme der Deutschen Bibliothek

Historische Wassertürme: Beitr. zur Technikgeschichte von Wasserspeicherung u. Wasserversorgung / Gerhard Merkl ... – München ; Wien : Oldenbourg, 1985.
ISBN 3-486-26301-3

NE: Merkl, Gerhard [Mitverf.]

Gesamtherstellung: R. Oldenbourg Graphische Betriebe GmbH, München

ISBN 3-486-26301-3

Inhalt

Geleitwort

Die Wasserversorgung war zu jeder Zeit die Grundlage aller zivilisatorischen und kulturellen Entwicklungen. Die Ansprüche der Benutzer an diese lebenswichtige Einrichtung führte zu großartigen Leistungen im Laufe der Jahrtausende. Einige dieser Leistungen sind als Dokumente der Vergangenheit bis in unsere heutige Zeit erhalten geblieben. Sie können aber oft nur mit genauen Kenntnissen über die Funktionen der vielen Anlagenteile einer Wasserversorgung aufgefunden und verstanden werden. So bleibt ihre lange geschichtliche Entwicklung für viele im verborgenen. Auch die heutige Wasserversorgungstechnik bleibt für den Benutzer weitgehend unsichtbar und läßt ihn nur schwer ahnen, welche Anstrengungen für das reibungslose Funktionieren notwendig sind.

Der DVGW, Deutscher Verein des Gas- und Wasserfaches e.V., begrüßt und unterstützt die Bemühungen und Aktivitäten zur Aufarbeitung der geschichtlichen Entwicklung auf diesem Gebiet. Denn jedes Zeitalter lebt aus seiner Vergangenheit. Und die vielfältigen Aufgaben, die heute zur Sicherstellung der einwandfreien Trinkwasserversorgung gelöst werden müssen, wozu der DVGW als technisch-wissenschaftlicher Verein seinen Beitrag leistet, sind sinnvoller zu erfahren und bewußtzumachen, wenn man die Bezüge zu den Leistungen der Vergangenheit pflegt. Das vorliegende Buch ist in diesem Sinne ein wichtiger Beitrag in dem Bestreben, die zentrale Wasserversorgung in ihren Einzelheiten geschichtlich aufzuarbeiten und beim Leser Interesse für das zu wecken, was er täglich wie selbstverständlich in Anspruch nimmt. Die Darstellung der historischen Wassertürme, die oft ein weithin sichtbares Zeichen und Zeugnis der verschiedenen Stilepochen unseres Industriezeitalters sind, ist für diese Aufgabe in besonderer Weise geeignet.

Von dem Autorenteam wurde erstmalig eine zusammenhängende Beschreibung der Wassertürme aus historischer, technisch-konstruktiver und architektonischer Sicht vorgenommen. Auch wurde das Lebensbild Otto Intzes dargestellt, der als „Wasserturmpionier“ die Entwicklung des Wasserturmbaues maßgeblich beeinflußt hat. Ein Bildteil mit einer Auswahl von historisch interessanten Wassertürmen aus Deutschland und dem benachbarten Ausland zeigt die Vielseitigkeit bei der Gestaltung dieses im wahren Sinne des Wortes herausragenden Bestandteiles von Wasserversorgungsanlagen der verschiedenen Epochen auf.

Die eindrucksvolle Darstellung der Wassertürme als Denkmale der Technik- und Baugeschichte der Wasserversorgung stellt deshalb nicht nur für Fachleute eine Fundgrube von Wissenswertem dar. Auch der allgemein Interessierte erhält hier einen Einblick in die Vergangenheit und Entwicklung dieses für das tägliche Leben so wichtigen Zweiges der Versorgungstechnik.

Möge dieses Buch in viele Hände gelangen und dazu beitragen, das Bewußtsein für die großen Leistungen der Vergangenheit und der Gegenwart auf dem Gebiet der zentralen Wasserversorgung zu schärfen.

Dr.-Ing. Heinz Tessendorff
Präsident des DVGW

Historische Entwicklung der Wasserspeicherung

Albert Baur

I. Wasser – Voraussetzung für Leben

Wasserversorgung – Grundlage zivilisatorischer und kultureller Entwicklung

> „Wasser ist die Wonne aller Lebenden:
> – dem Siechen ein Arzt,
> – dem Gesunden ein guter Freund,
> – der Ruhe ein Gespiele und
> – der Arbeit ein Genosse."

So wie diese Inschrift am Maschinenhaus des Wasserwerks in Braunschweig [1] bildhaft darlegt, ist zu allen Zeiten, seit es Menschen auf unserem Planet Erde gibt, die Wertschätzung für dieses lebensnotwendige Naß zum Ausdruck gebracht worden, ehrfürchtig-beschwörend wie in den alttestamentarischen Büchern, wissenschaftlich-begründet von den griechischen Naturphilosophen wie Pindar und Thales von Milet oder auch von Künstlern und Dichtern euphorisch-gefühlvoll wie von Goethe besungen.

Die Europäische Wasser-Charta vom Mai 1968 [2] hat diese Erkenntnisse und Überzeugungen aufgabengerecht und nüchtern in ihrer ersten These zusammengefaßt:

> „Ohne Wasser gibt es kein Leben. Wasser ist ein kostbares, für den Menschen unentbehrliches Gut."

Unzweifelhaft also stellt das Wasser die Voraussetzung für das Leben überhaupt und – speziell auf den Menschen bezogen – für zivilisatorische und kulturelle Entwicklungen dar. Aber überliefert ist auch, daß eben dieses Wasser seit unvordenklicher Zeit zum Gebrauch in jeglicher Beziehung dem Menchen dienstbar gemacht werden mußte. Nur die Menschen frühester Entwicklungsstufen konnten das Wasser so zum Leben nutzen, wie sie es natürlich antrafen. Aber schon die Menschen der Jungsteinzeit schafften Einrichtungen, mit deren Hilfe sie sich mit „Wasser versorgen" konnten. Die Wasserversorgung als persönliche oder öffentliche Aufgabe und als Sammelbegriff verschiedenster, dem jeweiligen zivilisatorischen Niveau entsprechender Einrichtungen, Bauwerke, Geräte usw. entstand Tausende von Jahren vor der Zeitwende. Große Leistungen wurden seither und dort vollbracht, wo Wasser „an sich" in großem Maße als Voraussetzung für Entwicklung und Macht wie z.B. in den Stromtälern Ägyptens, Mesopotamiens, Indiens und Chinas zur Verfügung stand.

Wenn also nun über die geschichtliche Entwicklung eines speziellen Bereichs der Wasserversorgung berichtet werden soll, ist unumgänglich, die Entwicklungsphasen der Wasserversorgungstechnik aufzuzeigen, die durch die Steigerung der Bedürfnisse und Anforderungen entstanden sind. Die notwendige Begrenzung auf das eigentliche Thema ergibt sich dann bei der Behandlung der Frage, welche Rolle den Wasserbehältern, speziell den Wassertürmen in dieser Phase zugewiesen worden ist. Dabei wird allerdings deutlich, daß sich der Begriff des Wasserturms über die Jahrtausende hinweg in Anpassung an veränderte Aufgabenstellung gewandelt hat. Wir wollen uns also freimachen von dem Bild moderner, (fast) alles überragender Ingenieurbauwerke aus Stahl-/Spannbeton und den Wasserturm aus historischer Perspektive als Bauwerk definieren, das ein begrenztes Wasservolumen über der Erdoberfläche zu halten in der Lage ist.

II. Vom Schöpfeimer zum Wasserhahn

Von der Zisterne zum Hochspeicher – Entwicklungsphasen der Wasserversorgungstechnik

Siebentausend Jahre überlieferter Menschheitsgeschichte müssen betrachtet werden, um einen Überblick über die Entwicklung der Wasserversorgungstechnik zu gewinnen. Denn so lange ist es sicher her, daß der Mensch – zumindest in einigen Regionen der Erde – erstmals Maßnahmen zur Verbesserung (Sicherung) der Wasserversorgung ergriffen hat. Wenn in einem Gang durch die Geschichte gegenübergestellt wird, wie die jeweiligen Anforderungen gewachsen sind, durch welche künstliche Anlagen diesen Anforderungen entsprochen werden konnte und wie sich dabei die technischen Möglichkeiten entwickelt haben, dann lassen sich Phasen feststellen. Dabei können z. B. die Beziehungen zwischen Mensch und Wasser als Grundlage für eine Gliederung dienen. Es ist verständlich, daß eine Abgrenzung auf diese Weise nur generell erfolgen kann. Zu groß waren im Lauf der Jahrtausende die regionalen Unterschiede der Zivilisation, der Kultur und des Fortschritts. Auch die hier vorgenommene Beschränkung auf den europäischen Raum einschließlich des Mittelmeers ändert an der Tatsache einer ungleichförmigen Entwicklung nichts oder nur wenig.

II.1 Der Mensch geht zum Wasser

Am Anfang ging der Mensch zum Wasser, dorthin, wo er es fand. Er stellte nur die Anforderung nach einem mengenmäßig ausreichenden Dargebot für seinen persönlichen Gebrauch. Er schöpfte das benötigte Wasser aus Seen, Flüssen, Bächen oder Quellen, wozu er außer einem Gefäß keine weiteren Hilfsmittel brauchte. Erst die Erfahrung jahreszeitlich und klimatisch bedingter Schwankungen zwang ihn, zur Überbrückung von Mangelzeiten einen Vorrat anzulegen.

Er tat dies, indem er zunächst offene Erdbecken für Tagwasser baute; eine Lösung übrigens, die noch bis ins späte 19. Jahrhundert z. B. auf der Schwäbischen Alb in Form der Hülen praktiziert worden ist (Bild 1). Soweit erforderlich, erstellte er dazu Wände aus Mauerwerk oder Holz. Zum Schutz gegen Verdunstung und Verunreinigung überdeckte er auch schon da und dort die Becken.

Bild 1. Hüle auf der Schwäbischen Alb.

Wo es an natürlichen Wasservorkommen mangelte, wurden Zisternen zur Sammlung des Regenwassers gebaut. Es waren lehmgedichtete Gruben, die Wände auch mit Holz verschalt. Bei felsigem Untergrund wurden birnen- oder flaschenartige Hohlräume ausgebrochen; die Öffnung in der Decke wurde für den Zulauf wie auch für die Entnahme mittels Gefäß und Seil benutzt. Diese Grundstückszisternen hatten nur geringen Inhalt und waren für den Privatgebrauch bestimmt [3].

Der Zug der Menschen zum Wasser und damit zur Seßhaftigkeit hatte zur Folge, daß an geeigneten Plätzen Ortschaften und Städte entstanden, deren Bewohner ein jederzeit mengenmäßig ausreichendes Dargebot an Trink- und Brauchwasser benötigten. Diese Anforderung konnte auf die bisher geübte Art der Einzelwasserversorgung nicht mehr erfüllt werden. Es entstanden offene und überdeckte Speicherbecken von teilweise erstaunlichen Abmessungen für den öffentlichen Gebrauch. So legten bei Köln-Lindenthal um 4000 v. Chr. die Bandkeramiker innerhalb der Dorfbefestigung einen Teich an, dessen Einzugsgebiet 2500 v. Chr. noch durch Sammelgräben vergrößert wurde [4]. Berühmt sind die zwischen Bethlehem und Hebron gelegenen Teiche Salomos (965 bis 926 v. Chr.), des Königs von Israel und Juda, die in Teilen heute noch existieren (Bild 2). Hiskia, der König von Juda, ließ im 8. bis 7. Jh. v. Chr. für Jerusalem den Siloah-Teich samt Zuleitungsstollen erbauen. Auch der Bau von Brunnen, Stollen und Zisternen (Bild 3), mit denen unterirdisches oder Niederschlagswasser gefaßt werden konnte, wurde entwickelt und vor allem in den trockenen Gebieten um das Mittelmeer und in Vorderasien angewandt. In Persien wurde die Gewinnung von Grundwasser durch Kanate erfunden. Nach Kuros [8] ist sie uralt und muß ungefähr mit den Anfängen der persischen Kulturgeschichte (5000 v. Chr.) zusammenfallen. Mit der Technik der Kanate, oder iranisch Kärise, wird

Bild 2. Mittlerer Salomonischer Teich (10. Jh. v. Chr.).

Grundwasser unterirdisch durch Stollen, die zum Auslauf hin schwach geneigt sind, erschlossen. Zur Herstellung und zum Betrieb (Lüftung und Kontrolle) sind im Abstand von 20 bis 200 m vertikale Schächte mit einer Tiefe bis zu 400 m abgeteuft. Die Länge der Kanate schwankt zwischen 70 km und 500 m, ihre Wasserschüttung liegt zwischen 10 und 500 l/s. Noch heute gibt es fast 50000 Kanate im Iran.

Berühmte Beispiele von Brunnen- und Stollenbauten zur unterirdischen, (geschützten) Fassung und Beileitung von Wasser sind in Israel gefunden worden, so z. B. in der „Davidsstadt" Jerusalem die Gichonquelle und die Brunnenanlagen in Megido, Hazor und Gibeon, die alle 1000 bis 800 Jahre v.Chr. entstanden sind [49]. Den „Josefsbrunnen" in Kairo, dessen Entstehungszeit nicht bekannt ist, beschreibt Grahn [1] wie folgt:

„Der Brunnen besteht aus zwei Brunnenschächten von rechteckigem Grundriß, die untereinander liegen und durch eine große Kammer miteinander verbunden sind. Er ist ganz aus dem Felsen

Bild 3. Zisterne am Theater von Delos (2. Jh. v. Chr.).

Bild 4. Schaduf in Ägypten um 1800 (Kupferstich).

herausgearbeitet. Die Sohle des unteren Brunnenschachts reicht bis in den Kies, aus dem das Wasser entnommen wird. In jedem der beiden Schächte befindet sich unabhängig voneinander je ein Eimerwerk, welches aus Tongefäßen, die an einer Kette ohne Ende aufgehängt waren, bestand. Diese Ketten wurden durch Göpel, die von Ochsen oder Pferden gedreht wurden, bewegt. Das Eimerwerk des unteren Schachts hatte in der erwähnten Kammer zwischen beiden Schächten seinen Göpel und goß das Wasser hier in ein Reservoir aus, aus welchem es das Eimerwerk des oberen Schachts, dessen Göpel über Tage aufgestellt war, entnahm. Der obere Schacht hatte einen rechteckigen Querschnitt von 7,7 × 5,6 m, der untere von 4,6 × 2,8 m. Ersterer ist 50 m, letzterer 40 m tief. Um die Tiere in die zwischen beiden Schächten liegende Kammer zur Bewegung des unteren Göpels bringen zu können, ist spiralenförmig um den oberen Schacht aus dem Fels ein Kanal von 2 m Breite und 2,2 m Höhe hergestellt, der eine solche Steigung hat, daß man auf diesem Wege bequem reiten kann."

Nun begegnen uns in dieser Beschreibung erstmals Eimerwerke – von Tieren getriebene Wasserhebemaschinen – eine Konsequenz des Gangs der Menschen zum Wasser in die Tiefe. Dies führt zu der Frage:

Welche Geräte für die Wasserhebung waren bis zu dieser Zeit entwickelt worden?

Die erste Phase, das Schöpfen von Hand, haben wir bereits erwähnt. Mit dem Bau von Brunnen – etwa ab 3000 v. Chr. – war es erforderlich, das Schöpfgefäß mit einem Seil zu versehen. Zunächst handelte es sich um einen einfachen Seilzug. Rolle und Welle wurden erst später – 870 v. Chr. auf einem assyrischen Relief – bildlich belegt. Der Schaduf, eine als Schwingbaum beweglich gelagerte Stange mit Eimer und Gegengewicht (Bild 4) wurde in Mesopotamien und Ägypten nachgewiesen. (2500 v. Chr. auf einem Siegelzylinder abgebildet) [48]. Ziehbrunnen aus dem Mittelalter und in der ungarischen Pußta übernahmen später wieder diese Technik. In der Gesetzes-Stele von Hammurabi (1700 v. Chr.) wird erstmals das Wasserrad – wohl als Schöpfrad wirkend – erwähnt, „dessen Diebstahl hoch zu bestrafen ist".

Die von dem griechischen Mathematiker und Physiker Archimedes (285 bis 212 v. Chr.) beschriebene und möglicherweise erfundene archimedische Spirale wurde wie der Schaduf von Hand betrieben (Bild 5).

Schließlich gab es noch die Göpelwerke, bei denen Zugtiere menschliche Arbeitskraft ersetzten. Die Schöpfgefäße waren dabei an großen Speichenrädern oder einer endlosen Kette befestigt. Müller [5] vermutet das älteste Schöpfwerk dieser Art in den hängenden Gärten von Babylon um 800 v. Chr. Später wurden solche Maschinen auch von Vitruv (Bild 6) und Phylon von Byzanz beschrieben.

Alle drei genannten Systeme der Wasserhebung sind heute noch – meist in Ländern der Dritten Welt – in Verwendung.

Damit befinden wir uns schon am Übergang zur zweiten Entwicklungsphase der Wasserversorgungstechnik. Der Mensch selbst mußte zwar immer noch „zum Wasser gehen", um seinen Bedarf an Trink- und Brauchwasser decken zu können. Aber im Zusammenhang mit dem vorher geschilderten Bau von öffentlichen Speichern und Brunnen waren teilweise auch Einrichtungen verbunden, die der Zu- und Weiterleitung des Wassers in offenen und geschlossenen Systemen dienten. Denn schon 4000 Jahre v. Chr. gab es offene Kanäle. Sie wurden etwa ab 1500 v. Chr. mit Steinplatten abgedeckt und später, vor allem in Griechenland, unterirdisch angelegt. Im Zusammenhang mit dem Bau der Salomonischen Teiche entstand um 1000 v. Chr. die älteste bisher bekannte Druckleitung aus Steinrohren (Bild 7). Rohre aus gebranntem Ton wurden schon in Habuba Kabira (3500 bis 3000 v. Chr.), später auch z. B. im Minos-Palast in Knossos auf Kreta nachgewiesen. Solche aus Metall (Bronze, Kupfer, Blei) sind aus der Griechen- und Römerzeit bekannt. Das Gesetz der Schwerkraft, die das Wasser im geneigten System in Bewegung zu versetzen vermag, war aus eigener Beobachtung natürlicher Wasserläufe offenkundig, das physikalische Grundprinzip der

Bild 5. Archimedische Schrauben aus der Mine Sta. Barbara bei Posadas, Spanien (2. Jh. v. Chr., Reste 1890 ausgegraben).

Bild 6. Wasserräder und Wasserförderung nach Vitruv (Holzschnitt aus: Vitruvius „De Architectura", Venedig 1567).

Bild 7. Steinrohr in Dougga, Tunesien (2./3. Jh. n. Chr.).

kommunizierenden Röhren schon seit dem Beginn der Metallzeit bekannt. Die Druckleitung für den Palast von Knossos ist Beweis dafür [6]. Damit waren die Voraussetzungen gegeben, Wasser auch über größere Entfernungen zu transportieren.

Bild 8. Aquädukt von Tarragona.

II.2 Das Wasser kommt dem Menschen entgegen.

Die wachsenden Ansammlungen von Menschen in den Städten des Altertums konnten durch örtliche Wasservorkommen und die technischen Möglichkeiten nicht mehr ausreichend mit Wasser versorgt werden. Dieses mußte über zum Teil größere Entfernungen beigeleitet werden. Viele Beispiele aus hellenistischer (u.a. Mykene, Pergamon) und römischer Zeit (u.a. Rom, Karthago, Tarragona, Lyon, Köln) sind bekannt (Bild 8). Die Römer nannten diese Fernleitungen – gleichgültig ob sie in Geländehöhe verliefen oder auf Bauwerken ausgeführt wurden – Aquädukte. (Im heutigen Sprachgebrauch verstehen wir darunter vor allem die letztere Ausführungsart).

Die bisher gestellten Anforderungen an die Wasserversorgung, ein jederzeit mengenmäßig ausreichendes Dargebot an Trink- und Brauchwasser zur Verfügung zu stellen, mußten in zweierlei Hinsicht erweitert werden. Zum einen wurde nun in Anbetracht der ausgeweiteten Flächensiedlungen Wert auf eine gerechte Verteilung gelegt; es wurde als nicht mehr tragbar empfunden, daß Minderprivilegierte das Wasser über weite Strekken anschleppen mußten. Die Wasserversorgungstechnik mußte dem Rechnung tragen, indem zu den Aufgaben der Wassergewinnung und -beileitung die der großflächigen Wasserverteilung trat. Zum anderen hatte die Ansammlung von Menschen in Städten zur Folge, daß Oberflächen- und Grundwasser im engeren und weiteren Bereich verschmutzt und damit die bisherigen Wasserentnahmestellen in Mitleidenschaft gezogen wurden. Zum Mengenproblem, das zu lösen war, trat nun noch das Güteproblem.

Um das Wasser dem Verbraucher näherzubringen, wurden im Stadtgebiet sogenannte Lauf- oder Röhrenbrunnen aufgestellt. Die Bevölkerung konnte dort ihre Gefäße füllen und nach Hause tragen. Den Erfordernissen entsprechend wurde das Netz der Brunnen immer engmaschiger. So hatte z. B. Rom im 4. Jh. n. Chr. 1350 öffentliche Brunnen [9]. In Pompeji waren zur Zeit der Zerstörung im Jahre 79 n. Chr. 50 öffentliche Brunnen gleichmäßig über das – bisher ausgegrabene und somit bekannte – Stadtgebiet verteilt [10]. Das Rohrnetz, das für die Beschickung der Brunnen erforderlich war, war teils unterirdisch in Kanälen oder im Erdboden, teils auch oberirdisch auf den Gehwegen verlegt. Die Rohre waren überwiegend aus Blei angefertigt.

Die flächige Wasserverteilung erforderte nun einen höheren Ausgangsdruck als beim früheren System, bei dem die Beileitung des Wassers nur zu einem Speicherbecken erfolgte. Die Endpunkte der Wasserleitungen mußten also so hoch über dem Versorgungsgebiet liegen, daß der Wasserzulauf zu allen Brunnen möglich war. Die meisten Leitungen wurden deshalb in den Städten auf Tragkonstruktionen beachtlicher Höhe aufgelegt. Während z. B. in der Stadt Rom die 312 v. Chr. gebaute Aqua Appia noch eine Abgabehöhe von nur 20 m ü. M. aufwies, wurde diese bei den nachfolgenden Aquädukten immer mehr erhöht. Sie erreichte bei der 109 bis 117 n. Chr. erbauten Aqua Trajana 73 m ü. M. [9].

Am Ende der Aquädukte wurden hochliegende kleinere Behälter angeordnet, die als Absetzbekken und vor allem als Hauptverteiler, nicht aber als Vorratsspeicher dienten. Insofern ist die Bezeichnung „Dividiculum“ zutreffender als „Castellum“, woraus später die Begriffe „chateau d'eaux“ und „Wasserschloß“ abgeleitet worden sind. Die häufig nachgeschalteten „Castella secundaria“ dagegen waren Behälter auf turmartigen Bauwerken, also kleine Wassertürme, die der Unterverteilung und der Druckhaltung für das zugeordnete Versorgungsgebiet dienten. Von den Haupt- und Unterverteilern gingen Leitungen ab zu den öffentlichen Brunnen, zu öffentlichen Anlagen wie z. B.

Bild 9. Piscina in Castel Gandolfo am Albaner See.

Thermen und Theater sowie Palästen und zu den Häusern und Betrieben wohlhabender Privatleute. Die letzteren beiden Verbrauchergruppen verfügten ihrerseits wieder über Verteilerbehälter auf erhöhten Standpunkten der betreffenden Gebäudekomplexe. Diese konnten, wie z. B. in den Stabianer Thermen von Pompeji, beachtliche Größen erreichen [10].

Wenn es die topographischen Verhältnisse erlaubten, mündeten die Aquädukte in gemauerte und erdüberdeckte Behälter, „Piscina“ genannt, ein. Der damalige Stand der Technik ermöglichte beachtliche Fassungsvermögen, so z. B. bei der „Piscina Mirabilis“ bei Misenum mit einem Inhalt von 12 600 m^3. Die beiden Endbehälter des Aquädukts von Karthago hatten einen Inhalt von ca. 30 000 bzw. 8000 m^3 (Bild 10). Auch am Ende der Aquädukte von Lugdunum (Lyon) auf dem Fourvière-Hügel befanden sich größere Erdbehälter. Zur Aufgabe der Verteilung, des Absetzens und der Druckregulierung trat in diesen Fällen also auch schon die der Vorratshaltung, womöglich zu militärisch/logistischen Zwecken.

Bild 10. Hochbehälter La Malga bei Karthago (Tunesien).

Die Städte des römischen Reiches verfügten also im 1. Jahrhundert n. Chr. über zentrale Wasserversorgungsanlagen, die technisch und organisatorisch funktionierten. Durch die geschilderten Einrichtungen konnte das benötigte Wasser den Verbrauchern entgegengebracht werden; das Mengenproblem wurde gelöst.

Was die Wassergüte anbetrifft, so waren gewisse Grundsätze vorhanden, die bei der Fassung und Nutzung des Wassers zu beachten waren. So warnte schon Hippokrates (460 bis 370 v. Chr.) davor, Wasser aus Zisternen oder Bleirohren zu trinken. Vitruv (1. Jh. v. Chr.) stellte Regeln für die Untersuchung des Trinkwassers auf. Plinius (23 bis 29 n. Chr.) erkannte Zusammenhänge zwischen Untergrund und Qualität des Grund- bzw. Quellwassers. Die Beseitigung von mechanischen Verunreinigungen des Wassers wurde schon von den Griechen praktiziert (z. B. in Priene und Pergamon). Bei den Römern war sie Stand der Technik: Wie erwähnt enthielten „Castella“ und „Piscina“ Absetzbecken für Sand und Schlamm. Dagegen ist die Verwendung von porösen Steinen und Sand als Filter selten gewesen.

Der beschriebene Stand der Wasserversorgungstechnik ist im gesamten Gebiet des römischen Weltreiches zur Anwendung gekommen. Heute noch zeugen die Überreste der Wasserversorgung der Städte Nîmes (Pont du Gard), Lyon (Aquädukte Gier, Yzeron und La Brevenne), Köln (Eifelleitung) und Karthago (Hadriansaquädukt, Hochbehälter La Malga) von der erreichten Perfektion (Bild 11).

Während nach der Teilung des römischen Reiches 395 n. Chr. der Niedergang des weströmischen Reiches zu einem Zerfall der dortigen Wasserversorgungsanlagen führte, wurden im oströmischen, byzantinischen Reich große Anlagen z. B. zur Versorgung von Konstantinopel, der Hauptstadt, gebaut [12]. Zwar waren dort schon Zisternen großen Ausmaßes, die jedoch nun den Anforderungen nicht mehr genügten. Nördlich der Stadt auf den Anhöhen des Schwarzen Meeres wurden daher – 24 km von Konstantinopel entfernt – große Speicherbecken gebaut. Das Wasser wurde durch 4 zum Teil auf Kunstbauten geführte Aquädukte Konstantinopel zugeleitet. Der

Bild 11. Hadrians-Aquädukt bei Mohammedia (Tunesien).

Bild 12. Sog. Justinians-Aquädukt bei Istanbul (528 n. Chr. erneuert).

Größte soll von Hadrian gebaut und von Justinian (527 bis 565 n. Chr.) erneuert worden sein [1] (Bild 12). In der Stadt Konstantinopel selbst wurden große Behälter gebaut, so z. B. Jeré Batán Serai (heutige Bezeichnung) mit etwa 40 000 m^3 Inhalt.

Mit dem Ende des weströmischen Reichs im 5. Jahrhundert n. Chr. verfielen die großartigen Bauwerke, Wissen und Erfahrungen gerieten in Vergessenheit, Rückschritt anstelle von Weiterentwicklung. In den geschrumpften Siedlungen des ehemals römisch besetzten Gebiets war der Bedarf entsprechend zurückgegangen. Das jenseitsbezogene Weltbild ließ wenig Raum für Motivation und Fortschritt. Die Wasserversorgungstechnik der ersten Entwicklungsphase – Versorgung aus natürlichen Gewässern, Zisternen für Burgen – reichte Jahrhunderte lang aus. Eine Ausnahme machten die Klöster, in denen ohnehin Wissen, Erfahrungen und Intelligenz gesammelt und gepflegt wurden. Je nach Ordensregeln waren die Schwerpunkte der Aktivitäten gesetzt. Eine gesicherte Wasserversorgung war überall Grundvoraussetzung. Der Regel des heiligen Benedikt „ORA ET LABORA" entsprechend haben die Zisterzienser im Europäischen Raum in besonderem Maße zur Weiterentwicklung der Architektur und der Ingenieurtechnik beigetragen. Arens [13] berichtet über wasserwirtschaftliche Maßnahmen, die diese in der Nachbarschaft ihrer Klöster und im Zusammenhang mit deren Wasserversorgung und Entsorgung durchgeführt haben (Bild 13). Dabei wurde das Wasser unter Ausnutzung des natürlichen Gefälles durch Kanäle und Bleileitungen in die Gebäude geführt. Es gab schon in frühester Zeit Wasserhähne, die an den Wänden installiert waren, und in der ersten Hälfte des 14. Jahrhunderts Waschbecken aus Blei. Zur Zeit der heiligen Hildegard v. Bingen (1098 bis 1179 n. Chr.) sollen sämtliche Zellen ihres Klosters mit fließendem Wasser ausgestattet gewesen sein. Schöne Brunnenhäuser, die im Zusammenhang mit den Kreuzgängen errichtet worden sind, zeigen noch heute eine gelungene Synthese von Architektur und Ingenieurtechnik (Bild 14). So kann man annehmen, daß die Zisterzienser Träger und Verbreiter wasserwirtschaftlichen Fortschritts im Hoch- und Spätmittelalter waren.

Demgegenüber war die Wasserversorgung der Bevölkerung in den meisten Städten und Dörfern dieser Zeit ärmlich und vor allem unhygienisch.

Bild 13. Wasserversorgung des Zisterzienserklosters Fontenay (Frankreich) – Wasserfassung und Vorratsbecken.

Bild 14. Brunnenkapelle des Klosters Maulbronn.

Für die wachsende Bevölkerung in den Ansiedlungen, als aus den Dörfern Städte wurden und wasserverbrauchendes Gewerbe, wie z.B. der Brauer auftrat, genügten einfache Gefälleleitungen und Schöpf- bzw. Ziehbrunnen nicht mehr. Es entstanden die ersten Wasserkünste. Mit ihnen zeigten sich Ansätze zu einer Änderung der Verhältnisse, wobei dahingestellt sein soll, ob diese aus sozialen/hygienischen/wirtschaftlichen Gründen heraus erfolgt ist, oder das Prestigebedürfnis rivalisierender Städte maßgeblich war.

II.3 „Wasser in jedwedes Bürgers Haus"

Unter „Kunst" war zur damaligen Zeit jede Art von Maschine (vom griechischen mēchanē: Hilfsmittel, Werkzeug) zu verstehen, also eine Vorrichtung, mit der eine zur Verfügung stehende Energieform in eine andere, für einen bestimmten Zweck geeignete Form umgewandelt wird [18]. Zur Verfügung stand die Energie des fließenden Wassers. Der Zweck war, Wasser auf eine bestimmte Höhe zu heben, um damit den für die Wasserverteilung erforderlichen Druck zu erzeugen. Damit wurde in das aus der Römerzeit überlieferte Organisationsschema der städtischen zentralen Wasserversorgung

- Gewinnung,
- Beileitung,
- Verteilung,

die neue Aufgabe der

Wasserhebung (-förderung)

eingereiht.

Nun waren Wasserhebemaschinen in der Form unterschlächtiger, am Umfang mit Schöpfgefäßen versehener Wasserräder schon von den Ägyptern, Persern, Chinesen, Griechen und Römern verwandt worden. Sie sind z.B. unter der Bezeichnung Noria überliefert. Die Schöpfgefäße entleerten das Wasser in einer, dem Durchmesser des Rades entsprechenden Höhe in eine Ablaufrinne oder ein Becken. Aus China und Syrien wird von Raddurchmessern von 21 m berichtet [1]. Außerdem gab es im Altertum für die Zwecke der Wasserhebung die archimedische Schraube, Scheibenkünste und Eimerwerke, die jedoch eines Antriebs durch menschliche oder tierische Kraft bedurften. Hierüber haben wir schon an früherer Stelle berichtet. Über eine ganz andere Maschine zur Wasserhebung berichtet Vitruv, nämlich die Druckpumpe aus Messing nach Erfindung des Griechen Ktesibus (150 v.Chr.). Sie soll vor allem als von Menschen bediente Feuerspritze Verwendung gefunden haben. An diese Erfindung erinnerte man sich wohl in den mittelalterlichen Städten, als es galt, die durch die Energie des fließen-

Bild 15. Früheste bekannte Darstellung einer Saugpumpe (Aus: „De Machinis“ von Mariano Taccola 1449).

den Wassers erzeugte Drehbewegung der Wasserräder zur Wasserhebung auf größere Höhe mittels Druckpumpen zu verwenden (Bild 15). Für die Umsetzung der Dreh- in eine Hubbewegung gab es verschiedene Systeme. Letztlich hat sich dann aber die Kurbelübertragung eingeführt.

Die mittelalterlichen Wasserkünste

Die mittelalterliche Wasserkunst bestand also in ihren wesentlichen Teilen aus dem Wasserrad, der Druckpumpe, der Druckleitung zu einem meist in einem turmartigen Bauwerk aufgestellten kleinen Behälter und der Entnahmeleitung, die zum Verteilungsnetz führte (Bild 16). Dabei war die Aufgabenstellung des nun wieder „auftauchenden“ Turmbehälters dieselbe wie vor mehr als 1000 Jahren die der „Castella secundaria“, nämlich die Stabilisierung der Druckhöhe, die Vermeidung von Druckschwankungen (nun auch der Pumpendruckstöße) im Verteilungsnetz und die Entlüftung. Die Hauptleitungen des Rohrnetzes wurden hauptsächlich aus Holz, selten auch aus Ton, Blei oder Stein gefertigt. Sie führten zunächst zu Röhren- oder Laufbrunnen, aus denen die Bevölkerung das benötigte Wasser schöpfen konnte, oder auch – wie in Lübeck – zu abnehmereigenen Behältern in den Kellern der Häuser. Später wurden Hausbehälter häufig im Dachgeschoß aufgestellt. Sie waren Teil der Hausanschlüsse, die nicht nur der Vorratshaltung und der Hausverteilung dienten, sondern auch Meß-, oder besser gesagt, Kontingentierungsorgane (Düsen) aufzunehmen hatten. Die technische Weiterentwicklung führte zu einem Ausbau der Verteilungsnetze und zu einer wachsenden Anzahl von Hausanschlüssen.

Immer noch war die Wasserversorgungsanlage auf ständigen Durchfluß eingestellt, so daß der normale Bedarf im wesentlichen ohne Vorratshaltung

Bild 16. Stadtbrunnenkunst am Isarberg in München (Bauaufnahme 1778) (Original: Stadtmuseum München).

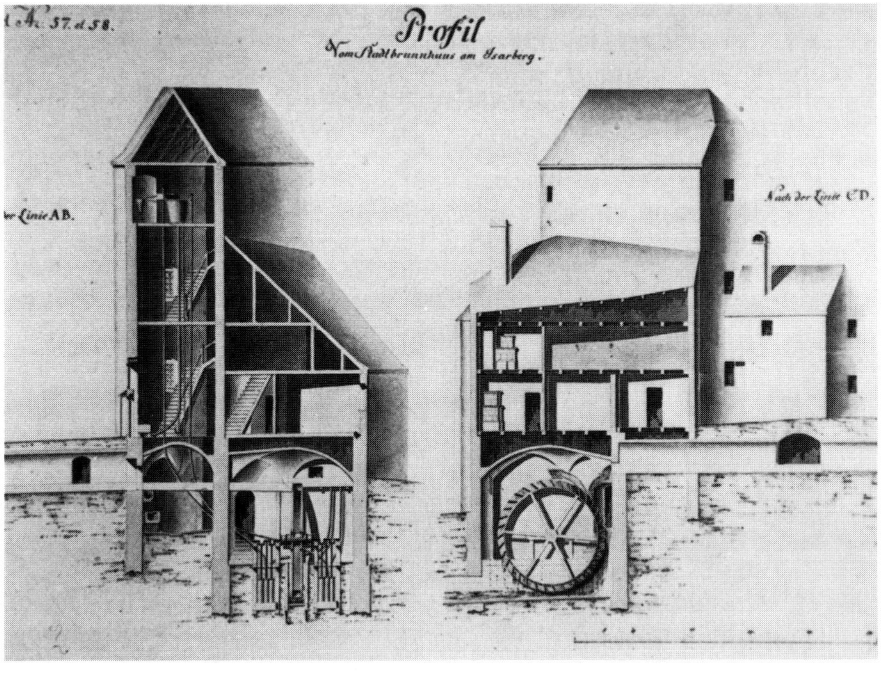

befriedigt werden konnte. Dies galt jedoch in Anbetracht der geringen Leistungsfähigkeit der Holzrohre nicht für Fälle besonderen Bedarfs, insbesondere des Brandfalls. Hierzu war ein Vorrat erforderlich. Stand er nicht in Form von natürlichen Gewässern zur Verfügung, griff man zu dem schon in der Römerzeit bewährten Verfahren, die Lauf- und Röhrenbrunnen mit großen Brunnentrögen auszustatten. Ihr Inhalt betrug häufig 100 m^3 und mehr. Nach der fürstlich Hessen-Hanauischen-Feuerverordnung mußte noch im Jahre 1779 jeder Brunnentrog mindestens 100 m^3 Löschwasserreserve vorhalten [14]. Damit stand in der Summe aller Brunnen zwar eine beachtliche Menge zur Verfügung. Aber das letzte Glied der Kette war schwach: Das Wasser mußte vom Brunnen zum Brandort gebracht werden und das konnte damals eben nur durch die von Menschen gebildete „Eimerkette" erreicht werden. Trotzdem muß festgehalten werden, daß damit Ansätze für eine neue Aufgabenstellung der Wasserversorgung, die Forderung nach Wasservorrat, aufkamen.

Wasserkünste der beschriebenen Art waren u.a. in folgenden Städten errichtet worden [1; 6]:

1294 1302	Lübeck
1340	Ulm
1352	Hannover
1380	Breslau
1388	Memmingen
1394	Bremen
1399	Bautzen
1412	Augsburg
1474	Lüneburg
1474	Halle
1483	Nürnberg
1500	Rothenburg o.T.
1525	Braunschweig
1527	Hannover
1531	Hamburg
1582	London
1606	Paris

Mit diesen Anlagen konnte wieder – nach mehr als 1000 Jahren – an den Stand der Wasserversorgung zur Zeit des Endes des Römischen Reiches angeknüpft werden.

In Details wurde diese verbessert; insbesondere für die Wasserhebung wurde eine Vielzahl von Maschinen entwickelt. Fördernd wirkten hier insbesondere der Bergbau, der das Problem der Wasserförderung aus großen Tiefen zu bewältigen hatte, und die Ansprüche der Monarchen und Standesherren, die ihre grenzenlose Macht zum Bau großartiger Schloß- und Parkanlagen – mit den vielfältigsten Wasserspielen versehen – benutzten. Beispielhaft hierfür sei der Bau der Wasserhebemaschinen in Marly zur Versorgung der Wasserspiele in Versailles (1678 bis 1685) und Hannover-Herrenhausen (1674 bis 1722) genannt. Die Aufgabenstellung für die in diesen Anlagen enthaltenen Wasserbehälter unterschied sich kaum von denen der vorbeschriebenen Wasserkünste. Sie dienten der Stabilisierung des Drucks, der Vermeidung von Druckschwankungen und als Ausgangspunkt für die zu den Verbrauchspunkten (Fontänen, Kaskaden etc.) führenden Leitungen. Im Falle der Wasserhebemaschine von Marly dienten die Zwischenbehälter als „Saug"-Behälter für die nachfolgende Förderstufe der Stangenkünste. Das Kurfürstliche Wasserwerk im Schloßpark von Schwetzingen besaß für den Betrieb der großen Fontäne zwei 18 m über Gelände angeordnete Wasserspeicher mit 56 bzw. 58 m^3 Inhalt.

Der Einfallsreichtum der Erfinder führte zu einer Vielzahl origineller Lösungen, die z.B. von Augustino Ramelli 1588 in seinem Buch „Le diverse et artificiose machine" (Bild 17 u. 18), von Georg Agricola 1556 in „De re metallica" und von Jakob Leupold 1724 in „Theatri Machinarum Hydraulicarum" beschrieben worden sind. Energielieferanten waren die Menschen, Tiere, das fließende

Bild 17. Wasserkunst von Toledo mit schwingenden Rinnen (Kupferstich 1568).

Wasser und – selten – der Wind; ihre Leistung war begrenzt. Von der Wasserlieferung „in jedwedes Bürgers Haus" war man noch weit entfernt.

Zwei Erfindungen leiten den Fortschritt ein

Einen großen Fortschritt brachten erst die Erfindungen des gußeisernen Rohres und der Dampfmaschine.

Den mittelalterlichen Rohrnetzen, in der Regel aus Holzrohren (Bild 19) bestehend, hafteten einige wesentliche Mängel an. Der mögliche Durchmesser war begrenzt (meist <175 mm). Die Wasserverluste waren wegen undichter Verbindungen und undichter Rohre groß. Die Lebensdauer war mit in der Regel 12 bis 15 Jahren gering. Die Rohre konnten höchstens einem Druck von 10–15 m standhalten und das Wasser nahm einen muffigen Geruch an. Es ist verständ-

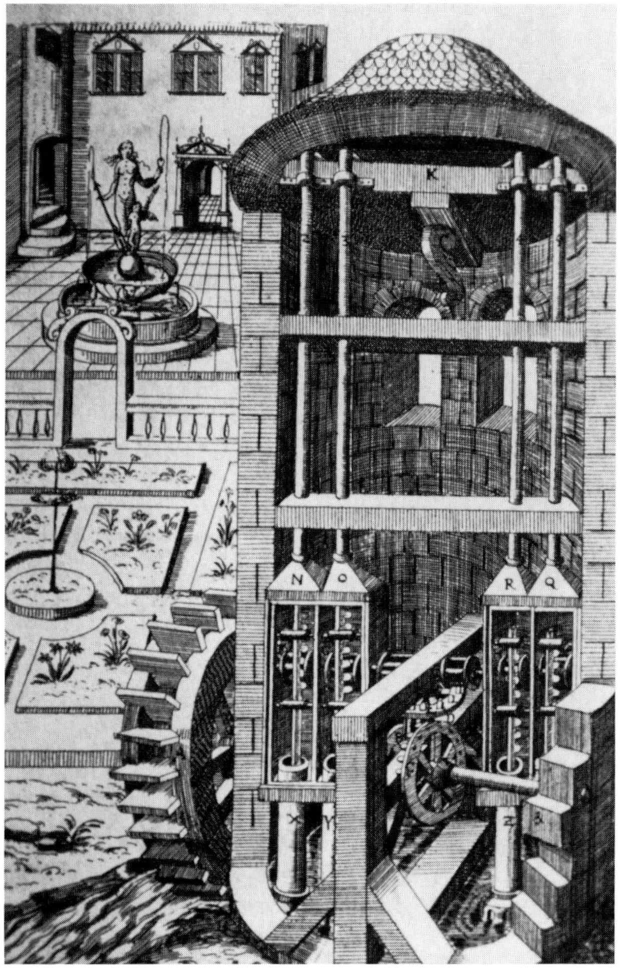

Bild 18. Kurbelpumpwerk.

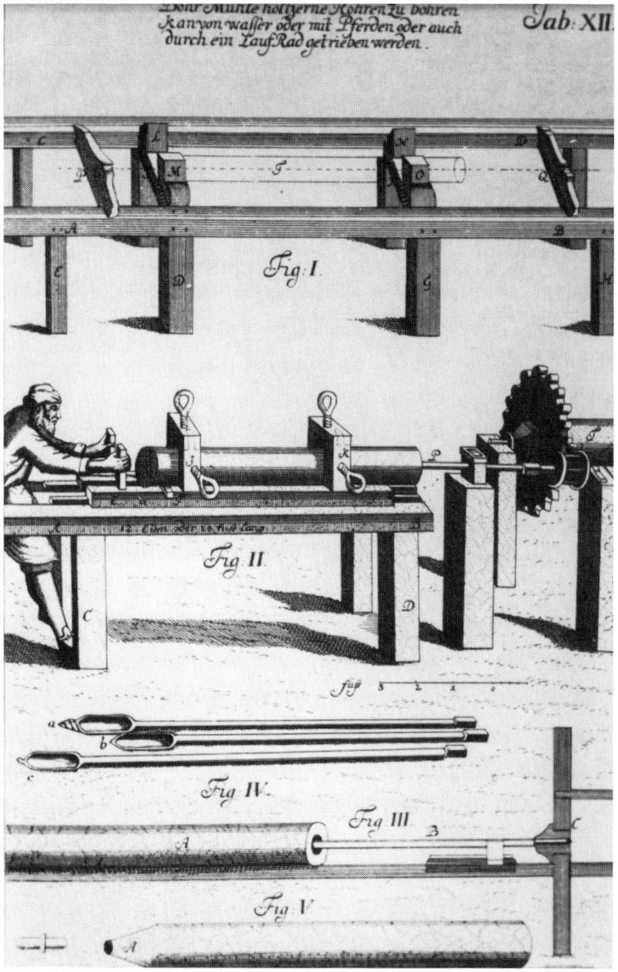

Bild. 19. Bohrstuhl für hölzerne Rohre.

Bild 20. Französische Rohrgießerei im 17./18. Jh.

lich, daß sich die Bemühungen um ein Rohrmaterial verstärkten, das diese Nachteile vermied.

Die Entdeckung des Roheisens im 15. Jahrhundert und die anschließende Herstellung verschiedenster Dinge aus Gußeisen brachten diesen Fortschritt (Bild 20). Die Verwendung gußeiserner Rohre wird erstmals 1412 für Augsburg [50] und für Schloß Dillenburg im Jahre 1455 urkundlich erwähnt [15; 45]. 1552 wurde in Wien im Auftrag Kaiser Ferdinands II. die Siebenbrunner Hofwasserleitung aus gußeisernen Rohren erstellt. Sie versorgte u.a. die Hofburg, Paläste, Klöster, Stifte und den Gemeindebrunnen am Margaretenplatz mit Wasser. Im 17. und 18. Jahrhundert kamen gußeiserne Rohre vermehrt zur Verwendung, so z.B. 1668 für die Druckleitung Marly-Versailles mit 200 und 150 mm Durchmesser. Das Gräflich' Einsiedelnsche Eisenwerk in Leuchthammer lieferte seit 1788 gußeiserne Flanschenrohre mit 75 mm, ab 1790 solche mit 100 und 125 mm Durchmesser. 1796 wurden Muffenrohre hergestellt, die einem Druck von 65 m standzuhalten hatten. Einen großen Aufschwung erfuhr die Verwendung von gußeisernen Rohren im 2. Jahrzehnt des 19. Jahrhunderts als Folge der Einführung der Gasbeleuchtung in den Städten [1]. Damit war eine Voraussetzung für die Einführung der Wasserversorgung in großem Umfang und „in jedwedes Bürgers Haus" gegeben.

Die andere war die Erfindung der Dampfmaschine und deren Einsatz zum Antrieb von Kolbenpumpen. Der Gedanke, die Wärme zur Wasserförderung zu nutzen, ist allerdings schon sehr alt. Ägyptische Priester benutzten sie, um dem Volke „wunderbare" Erscheinungen vorzuführen. Heron von Alexandria, der griechische Mathematiker und Mechaniker des 1. Jahrhunderts n.Chr. hat in der „Pneumatica" die Erfindung des mit Wasser und Luft gefüllten „Heronsball" beschrieben [18], aus dem bei Erwärmung Wasser spritzte. Die Expansivkraft des Wassers war im Altertum

Bild 21. Atmosphärische Dampfmaschine von Thomas Newcomen um 1725.

bekannt und fand begrenzte Anwendung z.B. bei den Eolipilen – Windbläsern –. Die Umsetzung in eine bewegende Kraft ließ jedoch lange auf sich warten. Erst 1689 soll Papin die erste bestimmte Idee für eine Kolbenmaschine vorgetragen haben. Savery ließ sich 1698 in England eine „hydraulische Dampfmaschine“ patentieren. 1712 gelang Newcomen eine funktionierende „atmosphärische Dampfpumpe“ (Bild 21). Als eigentlicher Erfinder der Dampfmaschine gilt jedoch der Schotte James Watt (1736 bis 1819), der damit den Grund zur technischen, sozialen und industriellen Revolution gelegt hat [1; 5; 48]. 1787 wurde von Boulton und Watt in England für die New River-Waterworks-Company eine Maschine von 60 PS aufgestellt, die mehr als eine Million Kubikmeter Wasser förderte. Im deutschsprachigen Raum fanden 1846 erstmals im Zusammenhang mit der Kaiser Ferdinand-Wasserleitung zwei 60 PS Dampfmaschinen im Pumpwerk Wien-Heiligenstadt Aufstellung. Sie förderten im Mittel täglich 5800 m^3 Wasser durch einen gußeisernen Doppelstrang von 364 mm Durchmesser in drei Reservoirs [16] (s. S. 43).

Die Eisenbahn als Schrittmacher für die öffentliche Wasserversorgung

Die folgenden Jahre dienten der Verbesserung der Maschinen, des Wirkungsgrads und der Konstruktion für die verschiedensten Anwendungen. Eine davon liegt im Bereich des Verkehrswesens, der Eisenbahn. Es hat sich gezeigt, daß diese in besonderer Weise die Entwicklung der Wasserversorgungstechnik förderte. 1803/04 baute R. Trewithick die erste Dampflokomotive. Ersten Betriebsstrecken in England und Belgien folgten 1835 die „Ludwigs-Bahn“ zwischen Nürnberg und Fürth und 1839 Leipzig–Dresden. 1850 gab es in Deutschland bereits 5470 Kilometer Eisenbahnstrecken.

Damit trat fast schlagartig eine Einrichtung auf, die neue und große Anforderungen an die Wasserversorgung für Bahnanlagen (Bahnhöfe, Lokomotivschuppen, Werkstätten u.a.m.), für die Wagenreinigung, vor allem aber für die Versorgung der Lokomotiven mit Betriebswasser stellte. Letztere mußte während der Aufenthalte auf den Bahnhöfen, also sehr schnell erfolgen. Lt. Enzyklopädie des Eisenbahnwesens 1895 wurde je „Wasserkran“ – so bezeichnete man die für die Befüllung der Lokomotiven mit Wasser erforderliche Einrichtung (Bild 22) – ein Förderstrom von 1 bis 2,5 m^3/min, später 5 bis 10 m^3/min verlangt. Je nach Frequenz des Bahnhofs mußte ein Mehrfaches zu gleicher Zeit geliefert werden. Dieser Wert zeigt, daß es völlig ausgeschlossen war, diesen Wasserbedarf direkt aus öffentlichen oder bahneigenen Anlagen zu decken. Damit stellte sich die neue Forderung nach unabhängiger Versorgung und nach einem Wasservorrat, der die Differenz zwischen Zulauf und Entnahme aus-

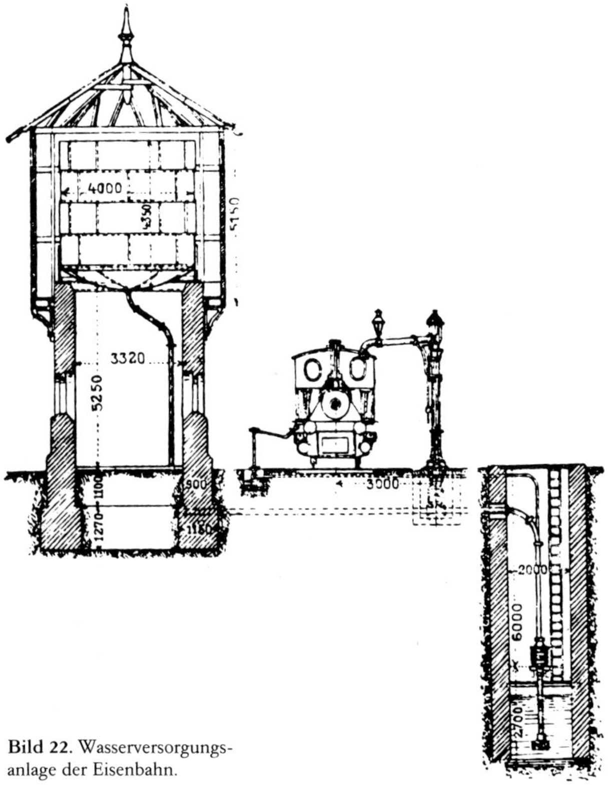

Bild 22. Wasserversorgungs-anlage der Eisenbahn.

gleichen und zusätzliche Sicherheit bieten konnte. Höhenlage des Behälters und Versorgungsleitungen mußten so bemessen sein, daß die erforderlichen Wassermengen an den Wasserkränen jederzeit und ohne Störung durch sonstige Entnahmen für den übrigen Bahnbetrieb zur Verfügung standen. „Jederzeit", das bedeutete auch unter strengen Winterbedingungen, beinhaltete also auch die Forderung nach Frostschutz. Alle diese Voraussetzungen waren in der Regel nur durch Anordnung eines Wasserbehälters auf turmartigem Unterbau möglichst nahe bei den Hauptentnahmestellen, also in der Nähe der Gleisanlagen, zu erfüllen. Damit war ein neuer Typ des Wasserturms mit erweiterten Dimensionen gefordert, der in der Folgezeit von der Eisenbahnverwaltung in großer Anzahl verwirklicht worden ist. Diese war somit Schrittmacher für die öffentliche Wasserversorgung, an die mit Beginn der Industrialisierung und dem damit verbundenen sprunghaften Ansteigen der Bevölkerungszahlen in Städten und Gemeinden ähnliche Anforderungen gestellt wurden.

Industrie und Gewerbe erwarteten Betriebssicherheit, den Ausschluß von Lieferunterbrechungen (um keinen Produktionsausfall erleiden zu müssen) und die Stellung von ausreichendem Wasser im Brandfall. Der Bevölkerung war daran gelegen, das für den häuslichen Bedarf benötigte Wasser in guter Qualität an der jeweiligen Verbrauchsstelle zu bekommen. Die Städte schließlich verzeichneten steigenden Bedarf an Wasser für öffentliche Aufgaben, wie Straßenreinigung und Brandschutz, sowie in öffentlichen Gebäuden und Anlagen. Diese Anforderungen machten die Wasserspeicherung zu einem wesentlichen Teil der Wasserversorgungsanlage. Die technischen Voraussetzungen waren in der zweiten Hälfte des 19. Jh. nun gegeben. Die Verwirklichung allerdings dauerte noch an.

II.4 Wasser überall hin, wo es gebraucht wird

Die Anstrengungen der Städte und Gemeinden, die geforderten Wassermengen zur Verfügung zu stellen, waren groß. Grahn berichtete 1878, daß seit 1849 in Deutschland in 143 Städten mit über 5000 Einwohnern mit insgesamt 5 Millionen Einwohnern (das sind etwa 10% der damaligen Wohnbevölkerung Deutschlands) Wasserversorgungsanlagen mit einem Kostenaufwand von 150 Millionen Mark hergestellt worden sind. Dafür konnten täglich 750 000 m^3 Wasser oder 150 Liter je Einwohner und Tag zur Verfügung gestellt werden [1]. Dies bedeutete eine enorme Verbesserung der Wasserversorgungssituation, die in allen

Bereichen von der Gewinnung über die Aufbereitung, Förderung, Speicherung und Verteilung erreicht wurde. Je nach den geohydrologischen Voraussetzungen nutzten die Städte und Gemeinden Oberflächenwasser aus Seen und Flüssen, Quell- oder Grundwasser.

Der große Brand von Hamburg 1842 beschleunigte dort den Bau des Wasserwerks bei Rothenburgsort, das 1848 in Betrieb genommen werden konnte. Die vom Planer vorgeschlagene Filteranlage wurde dabei nicht verwirklicht; 1871 bis 1873 wurde die Stadt durch Cholera-Epidemien heimgesucht, 1892 trat Typhus auf. 1893 konnte dann filtriertes Wasser zur Verteilung kommen. Weitere Flußwasserwerke entstanden u. a.

1856 in Berlin
(Spreewasserwerk am Stralauer Tor)
1859 in Magdeburg
(Elbwasserwerk auf der Wolfswerder)
1859 in Altona (Elbwasserwerk bei Blankenese)
1861 in Stuttgart (Neckarwasserwerk) (Bild 23).

Bei allen Anlagen haben englische Ingenieure die in ihrem Heimatland gewonnenen Erfahrungen einfließen lassen. Allerdings hat sich dann infolge der Einleitung von Industrieabwässern die Qualität der Flußwässer zunehmend verschlechtert, sodaß die meisten Flußwasserwerke bis zur Jahrhundertwende auf die Nutzung von Grundwasser übergingen. Hierfür waren sowohl in wissenschaftlicher Hinsicht z. B. von Darcy, Dupuit, A. und G. Thiem, Smreker u. a. wichtige Grundlagen geschaffen worden [20]. Der Brunnenbau folgte. Schachtbrunnen waren schon seit der Jungsteinzeit bekannt. 1881 wurden die ersten Bohrbrunnen mit 76 mm Durchmesser (Fürth), 1883 mit 150 mm Durchmesser (Leipzig) gebaut. Grundwasserwerke bauten u. a. 1868 Köln, 1870 Düsseldorf und 1875 Dresden. Die Wasserzusammenführung erfolgte zumeist durch Heberleitungen.

Bild 23. Pumpstation mit Wasserkraftwerk im Städt. Neckarwasserwerk Stuttgart-Berg (1882).

Im Rheinland und in Westfalen wurden 1889 bis 1901 14 Talsperren mit einem Gesamtinhalt von 82 Millionen m³ geplant. Das Bodenseewasser nutzte Konstanz seit 1904. Lange Zeit war dies ohne Filtration möglich. Große Quellwasserversorgungen entstanden 1873 in Wien (Kaiser Franz-Joseph-Hochquellenleitung) und 1886 in München (Mangfall-Leitung). Auch hier forderte die Qualität des Wassers lange Zeit keine Aufbereitungsmaßnahmen.

Über den Anfang moderner Fördertechnik durch die Erfindung der Dampfmaschine zum Antrieb von Kolbenpumpen ist schon berichtet worden. Die Vorteile – erhebliche Steigerung der Kraftleistung, relativ stabile Wirkungsgrade im gesamten Leistungsbereich, direkte Kupplung mit der Kolbenpumpe – führten zur Verwendung in einer großen Zahl von Wasserwerken. Die größte in Europa war wohl die 1914 für das Wasserwerk Mülheim der Rheinisch-Westfälischen Wasserwerksgesellschaft gelieferte Dampfpumpenma-

Bild 24. Pumpwerk aus dem Jahre 1910 mit Kolbenpumpen von 2000 m^3 Stundenleistung.

schine mit 3000 PS Leistung und 6000 m^3/h Förderung [20] (Bild 24).

Etwa gleichzeitig mit der Einführung der Dampfmaschine im Wasserwerksbetrieb vollzog sich dort, wo Wasserkraft zur Verfügung stand, mit der Erfindung der Turbine der Übergang zu dieser Antriebsmaschine, die die gleichen Vorteile, wie für die Dampfmaschine genannt, aufwies. So wurde z.B. 1889 im Pumpwerk Itzelberg der Härtsfeld-Albuch-Wasserversorgungsgruppe eine „Etagen-Francis-Turbine“ der Firma Voith zum Antrieb der dortigen Kolbenpumpen eingebaut. Viele Wasserwerke in Württemberg, die aufgrund der Planung des kgl. Bauamts für Wasserversorgung Wasserkräfte nutzten, folgten diesem Beispiel. Leichtgasmotoren zum Pumpenantrieb wurden seit 1886 für eine Anzahl von kleineren Werken, Sauggasmotoren seit 1905 verwendet. 1908 wurde wohl zum ersten Mal im Wasserwerk Rorschach ein Dieselmotor mit 720 PS Leistung eingesetzt. Trier betrieb seit 1915 das Wasserwerk Kenn nur mit Elektromotoren, die sich seither mehr und mehr als Antriebsmaschinen durchgesetzt haben, zumal sie in direkter Kupplung mit der Kreiselpumpe und mit ständig verbessertem Wirkungsgrad wirtschaftlich und betrieblich den Bedürfnissen der Wasserwerke besonders gerecht wurden [20]. Der Schöpfer der Kreiselpumpe war übrigens auch Papin. 1818 wurde in USA die Massachusetts-Pumpe eingeführt; ab 1875 gab es mehrstufige Pumpen für größere Druckhöhen [48]. In der Wasserspeicherung wurden, um die Anforderungen erfüllen zu können, Festlegungen getroffen, die größtenteils heute noch Gültigkeit haben. Bezüglich des Drucks, der überall im Rohrnetz mindestens vorhanden sein soll, wurde von A. Thiem [19] der sogenannte „Bürgerliche Versorgungsdruck“ definiert (s. S. 48).

Für die Inhaltsbemessung waren neben den Schwankungen von Zulauf und Entnahme Sicherheitsvorstellungen und Bedarf im Brandfall maßgebend. Gesichtspunkte des Betriebs, der Unterhaltung und Wirtschaftlichkeit verlangten Berücksichtigung. Die Forderung nach geringen Druckschwankungen im öffentlichen Netz trat dazu. Die Erhaltung der Wasserqualität im Behälter, der Schutz vor Einflüssen aus Klima und Umwelt wurden gefordert; Anforderungen, die sowohl beim Bau von in Geländehöhe gelegenen Erdhochbehältern, als auch bei Wassertürmen zu erfüllen waren. Bei letzteren führten sie zu größeren und höheren Bauwerken. Im Interesse der Wirtschaftlichkeit wurde versucht, außer der Speicherung weitere Aufgaben in einem Bauwerk zu erfüllen z.B. Wohnungen oder andere Betriebsräume unterzubringen. Aus Gründen der betrieblichen Sicherheit entstanden zweikammrige Behälter. Zur Differenzierung der Druckverhältnisse in verschiedenen Zonen wurden zweistöckige Wassertürme gebaut.

Diese Entwicklungen waren nur infolge der sowohl auf der Materialseite als auch in Theorie und Konstruktion gemachten Fortschritte möglich.

Einige Ereignisse und die daraus erwachsenen Konsequenzen sollen dies verdeutlichen. Brandkatastrophen führten zur Forderung nach Verbesserung der Löscheinrichtungen. So hatte Paris bereits 1716 festbesoldete „Löschmänner“ zur Bedienung der städtischen Feuerspritzen. Unter Napoleon I. wurde 1811 die Feuerwehr neu organisiert [51]. In Deutschland entstand 1841 die erste freiwillige Feuerwehr in Meissen. Der verheerende Brand 1842 in Hamburg begründete den Bau der zentralen Wasserversorgung inklusive Schaffung eines Löschwasservorrats (1848). 1851 wurde in Berlin die erste Berufsfeuerwehr gebildet [14]. Mit dem Einsatz der Dampfmaschine zum Pumpenantrieb mußten Lösungen zur Erhaltung des druckseitigen Gegendrucks auch im Rohrbruchfall gefunden werden. Ein Beispiel dafür ist das 63 m hohe Steigrohr, das im Pumpwerk Hamburg-Rothenburgsort zusammen mit dem Schornstein des Maschinenhauses errichtet wurde.

Neue Baustoffe für den Behälterbau – Gußeisen, Schmiedeeisen, Eisenbeton

Für die Turmbehälter kam zunächst nur die Verwendung gußeiserner Platten, die miteinander verschraubt wurden, in Frage. Diese Bauart fand zuerst bei der Eisenbahn Verwendung, wo seit 1830 in England und seit 1835 in Deutschland Behälter in Rechteckform aus Gußeisen gebaut wurden. Interessantes Zeugnis aus dieser Zeit ist der 1850 in Maison-Lafitte für die Eisenbahn erstellte Wasserbehälter mit 1000 m^3 Inhalt (s. S. 67). Später folgten auch zylindrische Behälterformen. Bekanntestes Beispiel in der öffentlichen Wasserversorgung ist der 1853 bis 1855 in Hamburg erstellte Wasserturm am Berliner Tor mit 2350 m^3 Inhalt (s. S. 69).

Ab 1850 ist mit der bedeutsamen Entwicklung in der Herstellung des Schmiedeeisens, die durch die von Bessemer, Siemens-Martin, und Thomas-Gilchrist erfundenen Verfahren begründet ist, eine deutliche und schnelle Verdrängung des Gußeisens im Behälterbau feststellbar. Damit ist die nun einsetzende rasche Folge von verschiedenen Konstruktionsarten erklärt. Deren erstmaliges Auftreten soll hier nur tabellarisch aufgeführt werden, da die zugrundeliegenden technischen und konstruktiven Gesichtspunkte an anderer Stelle dieses Buches ausführlich behandelt werden (s. S. 63 ff).

1870 Hängebodenbehälter (Midi-Ouest-Bahn)
1883 Stützbodenbehälter – Intze I – (Remscheid)
1891/1902 Normung der Intze I-Behälter durch die Bahnverwaltung
1885 Kombination von Stütz- und Hängeboden-Behältern – Intze II – (Düren)
1885 Schornsteinbehälter für Industrieunternehmen
1899 Kugelbodenbehälter – Barkhausen – (Zeche Minister Stein)
1906 Kugelbehälter – Klönne (Chemnitz).

Trotz der konstruktiven und wirtschaftlichen Weiterentwicklung waren zwei Nachteile nicht zu beseitigen, die die Verwendung des Schmiedeeisens mit sich brachten, die Korrosionsneigung, die nur durch Einsatz bedeutender Unterhaltungsmittel eingeschränkt werden konnte, und die begrenzte Gestaltungs-/Formgebungsmöglichkeit, die durch die Notwendigkeit der Verwendung vorgefertigter Teile begründet war.

Eine Wende trat erst mit der Erfindung des Eisenbetons ein, vor allem aufgrund des Patents von Monier (1867). Erste Versuche, auf diese Weise Wassertürme zu bauen, fanden deshalb in Frankreich statt (1868 Maison-Alfort, 1872 Bougiral, 1873 Alençon). So wie beim Übergang von hölzernen zu eisernen Behältern zunächst die Konstruktionsmerkmale übernommen worden waren, geschah es jetzt auch bei den ersten Turmbehältern aus Eisenbeton. Flachbodenbehältern folgten

Bild 25. Trinkwasserbehälter aus Stampfbeton in Wiesbaden. Erbaut 1882. Inhalt 4300 m³.

solche nach Bauart Intze. In Deutschland führten sie sich langsamer ein als im umgebenden Ausland (so wurde z. B. der erste Trinkwasserbehälter aus Stampfbeton erst 1882 gebaut. – Bild 25). Zuerst wurden Mischbauweisen angewandt. Einer der ersten Behälter in monolithischer Eisenbetonbauweise entstand 1904 in Newton-Le Willons/England mit 1362 m³ Inhalt. Auch in Budapest und Szeged/Ungarn wurden in diesen Jahren 4 Wassertürme mit 200, 350, 600 und 1000 m³ Inhalt gebaut (s. S. 51). Ab 1903 kamen Wassertürme aus Eisenbeton auch in Deutschland zur Ausführung.

Die Bauart Intze in Eisenbetonbauweise wurde erstmals 1898 in Toulon (500 m³), in Deutschland 1908 in Edingen (450 m³) angewandt. 1910 entstanden in Frankreich und Belgien Wassertürme, deren Schaft aus Betonfertigteilen bestand. Mit freitragendem Kuppelboden wurde 1907 in Heidelberg erstmals ein Wasserturm (500 m³) gebaut, der von der Form her nicht mehr die äußeren Merkmale eines Intze-Behälters besaß. Damit begann eine Entwicklung, bei der die durch den Eisenbetonbau möglich gewordene Freiheit der Gestaltung und Formgebung mehr und mehr ausgenutzt wurde, wobei die Erfindungen des Spannbetons, der Gleit- und Kletterschalung diese Entwicklung stark beschleunigten [36; 41; 42].

Wie vorher schon bemerkt, wurde mit der Einführung des gußeisernen Rohres in die Wasserverteilung der entscheidende Schritt für eine flächendeckende Versorgung getan. Dazu gehörten jedoch nicht nur Rohre, sondern auch die in die Leitungen einbaubaren Armaturen verschiedenster Art, um die großflächige Versorgung einschließlich des Anschlusses der einzelnen Häuser vornehmen zu können.

Wasserleitungshähne für die Wasserinstallation im Haus gab es schon im Altertum, Absperrhähne für die mittelalterlichen aus Holzrohren gefertigten Netze mit Durchmessern bis zu 90 mm (Urach) [43]. Diese mit konischen Küken ausgestatteten Hähne konnten jedoch keinen höheren Drücken standhalten; den in Holzrohrnetzen üblichen genügten sie allerdings. Äquivalent zum wesentlich stärker beanspruchbaren Gußrohr galt es nun, entsprechende Armaturen zu erfinden. Einen Schritt in dieser Richtung tat Ovid Topham mit seinem 1837 patentierten Schieber, bei dem eine Platte den Absperrkörper darstellte und die Bewegung mittels Schraubspindel vorgenommen wurde. Inwieweit er hierbei einen bereits 1822 im Rohrnetz von Philadelphia verwendeten Keilschieber zum Vorbild hatte, ist offen [21]. Aufgrund seiner offensichtlichen Vorteile gegenüber dem Wasserhahn eroberte der Schieber in kurzer Zeit den Markt. Es gab auch Varianten. In Deutschland war es der Kastenschieber, der einseitig dichtend 1864 in Staufen i. Br., doppeldichtend ab 1871 eingesetzt wurde. Die Schieber wurden laufend verbessert und weiterentwickelt, bis sie schließlich um die Jahrhundertwende genormt wurden.

Mit dieser beispielhaften Darstellung der wichtigsten Rohrnetz-Armatur, des Schiebers, soll der kurze Durchgang durch die Entwicklungsphasen der Wasserversorgungstechnik abgeschlossen werden. Er sollte aufzeigen, aus welchen Bedürfnissen heraus die jeweiligen Anforderungen an die Wasserversorgung gestellt worden sind, durch welche technischen Anlagen eine Erfüllung versucht worden ist und welche Fortschritte sich dabei ergeben haben. Im Folgenden soll beschrieben werden, in welchen Formen und Konstruktionen Turmbauten auftraten und wie sie zu dem geworden sind, was wir heute als Wasserturm bezeichnen.

III. Historische Turmbauwerke der Wasserversorgung

Im alttestamentarischen 1. Buch der Könige ist zu lesen, daß König Salomo (um 965 bis 926 v. Chr.) den Hiram, einen erfahrenen Erzschmied aus Tyrus, kommen ließ, damit er die Ausstattung des Neuen Tempels in Jerusalem anfertige. Dazu gehörte u. a. das sogenannte „Meer", ein aus Erz gegossenes, reich verziertes Becken, das für die Waschungen der Priester bestimmt war. Es hatte etwa 6 m Durchmesser, 5 m Höhe und somit den respektablen Inhalt von rund 60 m^3. Das „Meer" wurde von 12 erzenen Rindern getragen, von denen je 3 den vier Himmelsrichtungen zugewandt waren [53]. Leider gibt es keine späteren, bestätigenden Berichte. Immerhin ist aus den Darstellungen im Buch der Könige zu entnehmen, daß zu Zeiten Salomos in Größenordnungen geplant worden ist, die Bewunderung verdienen. Und – wenn es das „Meer des Salomo" gegeben haben sollte – wäre dieses ob seiner Abmessungen und Zweckbestimmungen das erste historische „Turmbauwerk" der Wasserversorgung gewesen.

III.1 „Wassersäulen" („Wasserpfeiler")

Sicher überliefert ist, daß die Römer am Ende der Wasserzuleitung einen Behälter anordneten. Er diente als Absetzbecken und Hauptverteiler. Seine Höhenlage bestimmte den Druck im anschließenden Rohrnetz. Wenn keine geeignete Geländchöhe in unmittelbarer Nähe der Siedlung vorhanden war, wurde der Behälter auf ein Bauwerk entsprechender Höhe gestellt.

Castella und Castella secundaria

Vitruv führte hierzu aus [9]:
„Kommt die Leitung an die Stadtmauer, so soll man ein Wasserschloß (Castellum) errichten und mit dem Wasserschloß verbunden zur Aufnahme des Wassers einen aus drei Wasserkästen bestehenden Wasserbehälter. Im Wasserschloß lege man drei Röhrenleitungen an, ganz gleichmäßig verteilt auf die Wasserkästen, die so untereinander

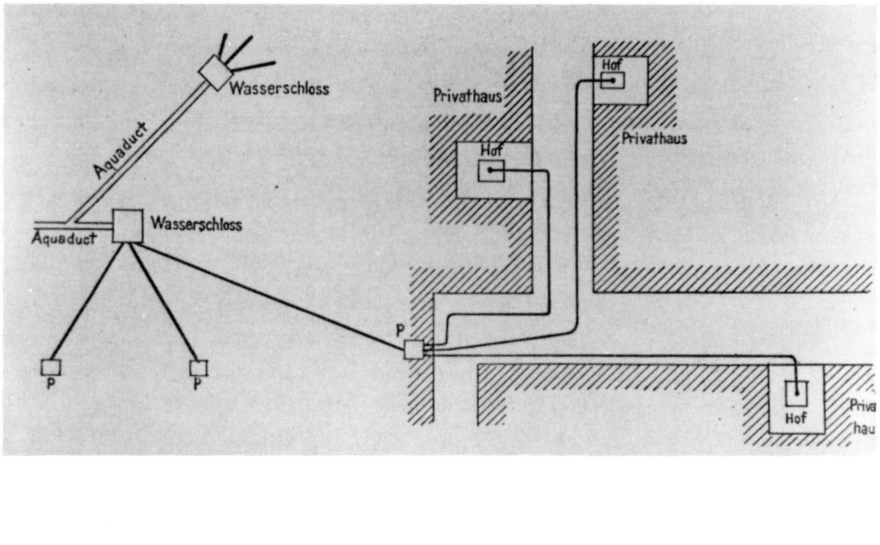

Bild 26. Schema der römischen Wasserversorgungsweise.

verbunden sind, daß das Wasser, wenn es in den beiden äußeren Kästen überläuft, in den mittleren Kasten fließt. In dem mittleren Kasten sollen Röhrenleitungen so angelegt werden, daß sie zu allen Bassinbrunnen und Springbrunnen führen, damit das Wasser nicht in den öffentlichen Anlagen fehlt; aus dem zweiten Wasserkasten sollen Röhrenleitungen zu den Privat-Badeanstalten führen, denn so können die Privat-Badeanstalten das Wasser nicht wegnehmen, weil sie von den Ausgangsstellen an eine eigene Wasserleitung haben. Aus dem dritten Wasserkasten Röhrenleitungen zu den Privathäusern, damit die, die privat Wasser in ihre Häuser leiten, jährlich dem Volk ein Wassergeld zahlen, durch das sie die Unterhaltung der Wasserleitung durch die Steuerpächter sicherstellen. Das sind die Gründe, warum ich die Einteilung so festgesetzt habe."

Voraussetzung für das Funktionieren dieser „Festsetzung" wäre jedoch ein dreifaches Verteilungsnetz gewesen, das bisher in keiner römischen Stadt nachgewiesen werden konnte. Es ist deshalb anzunehmen, daß der vitruvsche, durchaus soziale Gedanke nicht verwirklicht worden ist, sondern die in verschiedenen Castella nachgewiesenen Auslauföffnungen (z.B. Rom, Pompeji, Nîmes) dem Anschluß zugeordneter Versorgungsgebiete dienten.

Frontinus, römischer Wasserwerksdirektor von 97 bis 103 n.Chr., macht präzise Angaben über die Verteilung des beigeleiteten Wassers innerhalb der Stadt Rom, nämlich für Zwecke des Kaisers (17%), der Privatleute (39%) und für öffentliche Zwecke (44%). Über 247 Verteilerbauwerke – in Anbetracht der gegebenen Topographie im wesentlichen wohl als „Castella secundaria" („Wasserpfeiler") ausgebildet – wurden einer Million Einwohner täglich etwa 600000 m^3 Wasser geliefert [9].

Wie diese „Wasserpfeiler" im einzelnen ausgesehen haben, wird von Pompeji berichtet [10; 11]. Dem „Castellum" beim Vesuvtor, mit Grob- und Feinrechen, Absetzbecken und Verteileranlagen ausgestattet, waren „Castella Secundaria" nachgeschaltet. Die Behälter befanden sich auf Türmen oder öffentlichen Gebäuden (z.B. auf dem Bogen des Caligula) und dienten der Druckminderung und der weiteren Verteilung. Die Türme waren meist bis zu 6 m hoch, von quadratischem Querschnitt (1,5 × 1,5 bzw. 1,2 × 1,2 m) und aus Mauerwerk. Auf ihnen waren bleierne Ausgleichsbehälter aufgestellt, die direkt an die Hauptleitung angeschlossen waren. Da sie laufend und gleichmäßig durchflossen wurden, konnten sie klein sein. Eine Entnahmeleitung führte zu den öffentlichen Brunnen bzw. Privatabnehmern des zugeordneten, auf etwa gleichem Niveau liegenden Versorgungsgebiets. Die Behälter waren mit einem Überlauf versehen, jedoch ohne Grundablaß. Ein 1917 ausgegrabener Behälter hatte die Abmessungen 0,65 × 0,65 × 0,56 m (237 Liter) und bestand aus zusammengelöteten Bleiplatten von 6 mm Dicke. 13 Wasserunterverteiler wurden bis heute gefunden. Nicht immer waren unmittelbar bei den „Wasserpfeilern" Brunnen vorhanden. Insgesamt sind etwa 50 Laufbrunnen angeschlossen gewesen (Bild 27). Pompeji hatte zum Zeitpunkt sei-

Bild 27. Wassersäule in Pompeji.

ner Zerstörung im Jahre 79 n. Chr. etwa 8000 Einwohner. Bei einem angenommenen Wasserbedarf von 500 Liter je Einwohner und Tag mußten etwa 4000 m^3/d im Castellum am Vesuvtor für die Bevölkerung zur Verfügung gestellt werden, die sich dann auf 13 Wassersäulen und 50 Brunnen (160 Einwohner je Brunnen) verteilten. Es war somit eine relativ große Versorgungsdichte erreicht worden.

Hydraulische Türme bannen Kräfte

Zu den turmartigen Bauwerken der Römerzeit sind auch die sog. „hydraulischen Türme“ zu rechnen. Wir finden sie z. B. im Zuge der Aquädukte von Aspendos (Türkei) (Bild 28) und der Yzeron-Leitung nach Lyon. Nach Garbrecht [9] stellen sie Beispiele „für die griechisch/römische Art der empirisch-pragmatischen Beherrschung physikalischer, den Bestand der Leitungen möglicherweise gefährdender Phänomene (Probleme) dar“. Über den Zweck schrieben Vitruv: „per quae vis spiritus relaxetur“ (durch die Luft entweichen kann) und Plinius: „ubi dometur impetus“ (wo die Gewalt – der Bewegung – gebrochen wird). Die „hydraulischen Türme“ wurden in den horizontalen und vertikalen Knickpunkten angeordnet. Die dort aufgestellten Wasserbehälter entlasteten die Leitungen von zusätzlichen Kräften und dienten einer einwandfreien Entlüftung.

Die Erfahrungen, die die Römer im westlichen Teil ihres Reiches mit den Anlagen der Wasserverteilung machten, standen auch im Osten zur Verfügung. Deshalb ist es nicht verwunderlich, daß dort ähnliche Bauwerke erstellt wurden, wie wir sie aus dem weströmischen Reich kennen [12]. Konstantinopel, von 395 bis 610 n. Chr. Hauptstadt des oströmischen Reiches, hatte in dieser Zeit etwa 500 000 Einwohner. Die ursprüngliche Versorgung aus Brunnen und – wenigen – Regenwasserzisternen reichte nicht mehr aus, zumal die geohydrologischen (felsiger Untergrund) und die klimatischen Verhältnisse (längere Trockenzeiten) sehr ungünstig sind. Die Römer begannen deshalb schon bald, in dem regenreicheren Höhenzug am Rande des Schwarzen Meeres Quellfassungen und offene Speicherbecken anzulegen, aus denen das Wasser über Aquädukte der 24 km entfernten Stadt zugeführt wurde. Der älteste geht wahrscheinlich auf Kaiser Hadrian (117 bis 138 n. Chr.) zurück. Er wurde 528 n. Chr. durch Kaiser Justinian erneuert und trägt deshalb auch dessen Namen (Bild 12). Er ist architektonisch und technisch von besonderer Bedeutung. Innerhalb der Stadt war er allerdings weitgehend unterirdisch angelegt. Der von Kaiser Valens 368 n. Chr. errichtete Aquädukt verläuft dagegen in der Stadt auf einer Länge von 612 m und in einer Höhe von 22 m auf Bögen (Bild 30). Diese Aquädukte wurden immer wieder instand gesetzt, die Osmanen bauten weitere dazu.

Bild 28. Aquädukt mit Hydraulischem Turm und Talüberquerung bei Aspendos (Türkei).

Suterazý – Die Wasserpfeiler der Osmanen

Die sog. Suterazý (übersetzt: Wasserwaagen) (Bild 29), die wahrscheinlich erst von den Osmanen er-

Bild 29. Suterazý bei Kadi-Kjöi (Türkei).

den schnell aufzufinden. Auf den Suterazý waren kleinere Tröge aus Stein oder Blech angeordnet, die durch vertikale Steig- bzw. Falleitungen mit den Zuleitungen verbunden waren. In Konstantinopel hatten sie einen Abstand von 200 m. Steigeisen – oder bei größeren Türmen Wendeltreppen – ließen ein Besteigen zu. Alternativ wurden in einigen Fällen die Tröge auf anderen Bauwerken oder geeigneten Geländehöhen untergebracht. Später dienten die Suterazý auch der Verteilung des Wassers, indem Leitungen von dort zu den Verbrauchern führten. Heute sind in Konstantinopel nur noch ein Suterazý bzw. Reste von solchen zu finden. Sie standen in Verbindung mit Auslaufbrunnen – Tscheschme – und Trinkhäusern – Sabil – (Bild 30), die übrigens nicht auf ständigen Durchfluß eingestellt und mit Tagesspeichern und Abschlußarmaturen ausgestattet waren [12].

funden worden sind, hatten wie die „Castella secundaria“ vor allem den Zweck, den Druck in den Rohrleitungen auf das dem Material – Ton oder Blei – zumutbare Maß zu begrenzen. Ihre Höhe lag daher bei Ton zwischen 10 und 15 m, bei Bleiröhren bis zu 30 m. Außerdem dienten sie der Entlüftung und ermöglichten die Messung der Durchflußmenge. Sie halfen damit Leitungsschä-

Bild 30. Trinkhaus in Istanbul. Im Hintergrund der Valens-Aquädukt.

III.2 Wasserkünste

Der Begriff der „Kunst" stammt aus dem Bergwerkswesen und wurde auf jede Art von Maschine angewendet. Als Wasserkünste werden zusammengefaßte bauliche und technische Anlagen bezeichnet, die für die beabsichtigte künstliche Bewegung des Wassers erforderlich sind. Nachdem schon sehr früh – wie schon geschildert – mit dem Wasserrad die Bewegung des fließenden Wassers genutzt wurde und die Kolbenpumpe zur Wasserhebung erfunden worden war, konnten die „Künste" für die Deckung des gestiegenen Wasserbedarfs der mittelalterlichen Städte eingesetzt werden.

Lübeck

Eine der ersten Städte, die sich eine Wasserkunst zulegte, war die freie Reichsstadt Lübeck. Bis dahin holten die Einwohner das Wasser aus den Brunnen oder aus den beiden umgebenden Flüssen, insbesondere aus der Wakenitz. Die 1229 von Kaiser Friedrich II. und dem Herzog von Sachsen erteilte Erlaubnis, den Hüxterdamm aufzuschütten und damit das Nutzgefälle der Wakenitz zu erhöhen, gab die Voraussetzung für die Anlage der benötigten neuen Mühlen und den Bau einer „Rats-Wasserkunst", deren Eigner der Rat der Stadt war. Wann dies geschah, ist nicht bekannt; aber 1294 wurde im Bardewik-Codex des Lübeckschen Rechts berichtet: „CCXLV Van deme water dat mit raden in de stat ghelet ist." Es hat sich also wohl um ein großes, von der Wakenitz getriebenes Schöpfrad gehandelt, das Wasser aus dem Fluß hob, immerhin so hoch, daß es durch Rohrleitungen auch den höher gelegenen Straßen zulief. Die Rohre waren aus Holz; an die 200 Häuser werden an sie angeschlossen gewesen sein. Es gab noch keine Pumpen und auch keine Behälter, wesentliche Bestandteile der nachfolgenden Wasserkünste. Veränderungen an der Rats-Wasserkunst, z.B. 1463 vom Stadtbaumeister Heinrich Helmstede durchgeführt, führten in diese Richtung. An die Stelle des Schöpfrades trat ein Wasserrad, das zwei Pumpen antrieb. Ein Steigrohr sorgte für den nötigen Druck, noch war jedoch kein Behälter vorhanden. 1492 ging diese Rats-Wasserkunst in den Besitz der Brauer über, die damit auf der Wakenitz-Seite mit dem erforderlichen Betriebswasser versorgt waren. Die der Traveseite hatten schon 1302 die „Brauerkunst am Burgthor". Sie verdient jedoch diese Bezeichnung eigentlich nicht, weil das Wasser unter Ausnutzung des Staus der Wakenitz in freiem Gefälle dem zu versorgenden Gebiet zulief.

Das zwischen den beiden Bereichen und höher liegende Gebiet, das vor allem von Kaufleuten bewohnt wurde, hatte jedoch immer noch kein Was-

Bild 31. Bürgerwasserkunst am Hüxterdamm in Lübeck (Ausschnitt aus dem „Großen Holzschnitt" 1552).

ser. Erst 1533 entstand dann auf Drängen der Bürger die „Bürger- oder Kaufleute-Wasserkunst", zu einer Zeit also, als in anderen Städten z.B. Augsburg längst solche Anlagen liefen. Meister Claus aus Hannover, der 1530/31 die Abtswasserkunst in Lüneburg gebaut hatte, wurde verpflichtet. Er errichtete einen viereckigen Turm von annähernd 20 m Höhe, erstmals in Lübeck im Renaissancestil (Bild 31).

Die „Kunst" wird wie folgt beschrieben: „Das Wasser trat durch eine Rohrleitung in den unteren, auf dem Grund des Turms eingebauten Behälter oder Kumme ein, aus dem es mit 4 Pumpen und 2 Steigrohren in den 16 m über dem Wasserspiegel gelegenen oberen Behälter getrieben wurde. Die Pumpen wurden durch Hebel in Bewegung gesetzt und diese durch Greifer, die an der Radwelle angebracht waren. Je 2 Pumpenkolben hingen an einer Kette über einer Welle und hoben und senkten sich im Wechsel."

Da der obere Wasserbehälter die höchsten Häuser um 4 m überragte, war die Versorgung aller Interessenten und die Aufgabe der Wasserkunst, ausreichenden Druck im gesamten Versorgungsgebiet sicherzustellen, gewährleistet. Daß mit diesem System die Übertragung der Pumpendruckstöße auf das schwache, aus Holzrohren bestehende Netz vermieden wurde, war ein wichtiger Nebeneffekt. Die Brauer machten sich die Erfahrungen zunutze und errichteten sechs Jahre später einen etwa 15 m hohen Wasserturm daneben. Die Gesamtleistung beider Wasserkünste betrug etwa 3 bis 4 PS, womit der Stadt täglich etwa 1800 m^3 zugeführt werden konnten. Beide Türme – im Laufe der Jahrhunderte mehrmals verändert – finden sich auf einer Anzahl zeitgenössischer Stiche, Gemälde und Fotos, bis sie leider im Zusammenhang mit der Errichtung des städtischen Wasserwerks (1867) verschwanden [26].

Ulm an der Donau

Eine der ältesten Wasserkünste war das Kohlstadelwerk der Freien Reichsstadt Ulm (Bild 32). Es wurde 1340 errichtet und erhielt seine Antriebskraft aus dem inneren Stadtgraben, der mit dem Wasser aus dem Flüßchen Blau gespeist und zur Herstellung des erforderlichen Gefälles aufgestaut

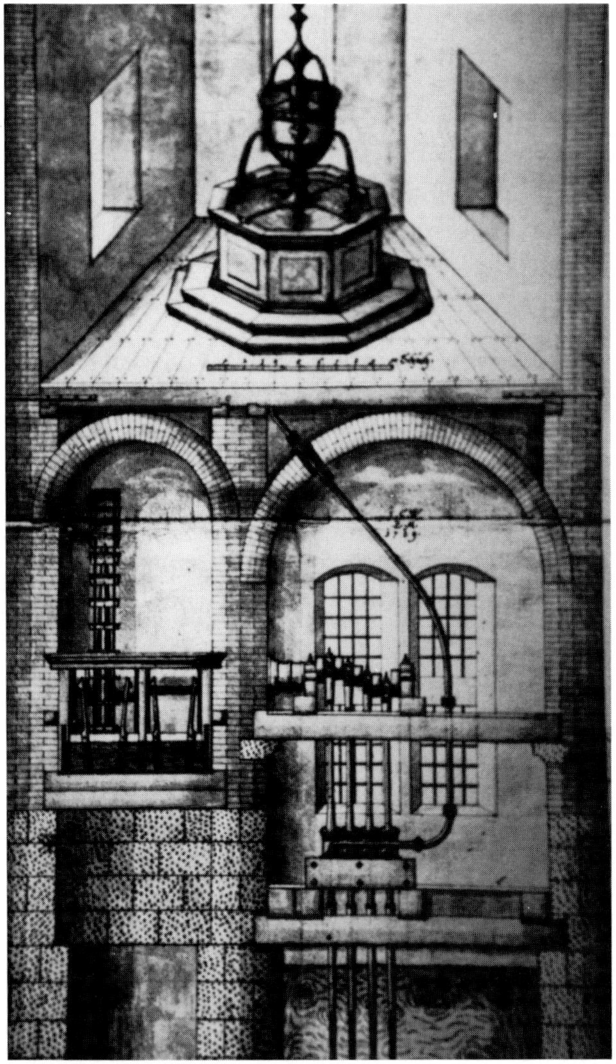

Bild 32. Brunnenwerk beim Kohlstadel in Ulm.

wurde. Das zur Verteilung kommende Wasser stammte aus einem Brunnen, der wenige Meter vom Stadtgraben entfernt lag. Einer um 1730 entstandenen Schnittzeichnung ist zu entnehmen, daß das unterschlächtige Wasserrad über eine Kurbelwelle 4 Ventilpumpen direkt antrieb, die das Wasser aus einem darunter liegenden Behälter ansaugten und zu einem im oberen Stockwerk angeordneten Behälter förderten. Die Leistung des sog. „Großen Werks" wird zu 7,3 l/s, des „Kleinen Werks" zu 2,5 l/s angegeben. Das Werk war ständig in Betrieb, das nicht benötigte Wasser lief über einen Überlauf in den Brunnen zurück. Der polygone Behälter war, wie auch die in später errichteten Brunnenwerken, aus Eichenholz gefertigt und mit Kupfer ausgeschlagen. Diese Behälter waren in bis zu 15 m Höhe aufgestellt und erhielten eine reichhaltige, oft künstlerische Ausstattung in der Form von Wasserspielen. Es wird vermutet, daß damit nicht nur die Wertschätzung des Wassers zum Ausdruck gebracht, sondern das Wasser zur Verbesserung der Beschaffenheit auch mit Sauerstoff angereichert werden sollte. Ebenfalls 1340 entstand das Brunnenwerk am Gremlinger Turm, 1470 das Schwestermühlenwerk, 1563 das Neutorbrunnenwerk und 1584 das Glokkenbrunnenwerk, alle etwa in der geschilderten Ausführung [27].

Bremen

Bremen kam 1394 zu einer Wasserkunst. Die „Interessenten" bildeten die „Selschup", später „Sozietät des Waterrades". Das „Große Rad", unterhalb des Brückentors auf der rechten Weserseite liegend und unterschlächtig betrieben, trug seinen Namen zurecht. Förderte es doch als Schöpfrad unmittelbar in einen bleiernen Behälter, der 8 m über dem normalen Wasserstand auf dem Dach eines Gebäudes aufgestellt war (Bild 33). Von dort führten Holz- bzw. Bleirohre zu den angeschlossenen rund 200 Anwesen. 90% der Einwohner versorgten sich aus Brunnen. Das Wasserrad mußte häufig erneuert werden und wurde dabei auch vergrößert. 1607 wurde ein neuer Wasserbehälter aus Kupfer mit 5,5 m^3 Inhalt aufgestellt. Das 1753 von Zacharias Conrad aus Uffenbach entworfene Wasserrad vollzog in der Stunde 50 Umdrehungen und förderte dabei 300 „Bremer Tonnen" Wasser – das sind ungefähr 50 m^3/h oder 1200 m^3/d.

Bild 33. Die Weserbrücke in Bremen mit Wasserrad (Holzschnitt von Hans Weigel 1560).

Die Wasserkunst wurde wegen Baufälligkeit 1822 abgebrochen und durch eine sog. „Roßkunst" ersetzt, bei der über einen Pferdegöpel täglich rund 500 m^3 in einen 10 m hoch stehenden zweikammrigen Behälter von 14,5 m^3 Inhalt gefördert werden konnten. 1847 folgte dann die „Dampfkunst“ mit einer Leistung von 40 m³/h oder bei 16stündiger Pumpzeit 640 m³/d [28].

Augsburg

Über die Wasserkünste der Freien Reichsstadt Augsburg hat Ruckdeschel umfassend und detailliert berichtet [25]. Da nirgendwo sonst soviele Informationen über technische Einzelheiten von Wasserkünsten vorliegen, auch die Aufgabenlösungen zum Teil außergewöhnlich sind, und im übrigen die Weiterentwicklung der ersten Wasserkünste ebenso gründlich beschrieben ist, soll auch im Rahmen dieses Buches näher darauf eingegangen werden. Dies erscheint umso berechtigter, als die Wasserkünste von Augsburg wegen der topographischen Gegebenheiten der Stadt mit einer ganzen Anzahl zum Teil relativ hoher „Waßer-Thürnen“ ausgestattet waren (s. S. 64). Nicht zuletzt auch deswegen, weil der Stadt 1728 bis 1768 mit dem „Stadtbrunnen – und geschworenen Amtswerckmeister“ Caspar Walter eine außergewöhnliche Persönlichkeit zur Verfügung stand, die „auch von anderen Städten und Herrschaften bey Wassergebäuden und Wercken zu Rath gezogen“ wurde. Seine umfangreichen Kenntnisse und Erfahrungen, seine Tatkraft und sein Engagement für die Wasserversorgung seiner Stadt haben in einer großen Anzahl von Beschreibungen, Anweisungen, Statistiken und Plänen ihren Niederschlag gefunden. „Daß die Wasserkünste und Wasserleitungen, womit man eine gantze Stadt nach Nothdurfft mit Wasser versehen kan, daß man solches nicht mit tieffen Brunnengraben, beschwerlichem Schöpfen und anderen Handarbeiten erst suchen, und zum Genuß oder Gebrauch bringen muß, eine gemein nutzliche Sache seye, wird wohl niemand in Abrede stellen“. Das war seine Meinung zur zentralen Druckwasserversorgung; sie ist in seinem Werk verwirklicht.

Werkmeister Hans Felber aus Ulm, wo bereits seit 1340 Erfahrungen mit dem Kohlstadel-Brunnenwerk gesammelt werden konnten, baute 1460 die erste Wasserkunst am Roten Turm mit dem sog. Großen Turm. Die Tabelle (Bild 34) gibt einen Überblick über die im späten Mittelalter entstandenen sieben Wasserwerke mit insgesamt neun Wassertürmen, die technischen Anlagen und ihre Erweiterungen bis in die frühe Neuzeit hinein. Diese Brunnenwerke galten im 17. und 18. Jahrhundert als weithin bekannte und gerühmte technische Sehenswürdigkeiten.

Nach den zur Verfügung stehenden Informationen sind die meisten Wassertürme in Augsburg nach etwa 150 Jahren erhöht worden, um veränderten Versorgungsaufgaben gerecht werden zu können, d.h. daß der zur Verfügung stehende Druck für die erweiterten Versorgungsgebiete und Überwindung der damit verbundenen höheren Reibungsverluste nicht mehr ausreichte. Beispielsweise förderten die Brunnenwerke am Roten Tor im 18. Jahrhundert, also nach der Erhöhung der Türme, auf Höhen von 25 bzw. 27 m, womit in den auf der Hochterrasse gelegenen Stadtteilen ein hydrostatischer Druck von 11 bis 13 m entstand. Vor der Erhöhung kann der vergleichbare Wert also nur in der Größenordnung von 5–6 m gelegen haben, was sicher nur für die Versorgung

Bild 34. Die Stadtwasserversorgung von Augsburg um 1750.

„Brunnenwerk“						Disponible Wasserkraft				Maschine					Versorgungsbereich	Bemerkungen
Abb. 2	Benennung		Ersterrichtung	Umbau, Erweit.		Treibwasser von	Q m³/s	H m	P_{th} PS	Wasserräder	Pumpzylind	Q_L m³/h	$H_{Fö}$ m	P_{eff} PS		
1	3 Türme beim Roten Tor	Großer Turm	1415	1669	1742 - 1750	Brunnenbach	1,5	2,4	50	9	36	64	28,4	6,3	Obere und mittlere Stadt	Einzelheiten siehe (VDI-) Technikgeschichte Bd 42 2/1975 S 120 ff
		Kleiner Turm	1470	1559 1572									24,8			
		Kastenturm	1599										25,4		Prachtbrunnen	
2	Unterer Brunnenturm („7 Kindeln“)		1450? 1537	1684 1737		Unterer Stadtgraben	1	2,1	28	4	15	36	33	4,4	Untere Stadt	Mitte 15 Jhdt „Augsburger Maschine“
4	Oberes Jakoberwerk (beim Jakobertor)		1609	1748		Äußerer Stadtgraben	0,4	1,1	6	1	3	10	16,5	0,6	Südliche Jakobervorstadt	
3	Unteres Jakoberwerk (beim Oblatterwall)		1609	1748			0,4	1,4	7,5	1	3	10	17,5	0,7	Nördliche Jakobervorstadt	
7	Vogeltor		1538	1720		Oberer Stadtgraben	0,4	1,1	6	1	2×3	10	17	0,7	Eichanstalt Anlieger (nördlich)	
6	„Stadtaicht“ („kleine Fuggerey“)		1733	1747		Oberer Stadtgraben	Leistungswerte und Zahl der Lieferstellen gering								Eichanstalt Anlieger (westlich)	auch „beim Schnarrbrunnen“
5	in Maria Stern		1640?			Vorderer Lech (Lochbach)									Kloster Jakobspfründe Stadtmetzg	

der in Geländehöhe liegenden Brunnen ausreichte. Neben der Erweiterung des Versorgungsgebiets ist also der Grund für die Erhöhung der Türme vor allem in der Einführung der Hausanschlüsse ab 1560 zu suchen. Daß diese Erhöhungen auch Probleme hinsichtlich der Fördermaschinen und des für das Leitungsnetz verfügbaren Rohrmaterials verursachten, ist verständlich. Diese konnten erst im Laufe der Zeit durch eine Verbesserung der Pumpen und ab 1838 durch die Verlegung gußeiserner Rohre anstelle der Holzdeichel bewältigt werden.

Als Antriebsmaschinen dienten Wasserräder, die unterschlächtig oder halb mittelschlächtig durch den mehrere Quellbäche zusammenfassenden Brunnenbach angetrieben wurden. Die Wasserförderung übernahmen Kolbenpumpen in der Form von Kurbel- bzw. Kettenpumpen. Eine Besonderheit war die von Hieronymus Cardanus aus Mailand beschriebene „Machina Augustana“, eine nach der archimedischen Erfindung arbeitende Wasserschnecke, die 1538 in das Werk am Unteren Brunnentor am Mauerberg, einem ehemaligen Wehrturm, eingebaut wurde. Eine mit einem Kammrad verbundene senkrechte Welle trieb sieben übereinander angeordnete Schnecken an. Die Maschine förderte so das Wasser in sieben Stufen auf 22 m Höhe. Allerdings war dieser außergewöhnlichen Konstruktion keine zu lange Lebenszeit beschieden. Schon im 17. Jahrhundert wurde sie durch wasserradgetriebene Kolbenpumpen ersetzt.

Die Wasserreservoire konnten relativ klein gehalten werden, da sie keine Speicheraufgabe zu erfüllen hatten. Das kam natürlich den damals begrenzten Möglichkeiten der Bautechnik entgegen. Immerhin konnten die sechs- oder achteckigen Behälter aus Kupfer bis zu 3,5 m^3 fassen. Die Steig- und Falleitungen mit Durchmessern von 150 bis 200 mm waren aus Metall, zumeist aus Blei. Die ersten Anlagen besaßen keine Einrichtungen für Überlauf und Entleerung. Solche wurden erst bei den von C. Walter veranlaßten gründlichen Erneuerungen um 1750 eingebaut: Überlaufröhren mit Rücklauf in die Brunnenstuben sowie Entleerungsmöglichkeiten für die Steig- und Falleitungen durch Einbau mittlerweile entwikkelter Armaturen. Einen Grundablaß für die Behälter gab es wohl nach wie vor nicht. Für die Entleerung wurde ein eigenes Gerät, der sog. „Wasserleyer“ entwickelt.

Um diese Zeit versorgten die Wasserkünste 48 Röhrenbrunnen und 24 km Rohrnetz, mit 140 m^3/h Wasser. 1848 wurde mit verbesserter Maschinenausstattung (oberschlächtige Wasserräder und Wassermaschinen des Ingenieurs Georg Ritter von Reichenbach) eine Förderleistung von 250 m^3/h erreicht. Alle Werke waren bis 1879 in Betrieb, als das neue Wasserwerk am Hochablaß mit einer Förderleistung von 865 m^3/h und einem Druck von 5 bar in Windkesseln die Versorgung übernahm.

Dürrenmettstetten

Aber nicht nur in den mittelalterlichen Städten entstanden Wasserkünste. Auch im ländlichen Bereich wurden da und dort erwähnenswerte Wasserversorgungsanlagen gebaut. Z. B. hatte das Dorf Dürrenmettstetten im Landkreis Rottweil schon 1570 eine solche; sie bestand aus der Quellfassung im Engelstall, einem wasserradbetriebenen Pumpwerk (Förderhöhe 70 m), einer 200 m langen Druckleitung, einem Wasserturm und Zuleitung (1700 m Holzrohre) zu den Dorfbrunnen (Bild 35). Die Wasserversorgungsanlage war bis in das 18. Jh. hinein in Betrieb. Der Wasserturm mußte aufgrund der topographischen Verhältnisse die respektable Höhe von 20 bis 25 m gehabt haben. Leider sind außer einem Plan keine Unterlagen über das Werk mehr vorhanden [31].

Bild 35. Die Wasserleitung nach Dürrenmettstetten vom Jahre 1570 (Kolorierter Plan des Malers Jörg Ziegler aus Rottenburg aus dem Jahre 1573).

Schillingsfürst

Eine „Kunst“, zwar ein Ausnahmefall, aber dafür von besonderer Originalität, war die Scheibenkunst von Schillingsfürst [32]. Die gleichnamige Burg, seit dem Jahr 1000 mehrmals zerstört und wieder aufgebaut, war zuletzt 1722 als Barockschloß erstellt und Residenz des Hauses Hohenlohe-Waldenburg im 18. Jahrhundert. Bereits 1702 wurde zur Wasserversorgung des Schloßes auf dem „First“ 1500 m entfernt das alte „Brunnenhaus“ mit einer durch Ochsenkraft betriebenen Tretscheiben-Pumpenmaschine gebaut. Weil in der Umgebung weder Wasser noch Wind als Antriebskraft zur Verfügung stand, kam nur ein „Muskelkraftmotor“ in Frage. Wie diese Maschine funktionierte, zeigt am besten das Schnittbild (Bild 36).

Schiefe Ebene und Hebel – altbekannte Begriffe aus der Mechanik – waren die theoretischen Grundlagen. Die durch das Körpergewicht des Ochsens auf der schrägen Scheibe entstehende „Hangabtriebskraft“ veranlaßte diesen zu einem gemächlichen aber stetigen Schreiten. Das dadurch entstehende Antriebsmoment brachte die

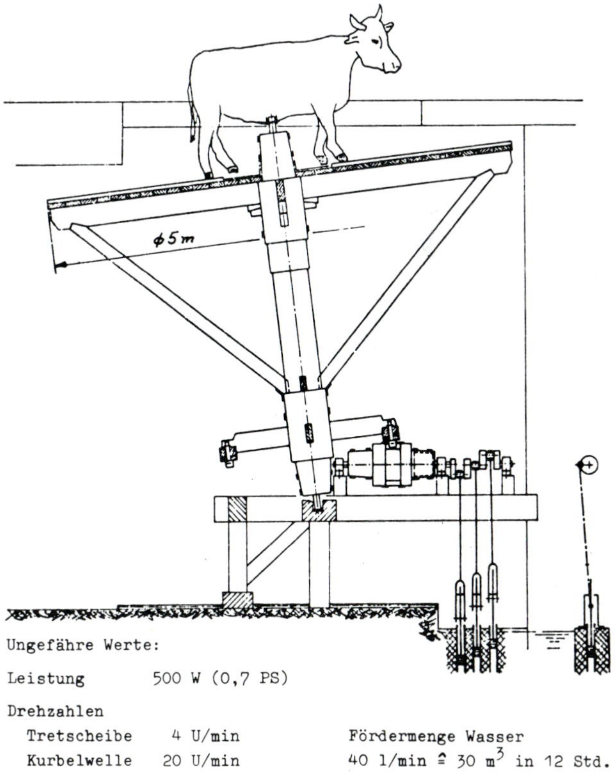

Bild 36. Gesamtzeichnung des Ochsentretscheiben-Pumpwerks im Alten Brunnenhaus von Schillingsfürst.

Bild 37. Tretscheibe, Wellenbaum und Kammrad im Pumpwerk Schillingsfürst.

Scheibe in Drehung (Drehzahl etwa 40 je Minute), die über ein hölzernes Getriebe mit Übersetzung eine eiserne, dreifache Kurbelwelle in Bewegung setzte (Bild 37). Durch Pleuelstangen wurden 3 einfach wirkende Pumpen betätigt, die das Wasser durch eine hölzerne Leitung zunächst direkt zum Schloß förderten. Zwei Ochsen sorgten abwechselnd im Zweistunden-Rhythmus für eine zwölfstündige Wasserförderung. Jakob Leupolds Forderung, daß „ein Mechanicus gleichfalls Reflexion darauf zu machen hat, was ein Tier tragen und ziehen kann“ wurde erfüllt: Die Maschine wurde konsequent auf das physische Leistungsvermögen eines Ochsen abgestimmt. Sie vermochte immerhin etwa 27 m^3 Wasser in 12 Stunden dem Schloß zuzuführen. Das Fehlen eines Reservoirs wurde jedoch bald als Mangel empfunden. Die Lösung: „Dannenher kein ander Mittel zu haben, dann dass bey der Quell ein Thurn von Mauerarbeit von 90 bis 100 Schuh hoch aufgeführet und daß Wasser durch das Ochsenwerckh in ein Sammelkasten gebracht“. Der Wasserturm, viergeschoßig aus Bruchsteinmauerwerk, entstand 1729; 1887 wurde er aufgestockt. Die Förderhöhen waren damit 17,1 bzw. 22,5 m. Steig- und Falleitungen im Turm waren aus Blei; über Inhalt und Ausführung des Wasserbehälters gibt es keine Angaben. Bis in den Anfang des 20. Jahrhunderts hinein war das Ochsentretscheiben-Pumpwerk von Schillingsfürst in Betrieb, ein einzigartiges Objekt von technisch-geschichtlichem Interesse.

*

Wir haben gesehen, daß ab dem 15. Jahrhundert der Bau neuer Wasserversorgungsanlagen einen großen Aufschwung erlebt hat, teils in der Form von Wasserkünsten, also mit Anlagen zur Wasserhebung (H) ausgestattet, teils aus Gefälleleitungen (G) versorgt. Schnappauf [15] untersuchte 941 Anlagen und stellte fest, daß davon etwa 22% Wasserkünste waren. Sie waren (fast) ausnahmslos mit Turmbehältern ausgestattet, während dies bei den sog. G-Anlagen, von denen nachfolgend einige Beispiele aufgeführt sein sollen, nur zum Teil der Fall war.

Freiburg

Gefälle-Leitungen waren weitaus in der Mehrzahl. In Süddeutschland – nicht nur in den Zähringer-Städten – flossen zusätzlich kleine Bäche durch die Stadt und dienten der Wasserversorgung und Entsorgung. In Freiburg i. Br. gab es seit 1318 laufende Brunnen, 1535 waren es 20 öffentliche und

11 private [54]. Die „Bächle“ fließen heute noch und geben der Innenstadt ein besonderes Gepräge [55].

Faistenoy

Das Dorf Faistenoy im bayerischen Allgäu besitzt eine besonders interessante Wasserversorgungsanlage, die seit unvordenklichen Zeiten besteht. Das angewandte System läßt die Vermutung zu, daß die Entstehung in der Römerzeit liegen könnte. Denn alle damals üblichen Anlageteile sind vorhanden: Quellzuleitung, „Wassersäule“ (castellum secundarium) mit Verteilerkasten und Anschlußleitungen zu den Unterverteilern bzw. Dorfbrunnen und Gehöften.

Holzrohrleitungen führen von den Quellen zur Verteilersäule (Bild 38) inmitten des Oberdorfes.

Bild 38. Wassersäule in Faistenoy.

Bild 39. Verteilerkopf einer Wassersäule in Faistenoy.

Das Wasser steigt in der Mitte der Säule 3 Meter hoch in den Verteiler, der am Rande in mehrere Kammern untergeteilt ist (Bild 39). Größe und Zahl der Durchtrittsöffnungen zu diesen bestimmen die abzugebende Wassermenge. Regel„organe“ waren – und sind heute noch – hölzerne Stopfen. Von den Kammern führen im Außenbereich der Säule gebohrte Fallrohre zu den erdverlegten Leitungen des Verteilungsnetzes. Alles war in einem Baumstamm untergebracht, wie der Chronist berichtet: „Großer Aufmerksamkeit bedurfte das Bohren der Haushaltungsloche in der hölzernen Verteilungssäule rings um das Wassereinlaufsloch“.

Heute bestehen die Verteilersäulen aus Eisen, die hölzernen Rohre wurden weitgehend durch solche aus Gußeisen oder Stahl ersetzt. Die Häuser sind an eine übergeordnete Wasserversorgung angeschlossen.

Die alte Verteileranlage aber läuft noch immer und füllt Brunnentröge und Viehtränken kostenlos mit Wasser, wie eh und je. Die Verteilersäulen erinnern an die lange Vergangenheit dieser Wasserversorgungsanlage. Sie tragen im Sommer ein Kleid aus Moos, im Winter einen Mantel aus Eis; eingefroren sind sie noch nie! [56]

*

Im 17. und 18. Jahrhundert waren es vor allem die Fürstenhäuser, die für Parkanlagen, Wasserspiele und Schlösser große Wassermengen und ausreichenden Druck benötigten. Auf die Wasserkünste in Hannover-Herrenhausen, Versailles-Marly und Schwetzingen wurde schon hingewiesen.

Stuttgart

Auch die kleine Residenzstadt Stuttgart hatte mit Lusthaus und Lustgarten (Bild 40) entsprechende Anlagen, die neue Anforderungen an die Wasserversorgung stellten. So ließ Herzog Ludwig 1579 zur Versorgung des „Ölbergs", der Springbrunnen und Wasserkünste im Lustgarten des Stuttgarter Schloßes den Wasserturm „Am Rennweg" errichten. Es war ein hohes, massiv aus Stein aufgeführtes Bauwerk, unten vier-, oben sechseckig. Ein Mühlrad förderte das Wasser des Nesenbachs und einiger benachbarter Quellen in einen großen Kessel unter dem Dach. Von dort aus floß das Wasser in bleiernen Röhren zum Lustgarten [33]. Einen weiteren Wasserturm, die sog. Dorische Säule, ebenfalls zur Speisung der Wasserspiele im Lustgarten, aber auch der Hofküche und Brunnen im Alten Schloß, ließ Herzog Friedrich im Jahre 1598 an der Südostecke der Alten Kanzlei errichten (Bild 41). Das Wasser wurde ihm aus im Westen des Schlosses liegenden Quellfassungen durch Holzteichelleitungen zugeführt. Der Unterbau des Wasserturms steht heute noch. An die Stelle des Hochbehälters ist 1862 das vom Bildhauer L. von Hofer geschaffene Merkurstandbild getreten.

Wien

In Wien wurde im 1. Jh. n. Chr. zur Versorgung des römischen Legionslagers Vindebona und der nahegelegenen Zivilstadt Wasser aus dem Wienerwald in freiem Gefälle durch einen 16 km langen, unterirdischen Kanal beigeleitet. Er hatte ei-

Bild 40. Der Lustgarten in Stuttgart (1616).

Bild 41. „Dorische" Wassersäule (mit Wasserbehälter) an der Alten Kanzlei in Stuttgart.

nen Querschnitt von 40 × 65 cm und war in der Lage, etwa 5000 m^3/d für 6000 Legionäre und 15 000 Menschen in der Zivilstadt zu liefern [57].

Im Mittelalter versorgten sich die Bewohner vor allem aus Hausbrunnen. Verheerende Feuersbrünste (1525) und die erste Belagerung durch die Türken (1529) machten das Fehlen einer zentralen Wasserversorgung spürbar. In der Folgezeit wurden daher eine Anzahl von Gefälleleitungen erbaut, die Wasser aus den Quellen des Wienerwaldes der Stadt zuführten, so 1552 die kaiserliche „Siebenbrunner Hofquellenleitung" (180 m^3/d) und 1556 die städtische „Hernalser Wasserleitung" zum Stadtwall und zum Hohen Markt (400 m^3/d). Im 17. und 18. Jh. wurden weitere höfische und städtische Projekte ausgeführt, auf die hier nicht weiter eingegangen werden soll. Erst die „Albertinische Wasserleitung", die 1804 gebaut wurde, bildete den Auftakt zu einer planmäßigen, größere Gebiete der Stadt Wien umfassenden Wasserversorgung (Bild 42). Sie war ebenfalls eine Gefälleleitung, die dem „Wasserturm auf der Penzinger Höhe" und dem „Bassin zu Mariahilf" täglich 400 m^3 Wasser zuzuführen vermochte.

Die große Wassernot zu Anfang des 19. Jh. veranlaßte Kaiser Ferdinand I. im Zusammenhang mit seiner Krönung (1835), den Bau der sog. Kaiser Ferdinands-Wasserleitung anzuregen, die dann in den Jahren 1836 bis 1846 zur Ausführung kam. Mit ihr wurde Grundwasser aus den Talauen der Donau erschlossen. Auf die Förderanlagen mit Dampfmaschinen und die gußeisernen Zuleitun-

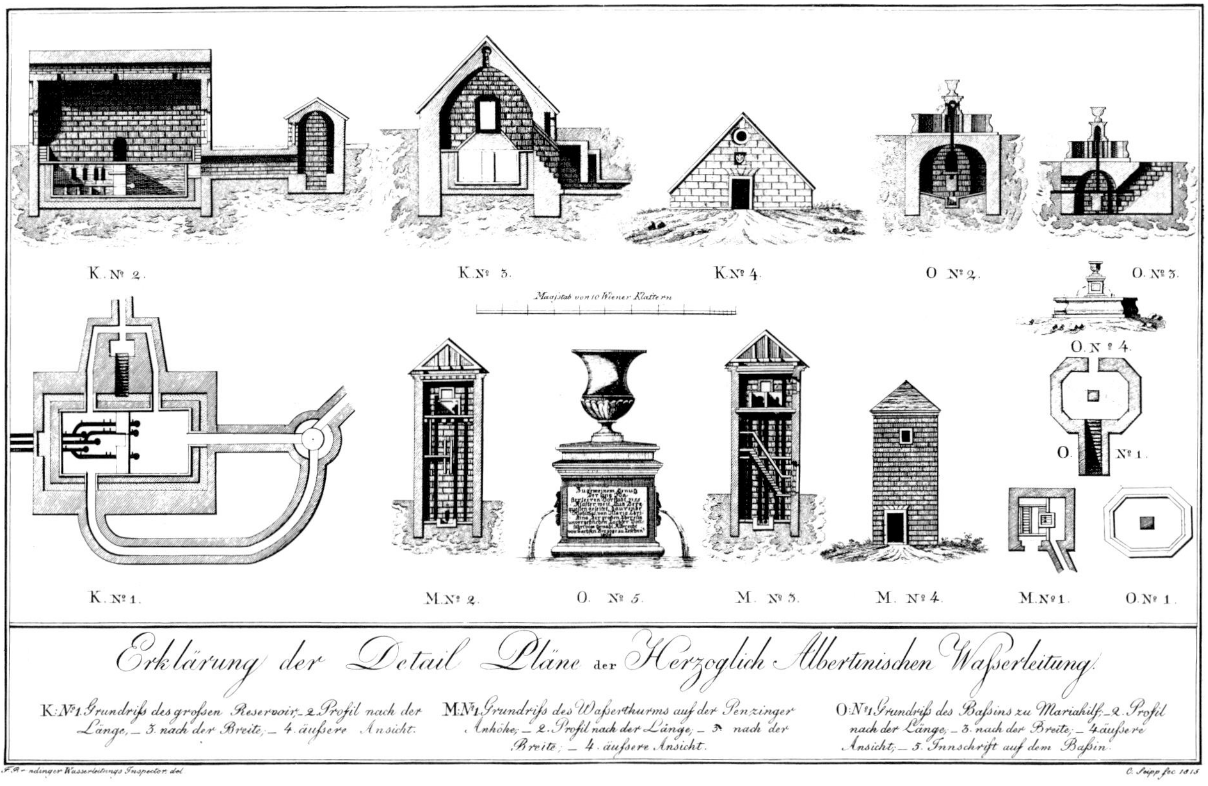

Bild 42. Herzogliche Albertinische Wasserleitung in Wien (gezeichnet 1815 von C. Seipp).

gen wurde schon hingewiesen (s. S. 24). Erstmals wurden nun auch drei Wasserbehälter mit größerem Speichervermögen erstellt (Bild 43). Ihr Inhalt betrug insgesamt 25 500 „Eimer", das sind rund 1500 m^3 oder 25% des täglichen Wasserbedarfs. Der erste der 3 Behälter „Währing" war zusätzlich mit einem Druckturm ausgestattet (Bild 44).

Die Kaiser Ferdinands-Wasserleitung wurde mit Inbetriebnahme der 1. Wiener Hochquellenleitung stillgelegt (1873). Diese knüpfte in Größe und Technik mit einer Gesamtlänge von 120 km, wovon 8,5 km aus Stollen, 4,6 km aus talüberquerenden Aquädukten und der Rest aus gemauerten Kanälen bestand, an römische Traditionen an. Große Behälter mit zunächst insgesamt 26 000, dann 96 000 m^3 Inhalt ergänzten die Anlage, womit der Wasserspeicherung die ihr gebührende, heute selbstverständliche Bedeutung zugemessen wurde.

*

Diese Schilderung der Entwicklung der Wasserversorgung der Stadt Wien beinhaltet bereits die Verwendung der gußeisernen Rohre und der Dampfmaschinen. Damit begann die Moderne in der Wasserversorgungstechnik und mit ihr die sprunghafte Entwicklung der Aufgaben und Konstruktionsarten von Wassertürmen.

III.3 Drucktürme

Zunächst allerdings war eine – relativ kurze – Zwischenphase festzustellen. Die Ausweitung der großen Städte und, damit verbunden, der Verteilungsnetze sowie die Bebauung mit höheren Gebäuden verlangte eine beträchtliche Erhöhung des Versorgungsdrucks. Die bestehenden Turmbehälter aus der Aera der Wasserkünste konnten in dem dazu erforderlichen Maße nicht aufgestockt werden.

Bild 43. Das Innere des großen Wasserbehälters auf der Schmelz in Wien (Inhalt 1040 m^3).

Bild 44. Wasserturm in Wien-Währing (Michelbäuren) im Zuge der Kaiser-Ferdinand-Wasserleitung (Aquarell 1894).

Die Drucktürme in Hamburg und Berlin

Die erster Stadt, die durch den Bau eines Druckturmes dieses Ziel, den erforderlichen Druck in der gewünschten Höhe zu halten, erreichte, war die Freie und Hansestadt Hamburg. Durch den Großbrand vom 5. bis 8. Mai 1842 wurde ein Fünftel der Stadt, darunter auch die Alster-Wasserkünste, eingeäschert. Dies war Anlaß für den Stadtstaat, ein von den englischen Ingenieuren Lindley und Myene, letzterer Oberingenieur der New River-Waterworks-Company, London, ausgearbeitetes Projekt ausführen zu lassen. Es sah die Entnahme von Elbwasser 3 km oberhalb der Stadtgrenze bei Rothenburgsort vor. Das dort zu erstellende Pumpwerk sollte mit einer Leistung von 1000 m^3/h das Wasser durch das Verteilungsnetz in die abnehmereigenen Hausbehälter und zum Gegenreservoir auf dem „Stintberg", einem offenen Becken, fördern. Mit dem Bau der Anlage wurde 1845 begonnen; 1848 war sie fertiggestellt.

Die Pumpstation in Rothenburgsort bestand aus zwei Dampfpumpmaschinen mit einer Leistung von je 70 PS und 560 m^3 stündlicher Wasserlieferung. Um auch im Falle eines Rohrbruches eine plötzliche, schädliche Entlastung der Pumpen zu verhindern, sollte druckseitig eine 60 m hohe Steigleitung vorgesehen werden, die in dieser Höhe mit einer Falleitung zu verbinden war. Es

Bild 45. Standrohrturm auf dem Windmühlenberg in Berlin.

bot sich an, die beiden senkrechten Leitungen mit dem für das Pumpwerk erforderlichen 76 m hohen Schornstein zusammen aufzustellen. Äußere Einflüsse und Temperatureinwirkungen wurden durch einen Mantel aus Ziegelmauerwerk abgehalten. So entstand der sog. „Wasserturm" Rothenburgsort, 70 m hoch, mit einem unteren Durchmesser von 10,5 und einem oberen von 8,16 m. Die beiden Rohre wurden auch in 30 m Höhe absperrbar verbunden. Damit war eine Betriebsweise möglich, die zunächst die Füllung der Hausbehälter der Niederzone und dann des Hochbehälters „Stintflut" vornahm. War sie abgeschlossen, erfolgte im Pumpwerk eine Drucksteigerung, die die Füllung der höhergelegenen Hausbehälter ermöglichte.

Eine ähnliche Lösung wurde 1856 in Berlin von der „Berlin-Waterworks-Company" auf der Grundlage des Entwurfs der englischen Unternehmer Fox und Grampton bei Bau des Pumpwerks Stralauer Tor und des Druckturms am Windmühlenberg verwirklicht (Bild 45). Auf den Druckturm in Wien-Währing ist bereits hingewiesen worden (Bild 44).

Auch in Bremen war im Projekt des Oberbaurat Berg aus dem Jahre 1864 – Wasserwerk auf der linken Weserseite mit 5600 m^3 Tagesförderung und Filtration durch Bodenpassage – auf der Druckseite der Förderanlage ein Druckturm von etwa 48 m Höhe vorgesehen. Die Ausführung verzögerte sich jedoch, Kenntnisstand und Anforderungen erhöhten sich mittlerweile. Das Projekt wurde 1870–1873 ausgeführt: An Stelle des Druckturms trat jedoch der mächtige kubische Wasserturm „Auf der Werder" mit einer Höhe von 47 m und zwei Kammern von je 1700 m^3 Inhalt, bis heute einer der größten Turmbehälter Deutschlands (s. S. 174).

Wiener pneumatische Wassertürme und Standrohrhochbehälter

Eine originelle Sonderform eines Wasserturms in Wien am Laaerberg wurde 1914 von der Bezirkshauptmannschaft Hietzing zur Ausführung genehmigt. Zur Drucksteigerung in dem dortigen, höher gelegenen Gebiet wurden in Verbindung mit dem selbsttätigen Wasserhebewerk zwei sog. „Pneumatische Wassertürme" errichtet (Bild 46).

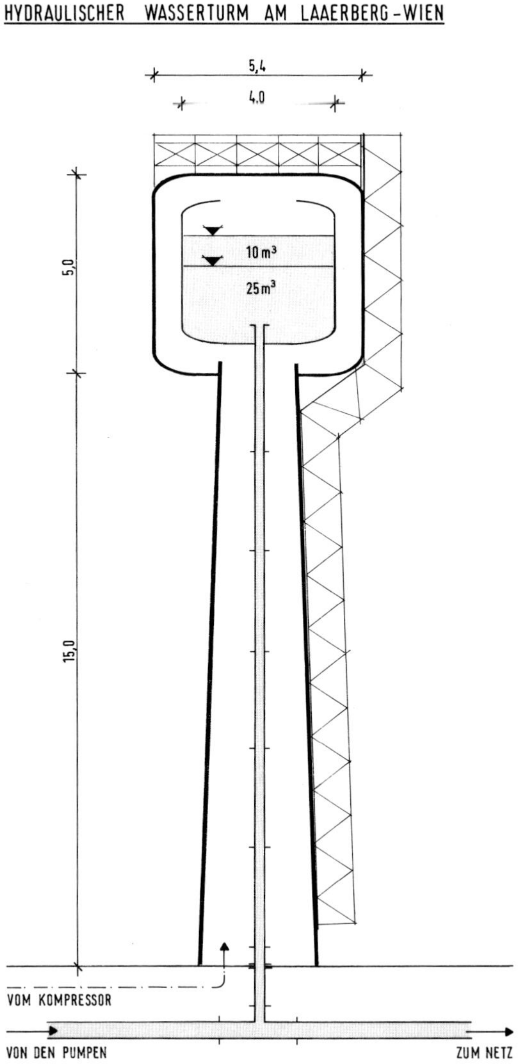

Bild 46. Systemskizze eines „Pneumatischen Wasserturms".

In einem Pumpenhaus wurden zwei mit Elektromotoren betriebene Pumpenaggregate von 100 l/s Förderstrom aufgestellt. Das Wasser wurde aus dem unter dem Druck des Wasserturms Favoriten stehenden Verteilungsnetzes zugeleitet. Auf der Saug- und Druckseite wurden im Kellerraum des Maschinenhauses Windkessel angeordnet, um größere Druckschwankungen beim An- und Abschalten der Pumpen zu vermeiden. Mit dem Hebewerk in Verbindung standen die beiden „Pneumatischen Wassertürme". Ein 15 m hoher Schaft mit einem unteren Durchmesser von 3 m und einem oberen von 2 m trug einen zylindrischen Kopf mit 5,4 m Durchmesser und 5,0 m Höhe. In seinem Inneren war das eigentliche eiserne Wasserreservoir untergebracht, in das die von der Druckleitung abzweigende Steigleitung von unten eingeführt wurde. Eine weitere Öffnung befand sich im Deckel, wodurch die Verbindung zum umgebenden Luftraum hergestellt war. Dieser Luftraum, der die Umhüllung des Wasserreservoirs und den Turmschaft einschloß, wurde von einem im Maschinenhaus aufgestellten, mit Elektromotor angetriebenen Kompressor unter einen Druck von 2,5–2,7 bar gesetzt. Zur Überwachung dieses Drucks war im Maschinenhaus ein kleinerer Windkessel mit 600 mm Durchmesser und 2,3 m Höhe installiert. Der eigentliche Wasserbehälter enthielt 35 m^3 Wasser. Davon wurden 10 m^3 als Betriebswassermenge für das Schaltintervall benützt, 25 m^3 waren Reserve für den Brandfall. Die Steuerung der Pumpen erfolgte durch eine selbsttätige hydraulische Druckdifferenz-Schaltung. Diese hydraulischen Wassertürme waren Speicher und Schaltorgan zugleich. Mit der letzten Aufgabenstellung waren sie Vorläufer moderner windkesselgesteuerter Druckerhöhungsanlagen.

Eine andere Lösung stellten die sogenannten Standrohrhochbehälter dar. Sie wurden in drei Fällen selbsttätigen Wasserhebewerken der Wiener Hochquellenleitung zugeordnet. Die Standrohre wurden auf einer geeigneten Geländehöhe aus Stahlbeton erstellt und haben die Form einer dickbauchigen Flasche. Der größere, fast immer mit Wasser gefüllte untere Teil ist in die Erde gebaut; das eigentliche Standrohr ragt darüber hinaus. In ihm finden die Wasserspiegelschwankungen statt, die den Druckschwankungen in den Windkesseln des Hebewerks entsprechen. Zum Schutz gegen Einwirkungen aller Art ist das Standrohr ummantelt und überdacht. Die Standrohrhochbehälter haben damit das Aussehen eines zylindrischen Wasserturms. Ihre Inhalte liegen zwischen 60 und 100 m^3, ihre Höhe beträgt etwa 13 m.

Mit den beiden genannten Lösungen konnte der Bau großer Hochbehälter vermieden und der Inhalt der Windkessel in den Hebewerken gering gehalten werden [30].

III.4 Wassertürme

Höher und größer – das waren, auf einen kurzen Nenner gebracht die Anforderungen an die Wassertürme. Sie beruhten auf den Forderungen nach Betriebssicherheit (keine Versorgungsunterbrechung bei Betriebsstörungen), ausreichendem Druck im gesamten Versorgungsgebiet und genügendem Vorrat für den Brandfall. Diese waren erfüllt, wenn das Wasserwerk, wie in Bild 47 dargestellt, aus den in einem Maschinenhaus untergebrachten Förderanlagen und dem danebenstehenden Wasserturm bestand.

Bemessungsfragen

Aber wie hoch und wie groß? Darüber gingen die Ansichten und Ansprüche weit auseinander.

Die ersten Bemessungsregeln stammen von der Eisenbahn. Die Aufgabenstellung war dort in der

Regel eindeutig. Sie wurde durch den am „Wasserkran" für die Tenderfüllung erforderlichen Förderstrom und die für so und soviele Füllungen benötigte Wassermenge klar definiert. Im Ergebnis waren deshalb die meisten Wassertürme der Bahn – ausgenommen sind große Bahnhöfe – relativ nieder. Die große Anzahl der benötigten Turmbehälter führte folgerichtig zur Normung der Behälter. So brachte die königliche Eisenbahndirektion Breslau in Zusammenarbeit mit verschiedenen Bahnverwaltungen 1891 eine Norm für schmiedeeiserne Turmbehälter mit 100, 200, 300, 400 und 500 m^3 Inhalt heraus, die 1902 noch um die Stufen 15, 30, 50, 75, 150 sowie 750 und 1000 m^3 erweitert wurde. Diese Normung ermöglichte es der Lieferindustrie, im Serienbau Teile, z. B. Auflageringe, vorzufertigen. Sie war damit dem Serienbau auf anderen Gebieten weit voraus.

In der öffentlichen Wasserversorgung dagegen war die Aufstellung allgemein gültiger Bemessungsregeln lange nicht erkennbar, obwohl die sprunghafte Entwicklung alter (Neuanschlüsse) und neuer Bedürfnisse (Industrie, Gewerbe, Hygiene, Feuerlöschwesen) solche dringend erfordert hätten. Erstmals wurde der sog. „Bürgerliche Versorgungsdruck" von A. Thiem definiert. Dieser verstand darunter die „zum ordnungsgemäßen Gebrauch aller auf den Straßen und in den Gebäuden befindlichen Entnahmestellen erforderliche Druckhöhe, gemessen über Straßenoberfläche." Er empfahl, den „Druck 5 bis 6 m höher als die nach den Bauvorschriften eines Ortes höchstmöglichen Zapfstellen einer Versorgungszone" zu wählen [19]. Eine einheitliche praktische Anwendung unterblieb jedoch bis heute, wo die Diskussion über die Größe des Drucks, „der für eine einwandfreie Deckung des üblichen Bedarfs in dem betreffenden Versorgungsgebiet erforderlich ist", immer noch im Gange ist. Zugegeben, das Problem ist in der öffentlichen Wasserversorgung äußerst komplex und der Randbedingungen sind viele.

Bild 47. Wasserwerk Edigheim um 1901 (Zeitgenössisches Foto).

Auch bei der Inhaltsbemessung ist lange Zeit keine einheitliche Richtung festzustellen. Um die Fluktuation der Wasserabgabe innerhalb des Tagesablaufs ausgleichen und eine Mindestreserve bereithalten zu können, wurden Empfehlungen für den Inhalt von Wassertürmen in Abhängigkeit von der höchsten Tagesabgabe (Q_{dmax}) gegeben:

1864 (N.N.) $0{,}30 \times Q_{dmax}$
1873 (Gill) $0{,}22 \times Q_{dmax}$
1886 (Thiem) $0{,}20 \times Q_{dmax}$

Dabei ist zu bedenken, daß erst mit der Einführung von Wasserzählern, also nach 1880, Verbrauchsmessungen zur Verfügung standen. Vorher war man auf Schätzungen angewiesen.

Eine Auswertung der in Grahn's Arbeit über die „Wasserversorgung der Städte des Deutschen Reichs" aus dem Jahr 1883 enthaltenen Informationen zeigt die Tabelle (Bild 48), in der bei 60 Turmbehältern der Inhalt in das Verhältnis zur jeweiligen höchsten Tagesabgabe 1883 (Q_{dmax}) ge-

$\frac{I}{Q_{dmax}}$	Anzahl der Wassertürme	Anteil
%	Stück	in % der Gesamtzahl
10	15	25
10–20	21	35
20–30	11	18,3
30–40	7	11,7
40–50	–	–
50–60	3	5
80	3	5

Bild 48. Inhalt von Wassertürmen im Verhältnis zur höchsten Tagesabgabe 1883.

setzt worden ist. Aus der Tabelle läßt sich herauslesen, daß 25% der Wassertürme noch keinerlei Speicheraufgabe und weitere 35% eine solche nur in unzureichendem Maße erfüllen konnten. 30% entsprachen aber schon den heutigen Vorstellungen über den für Ausgleich der Schwankungen zwischen Zulauf und Entnahme sowie für Vorrat, Störungs- und Brandfall nötigen Inhalt.

Herstellungsmöglichkeiten und betriebliche Forderungen

Das zur Verfügung stehende Material war zunächst Gußeisen, dann nach Erfindung geeigneter Herstellungsverfahren Schmiedeeisen und schließlich Stahlbeton. Die statischen, konstruktiven und gestalterischen Gesichtspunkte, die mit der Verwendung dieser Materialien zusammenhängen, werden an anderer Stelle dieses Buches eingehend behandelt (s. S. 63 ff). Aus der Sicht der Wasserversorgungstechnik und des Wasserwerksbetriebs sind zwei Problembereiche anzusprechen, nämlich die Formungsmöglichkeit, d.h. die Anpassung der Behälterformen an die gestellten Anforderungen, sowie das Korrosionsverhalten der Materialien.

Die Formungsmöglichkeiten waren bei eisernen Behältern begrenzt. Das galt vor allem für das Gußeisen, weswegen aus diesem Material nur sog. Flachbodenbehälter – zum Teil allerdings in respektabler Größe – hergestellt werden konnten. Die geringeren Wassertiefen als Folge der Herstellungsmöglichkeiten waren wasserversorgungstechnisch günstig. Das Schmiedeeisen eröffnete verschiedene Möglichkeiten. Konstruktionen nach Intze, Barkhausen und Klönne brachten wirtschaftliche Effekte, jedoch auch Probleme in gestalterischer und – zumindest zum Teil – Nachteile in wasserversorgungstechnischer Hinsicht. Von Herstellerseite waren große Wassertiefen und kleine Grundflächen erwünscht. Der Wasserwerksbetrieb wollte jedoch die Druckschwankungen im Netz gering halten und gab deshalb der flachen Behälterform mit geringer Wassertiefe den Vorzug (Bild 49). Insoweit war die von Lindley in Hamburg verwendete Wassertiefe von 3,04 m optimal (s.S. 69). Nach Werth [36] lag sie jedoch zwischen 4 und 9 m, im Mittel bei 6 m. Die Entwicklung z.B. vom Barkhausen- zum Kugelbehälter war durch die Forderung nach geringerer Wassertiefe begründet. Dadurch, daß ein Teil des Behälterinhalts als Vorrat für den Brandfall diente, ergaben sich jedoch auch für den Betrieb annehmbare Spiegelschwankungen.

Die Anforderungen der Feuerwehr waren sehr unterschiedlich. So forderte Febraus 1850 45 m^3/h und König 1868 110 m^3/h für 5 Handspritzpumpen. 1880 wurden für eine Dampfspritzpumpe 90 bis 120 m^3/h angegeben. Bei der Vorhaltung eines Vorrats für 1–2 Stunden Löschzeit ergaben sich daraus Löschwasserreserven nach Forchheimer (1905) von 150–300 m^3, Größenordnungen, die auch heute noch aktuell sind.

Ein Vorteil des Eisenbehälterbaus soll nicht unerwähnt bleiben. Bei gemauertem Unterbau ließen sich gute Lösungen für eine Erweiterung finden, wenn der vorhandene Behälterinhalt oder der Druck oder beides nicht mehr ausreichten. In Lübeck z.B. wurde der Flachbodenbehälter mit

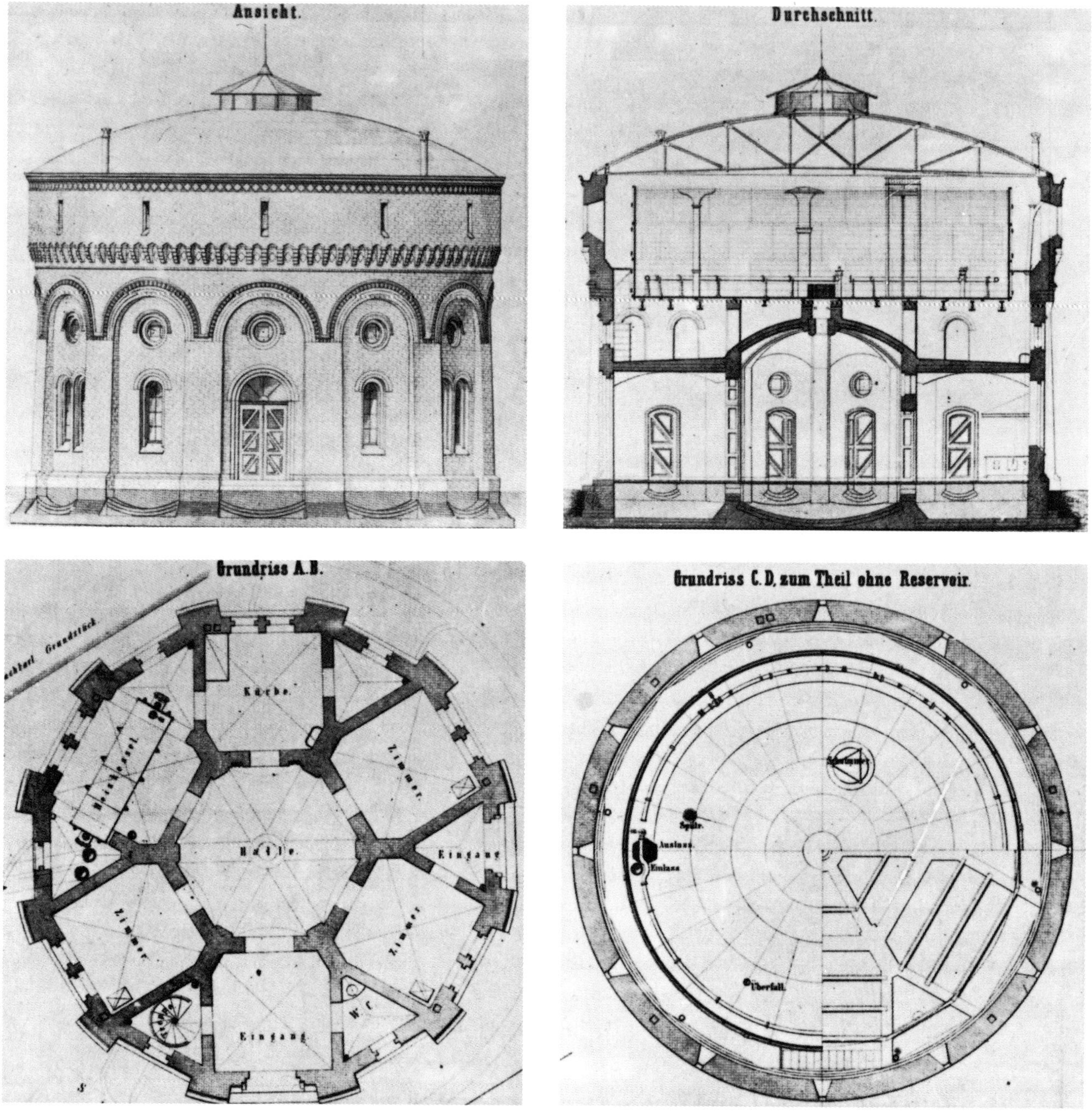

Bild 49. Wasserturm Altona. Flachbodenbehälter mit 460 m³ Inhalt (1859).

Bild 50. Wasserturm Köbánya-Budapest. Inbetriebnahme 1903. Inhalt 350 m³. Abgetragen 1969.

Bild 51. Wasserturm auf dem Széchenyi-Berg in Budapest. Inbetriebnahme 1913. Noch in Betrieb. Inhalt 200 m³.

1025 m^3 Inhalt ausgebaut, der Tragschaft erhöht und auf ihm ein 2100 m^3 fassender Behälter Bauart Intze I mit einer Wasserspiegelhöhe von nunmehr 29 m aufgestellt (s. S. 91). Die gemauerte Ummantelung wurde ebenfalls hochgezogen, das ganze mit einem neuen Dach versehen. In Mühlheim-Ruhr wurde der 1881 erbaute Wasserturm (Hängebodenbehälter mit 580 m^3 Inhalt) durch einen auf eisernen Stützen aufgestellten Intze-Behälter mit 800 m^3 Inhalt überbaut. Beide Behälter dienten der Versorgung verschiedener Zonen. Bei Kugelbehältern konnte eine Druckerhöhung besonders leicht durch höhere Anordnung der Kugel erreicht werden. In vielen Fällen wurde auf diese Weise eine sinnvolle und wirtschaftliche Anpassung an veränderte Anforderungen erreicht. Bei Wassertürmen aus Stahlbeton ist das mit gleichem Effekt nicht möglich.

Mit der Einführung des Stahlbetons fielen nach geraumer Zeit die bisher von Material und Herstellung her gesetzten Grenzen. Der Vielfalt waren keine Beschränkungen mehr auferlegt. Diese Festsetzung kann sehr anschaulich an drei Wassertürmen demonstriert werden, die zwischen 1902 und 1913 in Budapest nach den Plänen von Dr. Zielinszky Szilárd, Lehrer an der Techn. Universität Budapest, gebaut worden sind (Bild 50, 51, 52).

Das Korrosionsverhalten von Eisen, das Rosten, ist seit langem bekannt. Seit seiner Verwendung im Bauwesen war es unerläßlich, die Oberfläche mit einem schützenden Anstrich zu versehen. Bei der Reichsbahn war hierbei die Dienstvorschrift 807 „Technische Vorschriften für den Rostschutz von Stahlbauwerken (RoST)“ anzuwenden. Der Anstrich mußte in relativ kurzen Zeitabständen erneuert werden, so daß ein beträchtlicher Unterhaltungsaufwand auftrat. Dies und die laufende Kontrolle der Oberflächen hatten zur Voraussetzung, daß Behälter aus Eisen von allen Seiten zugänglich waren. Bei ummantelten Behältern

Bild 52. Wasserturm auf der Margareten-Insel in Budapest. Inbetriebnahme 1911. Inhalt 600 m^3. Außer Betrieb seit 1962.

mußte also ein ausreichender Bewegungsraum vorhanden sein. Diese Sorgen traten bei der Einführung des Stahlbetons im Behälterbau nicht auf. Die Bewehrung wird durch die Betonumhüllung gegen Korrosion geschützt.

Die freie Gestaltungsmöglichkeit führte auch dazu, daß selbst kleine Wasserbehälter aus Stahlbeton mit zwei Kammern ausgeführt werden konnten, was wesentlich zur Erhöhung der Betriebssicherheit und Erleichterung der Wartungsaufgaben beitrug. Die Auswertung von Tabellen von Merkl [42] und Werth [36], die 257 Wassertürme aus Eisen und 188 aus Stahlbeton beinhalten, zeigt auf, daß von ersteren nur 5% – und da nur große (600 bis 4160 m^3 Inhalt) – von letzteren aber 27% mit Inhalten von 60 bis 2000 m^3 mit 2 Kammern ausgestattet waren.

Mit den genannten großen Vorzügen – wozu auch noch die Feuerfestigkeit aufgeführt werden muß – ausgestattet, bewährte sich somit der Stahlbeton nach einer gewissen Einführungszeit als ideales Material für den Bau von Wassertürmen (Bild 53).

Weitere Anforderungen des Betriebs betrafen die technische Ausrüstung der Wassertürme.

Der erste holländische Wasserturm, 1856 in Den Helder erbaut, war aus Eisen, oben offen und ohne Ummantelung. Er fror im Winter zu, weswegen er beheizt wurde. Nun nahmen die Möwen gern den Behälter als beheiztes Schwimmbad an [35]. Die Konsequenz: Die meisten Wassertürme hatten eine Ummantelung (Holz, Mauerwerk oder – später – Beton) und Abdeckung. Übrigens nicht nur zum Schutz gegen Verunreinigung und Frost, sondern auch in der Aera der eisernen Turmbehälter aus architektonischen Gründen. Bei sehr hoher Frostgefahr wurde im Turmschaft eine Koksheizung eingerichtet oder vorgewärmtes Trinkwasser in gesonderten Rohren im Kreislauf durch den Behälter geführt.

Die hydraulische Ausrüstung bestand aus dem Einlauf – meist über dem Wasserspiegel –, der Entnahme knapp über Behältersohle, dem Grundablaß und dem Überlauf. Wenn Längenänderungen infolge Bergsenkung, Temperaturschwankungen oder Durchhängen von Hängeböden zu erwarten waren, wurden (z.B. 1884 in Essen) Dilatationsrohre mit Stopfbüchsen, elastischen Dehnungsstücken o.ä. eingebaut.

Die Verwendung von Eisen für Behälter und Rohrleitungen hatte – bei entsprechender Wetterlage – einen starken Anfall an Kondenswasser zur Folge. Im Wasserturm Altona wurde deshalb erstmals 1859 unter dem Turmbehälter ein „Tropfboden" eingebaut, von dem aus das Tropfwasser gesammelt abgeleitet wurde (Bild 49). Einem weiteren Zweck entsprechend wurde dieser Raum später auch „Armaturenboden" genannt.

Der Zugang zum Wasserturm erfolgte entweder im Zentrum des Behälters in mit Wendeltreppen oder Leitern ausgestatteten zylindrischen Durchführungen oder über seitlich angelegte Treppentürme mit Zugang zum Behälter in verschiedenen Höhen. Zur Kontrolle der Behälteraußenflächen waren Umgänge angeordnet. Bei geschlossenen Barkhausen- und Kugelbehältern wurden gesicherte Leiteraufstiege zur oberen Laterne geführt, die gleichzeitig der Lüftung und dem Zutritt im Bereich des Wasserspiegels diente (Bild 54). Auch bei Wassertürmen aus Stahlbeton war der zentral angeordnete Aufgang vorherrschend. In selteneren Fällen wurde auch eine Treppe zwischen Ummantelung und Behälteraußenwand hochgeführt.

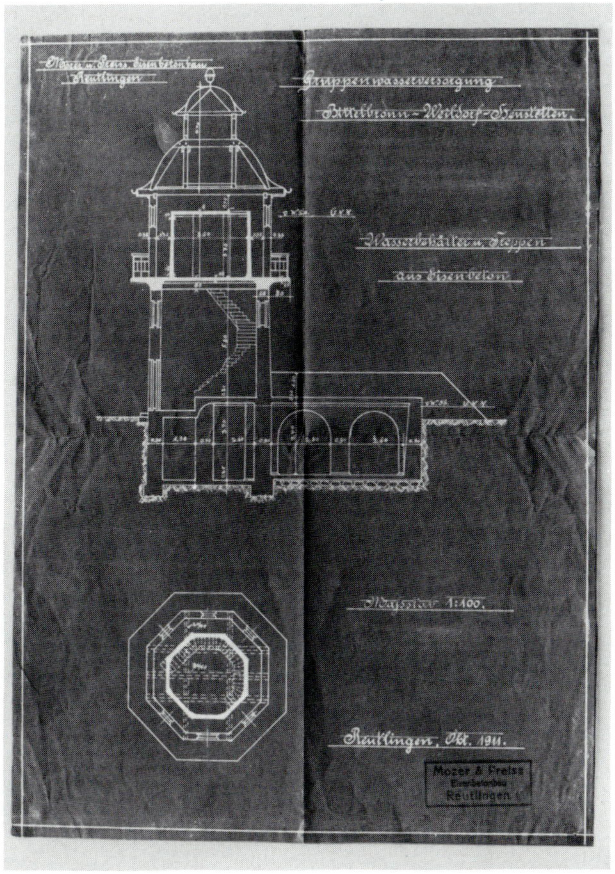

Bild 53. Wasserturm Bittelbronn der Gruppenwasserversorgung Bittelbronn–Weildorf–Henstetten (Inhalt ca. 90 m^3; erbaut 1911) in Kombination mit einem Erdbehälter aus Stampfbeton. Erster Turmbehälter aus Eisenbeton in Württemberg-Hohenzollern.

Die Erfahrung, daß bei größeren Behältern und ständigem Wasserdurchsatz die Eigenwärme des Wassers keine zusätzlichen Frostschutzmaßnahmen erfordert, hat bei Eisenbahn und Industrie zum Bau vieler eiserner Wassertürme ohne Ummantelung geführt, so z. B. 1881 in Mühlheim, 1898 in Essen-Leithe und 1910 in Alsdorf. Die öffentliche Wasserversorgung machte sich diese Erfahrung in der Regel nicht zu eigen. Die Ummantelung gab Gelegenheit zur Gestaltung des Gesamtbauwerks und Anpassung an die städtebaulichen Gegebenheiten. Auch im Stahlbetonbau wurde auf eine Ummantelung im wesentlichen erst nach dem zweiten Weltkrieg verzichtet.

Die geforderte Wasserdichtheit, bei eisernen Wassertürmen stets erreicht, war bei Behältern aus Stahlbeton nicht ohne weiteres selbstverständlich. Als zusätzliche Maßnahme wurde deshalb erstmals 1908 im Wasserturm Edingen (450 m^3 Inhalt, System Intze) ein wasserdichter Zementputz aufgebracht [36].

Die Intze-Behälter aus Stahlbeton führten sich übrigens im Europäischen Ausland sehr viel besser ein als im Lande des Erfinders selbst. So wurden sie z. B. im Bereich der italienischen Staatsbahnen für Inhalte von 50, 100, 200 und 500 m^3 genormt [36] (s. S. 133).

Abschließend bleibt zu bemerken, daß in den 100 Jahren seit 1850 bis zum Ende des Betrachtungszeitraumes die Entwicklung des Wasserturmbaus in konstruktiver, wasserversorgungstechnischer und architektonischer Hinsicht mit bewundernswerter Vielfalt und Einfallsreichtum vorangetrieben worden ist. Nicht zuletzt wurde diese durch die hohen Kosten verursacht, die damals schon durch den Faktor vier, bezogen auf den für Erdbehälter entstehenden Aufwand, gekennzeichnet waren. Auch der in den dreißiger Jahren beginnende zunehmende Einsatz von Druckerhöhungsanlagen im städtischen Bereich ist ein Ergebnis wirtschaftlicher Überlegungen. Diese verdrängten allerdings nie den Wasserturmbau ganz; im Gegenteil, nach 1945 erlebte er eine neue Blütezeit.

Bild 54. Wasserturm im Betriebswerk Kornwestheim der Deutschen Bundesbahn (Erbaut 1914).

III.5 Mehrzweckbauwerke

Die hohen Kosten für Wassertürme haben die Planer stets veranlaßt, sich Gedanken über eine sinnvolle Nutzung des unter dem Turmbehälter zwangsläufig vorhandenen Freiraums zu machen. Das Naheliegendste war, in diesem Einrichtungen des Wasserwerks unterzubringen. So sind im Schaft vieler Wassertürme maschinelle Anlagen und Lagerräume sowie Wohnungen für das Bedienungspersonal zu finden. Um eine bessere Nutzung des Unterbaus zu erreichen, versuchte man es bei größeren Turmbehältern auch mit rechteckigen Grundrissen. So entstand 1903 in Bochum der „Wasserturm Harpen“ (s. S. 107 und 234). Nach außen das Bild eines anspruchsvollen Wohnhauses vermittelnd, enthielt das Gebäude über zwei Wohngeschossen einen zweikammrigen eisernen Wasserbehälter mit 3000 m^3, der aus jeweils vier Zylindersegmenten mit Flachboden zusammengesetzt war [38]. In Kornwestheim integrierte Prof. Bonatz 1933 das neungeschossige Turmbauwerk, in dessen oberstem Stockwerk der 800 m^3 fassende Wasserbehälter steht, als dominierenden Bauteil in den neuen Komplex des Rathauses. Sechs Geschosse und zwei Untergeschosse dienen für Zwecke der Verwaltung (s. S. 301). In Bremerhaven-Wulsdorf wurde 1927 ein Wohn-Wasserturm in Betrieb genommen, der ebenfalls unter Mitwirkung von Prof. Bonatz geplant worden war. Er hat einen Grundriß von $25{,}25 \times 13{,}5$ m^2 und eine Höhe von 32,74 m. 24 Wohnungen sind in sechs Geschossen untergebracht. Nach einem Tropfboden folgt das über eine Wendeltreppe erreichbare Behältergeschoß mit zwei zylindrischen Behältern von je 750 m^3 Inhalt und 8 m Wassertiefe [38] (s. S. 128).

Bild 55. Wasserturm mit Bürogebäude in Oberhausen (Bahnhof). Erbaut 1929. Inhalt 700 m^3. Höhe 36 m.

Die Kombination von Wohnungen und Turmbehälter ist noch in einigen wenigen Fällen wiederholt worden (Bild 55). Probleme ergaben sich kaum, allenfalls durch Geräuschbelästigungen. Trotzdem war und ist eine deutliche Abneigung seitens der Wohnungsmieter/Eigentümer gegen solche Projekte erkennbar.

Wassersilos

Die Bemühungen, den Freiraum im Turmschaft besser ausnutzen zu können, führten auch zu einer besonderen Behälterart, dem Wassersilo. Bei ihm liegt die Behältersohle im Fundamentbereich, der Wasserbereich führt im Turm hoch bis in die vorgesehene höchste Wasserspiegellage. Außer dem Grundgedanken der optimalen Ausnutzung des umbauten Raumes, besteht der Vorteil darin, daß die großen Vertikallasten aus Wassergewicht ohne Tragkonstruktion direkt auf den Untergrund übertragen werden. Außerdem steht für Notfälle ein großer Wasservorrat zur Verfügung, von dem für den normalen Betrieb nur der obere Teil benützt wird.

Als Beispiel sei der Wasserturm Landshut-Hofberg aufgeführt, der vom Kgl. Bayerischen Wasserversorgungsbureau geplant und 1887 in Betrieb genommen wurde. Das Zylinderreservoir wurde aus vernieteten Blechen zusammengesetzt, hatte einen Durchmesser von 3 m, eine Höhe von 14 m und einen Inhalt von 90 m^3. Die Nähe des Bergschloßes Trausnitz veranlaßte die Planer, der quadratischen Verkleidung aus Mauerwerk das Aussehen eines Wehrturms zu geben. Interessant ist, daß dem Zylinder zur Vergrößerung von Höhe und Inhalt 1953 ein kegelstumpfförmig erweitertes Zylinderreservoir aufgesetzt wurde. Das Fassungsvermögen betrug nun bei einer Wasserspiegelhöhe von 24 m 150 m³. Das Äußere des Wasserturms wurde im Zusammenhang mit dem Umbau in moderner Sachlichkeit umgestaltet [41] (Bild 56). Die Wasserversorgungsgruppe Schäftlarn erstellte 1899 ebenfalls ein „Cylinderreservoir in einem Wasserthurm neben der Kirche in Hohenschäftlarn“. Das Standrohr mit 2 m Durchmesser, 10 m Höhe und 31 m³ Inhalt wurde aus einzelnen, versetzt vernieteten, „gekrümpelten“

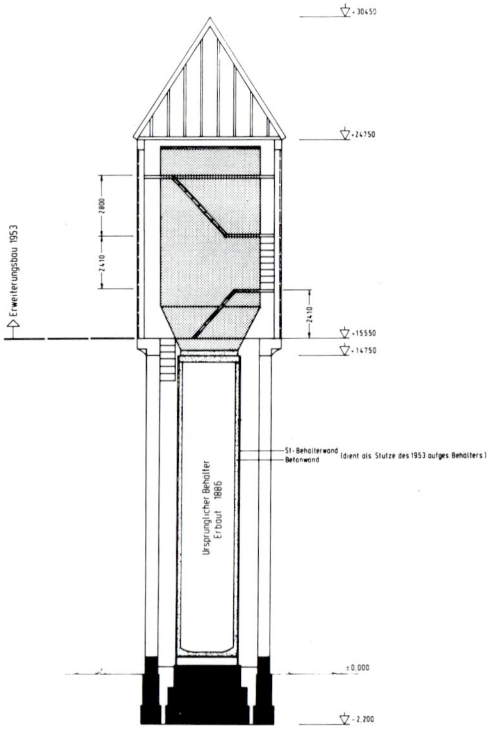

Bild 56. Zylinderreservoir in Landshut-Hofberg von 1887.

Einzelblechen zusammengesetzt und von einem quadratischen Turm aus Mauerwerk ummantelt. Durch die Kombination von kreisförmigen und quadratischem Grundriß ergab sich verfügbarer Raum in den Ecken, der für den Einbau der hydraulischen Ausrüstung und des Leiteraufstiegs verwendet werden konnte [41] (s. S. 71).

Die technisch einfache Lösung hatte sich für kleine Behälter mit geringen Ansprüchen an Druckhöhe bewährt. Sie wurde deshalb auch im benachbarten Land Württemberg vom Bauamt für das öffentliche Wasserversorgungswesen übernommen. Dort wurden Standrohrwassertürme aus Stahlbeton mit seitlichem Aufgang hergestellt. Die Armaturen wurden in einem unterirdischen Schachtanbau untergebracht (Bild 57).

Bild 58. Schornsteinbehälter Blohm + Voss, Hamburg.

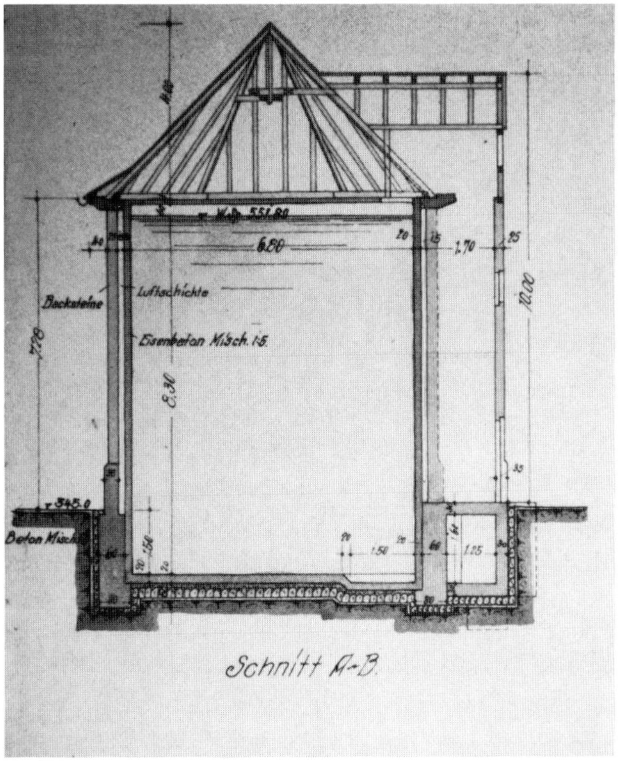

Bild 57. Wasserturm Sickingen des Wasserwerks des Kreises Hechingen (jetzt ZV WV Hohenzollern). Erbaut 1930.

Schornsteinbehälter

Ähnliche Gedanken lagen auch den sog. „Schornsteinbehältern" zugrunde, die vor allem für die Wasserversorgung der Industrie Anwendung fanden. Schornsteine waren dort bereits vorhanden, so daß mit der statisch problemlosen Lösung eine schnelle Verbesserung der Druckverhältnisse, der betrieblichen Sicherheit und der Löschwasserversorgung erreicht werden konnte. Erstmals wurde 1885 für die Schiffswerft in Übigau bei Dresden ein Schornsteinbehälter aus Schmiedeeisen mit 75 m^3 Inhalt nur für den Löschwasservorrat gebaut. Intze entwarf einen

Schornsteinbehälter von 60 m^3 Inhalt für die Firma Blohm und Voss in Hamburg. Er wurde 1887 angefertigt (Bild 58). In der Regel gab man den Schornsteinbehältern keine Ummantelung; bei Frost schützte die Kaminwärme vor dem Einfrieren, im Sommer konnte der Zwischenraum zwischen Kamin und innerer Behälterwand belüftet werden. Auch kam es in der Regel bei diesen Betriebsbehältern auf eine Erwärmung des Wassers nicht an. In manchen Fällen wurde eine Umhüllung mit Rabitz-Putz vorgesehen, wenn besondere Anforderungen an die Wassertemperatur gestellt wurden. Die Schornsteinbehälter wurden in Größenordnungen von 10–100 m^3 Wasserinhalt ausgeführt. Sie stellten in diesem Bereich eine sehr wirtschaftliche und bewährte Lösung dar, die keinerlei unerwünschte Auswirkungen auf die Standfestigkeit der Schornsteine ausübte.

Ab 1910 wurden Schornsteinbehälter auch aus Eisenbeton hergestellt, so z. B. für die Papierfabrik in Olleschau/Mähren. Er hatte 35 m^3 Inhalt. Bei nachträglichem Anbau an in Betrieb befindliche Schornsteine wirkte sich die Schornsteinwärme nachteilig aus. Man half sich damit, daß man zwischen Kamin und Behälterwand 8 cm Luftraum ließ. Zum Schutz gegen Einfrieren bei tiefen Außentemperaturen mußte in diesem Fall aber eine Verkleidung aus porösen Steinen angebracht werden. Aus diesem Grund wurde Schmiedeeisen als Baumaterial in den meisten Fällen des späteren Einbaus bevorzugt [36].

*

Über die an sich naheliegende Ausstattung von Wassertürmen mit Aussichtsplattformen wird selten berichtet. Der 1912 für das Nordseebad Langeoog errichtete Wasserturm verfügte ebenso wie der Bismarckturm in Senftenberg [36] über eine solche. Auch von dem 1906 errichteten Wasserturm Winzeln der Felsalb-Gruppe wird eine solche Einrichtung erwähnt. Sollten damals schon die Probleme, die sich aus dem freien Zugang der Öffentlichkeit zu Anlagen der Wasserversorgung ergeben können, erkannt und auf eine Trennung Bedacht gelegt worden sein?

Dies war natürlich nicht zu befürchten beim Schloß Twickel de Delden/Holland, wo Baron van Heeckeren sich einen Wasserturm samt Wasserleitung bauen ließ. Der Turm wird wie folgt beschrieben:

„Schlank ragt der eckige Wasserturm am Rand der Twickelsen Wälder empor. Das Äußere besteht aus roten Backsteinen. Beachtenswert sind die dort angebrachten Figuren aus Sandstein. Vier Kinderköpfe mit Flügeln stützen mit paarweisen Gesichtern von zwei Flußgöttern und den weich gelockten Köpfen von zwei Wassernymphen den großen Behälter. Der Bildhauer gab diesen Kinderköpfen die Gesichtszüge der beiden jungen Grafen Bentink van Waldam, Kinder der Schwester von Baron von Heekeren van Wassenaer und von den Söhnen von Ir. Halbertsma und von dem Verwalter Bitter. Im Inneren ist das Gebäude großzügig und geschmackvoll eingerichtet. Eine bequeme Treppe mit 196 Stufen führt nach oben. In dem Stockwerk unter dem Behälter ist Gelegenheit zum Ausruhen; zur damaligen Zeit standen hier gemütliche Sessel, so daß man durch die Fenster die außergewöhnlich schöne Umgebung genießen konnte.“ [35]

Wie angenehm:
Manch einer, der die Besteigung eines 30 oder 40 Meter hohen Wasserturms hinter sich hat, hätte sich auch gerne einen Sessel zum Ausruhen und Genießen der schönen Umgebung gewünscht!

IV. Ausblick
Was kam später?

Den in Jahrhunderten gesteigerten Anforderungen an die Versorgung von Bevölkerung, Landwirtschaft, Industrie und Gewerbe mit Trink- und Brauchwasser konnte der Mensch durch entsprechende Erfindungen und technische Weiterentwicklung von Überliefertem stets gerecht werden. Er entwarf und baute die erforderlichen Anlagen, um das Wasser schließlich „überall dorthin, wo es gebraucht wird“, in erforderlicher Menge und guter Beschaffenheit zu bringen. Für ausreichenden Druck hatten und haben nicht zuletzt die Wassertürme zu sorgen, eine wichtige Aufgabe im Rahmen der Wasserversorgung.

Bild 59. Wasserturm Haukilathi Espoo (Finnland) mit 4100 m^3 Inhalt. Erbaut 1967.

Im Rückblick kann festgestellt werden, daß bis zum 2. Weltkrieg – dem Ende der Berichtszeit dieses Buches – die an die Wasserspeicherung und speziell an Wassertürme gestellten Anforderungen erfüllt waren. Sie entsprachen im wesentlichen den heutigen. Änderungen haben sich also kaum in wasserversorgungstechnischer, sondern vielmehr in bautechnischer/konstruktiver Hinsicht ergeben.

Durch die Entwicklung der Schalungstechnik, des Stahl- und Spannbetonbaus sowie der Baugeräte sind heute – von der Form und Abmessung her – praktisch unbegrenzte Möglichkeiten des Baus von Wassertürmen gegeben (Bild 59).

Der Druck der relativ hohen Kosten hat die planenden Ingenieure gezwungen, immer neue Überlegungen über wirtschaftlichere Bauweisen, Formen und Konstruktionen anzustellen. Die große Anzahl der nach dem 2. Weltkrieg entstandenen Wassertürme zeugt davon.

Einen Teil der Aufgabe, vor allem in der städtischen Flächenversorgung, haben Druckerhöhungsanlagen übernommen. Überall können diese jedoch den Wasserturm nicht ersetzen, der eine besonders einfache und sichere Versorgung gewährleistet. Auch bei der heute häufig erforderlichen Erweiterung von Wasserversorgungsanlagen kann der Bau eines Wasserturms eine sinnvolle Ergänzung darstellen.

Wenn wir uns also in dieser Schrift der Geschichte der Wassertürme gewidmet haben, dann nicht nur, um eine Pflicht gegenüber den Vorfahren zu erfüllen, getreu dem aus dem Indischen überlieferten Wort:

> „Denen,
> die Brunnen bauen
> und Wasserwerke einrichten,
> wird ewige Seligkeit im Paradies
> zugesagt".

Vielmehr soll damit die Kontinuität einer Entwicklung über Jahrtausende festgehalten werden, die auch heute nicht beendet ist.

Literaturverzeichnis

[1] Grahn, E.: Die städtische Wasserversorgung; I. Band, München 1878
[2] N.N.: Europäische Wassercharta; Europarat, 6. Mai 1968
[3] Eggers, G.: Wasserversorgungstechnik im Altertum; in: Technikgeschichte (VDI), Bd. 25, Berlin 1936
[4] Müller, W.: Historische Entwicklung von Wasserbehältern, 1977
[5] Müller, W.: Geschichte der Wasserhebung; in: vedewa-Info, Stuttgart 1979–1983
[6] Mannesmann AG: Wasser braucht man überall; Düsseldorf 1968
[7] Eternit AG: 7000 Jahre Wasserbau-Geschichte; Berlin 1968
[8] Kuros, Gh. R.: Kanate/Kärise – Wasserwirtschaftliche Bauten in Iran; in: Schriftenreihe der Frontinus-Gesellschaft, Heft 5, 1981
[9] Garbrecht, G.: Wasserversorgungstechnik in römischer Zeit; in: Wasserversorgung im antiken Rom, München, Wien 1982
[10] Eschebach, H.: Die Gebrauchswasserversorgung des antiken Pompeji; in: Antike Welt 9, Heft 2 (1979)
[11] Mevius, W.: Die Wasserversorgung Pompejis; in: Fachliche Berichte der Hamburger Wasserwerke, 3. Jg. (1984), Nr. 1
[12] Forchheimer, Ph. u. Strzygowsk, J.: Die Byzantinischen Wasserbehälter in Konstantinopel, Wien 1883
[13] Arens, H. J.: Wasserwirtschaftliche Maßnahmen der Zisterzienser; in: Schriftenreihe der Frontinus-Gesellschaft, Heft 5, 1981
[14] Gockel, B.: Das Feuer zu beherrschen – Von der Eimerkette zum Löschwasser-Hydranten; in: Erhard-Berichte, Heft 12a, Heidenheim 1980
[15] Schnapauff, J.: Frühe Wasserversorgung, Frankfurt/Main 1977
[16] Donner, J.: Wiener Wasser; Dokumentation des Magistrats der Stadt Wien, Abt. 31 – Wasserwerk Wien 1982 und 1983
[17] Frühling, A.: Die Wasserversorgung der Städte; in: Der Wasserbau, III. Teil des Handbuchs der Ingenieur-Wissenschaften, 3. Band, Leipzig 1904
[18] Bibliographisches Institut AG, Mannheim; Farbiges großes Volkslexikon, Mannheim 1981
[19] Weyrauch, R.: Die Wasserversorgung der Städte, 2. Auflage Band 2, Leipzig 1916; aus: Der Städtische Tiefbau, Band II
[20] Wahl, K.: Entwicklung der Wasserversorgung seit Einführung der Dampfmaschine; in: Technik-Geschichte (VDI), Bd. 25, Berlin 1936
[21] Gockel, B.: Das Fließende zu beherrschen – Historische Entwicklung der Absperr- und Regelarmaturen; in: Erhard-Berichte, Heft 12, Heidenheim 1973
[22] Vitruvius, M. P.: Über den Bau von Wasserleitungen, Brunnen und Zisternen; in: Schriftenreihe der Frontinus-Gesellschaft, Heft 7, 1984
[23] Ruckdeschel, W.: Die Wasserversorgung von Augsburg 1416–1879; in: Informationsbericht des Bayer. Landesamtes für Wasserwirtschaft 4/83 München
[24] Frontinus, S. J.: Die Wasserversorgung der antiken Stadt Rom; in: Wasserversorgung im antiken Rom, München, Wien 1982
[25] Ruckdeschel, W.: Die Brunnenwerke am Roten Tor zu Augsburg z. Zt. des Stadtbrunnenmeisters Caspar Walter (um 1750); in: Technikgeschichte (VDI), Bd. 42, Berlin 1975
[26] Jaacks, G. H.: Die Wasserkünste der Hansestadt Lübeck bis 1867; Herausgegeben von den Stadtwerken Lübeck 1967
[27] Hillmann, D.: Die Bedeutung der Wasserversorgung für die Reichsstadt Ulm im 17. Jh.; in: Schriftenreihe der Frontinus-Gesellschaft, Heft 1, 1979
[28] Ohl, A.: Die Wasserversorgung der Freien und Hansestadt Bremen; Bremen 1973
[29] Ruckdeschel, W.: Das untere Brunnenwerk zu Augsburg durch 4 Jahrhunderte; in: Zeitschrift des Historischen Vereins für Schwaben, 75. Bd., 1981
[30] Bodenseher, E.: Selbttätige Wasserhebewerke der Wiener Hochquellenleitung; in: Zeitschrift des Vereins der Gas- und Wasserfachmänner in Österreich und Ungarn, Jg. 1915, Hefte 23 und 24, Wien

[31] Kaller, G.: Ein kolorierter Plan des Malers Jörg Ziegler aus Rottenburg; in: Hohenzollerische Jahreshefte, Sigmaringen, Jg. 1962, S. 222/226
[32] Ruckdeschel, W.: Das Ochsentretscheiben-Pumpwerk im alten Brunnenhaus von Schillingsfürst; in: Schriftenreihe der Frontinus-Gesellschaft, Heft 2, 1980
[33] Meyer-König, W.: Stuttgart und das Wasser; in: Schriftenreihe der TWS, Nr. 55, Stuttgart 1979
[34] Wais, G.: Alt-Stuttgarts Bauten im Bild; Stuttgart 1951
[35] Houwink, P. und de Jong, S.: Watertorens in Nederland (1856–1915); Nieuwkoop 1973
[36] Werth, J.: Ursachen und technische Voraussetzungen für die Entwicklung der Wasserhochbehälter; Dissertation, TH Aachen, 1971
[37] Slotta, R.: Technische Denkmäler in der Bundesrepublik Deutschland; Veröffentlichung aus dem Deutschen Bergbaumuseum Bochum, Nr. 7, 1975
[38] Slotta, R.: Technische Denkmäler in der Bundesrepublik Deutschland; Veröffentlichungen aus dem Deutschen Bergbaumuseum Bochum, Nr. 10, 1977
[39] Merckel, C.: Bilder aus der Ingenieur-Technik; Leipzig 1904
[40] Merckel, C.: Die Ingenieur-Technik im Altertum, Berlin 1899
[41] Merkl, G.: Über die Entwicklung von Wasser-Hochbehältern; Eternit AG, Berlin 1979
[42] Merkl, G.: Wassertürme in Bayern; in: Informationsbericht Nr. 4/83 des Bayer. Landesamts für Wasserwirtschaft, München, 1983
[43] Kromer, M.: Wasser in jedwedes Bürgers Haus; Frankfurt, Berlin, 1962
[44] Kreidler, E.: Aus der Geschichte des Haidenhofs, 1978
[45] N. N.: Gußrohre – Entwicklung, Herstellung, Verwendung; Fachgemeinschaft Gußeiserne Rohre, Köln 1954
[46] Ehlers, G.: Die Wasserversorgung der deutschen Städte im Mittelalter; Technik-Geschichte (VDI), Bd. 25, Berlin 1936
[47] Fahlbusch, H.: Druckstrecken im Verlauf antiker Wasserversorgungleitungen; in: Mitteilungen des Leichtweiss-Instituts für Wasserbau der Techn. Universität Braunschweig, Heft 82/1984.
[48] Arnold, G.: Bilder aus der Geschichte der Arbeitsmaschinen; Herausgegeben von der Allianz Versicherungs-AG, München 1972
[49] Peleg, J.: Wasserwerke aus der israelischen Zeit – Eine kurze Zusammenfassung; in: Mitteilungen des Leichtweiss-Instituts für Wasserbau der Techn. Universität Braunschweig, Heft 82/1984, Braunschweig 1984
[50] Klöpsch, A.: Die Entwicklung der Augsburger Wasserversorgung durch fünf Jahrhunderte; in: gwf Wasser/Abwasser, 100. Jg. (1959) H. 6
[51] Hornung, W.: Kleine Feuerwehrgeschichte; in: Rote Hefte Nr. 21, Stuttgart 1967
[52] Ludwig, W.: Habuba Kabira Süd, eine urukzeitliche Stadt mit Wasserversorgungs- und Abwasserleitungen aus der Zeit um 3500 v. Chr.; in: Schriftenreihe der Frontinus-Gesellschaft, Heft 2, Köln 1980
[53] N. N.: Das Buch der Könige; in: Das Alte Testament, Stuttgart 1974
[54] Funk, R.: Freiburgs Wasserversorgung einst und heute, Freiburger Energie- und Wasserversorgungs-AG, Freiburg
[55] Müller, W.: Vom Schöpfbrunnen zum Wasserwerk – Zwei Jahrtausende Wasserversorgung in Baden-Württemberg; Stuttgart 1981
[56] Ruopp, E.: Die Wasserversorgung von Faistenoy; in: Erhard-Berichte, Heft 5/68, Heidenheim 1968
[57] Kling, A.: Die römischen und mittelalterlichen Wasserversorgungen von Wien; in: Schriftenreihe der Frontinus-Gesellschaft, Heft 5, Köln 1981

Bildnachweis

Baur, A., Gerlingen 7, 10, 11, 13, 46, 48, 54
Berliner Wasserwerke 45
Budapester Wasserwerke 50, 51, 52
Blohm + Voss, Hamburg 58
Deutsches Museum, München 4, 17
Dyckerhoff und Widmann AG, München 25, 59
Stadtarchiv Haigerloch 53
Erhard, Heidenheim 1
Stadtwerke Frankenthal 47
Gelsenwasser AG, Gelsenkirchen 24
Gockel, B., Hanau 3
Zweckverband Hohenzollern, Hechingen 57
Leupold, J. 19
Städt. Museum Ludwigsburg 41
Stadtwerke Lübeck 31
Merian 40
Mevius, W., Hamburg 27, 49
Müller, W., Kirchheim 2, 12, 14, 28, 30, 38, 39
Stadmuseum München 16
Ramelli, A. 18
Staatsarchiv Sigmaringen 35
(Aufnahme Hauptstaatsarchiv Stuttgart KI GL/1)
Stadtarchiv Ulm 32 (Kromer, Nr. 75)
Wiener Wasserwerke 42, 43
Museen der Stadt Wien 44
E. Züblin AG, Stuttgart 55

[12] (Ph. Forchheimer) 29
[23] (W. Ruckdeschel) 34
[28] (A. Ohl) 33
[32] (W. Ruckdeschel) 37
[33] (W. Meyer-König) 23
[40] (C. Merckel) 8, 9, 26
[41, 42] (G. Merkl) 22, 36, 56
[45] (FGR) 20
[48] (G. Arnold) 5, 6, 15, 21

Bautechnische Lösungen

Gerhard Merkl

1. Vorläufer der Wassertürme

Dem Menschen wurden schon frühzeitig die ersten Ingenieuraufgaben durch die Forderung gestellt, Wasser zu jeder Zeit in ausreichender Menge zu besitzen. Wie sich der Mensch dieser Aufgabe entledigt hat, ist im vorhergehenden Abschnitt ausführlich dargelegt worden: Neben der Speicherung von Regenwasser in Zisternen, versuchte man vor allem Quellwasser mittels Wasserleitungen an die Verbraucher heranzuführen. Die Verteilung des Wassers auf die verschiedenen Verbraucherleitungen wurde zum Beispiel in der römischen Stadt Pompeji im Bedarfsfall über „Wassertürme" (castella secundaria) vorgenommen (s. S. 31). Diese Verteilertürme sind als Vorläufer der späteren Wassertürme anzusehen, da sie neben der verteilenden auch schon eine druckhaltende Funktion zu erfüllen hatten.

Im Mittelalter wurde in Deutschland das Wasser mittels der „Fluß-Wasserkünste" in Behälter auf Turmbauwerken, meist Stadttürmen, gefördert, womit zwei Anforderungen erfüllt werden sollten, erstens die Erzeugung eines für die gleichmäßige Wasserverteilung ausreichenden Druckes und zweitens die Vermeidung schädlicher Auswirkungen der Pumpendruckstöße auf Holz-Rohrleitungen (Deicheln, Pipen). Bemerkenswerte Vorläufer von Wassertürmen in Deutschland sind beispielsweise in Augsburg zu finden (Bild 1, 2, s. S. 37, 171).

Die Behälter der Stadtwasserkünste (Bild 2) waren Kästen oder Tröge aus Holz, Kupfer, Messing, Blei oder Stein. Von einer echten Speicherwirkung konnte bei ihnen jedoch keine Rede sein, da ihre Behälterinhalte infolge des Unvermögens der Werkstofftechnik, geeignete Eisenbleche oder Eisenplatten für die Herstellung von größeren Behältern zu liefern, einen Wert von 10 m^3 nicht überschritten. Diese unzureichenden Behälterinhalte konnten die Betriebsstörungen der Wasserkünste nicht überbrücken. Um Wasserbehälter

Bild 1. Die drei Wassertürme am Roten Tor (von Osten) in Augsburg. Ganz links der Große Turm, daneben der Kleine Turm, rechts der Kasten- oder Spitalturm, dazwischen der ehem. Werkshof, halblinks hinten das Rote Tor (Foto Prof. Ruckdeschel, Augsburg).

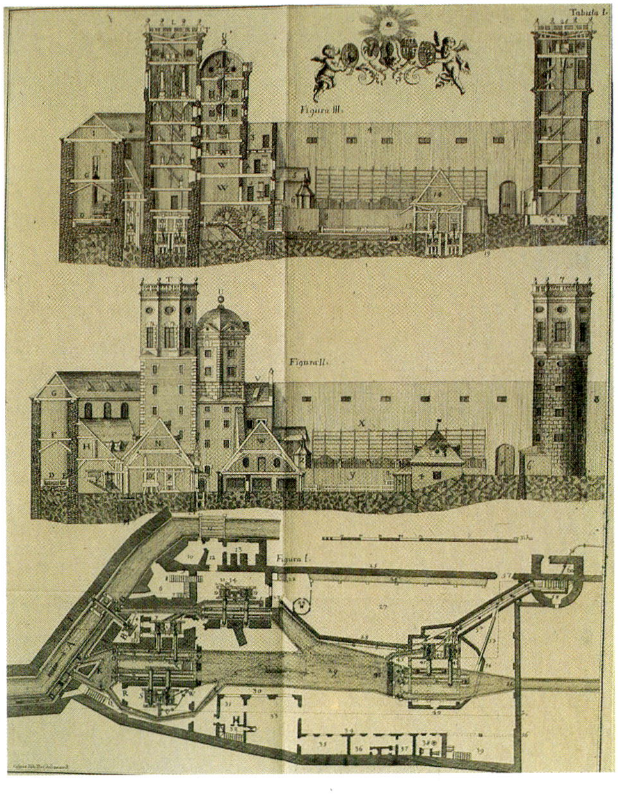

Bild 2. Grundriß und Aufrisse der Brunnenwerke am Roten Tor in Augsburg. Kupferstich aus Caspar Walther, HYDRAULICA AUGUSTANA, Augsburg 1766 (Foto St.-Archiv Augsburg).

mit einem wesentlich größeren Inhalt herstellen zu können, mußte erst das geeignete Baumaterial gefunden werden, das eine lange Lebensdauer mit einer hohen Wasserdichtheit verband sowie weder den Geschmack (verfaulender Holzbehälter!) noch die Farbe des Trinkwassers beeinträchtigte. Mit dem Beginn des technischen Zeitalters wurden die Voraussetzungen für eine Abhilfe geschaffen, wobei in der industriellen Eisenherstellung, der Erfindung der Dampfmaschine und der Dampflokomotive bzw. der Verbreitung der Eisenbahnen die wichtigsten Phasen für die Weiterentwicklung der Wasserhochbehälter zu sehen sind. Mit leistungsfähigen Pumpwerken und den gußeisernen Leitungsrohren konnte der Wasserversorgungsdruck erhöht werden, nicht zuletzt auch eine Voraussetzung für die bautechnische Entwicklung der Wassertürme. Die erste ausgedehntere Verwendung für Wasserhochbehälter ergab sich bei der Anlage der Wasserstationen für die Eisenbahn, während die sprunghafte Entwicklung der Wassertürme in der öffentlichen Wasserversorgung erst zwei Jahrzehnte danach um die Mitte des 19. Jh.s einsetzte. Unter dem Begriff Wasserhochbehälter soll im folgenden der Wasserbehälter auf einem turmartigen Unterbau – die zusammen den sogenannten Wasserturm bilden – verstanden werden.

Eine eindeutige Ordnung für die Entwicklung der Wassertürme kann nur durch das Unterscheidungskriterium der Behälterausbildung, und zwar nach dem Baustoff und nach der Form der Behälter erreicht werden. Aus der Anwendung der verschiedenen Baustoffe ergab sich für die Wassertürme eine Einteilung in die zwei Hauptgruppen der Stahlbauweise und der Betonbauweise, wobei

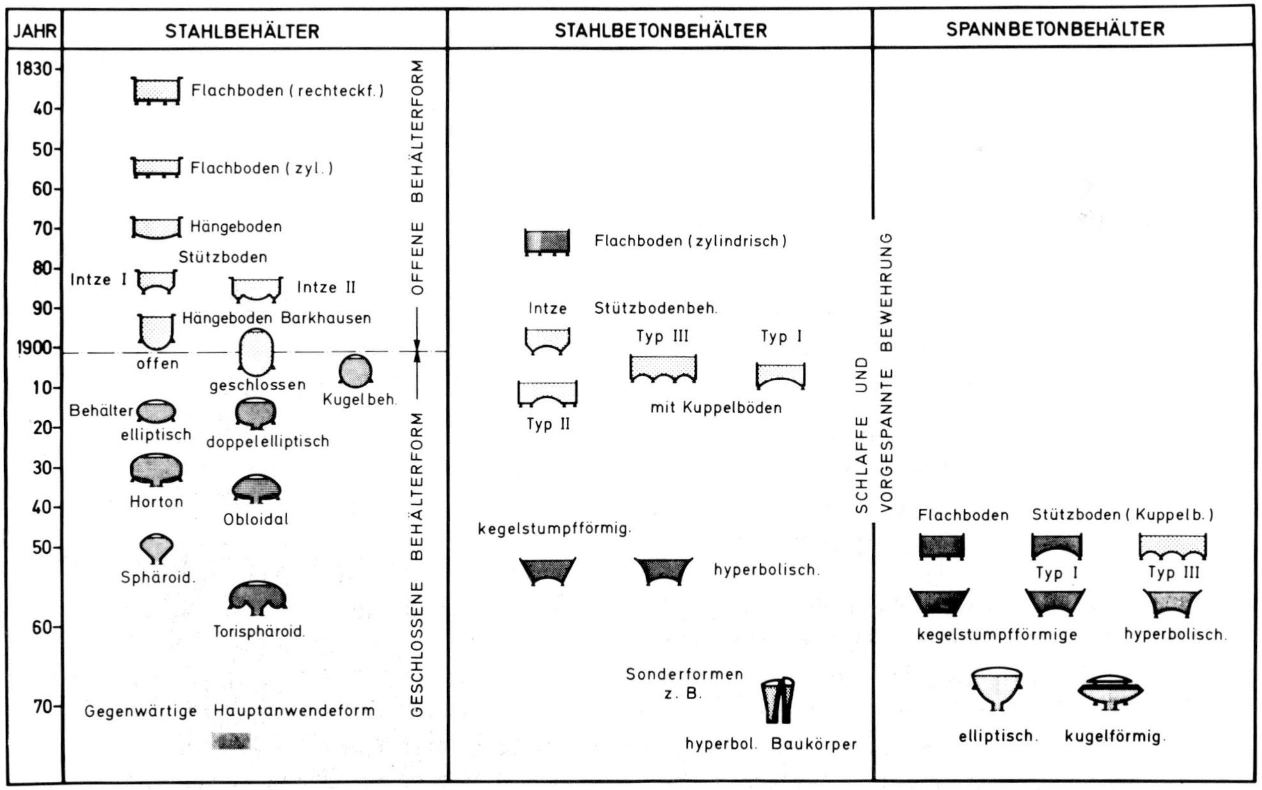

Bild 3. Entwicklung der Behälterformen in Wassertürmen.

von der Beschreibung der Holzbauweise (vor 1800) abgesehen wurde, da diese Bauart wegen ihrer Mängel nur eine untergeordnete Bedeutung im Behälterbau erlangen konnte. Die Ursachen und technischen Voraussetzungen für die Entwicklung der Wasserhochbehälter sind in den Dissertationen von Baer [6] und Werth [47] aus den Jahren 1933 bzw. 1971 dargelegt, auf die in Teilen Bezug genommen wird. Eine Übersicht zu den nachfolgend besprochenen Behältertypen vermittelt Bild 3.

2. Wasserhochbehälter aus Eisen

2.1 Flachbodenbehälter

Die Wasserstationen für die Eisenbahnen waren ab 1830 das erste große Anwendungsgebiet der Wassertürme. Der Versorgungsdruck mußte unter Berücksichtigung der Reibungsverluste in den Rohrleitungen auch für den niedrigsten Wasserstand im Behälter eine Speisung der Lokomotiven in relativ kurzer Zeit ermöglichen. Hieraus ergaben sich für den Behälter zunächst mittlere Höhenlagen von 5 bis 10 m über der Schienenoberkante.

Die Wasserhochbehälter der Eisenbahn, die in England seit 1830 und in Deutschland seit 1835 errichtet wurden, waren *rechteckförmige Behälter aus Gußeisen.* Gußeisen wurde verwendet, da es billiger war als das schwierig zu gewinnende Schmiedeeisen und keine so großen Fertigungsschwierigkeiten bei größeren Blechen aufwies. Der rechteckige Grundriß mit einem flachen Boden folgte aus der Forderung, eine gegebene rechteckige Grundfläche möglichst zweckmäßig auszunutzen, und aus der Materialfremdheit, d.h., die rechteckigen Holzkästen von früher wurden nachgeahmt, da man in Gußeisen zunächst nur einen Ersatz für den Baustoff Holz sah. Es gelang zwar damit das Dichtheitsproblem zu beherrschen, das Festigkeitsproblem blieb jedoch noch mangelhaft gelöst. Ein einzelner Behälterkasten bestand aus gußeisernen Platten, an deren Rändern Flansche angebracht waren, um die Platten einschließlich Fugendichtungsstreifen miteinander verschrauben zu können (Bild 4). Die Biegesteifigkeit der Platten war allerdings gering, weshalb die Wände auf einer Wassertiefe von nur 1,85 m zum Beispiel mit sechs sich kreuzenden schmiedeeisernen Zugankern verschraubt wurden (Bild 4). Die Anker waren korrosionsanfällig, erschwerten die Reinigung der Behälter und brachten Probleme mit den nur schwer zu dichtenden Durchdringungspunkten der Anker mit den Wänden. Der ebene Behälterboden war gleichfalls starken Biegespannungen ausgesetzt, weshalb er auf einen engmaschigen Balkenrost, in der Regel aus ausgedienten Schienen, aufgelagert werden mußte. Meistens wurden diese „gußeisernen Zisternen" in Größen von etwa 10′ Länge (3,139 m), 6′ Breite (1,882 m) und 6′ Höhe ausgeführt [24].

Bei der Eisenbahn in Deutschland wurden die Wasserbehälter vorwiegend in Betriebsgebäuden aufgestellt (Bild 5). Den Raum unterhalb des Behälters nutzte man z.B. zur Aufstellung des

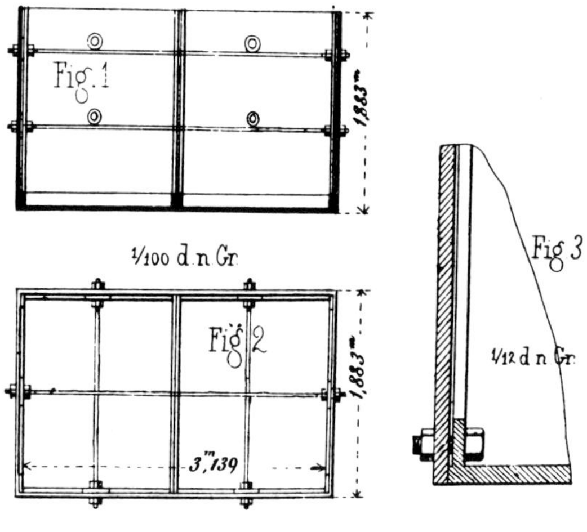

Bild 4. Rechteckiger Wasserbehälter aus Gußeisen, Inhalt 10 m³ [24].

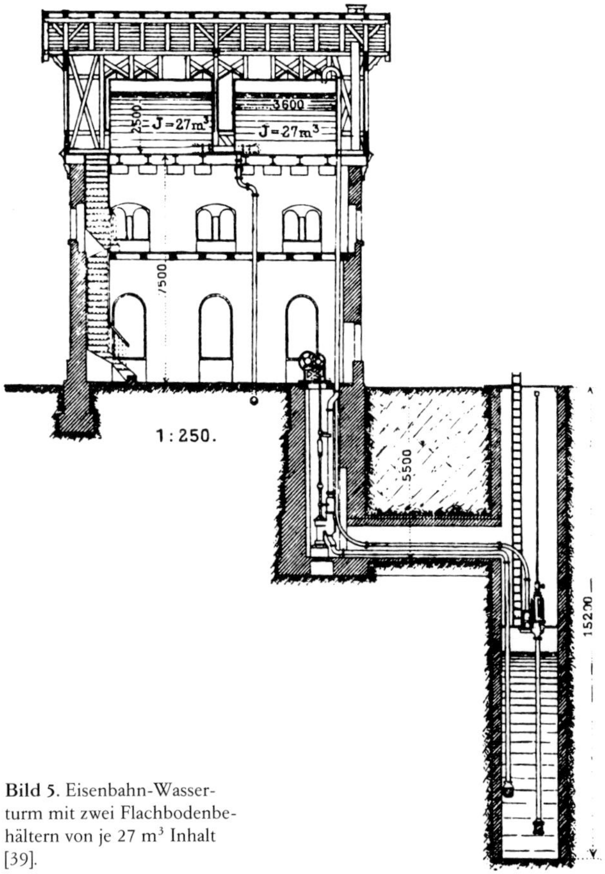

Bild 5. Eisenbahn-Wasserturm mit zwei Flachbodenbehältern von je 27 m³ Inhalt [39].

Dampfkessels für die Pumpe und als Aufenthaltsraum für einen Wärter, wodurch gleichzeitig die Warmhaltung des Behälterbodens erzielt wurde. Über die sog. Kranleitung wurden dann u. U. mehrere „Wasser-Kräne“ zum Befüllen der Lokomotiven versorgt (s. a. S. 25). Durch eine angebaute Wohnung für den Pumpenwärter mit Nebengebäude entstand später ein sog. „Wasserstationsgebäude“ [39].

In England und Frankreich bevorzugten die Eisenbahngesellschaften mehr eine freie Aufstellung des Behälters entweder auf einem geschlossenen Unterbau aus Ziegelmauerwerk oder einem aufgelösten Tragwerk bestehend aus gußeisernen Stützen (Bild 6). Ähnliche rechteckförmige Wasserbehälter allerdings mit meist kleinerem Inhalt wurden Mitte des 19. Jh.s auf vielen englischen und französischen Bahnhöfen errichtet [47].

Als man erkannte, daß die Formgebung der Wasserbehälter für die statische Beanspruchung der Behälter-Wände und -Böden von besonderer Bedeutung ist und somit für eine wirtschaftliche Dimensionierung die Behälterwand ausschließlich auf Zug beansprucht werden mußte, wurden *zylindrische Behälter aus schmiedeeisernen Blechen* konstruiert. Der Vorteil gegenüber den rechteckigen Behältern aus Gußeisen bestand in der Materialersparnis, die sich einmal aus dem Wegfall

Bild 6. Rechteckiger Flachbodenbehälter aus Gußeisen mit 1000 m³ Inhalt in Maisons-Laffitte bei Paris (um 1850) [23].

sämtlicher kostspieliger Aussteifungen und Verankerungen, zum anderen aus der geringeren Behälteroberfläche des Zylinders ergab. Schmiedeeiserne, ebene Bleche lassen sich aufgrund ihrer großen Dehnbarkeit biegen, so daß sie aus fertigungstechnischen Gründen statt des preislich günstigeren Gußeisens verwendet wurden. Die Verbindung der einzelnen Bleche wurde durch einfaches Überlappen der Ränder und Zusammennieten erreicht, wobei jedoch die Fugen mit einem Dichtungsmittel verstemmt werden mußten.

Die Entwicklung bei den Wassertürmen in der öffentlichen Wasserversorgung setzte ungefähr 20 Jahre später ein – nachdem von seiten der Eisenbahn mit der Herstellung der ersten Flachbodenbehälter aus Eisen ein wesentlicher Beitrag zur Entwicklung des Wasserbehälterbaues geleistet worden war. Verursacht wurde dies durch neue, notwendig gewordene Wasserversorgungsanlagen infolge mangelhafter Löschwasserversorgung (Großbrand von 1842 in Hamburg), „Brunneninfektion" (Choleraepidemien) und steigendem Verbrauch.

Das erste neuzeitliche Wasserwerk in Deutschland entstand 1848 in Hamburg-Rothenburgsort. Auslösendes Moment war der große Brand von 1842, der ein Fünftel der ganzen Stadt in Trümmer legte, darunter auch die Jahrhunderte alten Stadtwasserkünste. Der Stadtrat beauftragte seinen Ingenieur-Konsulenten, den Engländer William H. Lindley, mit der vorläufigen Planung neuer Anlagen. Zu dem Rothenburgsorter Pumpwerk gehörte auch ein Turm, fälschlicherweise auch als Wasserturm bezeichnet, der nur als Druckregelorgan für die zwei Cornwall-Dampfmaschinen diente und nicht zur Speicherung von Wasser. Das von den Pumpen geförderte Wasser wurde zunächst in ein Steigrohr gedrückt, das in rd. 60 m Höhe und für Zeiten niedrigen Druckes auch in halber Höhe mit einem Fallrohr verbunden war. Im Falle eines Rohrbruches im Netz diente die Wassersäule im Steigrohr als Belastung für die Pumpen. Da die Aufstellung der langen, senkrechten Rohre Schwierigkeiten mit sich gebracht hätte, wurden technisch elegant die Rohre mit dem für die Dampfkessel erforderlichen Schornstein zu einem Bauwerk vereint. Die 64 m hohe Turmsäule mit einem Außendurchmesser von 10 m steht seit 1848 bis heute (Bild 7).

Die Genialität Lindleys zeigt sich auch im Zuge vorausschauender Erweiterungsmaßnahmen. In den Jahren 1853–1855 entstand unter seiner Leitung in Hamburg am Berliner Tor ein Wasserturm mit 2350 m^3 Fassungsraum, für den es in

Bild 7. Sogenannter Wasserturm der Stadtwasserkunst in Hamburg-Rothenburgsort von 1848 [4, 65] (Foto Dr. Mevius, Hamburger Wasserwerke).

der bisherigen technischen Entwicklung keine Vorbilder gab (Bild 8). Der Großbehälter mit 30,4 m Durchmesser und 3,04 m Höhe wurde aus Wirtschaftlichkeitserwägungen in Gußeisen (Behältergewicht 195 t) statt des teuren Schmiedeeisen ausgeführt. Der zylindrische Flachbodenbehälter des Hamburger Wasserturmes bestand aus einzelnen gußeisernen Platten, welche an ihren Rändern mit Hilfe von Flanschen zusammengeschraubt wurden. Die Fugen zwischen den Flanschen wurden mit einer Einlage aus Schürmannsgarn und Mennige gedichtet. Den Boden bildeten kreissegmentförmige 19 mm ($\frac{3}{4}''$) dicke Platten, die Wand mehrere übereinanderstehende Ringe aus gußeisernen Platten, deren Dicke entsprechend der hydrostatischen Druckhöhe von 22 auf 16 mm ($\frac{7}{8}''$ auf $\frac{5}{8}''$) abnahm. Da Gußeisen materialbedingt nur geringe Zugspannungen aufnehmen kann, übertrug man einen Teil der Zugbeanspruchung auf eine zusätzliche Umwehrung der Behälterwand, die in Form von schmiedeeisernen Bändern um den Behälter gelegt wurden. Vor der ersten Behälterfüllung mußten sie mit Hilfe von Schrauben möglichst straff angespannt werden, um bei Belastung des Behälters sofort kraftschlüssig werden zu können. Als Unterbau für den auf 12,35 m über Gelände liegenden Behälter wählte der Erbauer ein pfeilerartig aufgegliedertes Tragwerk aus kräftigem Ziegelmauerwerk. Mit der in Pfeiler aufgelösten Bauweise des Unterbaus bewies Lindley, daß er dessen Funktion als reines Traggerüst klar erkannt hatte. Insgesamt 60 kräftige Stützen waren zwischen dem äußeren Umfang und einem konzentrischen Innenraum mit 15 m Durchmesser radial angeordnet (Bild 8, Grundriß in Schnitthöhe l-m). Ihr oberer Gewölbeabschluß wiederholte sich in der Gründung in Form von umgekehrten Gewölben, um die Belastung möglichst gleichmäßig über das gesamte Fundament zu verteilen. Als direkte Auflagerung für den Behälterboden diente ein feinmaschiges Netz von gemauerten Stützbögen, deren rd. 300 kleinere Pfeiler den Raum zwischen den Gewölben und dem Behälterboden ausfüllten (s. Schnitt a-b). Da man an Trinkwasser wesentlich höhere Ansprüche in bezug auf Reinheit und Temperatur stellte, als an das Betriebswasser der Eisenbahn, schirmte man den Behälter gegen äußere Ein-

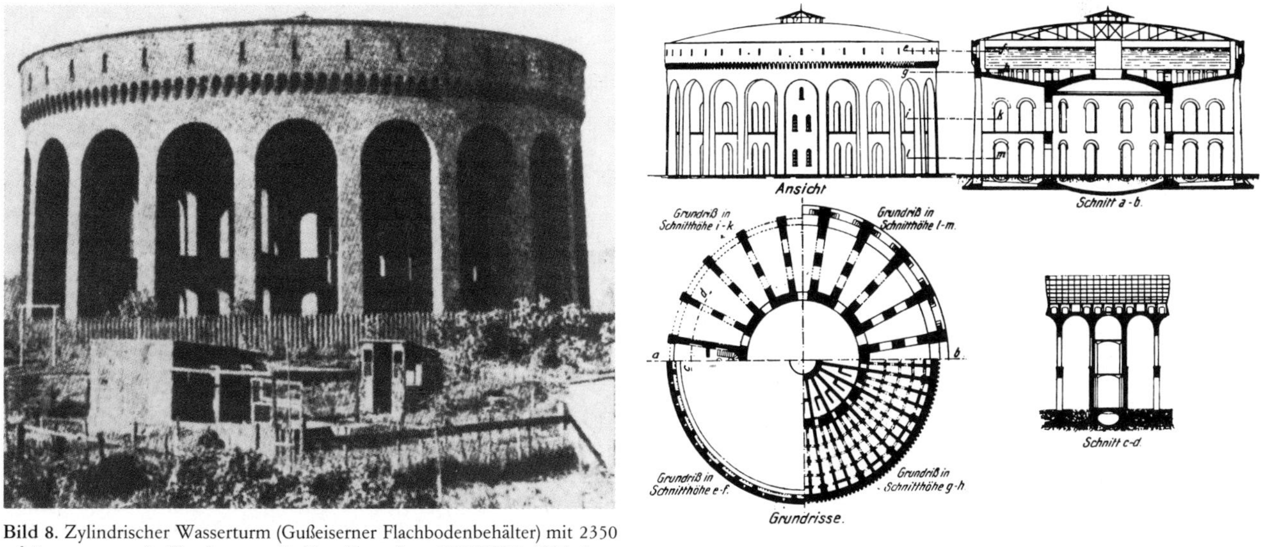

Bild 8. Zylindrischer Wasserturm (Gußeiserner Flachbodenbehälter) mit 2350 m^3 Fassungsraum in Hamburg am Berliner Tor, erbaut 1853/1855, 1910 abgebrochen [6, 26].

flüsse und Einwirkungen der Temperatur ab. Das kuppelförmige mit Eisenblech eingedeckte Dach wurde von parabelförmigen Fachwerkbindern aus Schmiedeeisen getragen, welche auf das Mauerwerk der Ummantelung sowie auf den Innenzylinder des Behälters aufgelagert waren. Den Dachabschluß bildete ein laternenförmiger Lüftungsaufsatz, durch den in Verbindung mit den Fensteröffnungen der Ummantelung eine Ventilation erzeugt werden konnte. Auf diese Weise wollte man – den damaligen Ansichten zur Hygiene entsprechend – „während der heißen Jahreszeit die Bildung von dumpfen Gerüchen der aus dem Wasser freiwerdenden Gase wie Schwefelwasserstoff oder Kohlensäure vermeiden" [47].

Neben der richtungweisenden technischen Lösung muß auch die architektonische als besonders gelungen bezeichnet werden – vor allem im Vergleich zu später gebauten Wassertürmen, bei denen die Fassade wegen vermeintlicher Formlosigkeit mit technisch meist unnötigen Rundbögen, Arkaden, Gesimsen etc. „verziert" worden ist.

Der Wasserturm am Berliner Tor, der erste Wasserturm mit Speicherfunktion in der öffentlichen Wasserversorgung Deutschlands, ist leider 1910/1911 bereits abgebrochen worden, als infolge zwischenzeitlich erforderlich gewordenen höheren Druckhöhen drei neue, höhere Wassertürme in Hamburg, nämlich auf der Sternschanze, auf der Uhlenhorst beim Waisenhaus und im Stadtpark (s. S. 248, 286), errichtet wurden.

Der zweite Wasserturm mit gußeisernem Flachbodenbehälter in zylindrischer Form gelangte 1859 in Altona im Zuge einer neuzeitlichen Wasserversorgungsanlage mit 376 m^3 Fassungsvermögen zur Ausführung. Größere Behälter wurden 1865 in Stettin (2969 m^3), 1867 in Rostock (1090 m^3) und Lübeck (1021 m^3) gebaut. Der Lübecker Wasserturm wurde 1889 aufgestockt in seine heute noch bestehende Form, der Flachbodenbehälter hierbei durch einen höhergesetzten sogenannten Intze-Behälter (vgl. Kap. 2.3) ersetzt (s. S. 91). An dieser Stelle sollen noch, nicht zuletzt wegen ihrer Größe, zwei Wassertürme genannt werden: Der 1871 erbaute Wasserturm von Breslau, der mit 4150 m^3 Inhalt der wohl größte (derartige) rechteckige Flachbodenbehälter ist, und der 1872 gebaute Wasserturm der Stadt Köln in der Färbergasse, der sowohl mit seinem Fassungsvermögen von 3638 m^3 als auch mit seiner Wasserspiegellage von 34,50 m alle zylindrischen Vorgänger übertraf und der aus betrieblichen Gründen mit zwei konzentrischen Wasserkammern mit je einem Inhalt von rund 1800 m^3 ausgerüstet war. Die Ansicht des heute noch stehenden, als Lagerraum genutzten Unterbaus vermittelt noch einen Eindruck von den einstmals gewaltigen Ausmaßen dieses Wasserturmbauwerks (Bild 9).

Als typischer Vertreter der Wasserturmgeneration mit rechteckigem Flachbodenbehälter möge der seit 1873 sich in Betrieb befindliche 1700 m^3 fassende, 46 m hohe Wasserturm „Auf dem Werder" der Stadtwerke Bremen dienen (s. S. 174).

Ein Sonderfall eines Wasserturmes mit Flachbodenbehälter stellt der sogenannte Standrohrbehälter (Wassersilo) dar (s. S. 55). Als Beispiel sei der

Bild 9. Ansicht des Wasserturms Köln-Färbergasse um 1900 [17].

erste technisch bemerkenswerte Wasserturm in Bayern, der am 18. Oktober 1887 vom „Technischen Bureau für Wasserversorgung im Kgl. Staatsministerium des Innern" im Rahmen der Gesamtwasserversorgung von Landshut übergebene, heute noch betriebene Wasserturm Landshut-Hofberg (nahe Bergschloß Trausnitz) genannt (s. S. 56) und das von derselben Behörde entworfene „Cylinder-Reservoir" im Wasserturm Hohenschäftlarn (Oberbayern).

Die Anfänge der Entwicklung der Wasserversorgung und damit auch des Wasserturmbaues in Süddeutschland sind nicht denkbar ohne das Wirken zweier Zentralbehörden: Bereits im Jahre 1869 hat das Kgl. württembergische Ministerium des Innern das „Königliche Bauamt für das öffentliche Wasserversorgungswesen in Württemberg" geschaffen. Das Amt hat die Grundlagen für eine große Anzahl städtischer und gemeindlicher Wasserversorgungsanlagen erarbeitet. Seine herausragende und weithin bekanntgewordene Leistung war jedoch die Wasserversorgung für die wasserarmen Gebiete der Schwäbischen Alb durch ein flächendeckendes Netz von Gruppenwasserversorgungen in den Jahren 1871 bis etwa 1910. In Bayern wurde durch Allerhöchstes Signat König Ludwigs II. vom 5. 1. 1878 dem Kgl. Staatsministerium des Innern ein Techniker für das öffentliche Wasserversorgungswesen beigegeben; damit begann die Tätigkeit des „Technischen Bureau für Wasserversorgung", das spätere Bayer. Landesamt für Wasserversorgung, heute Bayer. Landesamt für Wasserwirtschaft. Diese Behörde hat für den späteren Wasserturmbau in Bayern – wenngleich auch nicht alle Bauten unter Aufsicht des Amtes entstanden – eine maßgebliche Bedeutung, einerseits aus wirtschaftlichen Gesichtspunkten heraus in einer limitierenden, vereinheitlichten Planung, andererseits in herausragenden technischen Lösungen, worin sich auch die über lange Jahre zentral gesammelte Erfahrung widerspiegelt [32].

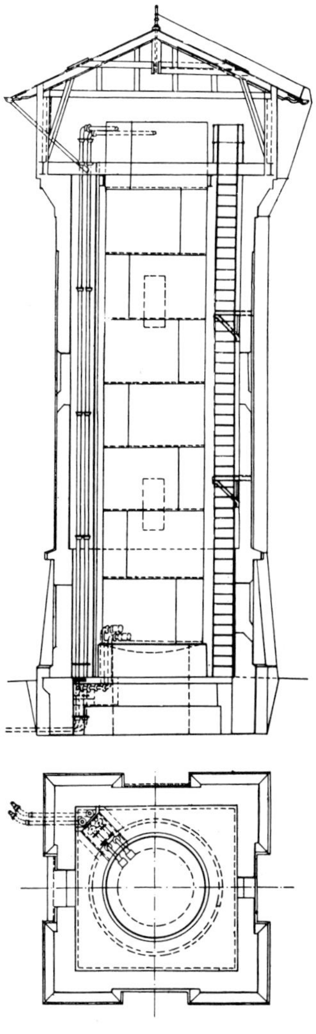

Bild 10. Schmiedeeiserner Standrohrbehälter (Sonderbauweise eines Flachbodenbehälters) von 1899 im Wasserturm Hohenschäftlarn [32, 54].

Die damalige Bauweise für das Standrohr aus einzelnen, versetzt vernieteten, „gekümpelten" Blechen kann deutlich aus der veröffentlichten Schnittzeichnung [32] für das heute nicht mehr bestehende „Cylinder-Reservoir in einem Wasserthurm neben der Kirche in Hohenschäftlarn" ersehen werden (Bild 10); die bautechnische Beschreibung der Wassertürme Landshut-Hofberg und Hohenschäftlarn ist bereits auf Seite 56 erfolgt.

Eine gewissermaßen typische Bauweise des Kgl. Wasserversorgungsbureau für die Wasserversorgung von kleinen Dorfgemeinden in der Münchener Schotterebene waren um die Jahrhundertwende auch Wassertürme mit angegliedertem Brunnhaus. Die Wasserspiegellage in den eisernen Flachbodenbehältern lag zwischen 9 bis 15 m über Geländeoberkante, was bei den in der Regel höchstens einstöckigen Wohnhäusern für eine Wasserversorgung ausreichte. Ein entsprechendes Beispiel ist der 1901 erbaute runde Wasserturm mit angegliedertem Brunnenhaus in Harthausen bei München (Bild 11). Die Pumpstation über den Brunnen mit Wasserturm diente damals zur Versorgung von 185 Einwohnern bzw. 30 Wohngebäuden. Das erste Tiefpumpwerk befand sich 3 m über der Schachtsohle des Brunnens und wurde durch vertikale und horizontale Wellen mit Kegelrädern durch Riemen in einem in dem Brunnenhaus aufgestellten 2-PS-Benzinmotor betrieben. Dieses Pumpwerk förderte aus dem Brunnen ca. 165 „Minutenliter" durch die 80 mm Steigleitung in das im Wasserturm untergebrachte runde, schmiedeiserne Reservoir von 25 m^3 Inhalt. Während der ca. 9 m über „Terrain-Straßenrohrnetz" auf einer Eisenträger-Decke liegende, genietete Flachbodenbehälter Mitte 1970 demontiert wurde – der Wasserturm mußte in seiner Funktion als Druckhalteorgan durch ein „Windkesselpumpwerk" mit höherem Wasserversorgungsdruck ersetzt werden –, ist der mit rund 2 m Durchmesser und über 25 m Tiefe handwerklich hervorragend gemauerte Schachtbrunnen noch in Betrieb für die Förderung von ohne Aufbereitung als Trinkwasser direkt nutzbarem Grundwasser. Sofern derartige kleine Wasserwerke, die mittlerweile alle umbaut inmitten des Dorfes liegen, nicht bereits früher stillgelegt worden sind – wie zum Beispiel der 1899 erbaute Wasserturm mit Pumpstation in Grasbrunn bei München (Bild 12), der heute als Transformatorenhäuschen dient –, droht ihnen allerdings das „Aus" wegen Problemen mit der Ausweisung eines genügend großen Trinkwasserschutzgebietes.

Eiserne Flachbodenbehälter wurden interessanterweise auch noch in späteren Jahren, in denen bereits andere Bauformen und der Eisenbeton gebräuchlich waren, ausgeführt, wie das Beispiel des 1910 erstellten Wasserturmes in Dachau zeigt. Der gemauerte Turm hat Eisenbeton-Zwischendecken, die Tragkonstruktion für den 300 m³ fassenden, rechteckigen, eisernen Flachbodenbehälter ist eine Eisenbeton-Plattenbalkendecke mit Balken von rund 1 m Höhe in maximal 2 m Abstand. Der rechteckige, in seiner Funktion von den Stadtwerken Dachau nicht mehr betriebene Wasserturm (Bild 13) wurde nach dem Entwurf des „Verein für Volkskunst und Volkskunde" in Anlehnung an die Architektur des Dachauer Schlosses ausgeführt [32, 54] – die Einflußnahme von „Bürgerinitiativen" auf ein öffentliches Bauvorhaben war also nicht unbedeutend.

Mit dem Aufkommen des Industriezeitalters wurde verstärkt auch „Brauchwasser" neben dem öffentlichen Trinkwasser benötigt. Für die entsprechende Versorgung wurden oft eigene Wassertürme gebaut. Ein Beispiel hierfür ist der restaurierte Wasserturm von 1905/06 der Gasreinigung auf dem EWAG-Werkgelände Nürnberg-Sandreuth mit einem eisernen Flachbodenbehälter von 100 m³ Inhalt (Durchmesser 6,5 m, Höhe 3 m), auf Eisenträgerrost gelagert (Bild 14). Der

Bild 11. Wasserturm Harthausen (1901); Beispiel für die Bauweise eines zylindrischen Wasserturms mit eisernem Flachbodenbehälter und angegliedertem Brunnhaus zur Wasserversorgung einer kleinen, bayerischen Dorfgemeinde.

Bild 12. Wasserturm Grasbrunn/München (1899); Beispiel eines rechteckigen Wasserturms mit eisernem Flachbodenbehälter und angegliedertem Brunnhaus zur Wasserversorgung einer kleinen, bayerischen Dorfgemeinde.

Bild 13. Wasserturm Dachau, rechteckiger eiserner Flachbodenbehälter mit 300 m³ Fassungsraum, Ansicht nach dem Entwurf von 1910 des „Verein für Volkskunst und Volkskunde", außer Betrieb [32, 54].

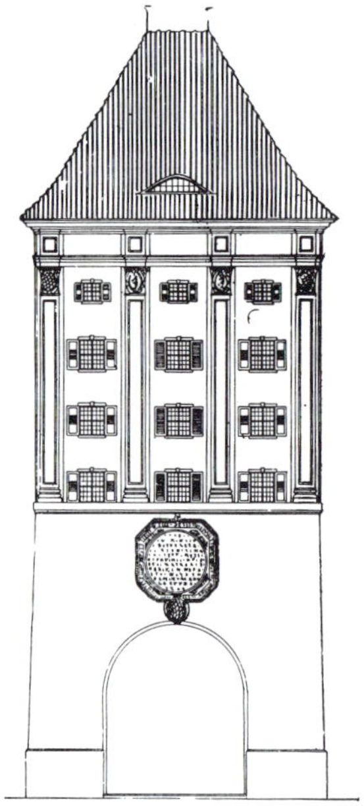

Wasserturm ist an das Gasreinigungsgebäude, einem typischen Industriebau der Jahrhundertwende, angebaut und bildet zusammen mit dem Gebäude eine architektonische Einheit (s. S. 225).

Rückblickend fällt auf, daß die Bemühungen der Ingenieure sich zunächst vorwiegend auf die technische Vervollkommnung der Behälter konzentrierte. Aus statischen wie aus wirtschaftlichen Gründen hatte sich hierbei die zylindrische Behälterausbildung in Schmiede-(Fluß-)eisen als zweckmäßig für die Flachbodenbehälter erwiesen.

Die Tendenz zu einer schlankeren Wasserturmbauweise ist unverkennbar. Wirkten die ersten Türme wie auch Behälter noch sehr gedrungen, so wurden später mit zunehmender Wassertiefe und höheren Türmen die Bauweise schlanker, d. h., die Bauwerkshöhe überwog die Breite. Der Unterbau der Behälter wurde nach wie vor unverändert in konventioneller Ziegelbauweise errichtet.

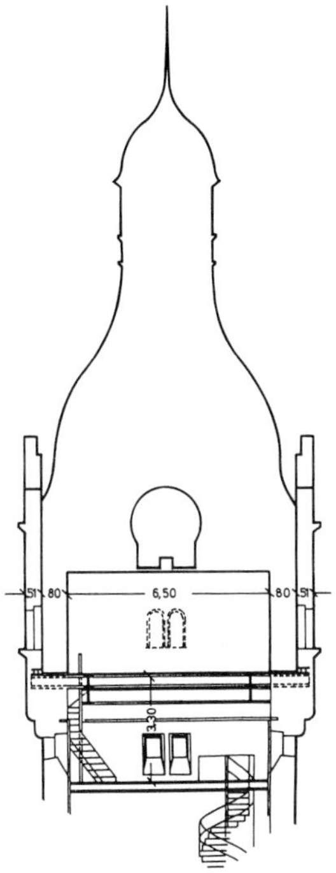

Bild 14. Wasserturm Sandreuth mit eisernem Flachbodenbehälter (1905–06) für die Wasserversorgung im Gaswerk Nürnberg-Sandreuth.

Eine aus der Eigenart der neuen Aufgabe („Wasser hoch oben in der Luft zu speichern") sich ergebende Form zu finden, lag nicht sehr stark im Zuge der Zeit der sechziger bis neunziger Jahre des vorigen Jahrhunderts. Das offene Zeigen technischer Belange war mehr ein notwendiges Übel. Dem Unbehagen, das die ungewohnten Erzeugnisse einer schnell emporgeschossenen Technik mit ihrer vermeintlichen Formlosigkeit und Häßlichkeit bereiteten, suchte man zu entgehen, indem man Formen verwendete, die geläufig waren, die aber aus anderen Aufgaben sich entwickelten. Die Bauform „Turm" entsprach mehr massigen Befestigungstürmen (der Festungsbau war eine der Wurzeln des Bauingenieurwesens) oder Glokken-, Aussichts- und Gedenktürmen, die entsprechend dem Zuge der Zeit mit ganz willkürlichen dekorativen Architekturmotiven (Sockel, Gesimse, Rundbögen usw.) verbrämt wurden, aber nur selten das Wesen eines Wasserturmes zum Ausdruck brachten. Dies galt insbesondere für die immer mehr notwendig werdenden Wassertürme der öffentlichen Wasserversorgung, wenngleich die Bestrebungen der Ingenieure unverkennbar waren, mit den neu entwickelten Behälterformen und ihrer Einwirkung auf den Unterbau das Problem ganz sachlich anzufassen.

2.2 *Hängebodenbehälter*

Der Nachteil der Flachbodenbehälter aus Eisen wurde in der Tatsache gesehen, daß der ebene Boden einen konstruktiv getrennten Trägerrost benötigte (Platten-Balken-System), um die auftretende Biegebeanspruchung aufnehmen zu können. Durch Ausbildung des Bodens als doppelt gekrümmte Schale gelang es, neben der Zylinderwand nun auch den Behälterboden momentenfrei zu gestalten, so daß dieser nur auf Zugspannungen beansprucht wurde und mit den zugfesten Eisenblechen wirtschaftlicher gebaut werden konnte. Ein weiterer Vorteil des freitragenden Bodens bestand in dem Wegfall der Unterstützung durch Innenmauern, so daß der Behälterboden frei zugänglich wurde (Bild 15). Die „Erfindung der Behälter mit hängendem Kugelboden" wird dem Franzosen J. Dupuit in den Jahren 1854/55 zugeschrieben [28]. Der Behälterboden und die Mantelbleche werden in der Hauptsache auf Zug beansprucht, wodurch das Blechmaterial denkbar günstig ausgenutzt wird. Die ganze Last wird durch einen geschlossenen Auflagerring, der die waagerechten Komponenten des schrägen Bodenzuges bzw. die vertikalen Anteile aufnimmt, auf das Mauerwerk übertragen (Bild 16).

Bereits in den französischen „Neuen Annalen der Bautechnik" findet sich in der Ausgabe Januar 1857 die Bauzeichnung eines Wasserturmes für die Midi-Eisenbahn mit einem 70 m^3 fassenden Hängebodenbehälter (Wasserstation mit Dampfkessel-Pumpwerk); der Behälterdurchmesser ist mit 5 m, die Gesamthöhe mit 3,20 m, die Boden-

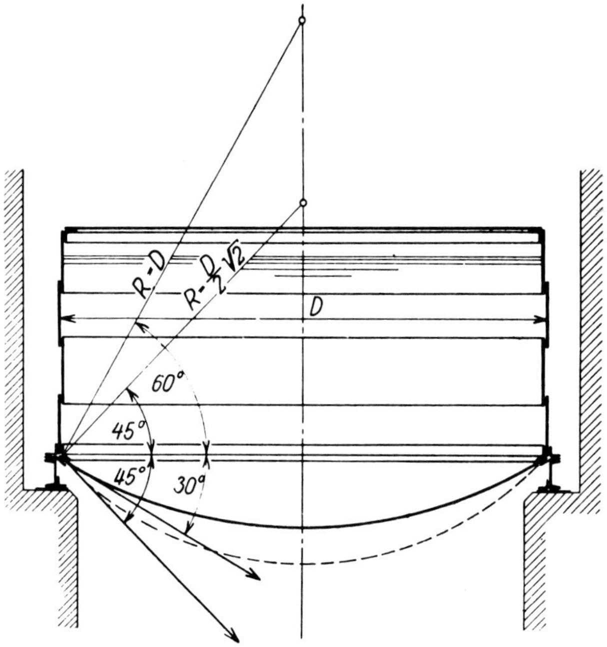

Bild 15. Behälter mit hängendem Boden nach J. Dupuit [28].

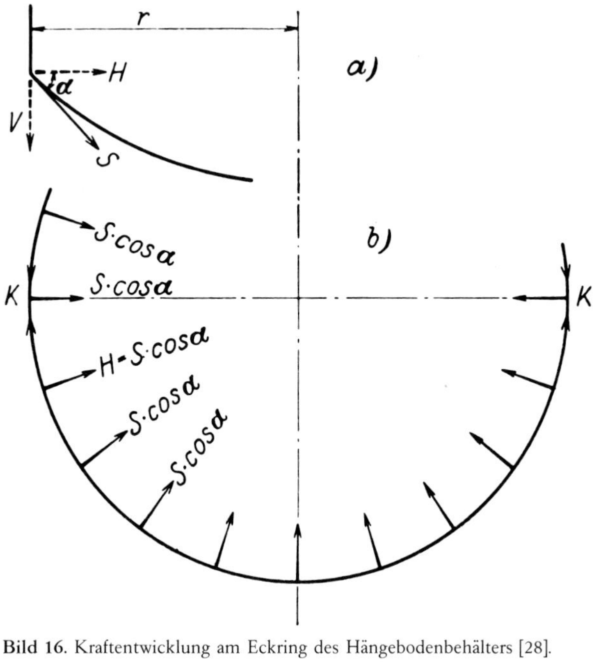

Bild 16. Kraftentwicklung am Eckring des Hängebodenbehälters [28].

blechdecke mit 5 mm, die Wandblechdicken mit 7 mm bis abnehmend mit 2 mm angegeben, sogar der Preis mit 2927 f für das Reservoir alleine ist ausgewiesen (Bild 17). Diese (runden) Hängebodenbehälter wurden aus Schmiedeeisen hergestellt, während z.B. die rechteckigen Flachbodenbehälter meistens aus Gußeisen gefertigt wurden. Je nach Wichtigkeit der Bahnlinie (Hauptlinie, Secundärbahn) wurden die Behälter auf massivem Unterbau (Bild 17) oder Holzunterbau aufgestellt und mit einem leichten Bretterdach und einer ca. 50–90 cm abstehenden Bretterwand versehen (konnte im Winter zur Verhinderung des Einfrierens mit Stroh ausgestopft werden). Befand sich im Unterbau eine Wärterbude, so wurde zu demselben Zweck das Ofenrohr durch das Reservoir durchgeführt.

Ende der sechziger Jahre des vorigen Jahrhunderts tauchten kleinere Behälter mit doppelt gekrümmtem Boden auch bei den deutschen Eisenbahnen auf, wie das Beispiel der Wasserstation zu Oppeln an der Oberschlesischen Eisenbahn ausweist [24]. Bei dem schmiedeeisernen Reservoir war die vertikale Zylinderwand aus 4,3 mm starkem Blech hergestellt; der Boden bestand aus 6,5 mm starkem Blech und war mit den Seitenwänden durch ein Winkeleisen von 73,5 mm Schenkelbreite verbunden. An der äußeren Seite war unten noch ein Winkeleisen angebracht, welches durch Schrauben mit einem ringförmigen U-Eisen, das als Auflager für den Behälter diente, verbunden war. Die Bauweise für einen etwas größeren Hängebodenbehälter von 150 m^3 Inhalt einer Wasserstation der Französischen Midi-Ouest-Bahn ist aus Bild 18 zu ersehen. Der zylindrische Mantel mit einem Durchmesser von 6,0 m und einer Höhe von 5,09 m wurde in der gleichen Weise wie bei den Flachbodenbehältern aus zusammengenieteten schmiedeeisernen Blechen hergestellt, und zwar aus Ringblechen von etwa 1,05 m Breite und einer Dicke proportional der

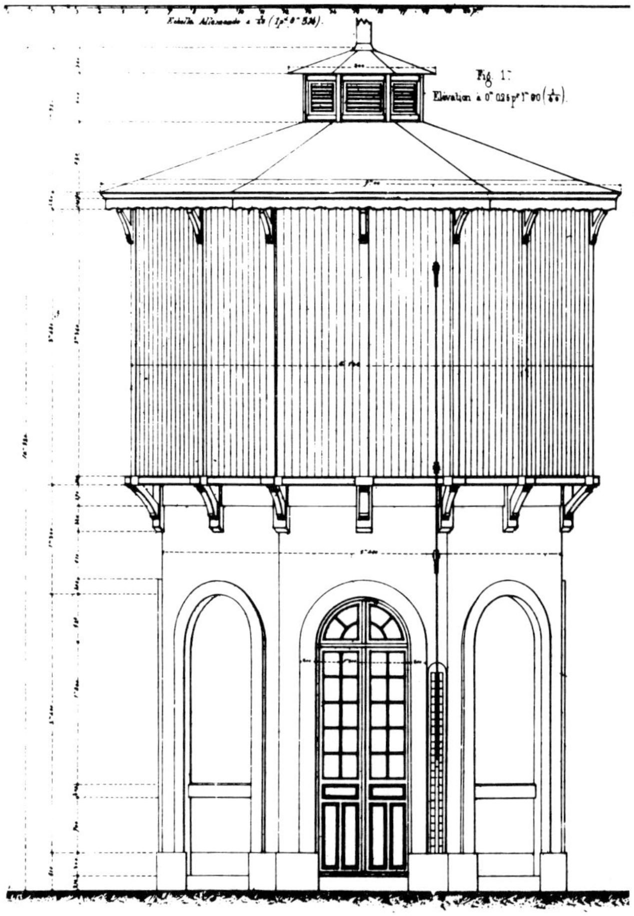

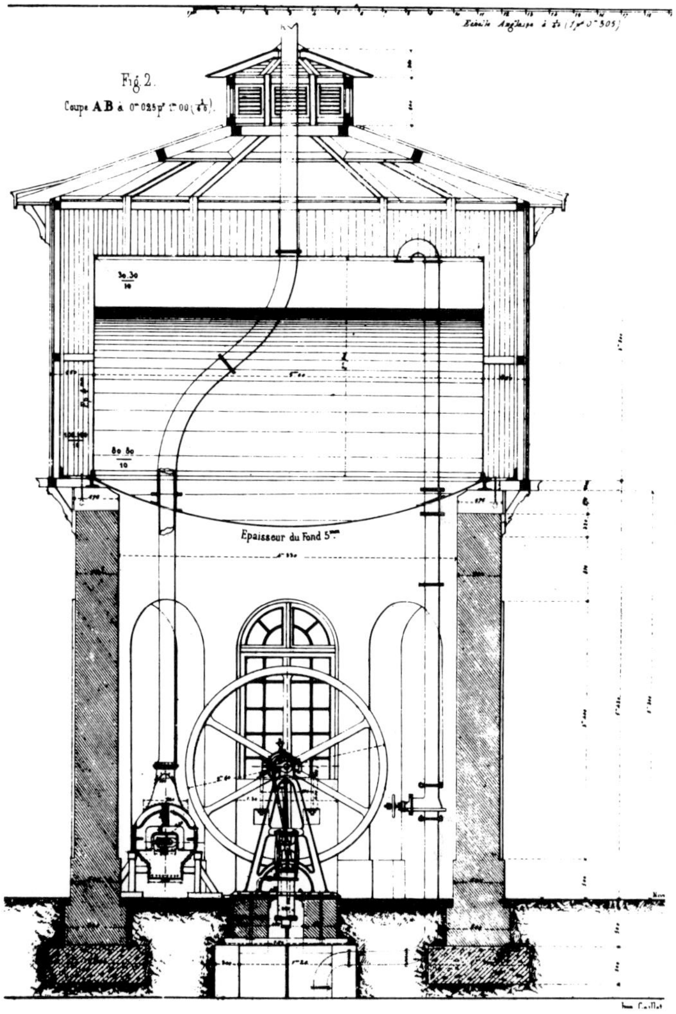

Bild 17. Wasserturm mit Hängebodenbehälter (um 1857) für eine Wasserstation an der Midi-Eisenbahnlinie in Frankreich [50].

Druckhöhe des Wassers, z. B. mit einer Blechstärke von 7 mm für den Boden, 6 mm für den untersten Ring bis abnehmend 3 mm für den obersten Ring. In der Regel betrug damals die Bodenhöhe bzw. der Stich etwa $\frac{1}{8}$–$\frac{1}{9}$ des Durchmessers, im vorliegenden Fall lag er bei $\frac{1}{8{,}3}$. Die kugelförmige Ausbildung erwies sich als günstig, da alle Bleche infolge derselben Krümmung in derselben Form „gekümpelt" werden konnten. Der Anschluß des Bodenbleches an die Zylinderwand erfolgte mit Hilfe eines gebogenen Winkelringes, der außen durch ein aufgenietetes Winkeleisen verstärkt wurde. Dieser äußere Winkelring wurde mit einem gußeisernen Auflagering verschraubt (s. Detail in Bild 18), welcher die gesamte Last auf das Mauerwerk des Unterbaues übertrug [24]. Nachdem es Profileisen seit 1880 in genormten Abmessungen gab, verwendete man handelsübliche Winkeleisen. Bei kleinen Behältern der Eisenbahn genügte oft noch eine Verstärkung des Wandbleches. Es bestand aber immer die Gefahr einer Beschädigung des Auflagermauerwerkes, da mit wechselnder Behälterfüllung sich der Auflagerring dehnte bzw. verengte.

Im allgemeinen wurde damals das Wasser für die Eisenbahn-Wassertürme entweder dem Grundwasser (s. S. 25) oder aus Quellen, Bächen, Flüssen, Teichen oder Seen entnommen und, sofern das Wasser kein „gutes" Kesselspeisewasser war, noch einer Wasserreinigungsanlage zugeführt (größere Wasserstationen). Ausnahmsweise, z. B. bei Nebenbahnen, wurden aus „Ersparungsrücksichten" – um längere Zuleitungen zu vermeiden – die Wassertürme in die Nähe der Wasserbezugsstellen gelegt (ohne Rücksicht auf die Lage der Verkehrsstellen) und dort eigene Zugaufenthalte für das Wassernehmen vorgesehen [39]. In der Regel besaßen diese Hängebodenbehälter ein Fassungsvermögen unter 200 m^3.

In der öffentlichen Wasserversorgung Deutschlands wurde erst 1878 von dem Ingenieur Thiem in Straßburg ein 54 m hoher Wasserturm mit einem 1050 m^3 fassenden Hängebodenbehälter errichtet. Obwohl im Deutschen Schrifttum (Zeitschrift des Hannoverschen Architekten- und Ingenieurvereins) bereits 1865 ein Wasserbehälter mit freitragendem, kugelhaubenförmigen Boden von 20 m Durchmesser, 2,5 m Höhe und 3,10 m Stich der Kugelhaube auf einem rund 7,5 m hohen Unterbau dargestellt war – nämlich der Wasserbehälter von Paris-Chaillot –, scheint eine gewisse Scheu vor den statischen Ansprüchen an Eisen und Mauerwerk vorhanden gewesen zu sein [6]. Von Thiem, der in Frankreich die Hängebodenbehälter kennengelernt hatte, war bereits 1874 ein Entwurf (zusammen mit dem Schweizer Ingenieur Gruner) eines Hängebodenbehälters mit 2600 m^3 Inhalt für einen 57 m hohen Wasserturm für die Stadt Augsburg bekanntgeworden, der jedoch nicht realisiert wurde.

Das neue Behältersystem fand aber dann rasch Eingang in die öffentliche Wasserversorgung:

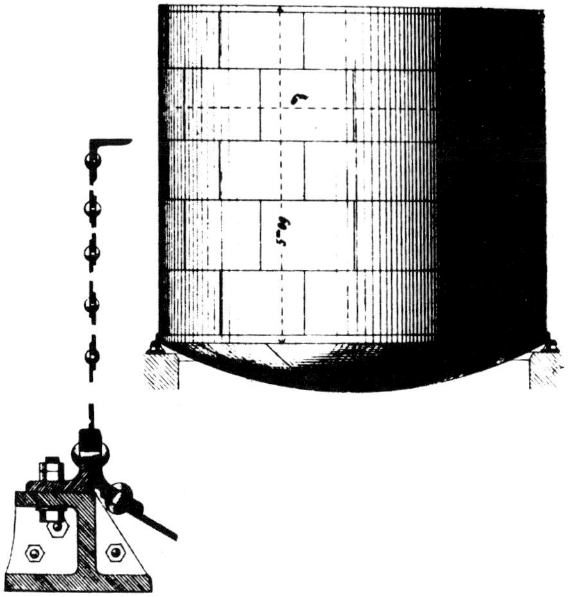

Bild 18. Hängebodenbehälter aus Schmiedeeisen mit 150 m^3 Fassungsraum (um 1870) der französischen Midi-Ouest-Eisenbahn [24].

1881 folgten der Wasserturm Mülheim am Rhein für die Rheinische Wasserwerksgesellschaft (Behälterinhalt 584 m^3), Halle a. d. Saale (1200 m^3), Halberstadt (800 m^3) und Berlin-Westend/Charlottenburg (1000 m^3), im Jahre 1884 die Wassertürme Essen-Steelerberg (2000 m^3) oder zum Beispiel 1886 Berlin-Steglitz (2000 m^3), 1888 Berlin-Tempelhofer Berg (400 m^3), 1888 Mannheim-Friedrichsplatz (2000 m^3), 1893 Berlin-Rixdorf/Neukölln (2500 m^3), 1894/95 Ludwigshafen-Gräfenau (1000 m^3) etc.

Anhand der Ende des letzten Jahrhunderts im Zuge der Wasserversorgung für die westlichen Vororte Berlins, Westend, Steglitz, Rixdorf, erbauten Wassertürme (Bild 19) läßt sich auch die bautechnische Beherrschung größer werdender Behältervolumina der Hängebodenbehälter aufzeigen. Der 1882/83 auf dem Charlottenburger Plateau in Westend fertiggestellte Wasserturm an der Akazienallee enthält einen schmiedeeisernen Hängebodenbehälter von 1000 m^3 Inhalt. Der Be-

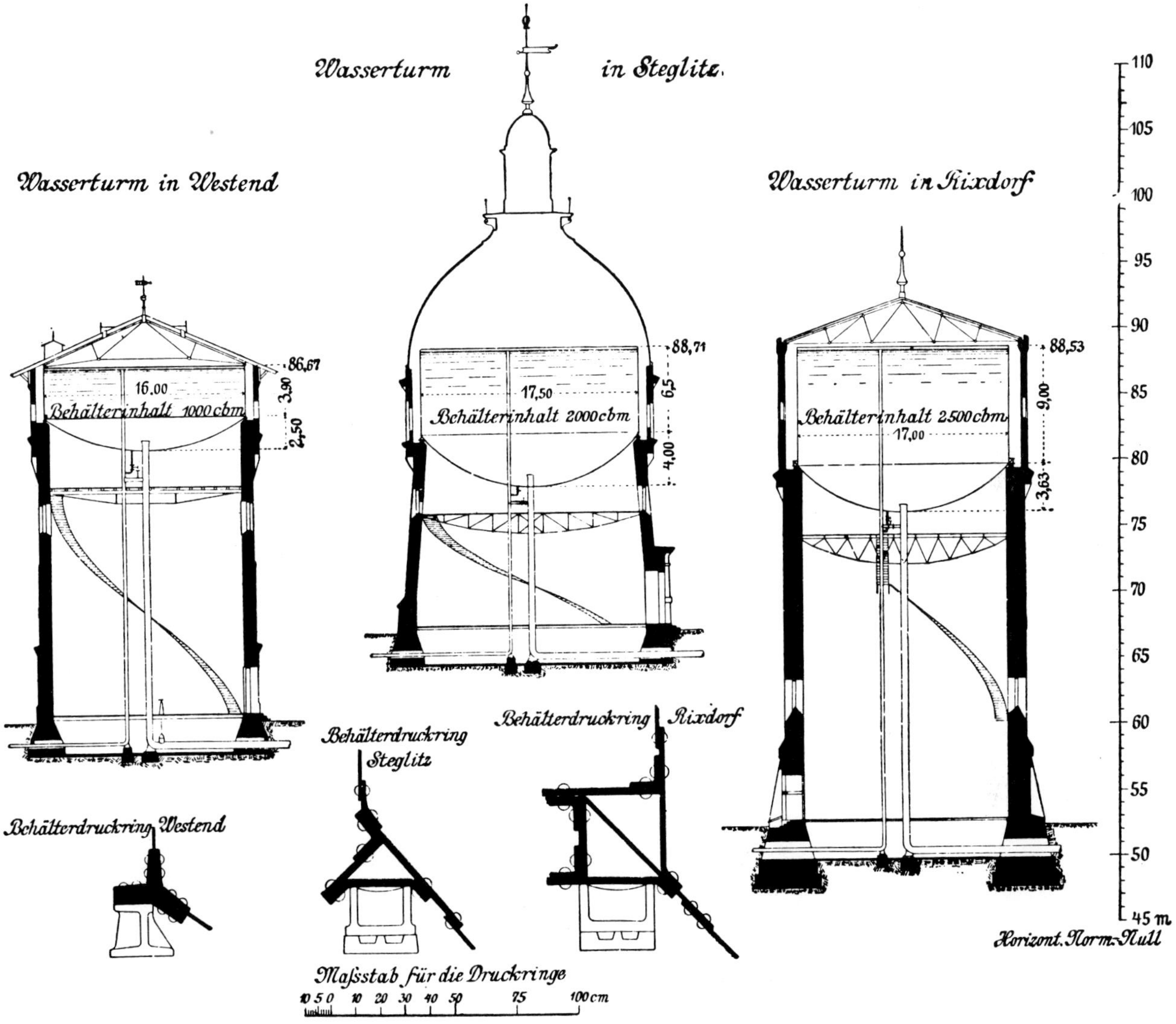

Bild 19. Schnittzeichnungen von Wassertürmen Berliner Vororte mit Hängebodenbehältern [3].

hälter hat einen freihängenden Boden von 2,5 m Pfeil (Stich) und eine 3,7 m hohe zylindrische Wand von 16 m Durchmesser, der Wasserspiegel liegt rund 23,7 m über Gelände. Der Behälterdruckring, der die Lasten aus dem Wasserbehälter auf den Turmunterbau überträgt, ist relativ einfach aus üblichen Walzprofilen ausgebildet. Der wegen seiner Dachkuppel besonders architektonisch auffällige Wasserturm auf dem Fichtenberge in Steglitz, Schmidt-Ott-Straße 13-1/41, ist am 1. Okt. 1886 in Betrieb genommen worden (s. S. 184). Das schmiedeeiserne Reservoir weist bereits einen Inhalt von 2000 m^3 auf, bei 17,5 m Durchmesser, 6,3 m Höhe im zylindrischen Teil und 4,0 m Stich in der Kalotte; das Bodenblech ist 12 mm dick. Interessant ist die Ausbildung des

Druckringes nebst Lagerböcken. Nach einem Bericht über den Wasserturm Steglitz in der Deutschen Bauzeitung vom 9. April 1887 besteht die eigenartige, sowohl die Vermeidung von Seitenschub als auch die Freilegung jedes Teils der Auflagerfläche bezweckende Konstruktion aus zwei lose aufeinanderliegenden gußeisernen, in sich ausgesteiften Lagerböcken und dem durchgehenden Druckring (Bild 19). Die Gesamtlast des Hängebodenbehälters wurde auf insgesamt 48 Lagerböcke verteilt, mit den Grundrißabmessungen von 30 cm Breite und 50 cm Länge und einer Gesamthöhe von 25 cm, welche auf Granitquadern stehen und deren freier Abstand voneinander rund 60 cm beträgt. Man ging hierbei von der Vorstellung aus, daß der Druckring durch Schrauben etwas angehoben werden könnte, um dann die vom Druck befreiten beiden Teile des Lagerbockes zu entfernen und so nach Bedarf den Anstrich der Auflagerfläche erneuern zu können; vermutlich wurde dieses Verfahren aber nie praktiziert. Gegenüber dem früher erbauten, kleineren Behälter im Wasserturm Westend wurde im Wasserturm Steglitz der Hängebodenbehälter durch die Ausbildung einer „völligeren Kugelkalotte" mit einem größeren Stich (Pfeil) versehen, um so die Horizontalkräfte in gewissen Grenzen zu halten. Bemerkenswert ist die 11,7 m hohe Kuppel auf eisernem Dachgerüst, auf der sich früher eine 7,45 m hohe, im oberen Teil verglaste sogenannte Laterne befand und heute, nach der 1983 erfolgten Umwandlung des Wasserturms in einen Wetterturm (Universitätswetterdienst) eine Satelliten-Empfangsantenne. In dem seit 1893 betriebenen Wasserturm Rixdorf/Neukölln, Leykestraße, ist ein schmiedeeiserner Hängebodenbehälter eingebaut mit rund 2500 m^3 Inhalt, bei 17 m Durchmesser und der ungewöhnlich großen Mantelhöhe von 8,8 m (Bild 19, 20). Der Boden weist eine Pfeilhöhe von 3,63 m auf, ähnlich dem Wasserturm Steglitz. Vergleicht man das Verhältnis Stich/Durchmesser der drei Hängebodenbehälter mit 1/6,4 (Westend), 1/4,4 (Steglitz) und 1/4,7, so spiegelt sich hier die allgemeine Entwicklungstendenz in Richtung eines Wertes um 1/4 wider, der erst später beim halbkugelförmigen Hängebodenbehälter, dem sogenannten Barkhausenbehälter, den Grenzwert 1/2 erreichen sollte. Nicht zuletzt wegen der großen Wassertiefe von maximal 8,8 m wurde auch der Behälterdruckring durch die Anordnung eines U-förmigen Winkelringes auf der Außenseite vergrößert (Bild 19), wobei das Verstemmen der Fuge zwischen Wand- und Bodenblech im fertigen Zustand immer ein Problem für sich war. Bemerkenswert an dem rund 40 m hohen Wasserturm, der nur durch jeweils drei Anker im unteren und mittleren Teil ausgesteift wurde,

Bild 20. Wasserturm Berlin-Ricksdorf/Neukölln an der Leykestraße (Foto Klein, Berliner Wasserwerke).

ist eine konstruktive Maßnahme zur Abfangung der vorkragenden, gemauerten Behälterummantelung. Unter dem Auflagerkranz des Behälters sowie abwechselnd über und unter dem hölzernen Tropfboden ragen im Turminnern eingemauerte, doppelte I-Walzprofile („Peiner") heraus, die mittels vertikaler Hängestangen (Zugstangen) verbunden sind, um so die Dachlast mit Behälterummantelung rückzuverankern [65].

Die eingangs aufgezeigten Nachteile der Flachbodenbehälter gegenüber den Hängebodenbehältern hatten auch reale Kostenunterschiede zur Folge. Ein Vergleich in wirtschaftlicher Hinsicht von Wassertürmen mit Hängeboden mit denen eines Flachbodenbehälters zeigt, daß durch den freitragenden Boden eine Materialersparnis von rd. 25% und für den Unterbau von rd. 50% erzielbar war [47].

Die allgemeine Schwachstelle der Hängebodenbehälterkonstruktion bildete der Anschluß des Behälters an den Auflagerring, der gleichzeitig die Aufgabe eines Druckringes erfüllen mußte. Sowohl die zylinderförmigen Wandbleche als auch die doppelt gekrümmten Bodenbleche mußten mit dem Auflagerring verbunden werden, wobei erschwerend wirkte, daß die Kugelbleche nicht tangential auf die Zylinderwand stießen. So ist es nicht verwunderlich, daß man während der gesamten Entwicklungszeit der Hängebodenbehälter diesen Anschlußpunkt durch neuartige Lösungen zu verbessern suchte (Bild 21). Diese Bemühungen beschränkten sich im wesentlichen auf Maßnahmen wie Verstärkung des Auflagerringes, Trennung des Behälters vom Auflagerring, Vergrößerung der Pfeilhöhe, letzteres wurde mit Erfolg an dem 2000 m³ fassenden Behälter des 1884 für die Stadt Essen erbauten und heute noch genutzten Wasserturmes Essen-Steelerberg verwirklicht (Bild 22).

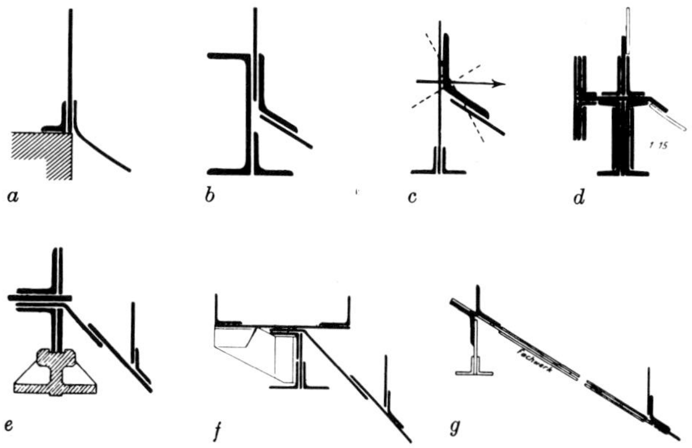

Bild 21. Verschiedene Arten der walzeisernen Druckringausbildung beim Hängebodenbehälter [47].

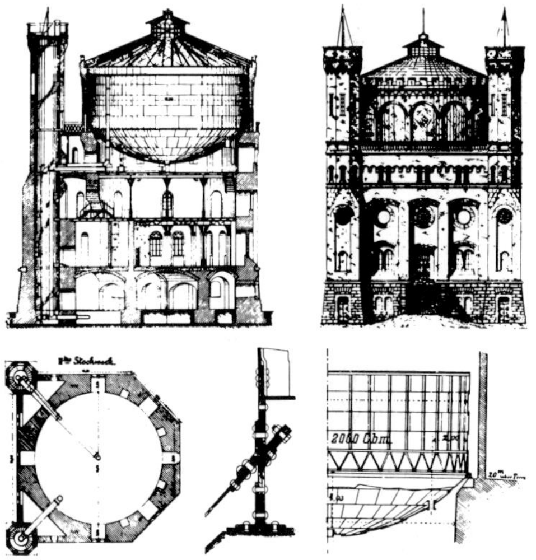
Bild 22. Wasserturm Steelerberg (eiserner Hängebodenbehälter) der Stadt Essen mit einem Fassungsraum von 2000 m³, 1884 [47].

Der Entwurf zu diesem Wasserturm stammt von Fr. Peters, Direktor des Gas- und Wasserwerkes in Weimar. Die Fassade entwarf der Essener Architekt Nordmann. Das in dem Hauptbau gelagerte „schmiedeeiserne Bassin" ist von Professor Intze (TH Aachen) konstruiert und berechnet und von der heute noch in Eschweiler existierenden Behälterbaufirma F. A. Neumann, damals in Aachen, ausgeführt worden [51]. Intze war als bekannter Statiker und Konstrukteur beim Entwurf der

Hängebodenbehälter für Halle a.d. Saale und Essen nachträglich von der Firma F. A. Neumann hinzugezogen worden. Er hatte bereits die angedeuteten Nachteile in der Auflagerung der Hängebodenbehälter erkannt. War beim Behälter in Halle der Anschlußwinkel $\alpha = 30°$, so wählte er bei dem Behälter in Essen $\alpha = 45°$, um die horizontale Auflagekraft zu vermindern. Die Pfeilhöhe des geplanten Behälters wurde auf 4,03 m erhöht, was bei einem Durchmesser von 18 m einem Stich von 1/4,5 entsprach. Erstmals benutzte Intze für die Herstellung des Auflagerringes Walzeisen anstelle des bisher üblichen Gußeisens, wobei er die Winkelringe aus handelsüblichen Profilen herstellte. Durch die Wahl eines geeigneten Anschlußwinkels konnten für den Auflagerring Profile mit einem Winkel von 135° verwendet werden (s. Auflagerdetail in Bild 22). Auf den Auflagerring setzte Intze zusätzlich ein steifes Fachwerk aus Winkeleisen (Bild 22), wodurch er für den Auflagerring auch im vertikalen Sinne eine zusätzliche Steifigkeit erreichen wollte. In einer zeitgenössischen Beschreibung [51] von 1886 wird zu dem Behälter der Stadt Essen folgendes ausgeführt:

„Dasselbe hat 18,0 m Dmr. und im cylindrischen Teile eine Höhe von 6 m, während der freihängende Boden eine Höhe von 4,5 m hat. Das Bassin ruht mit seinem cylindrischen Teile auf einem kräftigen Mauerkranze aus Niedermendiger Stein, der die Gesammtlast aufzunehmen hat ... Die ringförmige Druckfläche ist gleich etwa 17 qm, was einen Druck von 12,3 kg/qcm ausmacht. Das vom Boden des Behälters abgehende Speiserohr von 400 mm ist unter demselben später mit einem Schieber versehen worden, um den Abfluß des Wassers im Fall eines Rohrbruches zwischen Turm und Schieberhaus auch hier schon abstellen zu können, welcher Unfall kurz nach der Inbetriebsetzung sich ereignete, als der Behälter mit etwa 300 cbm gefüllt war. Da die Durchbiegung des Bodens an seiner tiefsten Stelle bei gefülltem Behälter etwa 17 mm beträgt, so war es notwendig, auf eine Construction zu sinnen, welche eine solche Durchbiegung ohne Schädigung der Flanschenverbindung der schmiedeeisernen Röhren zulies. Dies ist dadurch erreicht, daß das Rohr durch ein auf dem Boden unter dem Bassin hergerichtetes federndes Gerüst aufgehängt ist."

Aus diesem Grund und um eventuelle Längenänderungen infolge Temperaturschwankungen auszugleichen, wurden die Behälter in den folgenden Jahren mit sogenannten Dilatationsrohren in Form von Stopfbüchsen oder elastischen Dehnungsstücken ausgerüstet.

Wie aus der Zeichnung (Bild 22) zu ersehen, war das stattliche Gebäude von zwei Türmen flankiert, welche außer den Wendeltreppen das 500-mm-Steigrohr im südlichen und das 400-mm-Fall- und 350-mm-Überlaufrohr im nördlichen Turme enthalten. Der heute noch genutzte Wasserturm wurde während des letzten Krieges durch einen glücklichen Zufall vor einer völligen Zerstörung bewahrt. Wie ein Vergleich des früheren und des heutigen Zustandes zeigt, wurde nur die Behälterummantelung einschließlich der zwei seitlichen Treppentürmchen zerstört. Dadurch bietet sich heute die seltene Gelegenheit, die vollständige Behälterkonstruktion sowie das Versteifungsfachwerk in allen Einzelheiten zeigen zu können. Wahrscheinlich ist es auch diesen außergewöhnlichen Vorsichtsmaßnahmen von Intze zu verdanken, daß der Behälter trotz der durch Bombeneinschläge verursachten Mauerwerksrisse und -verschiebungen, die man deutlich an der ausgebesserten Fassade erkennen kann, betriebsbereit blieb [47].

Ein weiterer, heute noch seit dem 15. 10. 1895 betriebener charakteristischer Hängebodenbehälter befindet sich im Gräfenauer Wasserturm von Ludwigshafen a. Rhein. Der 1000 m^3 fassende und 45,91 m hohe (38,81 m Wsp.-Höhe) Wasserturm war von dem aus Wien stammenden Mannheimer Civil-Ingenieur Oskar Smreker geplant und ausgeführt worden, der auch für den 1887 fertiggestellten und 1888 in Betrieb gegangenen Hängebodenbehälter Mannheim-Friedrichsplatz (s. S. 186) verantwortlich zeichnete. Der Hängebodenbehälter Gräfenau/Ludwigshafen war aus geschmiedeten und zusammengenieteten Blechen von der Fa. BAMAG AG, Dessau/Berlin, erstellt. Die Turmkopfummantelung bestand aus Stahl und 40 mm Korkplatten mit Verputz. Bei der Renovierung der Fassade im Jahre 1981/82 wurde die verrottete Behälterummantelung durch farbige (einbrennlackierte) Aluminiumbleche (Dach in Kupfer) ersetzt – in Anlehnung an den optischen Eindruck des Originalplans –, da Korkplatten merkwürdigerweise nicht lieferbar waren. Mit der Modernisierung, welche die Technischen Werke Ludwigshafen fast eine Million DM gekostet hat, dürfte der im neuen Glanz erstrahlende Wasserturm Gräfenau für eine lange Zukunft wieder gerüstet sein (Bild 23).

2.3 *Stützbodenbehälter nach dem Intze-Patent*

2.3.1 Intze-I-Behälter

Als Mangel des Hängebodenbehälters wurde es angesehen, daß die Kugelböden keine abwickelbaren Flächen darstellten, d.h., die ursprünglich ebenen Bleche ließen sich nicht ohne eine Verformung in ihre endgültige Form bringen, sondern mußten beim Kümpeln gestreckt oder gedrückt werden. Außerdem bestand durch das Wandern der Auflagerungen auf dem Unterbau – der Druckring erweiterte oder verengte sich mit wechselnder Behälterfüllung – die Gefahr einer Beschädigung des Mauerwerkes.

Bild 23. Wasserturm Gräfenau der Stadt Ludwigshafen a. Rh., Hängebodenbehälter mit 1000 m³ Fassungsraum, Baujahr 1895 (Foto Techn. Werke Ludwigshafen).

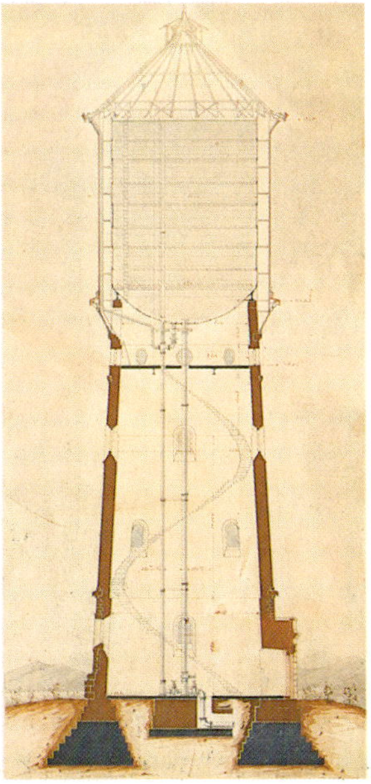

Otto Intze, Ordinarius für Baukonstruktionslehre und Wasserbau an der Königlichen Technischen Hochschule Aachen und Preußischer Regierungsrat, alles in allem ein genialer Ingenieur, dem der Behälterbau (Gas-, Wasser- und Ölbehälter) und, auf ganz anderem Felde, der deutsche Talsperrenbau Entscheidendes verdanken, hatte frühzeitig erkannt, welche Nachteile dem Hängebodenbehälter innewohnen, und strebte deshalb einen in waagerechter Richtung möglichst spannungslosen Auflagerring an. Gleichzeitig suchte er nach einer Bodenform, die abwickelbar ist. Eine Verbesserung schien Intze der hängende Kegelboden zu sein, da sich dessen Bleche leicht in die neue Form überführen ließen. Die rechnerische Untersuchung zeigte aber, daß sich das Gewicht des rein kegelförmigen Bodens bei gleichem Anschlußwinkel am Auflagerring gegenüber dem kugelförmigen Boden um 40% erhöhte [47]. Ein weiterer Mangel an der Behälterform bestand in der zu großen Wassertiefe, die im unteren Bereich ein äußerst geringes Fassungsvermögen besaß.

Von Intze wurde deshalb in seiner 1883 patentierten Konstruktion (Bild 24, 25) der Auflagerring vom höchsten Punkt eines kegelförmigen Bodens auf eine tiefer gelegene Stelle verschoben und von dort der gedacht hängende Innenkegel durch einen stützenden Kugelboden ersetzt (Typ Intze I; Bild 25). Es bestand damit die Möglichkeit, den Auflagerring in waagerechter Richtung spannungsfrei machen zu können. Durch diese Spannungsfreiheit wurde das Wandern des Lagerringes sowie die damit verbundene Rißbildung im Mauerwerk stark eingeschränkt. Aus der charakte-

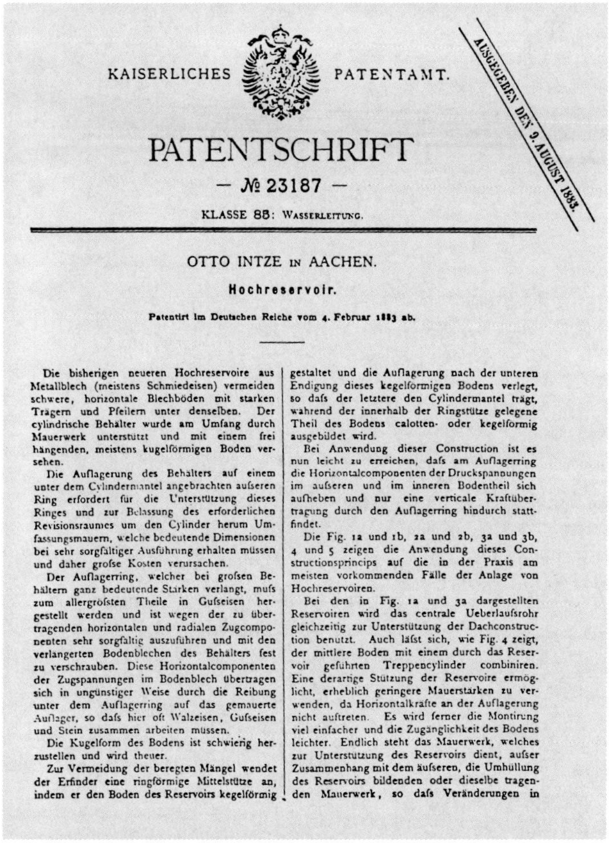

KAISERLICHES PATENTAMT.

AUSGEGEBEN DEN 9. AUGUST 1883.

PATENTSCHRIFT

— № 23187 —

KLASSE 85: WASSERLEITUNG.

OTTO INTZE IN AACHEN.

Hochreservoir.

Patentirt im Deutschen Reiche vom 4. Februar 1883 ab.

Die bisherigen neueren Hochreservoire aus Metallblech (meistens Schmiedeisen) vermeiden schwere, horizontale Blechböden mit starken Trägern und Pfeilern unter denselben. Der cylindrische Behälter wurde am Umfang durch Mauerwerk unterstützt und mit einem frei hängenden, meistens kugelförmigen Boden versehen.

Die Auflagerung des Behälters auf einem unter dem Cylindermantel angebrachten aufseren Ring erfordert für die Unterstützung dieses Ringes und zur Belassung des erforderlichen Revisionsraumes um den Cylinder herum Umfassungsmauern, welche bedeutende Dimensionen bei sehr sorgfältiger Ausführung erhalten müssen und daher grofse Kosten verursachen.

Der Auflagerring, welcher bei grofsen Behältern ganz bedeutende Stärken verlangt, mufs zum allergröfsten Theile in Gufseisen hergestellt werden und ist wegen der zu übertragenden horizontalen und radialen Zugcomponenten sehr sorgfältig auszuführen und mit den verlängerten Bodenblechen des Behälters fest zu verschrauben. Diese Horizontalcomponenten der Zugspannungen im Bodenblech übertragen sich in ungünstiger Weise durch die Reibung unter dem Auflagerring auf das gemauerte Auflager, so dafs hier oft Walzeisen, Gufseisen und Stein zusammen arbeiten müssen.

Die Kugelform des Bodens ist schwierig herzustellen und wird theuer.

Zur Vermeidung der beregten Mängel wendet der Erfinder eine ringförmige Mittelstütze an, indem er den Boden des Reservoirs kegelförmig gestaltet und die Auflagerung nach der unteren Endigung dieses kegelförmigen Bodens verlegt, so dafs der letztere den Cylindermantel trägt, während der innerhalb der Ringstütze gelegene Theil des Bodens calotten- oder kegelförmig ausgebildet wird.

Bei Anwendung dieser Construction ist es nun leicht zu erreichen, dafs am Auflagerring die Horizontalcomponenten der Druckspannungen im aufseren und im inneren Bodentheil sich aufheben und nur eine verticale Kraftübertragung durch den Auflagerring hindurch stattfindet.

Die Fig. 1a und 1b, 2a und 2b, 3a und 3b, 4 und 5 zeigen die Anwendung dieses Constructionsprincips auf die in der Praxis am meisten vorkommenden Fälle der Anlage von Hochreservoiren.

Bei den in Fig. 1a und 3a dargestellten Reservoiren wird das centrale Ueberlaufsrohr gleichzeitig zur Unterstützung der Dachconstruction benutzt. Auch läfst sich, wie Fig. 4 zeigt, der mittlere Boden mit einem durch das Reservoir geführten Treppencylinder combiniren. Eine derartige Stützung der Reservoire ermöglicht, erheblich geringere Mauerstärken zu verwenden, da Horizontalkräfte an der Auflagerung nicht auftreten. Es wird ferner die Montirung viel einfacher und die Zugänglichkeit des Bodens leichter. Endlich steht das Mauerwerk, welches zur Unterstützung des Reservoirs dient, aufser Zusammenhang mit dem äufseren, die Umhüllung des Reservoirs bildenden oder dieselbe tragenden Mauerwerk, so dafs Veränderungen in

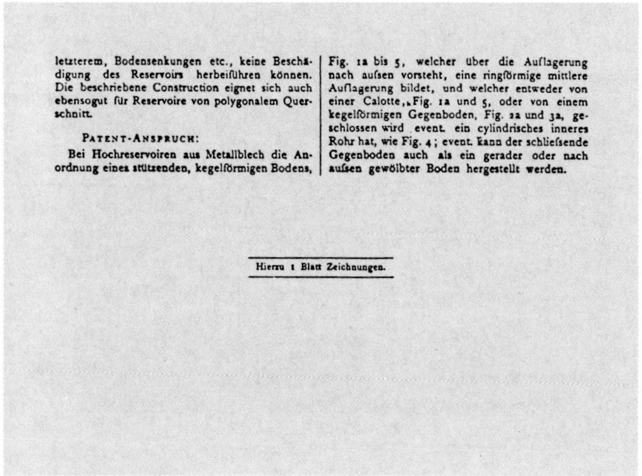

letzterem, Bodensenkungen etc., keine Beschädigung des Reservoirs herbeiführen können. Die beschriebene Construction eignet sich auch ebensogut für Reservoire von polygonalem Querschnitt.

PATENT-ANSPRUCH:

Bei Hochreservoiren aus Metallblech die Anordnung eines stützenden, kegelförmigen Bodens, Fig. 1a bis 5, welcher über die Auflagerung nach aufsen vorsteht, eine ringförmige mittlere Auflagerung bildet, und welcher entweder von einer Calotte, Fig. 1a und 5, oder von einem kegelförmigen Gegenboden, Fig. 2a und 3a, geschlossen wird, event. ein cylindrisches inneres Rohr hat, wie Fig. 4; event. kann der schliefsende Gegenboden auch als ein gerader oder nach aufsen gewölbter Boden hergestellt werden.

Hierzu 1 Blatt Zeichnungen.

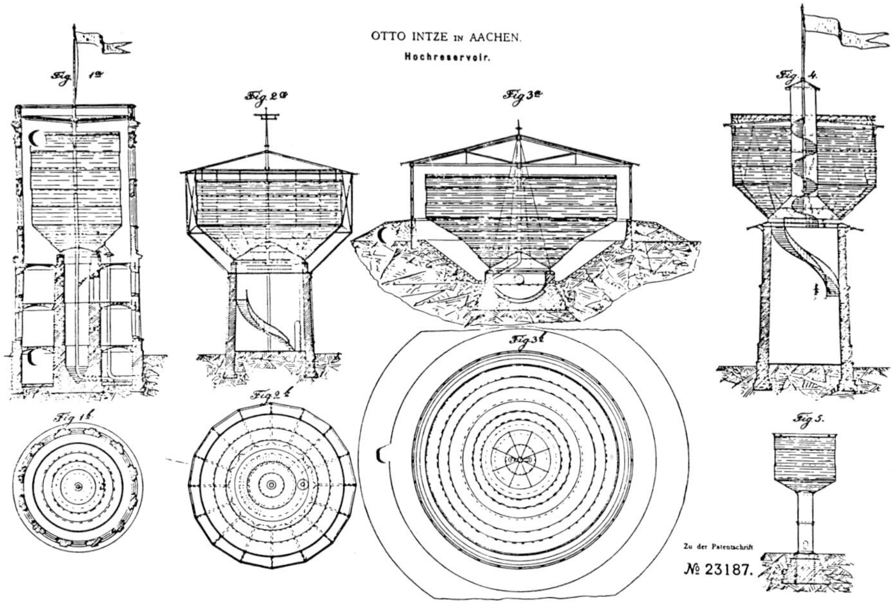

Bild 24. Intze-Patentschrift von 1883.

ristischen Einschnürung des Wasserturmes am Behälterauflager infolge des geringen Lagerringdurchmessers ergab sich für den gemauerten Unterbau eine bedeutende Materialersparnis von 20–25% gegenüber dem Turmschaft der Hängebodenbehälter [47].

Die Planung eines neuen Wasserturmes für die Stadt Remscheid gab Intze dann Gelegenheit, seine Patentüberlegungen mit der lizenznehmenden Firma F. A. Neumann in Aachen zu verwirklichen. Den ersten Wasserbehälter nach dem Intze-Patent erhielt Remscheid im Jahre 1883. Auf einem 6eckigen Mauerschaft von 1,4 m lichtem und 3,20 m Außendurchmesser ruht der Behälter von I = 400 m³. Sein Gegenboden ist ganz flach gewölbt, sein Durchmesser beträgt nur 7,5 m, dagegen seine Höhe rd. 10,5 m (Bild 26). Behälter und Tragschaft werden von einem gemauerten Außen-Mantel umschlossen. Der Raum zwischen Mantel und Tragschaft ist zu Wohnzwecken ausgenutzt. Äußerlich unterscheidet sich der 22,5 m hohe Turm nicht von damals bewohnten Türmen mit Flachbodenbehälter. Die typische Intze-Form mit dem weit auskragenden Behälterkopf ist hier wegen der gewählten äußeren Bauform (gestaltet von Prof. Damert, TH Aachen) noch nicht erkennbar. Aus zeitgenössischer Sicht heißt es hierzu: „Das Aeussere des Bauwerkes ist monumental gehalten, so dass das Ganze, auf der weit sichtbaren Höhe des Remscheider Bergkegels gelegen, einen würdigen Anblick gewährt“ [13]. Über diesen ersten Stützbodenbehälter nach dem Intze-I-Typ im Wasserturm Remscheid-Hochstraße wird später noch wegen Umbaumaßnahmen zu berichten sein.

Nach der Fertigstellung des Bauwerkes erwies es sich, daß die Vorteile dieser Behälterform nicht nur konstruktiv, sondern auch wirtschaftlicher Art waren, da die Herstellungskosten um 10% unter den für eine Hängebodenkonstruktion zu veranschlagenden Kosten lagen [47]. Im allgemeinen zeigte sich bei den späteren Intze-Behältern eine Einsparung von rd. 10% bei Behältern über 1000 m^3, bzw. von rd. 25% bei kleineren Behältern, was hauptsächlich auf die leichtere und einfachere konstruktive Ausbildung des Auflagerringes zurückzuführen ist. Als vorteilhaft erwies sich die Spannungsfreiheit im horizontalen Sinne für die Beanspruchung des Mauerwerkes unter der Lastverteilungsfläche des Lagerringes, da das Wandern sowie die damit verbundene Rißbildung stark ein-

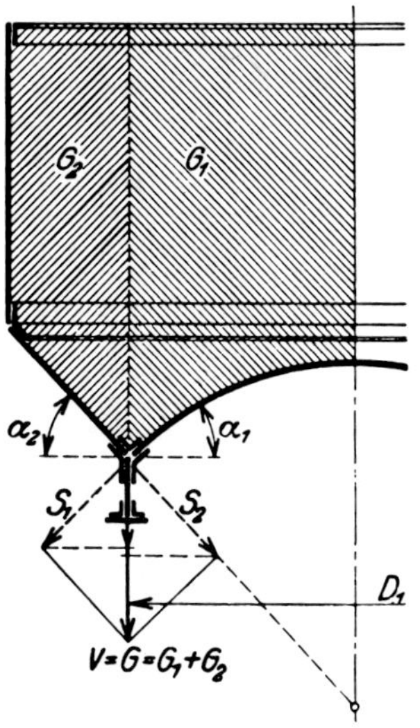

Zusammenwirken der Kräfte am Auflagerring des Intzebehälters:

$G = G_1 + G_2$ = Wasserlast und Eigengewicht des Behälters
α_1, α_2 = Neigungswinkel
D_1 = Auflagerdurchmesser
K = Druckkraft im Auflagerring

$$K = \frac{1}{2\pi}\left(\frac{G_1}{\mathrm{tg}\,\alpha_1} - \frac{G_2}{\mathrm{tg}\,\alpha_2}\right);$$

wenn $\frac{G_1}{\mathrm{tg}\,\alpha_1} = \frac{G_2}{\mathrm{tg}\,\alpha_2}$,

dann K = O; der Druckring ist also spannungsfrei.

Bild 25. Zusammenwirken der Kräfte am Auflagerring des eisernen Stützbodenbehälters nach dem Intze-Patent, Typ Intze I [52].

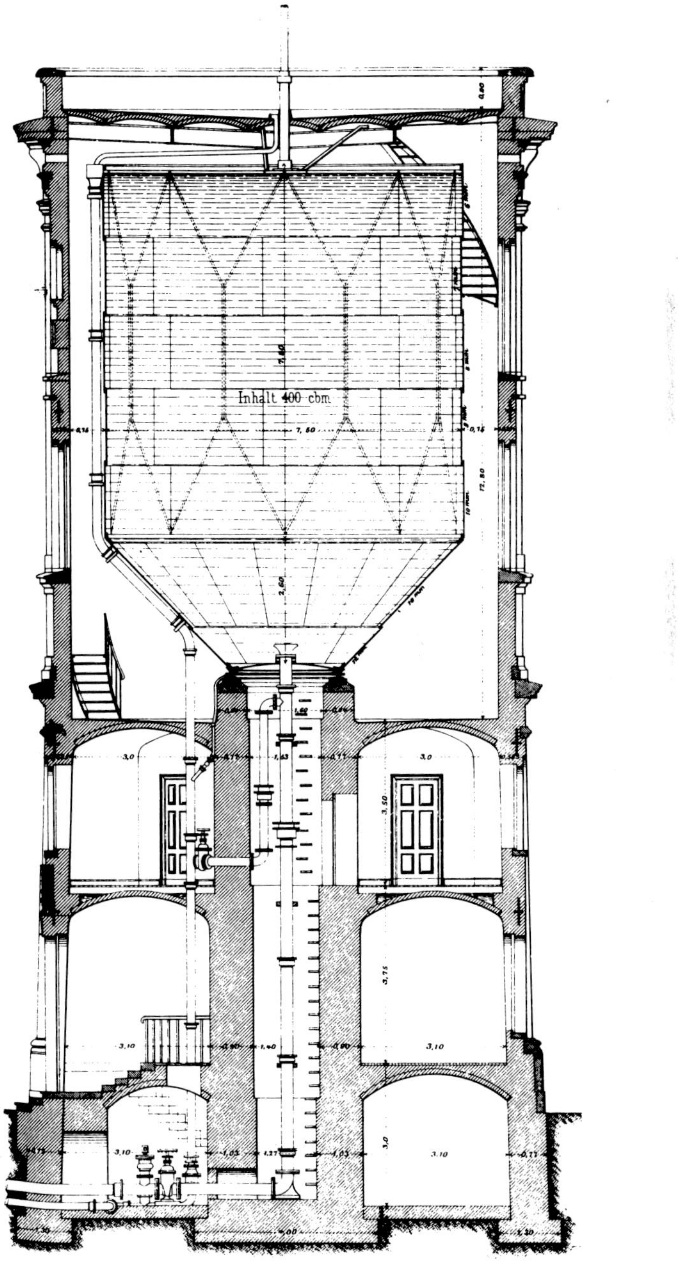

Bild 26. Erster Stützbodenbehälter nach dem Intze-Patent; Wasserturm Remscheid-Hochstraße 1883 [13] (s. a. Bild 38).

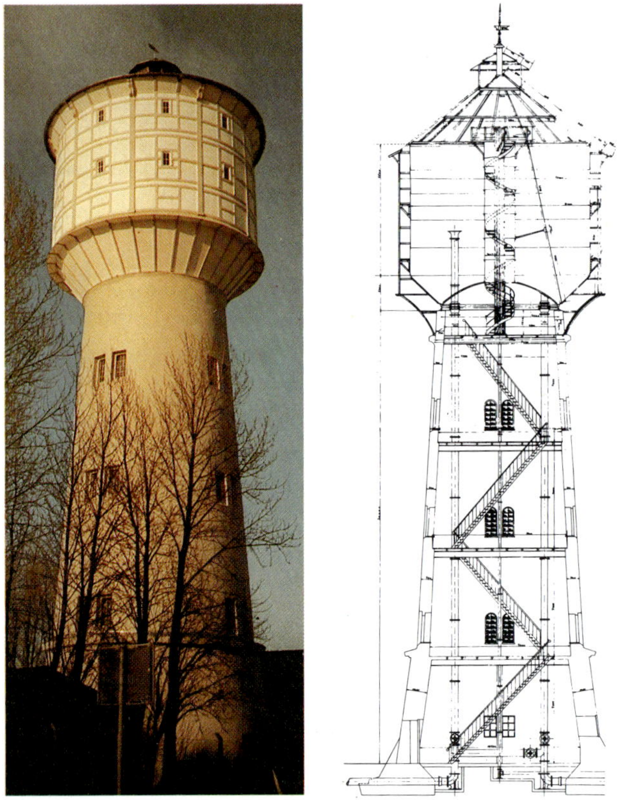

Bild 27. Charakteristischer größerer Wasserturm mit Intze-I-Behälter; Wasserturm Neumünster, Baujahr vor 1899, Höhe 48 m, Fassungsraum 950 m^3 [4] (Foto Dr. Mevius, Hamburg).

geschränkt wurde. Trotz der ungewöhnlichen Behälterform im Remscheider Wasserturm erreichte Intze die erforderliche horizontale Spannungsfreiheit, indem er bei dem äußerst geringen Auflagerdurchmesser von $D_1 = 2{,}24$ m den inneren Neigungswinkel α_1 entsprechend kleiner als den äußeren Winkel α_2 wählte, um dadurch den notwendigen Gegenschub des Innenbodens zu vergrößern.

Die äußere Form des Wasserturms Remscheid unterschied sich trotz der neuartigen Behälterkonstruktion in keiner Weise von den bisherigen Wassertürmen, da der enge Lagerring des 400 m^3 fassenden Behälters einen besonderen Innenschaft von 3,20 m Durchmesser erforderlich machte. Behälter und Tragschaft wurden von einem zylinderförmigen gemauerten Mantel umhüllt, der jedoch keine tragende Funktion ausübte. Bei den in den folgenden Jahren erbauten Wassertürmen paßte sich die äußere Formgebung der Behälterform an, es entstand der typische Intze-Wasserturm mit ausladendem Behälterkopf und einem sich zum Behälter-Auflager hin verjüngenden Schaft, charakteristisch sowohl bei großen und kleinen Wassertürmen, wie dies beispielsweise aus den Abbildungen für den Wasserturm Neumünster (Bild 27) oder den kleineren Wasserturm Rain/Lech (Bild 28) ersichtlich wird.

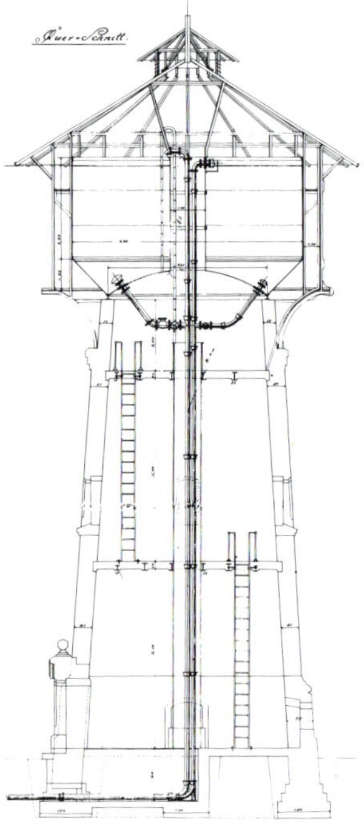

Bild 28. Charakteristischer kleinerer Wasserturm mit Intze-I-Behälter; Wasserturm Rain/Lech mit 100 m^3 Fassungsraum, 1901/02 (Foto Stadt Rain).

Ein ebenfalls typisches mit 350 m^3 Inhalt noch relativ kleines Eisenreservoir vom System Intze-I wurde von der Berlin-Anhaltischen Maschinenbau-Actiengesellschaft Berlin in den 1898/99 erstellten Wasserturm Neu-Ulm (s. S. 210) eingebaut. Der Wasserturm, in unmittelbarer Nachbarschaft des Maschinenhauses, ist auf einem alten in einem Terrassenbau umgewandelten Kriegspulvermagazin fundiert (Bild 29). Die Wasserspiegelhöhe über Terrain wird mit 35,5 m angegeben, der Reservoirdurchmesser mit 9 m, die Höhe mit 7 m. Der runde Wasserturmschaft ist in Stampfbeton, der achteckige Turmkopf (eine Variante zu den sonst runden Bauformen) als ausgemauerte verkleiderte Eisenkonstruktion ausgeführt (Bild 30).

Die möglichen Probleme bei kleinen Wasserspeichern unter 300 m^3 unterstreicht ein Bericht [54] zu dem im Jahre 1902/1903 vom Eisenwerk München AG montierten 60 m^3 Intze-I-Behälter in Buchendorf/Gauting bei München:

> „Im Januar 1905 wurden die Rohrleitungen im Wasserturm teilweise durch Frost beschädigt, als zur Nachtzeit bei einem großen Brande in Planegg während einer strengen Kälte (−20 °R) gleichzeitig fünf Hydranten längere Zeit in Betrieb waren und wegen der hierdurch bedingten Druckminderung der Wasserzufluß zum Wasserturm aufhörte. Abhilfe wurde geschaffen durch: Erneuerung der beschädigten Rohrleitungen, Umhüllung der Zu- und Verteilungsleitung mit

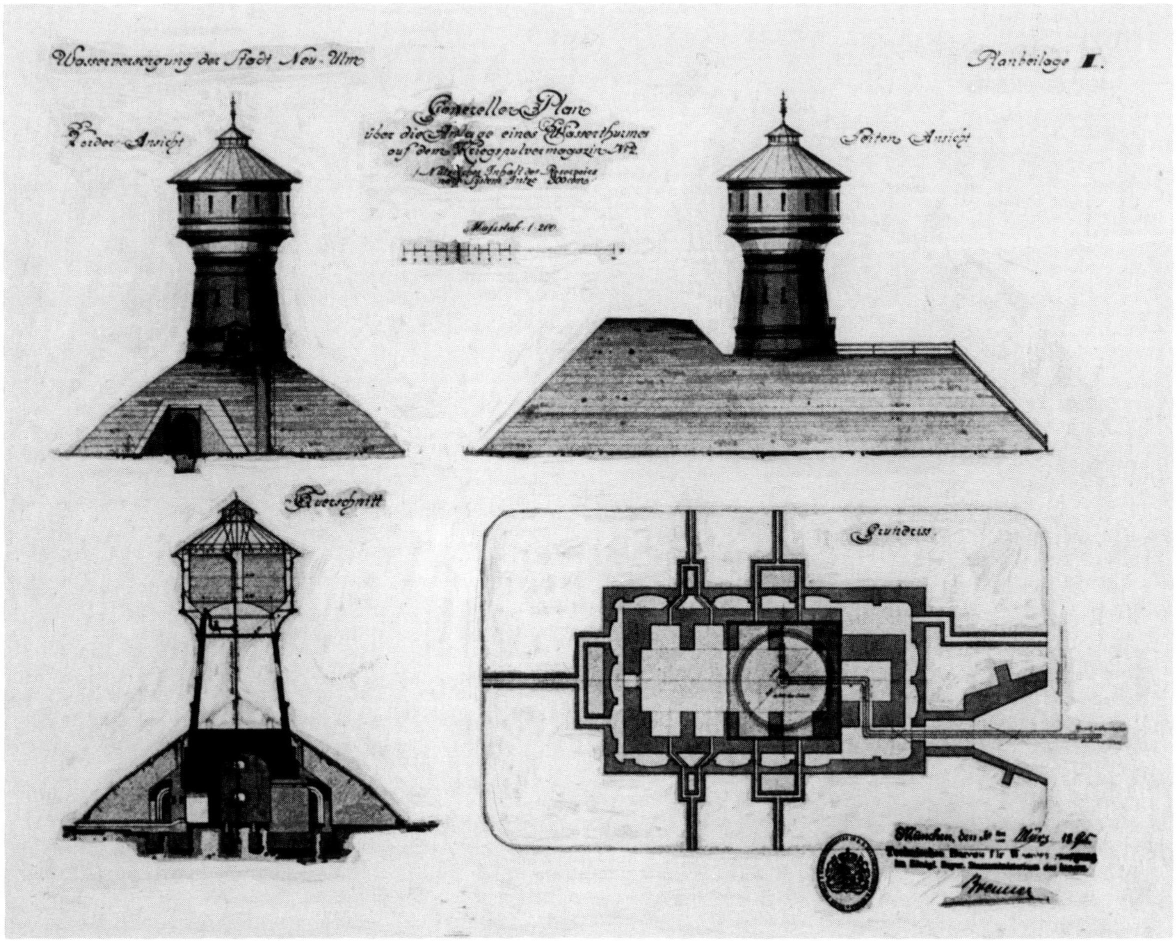

Bild 29. Entwurfszeichnung von 1895 für den Wasserturm Neu-Ulm.

Korksteinschalen unter Einrichtung eines ständigen Auslaufes im Wasserturm, Beschaffung eines Petroleumofens zur Heizung des Holzschlauches, mit dem die Rohrleitungen im Wasserturm verkleidet sind."

Bautechnisch hatten die Wassertürme mit Intze-Behältern naturgemäß viele Gemeinsamkeiten: Der nach oben gekrümmte Innenboden des Intze-Behälters, der sogenannte Stützboden (s. Bild 31, 32), erhielt spantenartige Versteifungsrippen, da der kugelförmige Innenboden sowohl im Sinne der Meridiane als auch im Sinne der horizontalen Schnittkreise Druckspannungen erhielt. Die Besteigung des oberen Behälterraumes ermöglichte ein Innenzylinder von in der Regel 1,0 m Durchmesser. Da dieser Zylinder durch den äußeren Wasserdruck beansprucht wurde, mußte er mit aufgenieteten Winkelringen gegen Einbeulung versteift werden. Die Ummantelung der Behälter bestand aus Holz, Ziegelmauerwerk oder aus Rabitzputz, der auf ein mit Brettern verschaltes leichtes Eisengerippe aufgebracht wurde, oder der sog. Monierwand. Die Stützung der gleichfalls oft als Eisenkonstruktion ausgebildeten Überdachung erfolgte durch den Innenzylinder und den Behälterrand (Bild 27–31).

Bei den vielen Wasserstationen der Eisenbahn mit ähnlichen Betriebsbedingungen lag der Gedanke nahe, die Behälterformen auf bestimmte Inhaltsgrößen festzulegen. In Zusammenarbeit mit verschiedenen Bahnverwaltungen wurden diese Behälter in verschiedenen Größen von 15 bis 1000

Bild 30. Wasserturm Neu-Ulm in Bau und fertiggestellt auf einem umgewandeltem Kriegspulvermagazin (Stadtarchiv Neu-Ulm).

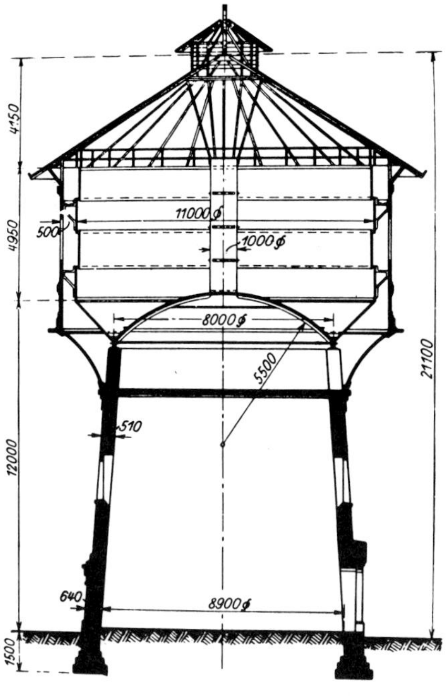

Bild 31. Normalausführung eines eisernen Intze-Behälters (Stützbodenbehälter) mit 500 m^3 Inhalt für die Eisenbahn-Wassertürme [28, 47].

m^3 von der patentnehmenden Firma F. A. Neumann genormt (Bild 31). Das ermöglichte die serienweise Herstellung von Auflagern bzw. Stützböden auf Vorrat (Bild 32) zu einer Zeit, als der Serienbau in der Technik noch so gut wie unbekannt war. In der Festschrift zum 125jährigen Firmenjubiläum [52] wird hierzu ausgeführt:

„Die Kugelbleche für die Wassertürme wurden im ebenen Zustand angezeichnet, fertig gelocht und auf Maß geschnitten, danach gekümpelt. F. A. Neumann spezialisierte sich u.a. auf die Bearbeitung der Winkel- und Profileisenringe für das Auflager der Behälter. Es kam schließlich dazu, daß die (anderen) großen Behälterfirmen bei F. A. Neumann biegen ließen. In stillen Zeiten, insbesondere im Winter, fertigte man Intze-Wasserbehälter der gängigen Größen auf Vorrat. Kamen im Frühjahr Anfragen, dann wurden ganze Wassertürme ein bißchen großspurig angeboten: „Montagebeginn auf Wunsch in drei Wochen“, denn es brauchte dann nur noch der Mantel angefertigt zu werden; besondere Wünsche der Besteller konnte man dabei noch leicht berücksichtigen. Draußen in der Provinz hatte man sich mit der Konkurrenz arrangiert. Rechts der Elbe kümmerte sich die Berlin-Anhaltische Maschinenbauanstalt (BAMAG) um die Wasserhochbehälter bei der Eisenbahn und den Wasserwerken, und links der Elbe behauptete F. A. Neumann das Revier.“

2.3.2 Intze-II-Behälter

Bei Nutzinhalten über 500 m^3 erwies sich für die Intze-Behälter die große Bauhöhe des Stützbodens als nachteilig, da dadurch ein beträchtlicher Teil des Nutzraumes verlorenging. Intze versuchte die Wirtschaftlichkeit zu verbessern, indem er für diese Behälter unter Beibehaltung des Intze-Prinzips einen zusätzlichen mittleren Hängeboden (Intze-Typ II) anordnete (Bild 33). Die Kraftwirkung am Auflager änderte sich dadurch prinzipiell nicht. Mit der neuen Bodenausbildung wurde neben einem höheren „Völligkeitsgrad“ des Behälters eine wesentlich leichtere Ausführung des Behälterbodens erreicht. Allerdings wurde für den in den inneren Stützkegel eingehängten Kugelboden ein zusätzlicher Druckring erforderlich, für den jedoch in den meisten Fällen, infolge des relativ geringen Durchmessers des Kugelbodens, gewöhnliche Winkeleisen genügten.

Mit Behälterentwürfen zum Typ II befaßte sich Intze bereits 1884 im Zusammenhang mit dem Wasserturm Bremerhaven (650 m^3 Inhalt), einem

Bild 32. Serienmäßig vorgefertigte Stützböden, Auflagerringe und Durchstiegs-Zylinder; großer Stützboden für 2500 m^3-Behälter, kleiner Stützboden für 20 m^3-Behälter [52].

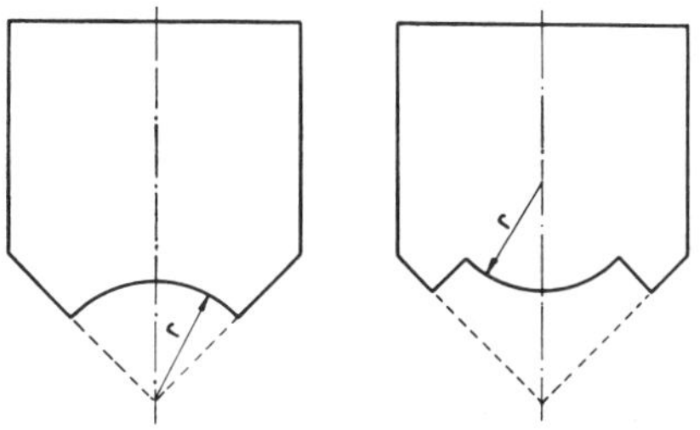

Bild 33. Prinzipsskizze der Stützbodenbehälter nach Intze-Typ I und II [23].

Wasserturm für die Alkaliwerke in Westeregeln (400 m³ Inhalt) und 1885 unter anderem mit dem wegen seiner Höhe bemerkenswerten Wasserturm Düren (550 m³ Inhalt, Wasserspiegel 45 m über Gelände). Zu diesem heute nicht mehr bestehenden Wasserturm Düren – in den letzten Kriegstagen des 2. Weltkrieges von deutschen Pionieren gesprengt – hat Intze anläßlich eines Vortrages im Jahre 1885 vor dem Aachener Bezirksverein des Vereines deutscher Ingenieure (VDI) einige Ausführungen über den Entwurf gemacht:

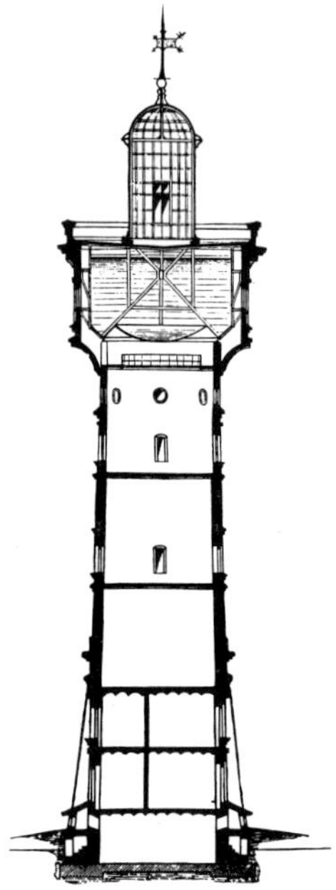

Bild 34. Wasserturm der Stadt Düren mit erstem Intze-II-Behälter, Inhalt 550 m³, 1885 [1, 65] (Foto Stadtwerke Düren).

„Statt des ursprünglichen, nahezu cylindrischen Baues mit gewaltigen Mauerstärken, in welchem ein gewöhnlicher cylindrischer Behälter mit durchhängendem Kugelboden angebracht war, wurde zunächst ein architektonisch etwas reicher, durchgebildeter, nahezu cylindrischer Turm mit gemauerter Mittelstütze für den Behälter entworfen, auf welcher Mittelstütze, ganz entsprechend dem zuerst nach dem Patente ausgeführten Remscheider Turme, der Behälter mit verhältnismäßig kleinem ringförmigem Fuße seine Auflagerung gefunden hätte. Wenn auch diese Mittelstütze durch Zwischendekken gegen die äußere Umhüllungsmauer abgesteift war, so ergab doch eine nähere Berechnung und die Inbetrachtziehung der bedeutenden Höhe, daß es ratsamer sei, die Stütze in der äußeren Mauer zu suchen und den Behälter über diese Mauer hinauskragen zu lassen.

Die aus der Behälterconstruction bedingte Form des Kopfes, welche eine günstige architektonische Lösung ermöglichte, erzeugt bei Berücksichtigung der gewaltigen Höhe und des beträchtlichen Durchmessers des Kopfes (entsprechend der Größe von 2 dreifenstrigen Aachener Wohnhäusern) nicht nur bei dem Laien, sondern auch bei dem Techniker im ersten Augenblicke durch die Kühnheit der Ausladung unwillkürlich die Frage, ob denn hier in allen Teilen die erforderliche Sicherheit vorhanden sei. Wenn man die Stärke des obersten Mauerringes von 2 Stein unmittelbar unter dem Behälter, bzw. von 2½ Stein unter der Auskragung, in Betracht zieht, so ist die Wirkung anfänglich allerdings etwas überraschend. Glücklicherweise ist der Ingenieur nicht gezwungen, nach subjectiven Empfindungen zu construieren, sondern nach Maßgabe der Zahlenwerte, welche für die Widerstandsfähigkeit der Materialien mit vollständiger Sicherheit angewandt werden dürfen.

Die bedeutende Belastung der nahezu 3 m ausladenden Umhüllungsmauer des Behälters von 1½ Stein Stärke mit weit ausladendem Hausteingesims ist durch eine zuverlässige Construction in Walzeisen aufgenommen, welche zur Vorsicht so bemessen ist, daß sowohl die oberen mit dem Behälter verbundenen Eisenkonsolen, als auch die untere Auskragung der Hauptkonsolen für sich die Belastung aufnehmen können. Die Verstrebung zwischen der Umhüllung und dem Behälter geben auch eine vermehrte Sicherheit gegen Sturmdruck. Die Belastung des zwischen I-Dachbalken eingewölbten und mit Holzcement eingedeckten Daches sowie das Gewicht eines Teiles des zwischen den verlängerten I-Dachbalken aufgelagerten Hauptgesimses werden einerseits durch L-Eisen-Stützen auf die Cylinderwand des Behälters und andererseits durch 4 mittlere ⊥-Eisen-Stützen auf den Auflagerkranz desselben übertragen. Im Eisenwerk wird im geschwächten Blechquerschnitt nirgends eine Spannung von 750 kg/qcm überschritten. Durch eine entsprechende Breite des in Betonschüttung hergestellten Fundamentes ist der Druck auf den festen Kiesuntergrund unter 2½ kg/qcm gehalten und durch Erdbögen zwischen den Strebepfeilerfundamenten gleichförmig verteilt. Die des besseren Aussehens halber gewählte konische Form des Turmschaftes ist für die Standfestigkeit desselben und für die feste Ringverbindung der Mauerung von Vorteil, da durch die radial wirkenden Horizontalcomponenten der Gewichte der Mauermassen eine Ringdruckspannung entsteht, welche die Stoßfugen zu dichten bestrebt ist. Zur Sicherung des frischen Mauerwerkes sind wagerecht polygonale Schmiedeeisenanker mit senkrechten Splinten in Stockwerkshöhen in die Mauerfugen gelegt.

Der vorläufig aus Sparsamkeitsrücksichten noch nicht ausgeführte Aufsatz von etwa 13 m Höhe, welcher architektonisch den monumentalen Bau bekrönen soll, wird vermutlich bald zur Ausführung gelangen.

Im ganzen wird der Turm bis zur Spitze dieses Aufsatzes etwa 60 m Höhe über Bodenfläche erhalten.

Die architektonische Ausbildung des Turmes ist mit besonderer Sorgfalt vom Hrn. Professor Damert (TH Aachen) nach dem optischen Maßstabe vorgenommen, um die günstige Wirkung und Erkennbarkeit aller Gliederungen aus entsprechender Entfernung sicher zu stellen.“

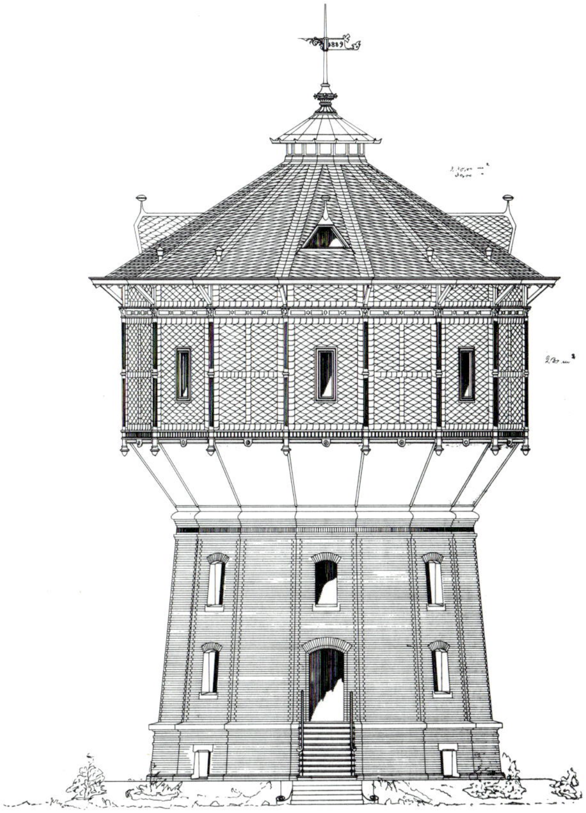

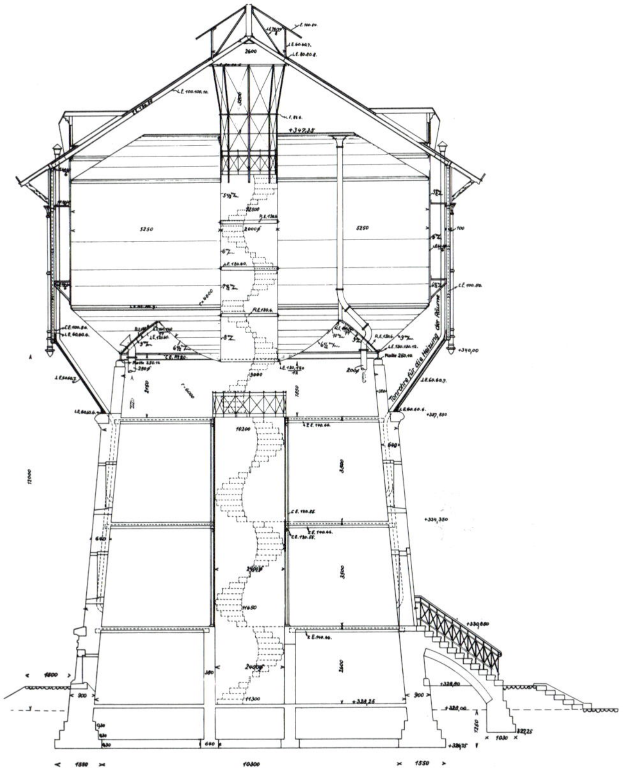

Bild 35. Wasserturm Remscheid-Handweiser mit Intze-II-Behälter von 700 m³ Inhalt, 1889/91 [65] (Foto Stadtwerke Remscheid).

Sehr schön dargestellt ist die Konstruktion des Stützbodenbehälters nach Intze-Typ-II in der Original-Zeichnung für den 1889 entworfenen und 1891 fertiggestellten, 23 m hohen Wasserturm Handweiser in Remscheid an der Berghausener Straße (Bild 35). Bei dem 700 m³ fassenden, aus schmiedeeisernen Blechen zusammengenieteten Behälter auf gemauertem Unterbau mit einer Wasserspiegellage von 19,25 m über Geländeoberkante ist interessanterweise der obere zylindrische Wandabschluß in die Dachschräge „hineinkomponiert“, vermutlich um einerseits genügend Wassertiefe zu erzielen und andererseits den Turmkopf mit Dach nicht überproportional groß werden zu lassen. Der Durchstieg durch den Behälter in den Dachraum ist mit 2 m Durchmesser (ansonsten oft nur 1 m) ausreichend komfortabel, die im Schnitt eingezeichneten „Tonrohre für die Heizung der Räume“ sollten wohl die Funktion eines Rauchrohres (Kamin) übernehmen. Alles in allem ein Musterbeispiel für einen Intze-Wasserturm, für den man den künftigen Erhalt gemäß Original-Ansicht erhofft, standen doch im Remscheider Versorgungsgebiet einmal 8 Wassertürme, von denen noch 3 in der Trinkwasserversorgung ihre technische Aufgabe erfüllen.

2.3.3 Bautechnische Vielseitigkeit der Intze-Behälter

Ohne Intzes lebhaftes Planen und Entwickeln ist der dominierende Anteil am Behälterbau in den folgenden Jahrzehnten gar nicht denkbar. Intze war fraglos auch ein geschäftstüchtiger Mann. Er unterhielt ein eigenes Büro zur Bearbeitung seiner Projekte; alle schwierigen und ausschlaggebenden statischen Berechnungen ließ er in seinem Büro in Aachen bearbeiten. Wie bereits erwähnt, hatte er mehrere Erfindungen patentiert und verwirklichte diese gleichsam als Oberingenieur bei der Behälterbaufirma F. A. Neumann. Zur Förderung der konstruktiven und wirtschaftlichen Vorteile der Intze'schen Patente wurden bei F. A. Neumann keine Kosten gescheut und umfangreiche Versuche im Werk angestellt. Die Verbindung mit Professor Intze brachte bald auch eine führende Marktstellung auf dem Gebiet des Großbehälterbaues für Flüssigkeiten. Allein in den Jahren von 1880 bis 1909 wurden 1129 Großbehälter für Wasser erstellt – die meisten nach dem Intze-Patent Nr. 23187 [52]. Wasserverbrauchsspitzen, bedingt durch den vermehrten, aber schwankenden Bedarf von Industrie und Eisenbahn und der Haushalte, machten eine wachsende Speicherkapazität notwendig.

Für verschiedene Wassertürme hatten sich im Laufe der Jahre durch die ständige Erweiterung der Versorgungsgebiete sowohl die Druckverhältnisse als auch das richtige Verhältnis des Inhaltes zum Tagesverbrauch geändert, so daß eine Vergrößerung bzw. Höherlegung des Speicherinhaltes notwendig wurde. Aufgrund ihrer Bodenfreiheit und ihres variablen Auflagerdurchmessers konnten die Intzebehälter auf jeden Wasserturm aufgesetzt werden. Beispielsweise wurde 1895 auf den 1881 erbauten Hängebodenbehälter (584 m^3) der Stadt Mühlheim ein 800 m^3 fassender Intze-Behälter (Typ II) aufgesetzt (Bild 36). Bei der Alternative Erhöhung durch Mauerwerk oder durch Eisenfachwerk entschied man sich für die letztere Möglichkeit, da einmal eine Gewichtsersparnis von rund 75% gegenüber dem Mauerwerk erzielt werden konnte, zum anderen der untere Behälter von außen zugänglich bleiben sollte. Bemerkenswert ist an dieser aus rein wirtschaftlichen und betrieblichen Überlegungen entstandenen Lösung die erstmalige nach außen sichtbare Verwendung von Eisenfachwerk [44, 47]. Auch im Falle der Stadt Lübeck, wo der Flachbodenbehälter durch einen neuen 2100 m^3 großen Behälter ersetzt

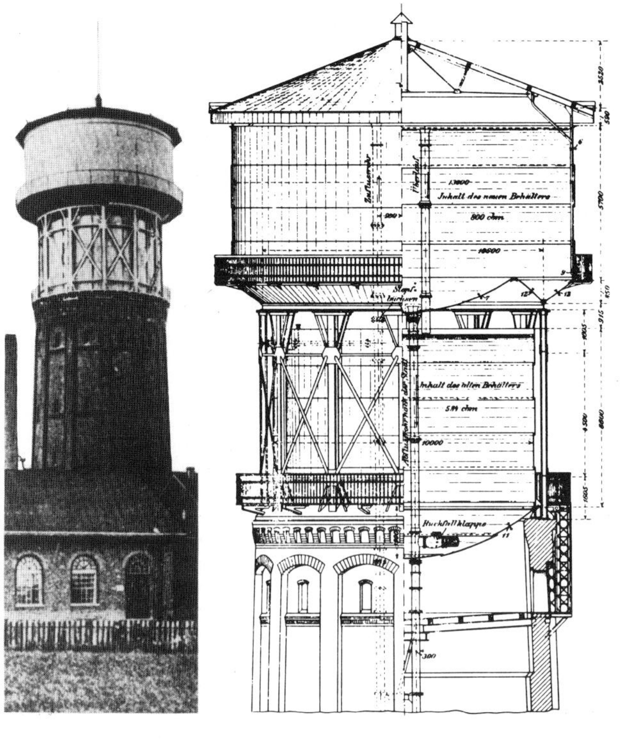

Bild 36. Aufgestockter Wasserturm in Mühlheim, eiserner Intze-II-Behälter (1895) über Hängebodenbehälter (1881) [44, 47].

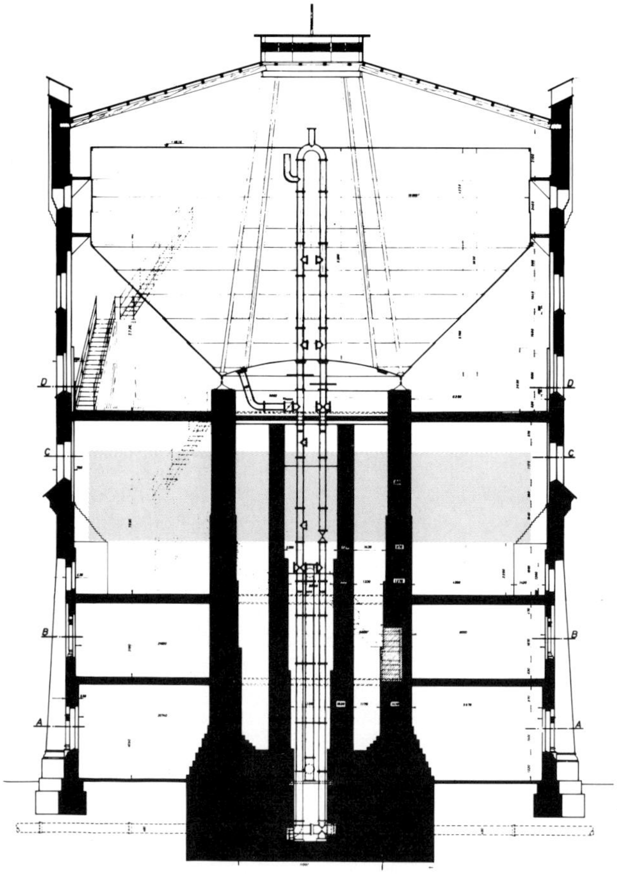

Bild 37. Aufgestockter Wasserturm Lübeck mit neuem Intze-I-Behälter über früheren Flachbodenbehälter [65].

wurde, bewiesen die Intze-Behälter ihre vielfältige Verwendbarkeit. Der innere Mauerschaft des alten Wasserturmes wurde erhöht und darauf die Normalausführung des Intzetyps aufgesetzt (Bild 37), die Außenmauer wurde mit hochgezogen, wodurch die typische Intzeform, ähnlich wie bei dem allerersten Intze-Wasserturm in Remscheid nicht zum Ausdruck kam (s. a. S. 83).

Aus wasserversorgungstechnischen Gründen ist im Jahre 1908 – wie es die Umstände für diese historische Betrachtung in geradezu pointenhafter Weise mit sich brachten – auch über den ersten Intze-I-Behälter, den 400 m³ fassenden Remscheider Behälter von 1883 an der Hochstraße, ein neuer, 1500 m³ fassender Intze-Behälter gebaut worden, und zwar während der alte Behälter noch in Betrieb war. Danach wurde dieser Intze-I-Behälter außer Betrieb genommen, zerlegt, ausgebaut und auf dem Unterbau des 1908 neu errichteten Wasserturmes Remscheid-Hasten montiert; es spiegelt dies sehr schön das ingenieurmäßige und handwerkliche Können dieser Zeit wider. Als Gründe für die Wasserturm-Erweiterung wurden auch hier die Steigerung des Wasserverbrauches durch Anlage von Schwemm-Kanalisationen, Herbeiführung eines stärkeren Wasserdruckes für die Feuerwehr und ungünstige Druckverhältnisse an einigen Verbrauchsstellen im Versorgungsgebiet genannt. Der ursprüngliche Entwurf zur Aufstockung des Wasserturmes (Bild 38) sah einen Intze-II-Behälter vor, es gelangte jedoch eine Konstruktion der Behälterbaufirma Neumann nach Intze-I-Typ zur Ausführung (Bild 39). Zu dem aufgestockten, nun 1500 m³ fassenden Wasserturm Remscheid-Hochstraße schrieb der damalige Direktor der Gas- und Wasserwerke der Stadt Remscheid, Herr Carl Borchardt, unter anderem [12]:

„Die architektonische Gestaltung des Turmes ist dem bergischen Baucharakter angepaßt und erscheint nicht fremdartig im Stadtbild. Der obere Teil ist in Schieferbekleidung, die Konstruktionsteile der Bassinummantelung in einfacher, kräftiger Holzkonstruktion mit ausgemauerten und rauhgeputzten Feldern ausgeführt. Um die stark anlaufenden Träger bzw. Stützmauern des Turmes ist aus ästhetischen Gründen ein Mantel gebaut worden, der die sonst zu stark und schwerköpfig erscheinende Ausladung des Bassinkopfes mildert.

Dieser Mantel ist in einer Dicke von 25 cm mit Verstärkungspfeilern in rauhgeputztem Ziegelmauerwerk hergestellt. Die Pfeiler sind nach innen verlegt, um eine ruhige untere Baumasse zu erhalten, auf der die zwölfseitige Turmbekrönung einen angenehmen Gegensatz bildet. Das Holzwerk ist erst mit Karbolineum schwarzbraun gebeizt; Dachrinnen und Knöpfe sind in Kupfer ausgeführt. Die Abwässerung des Daches erfolgt nach innen. Der Turm hat eine Gesamthöhe von Terrainoberfläche bis zur Kuppel von 46,62 m.

Höhe von Terrainoberfläche bis höchster Wasserstand .	34,37 m
Äußerer Durchmesser am Sockel	14,40 m
Durchm. d. oberen Dachaufsatzes	5,40 m
Grundstücksbreite	18,55 m
Inhalt des Wasserbehälters	1500 cbm

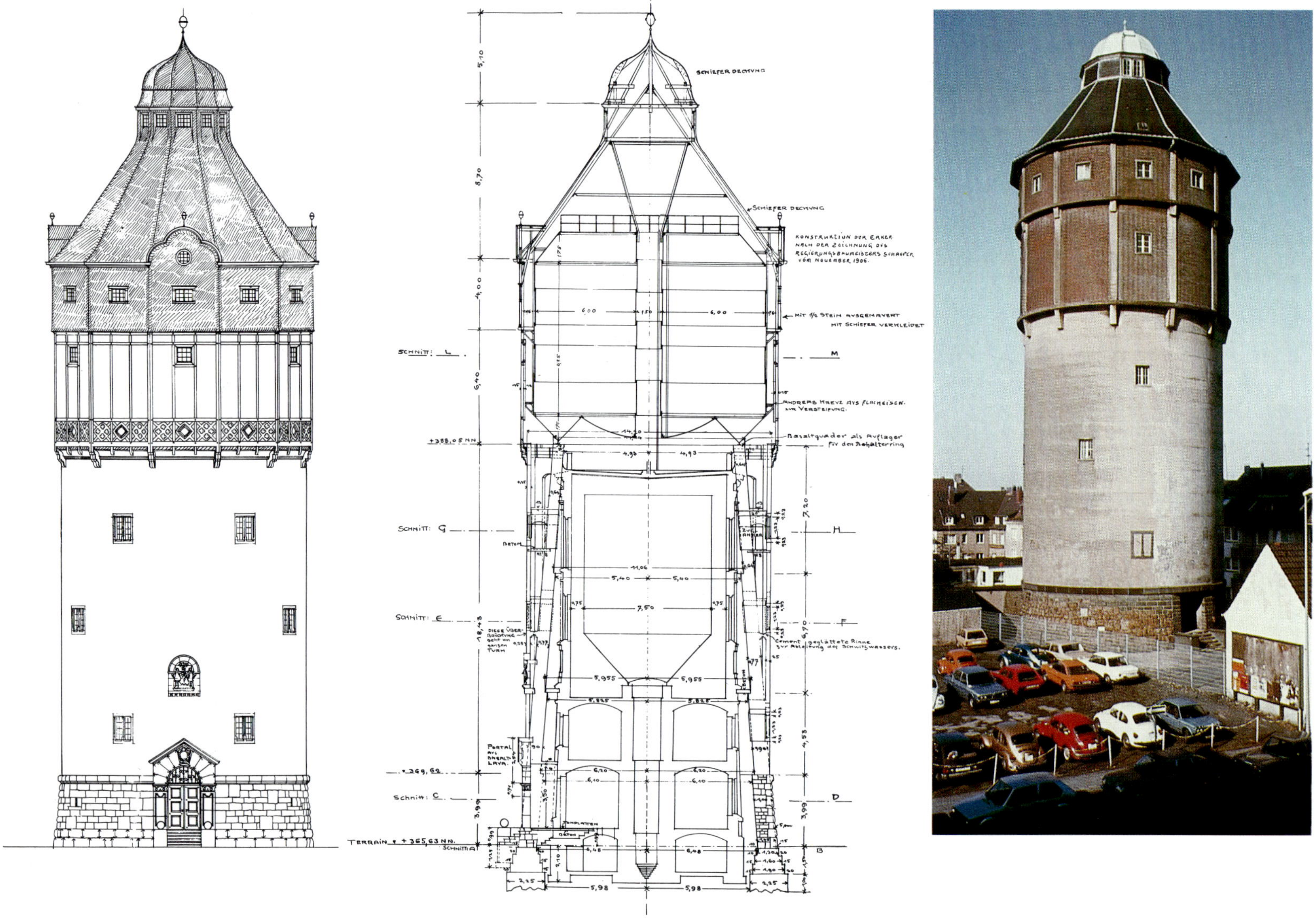

Bild 38. Entwurfszeichnung für die Aufstockung des ersten Intze-I-Behälters mit einem Intze-II-Behälter im Wasserturm Remscheid-Hochstraße [65] (Foto Stadtwerke Remscheid).

Die Arbeiten für den Aufbau des Turmes und die Lieferung der Eisenkonstruktion wurden in getrennten Losen öffentlich ausgeschrieben; es erhielt den Zuschlag für den Aufbau des Turmes die Firma A. Matthey & Co in Remscheid zum Preise von Mark 32 972,45, und die Dachkonstruktion und Umkleidung zum Preise von Mark 25 951,10. Den Zuschlag für die Eisenkonstruktion des Behälters erhielt die Firma F. A. Neumann, Eschweiler, in einem Gewicht von 92 700 kg zum Preise von Mark 34 299,–. Der Aufbau um den alten Turm herum erfolgte, ohne daß der Betrieb unterbrochen werden brauchte. In der Nacht vom 13. Februar 1908 wurde die Verbindung des neuen Turmes mit dem Rohrnetz glatt und ohne Betriebsstörung vorgenommen."

Angemerkt sei noch, daß der o. a. Wasserturm Remscheid-Hasten, in den der erste Stützbodenbehälter nach Intze-I-Patent umgesetzt worden war, im Jahre 1969 außer Betrieb ging.

Die aus betrieblichen Gründen in der Wasserversorgung allgemein gewünschte 2kammerige Behälterausbildung wurde von Intze bei seinen ersten Planungen elegant gelöst. Zu dem 1886 ent-

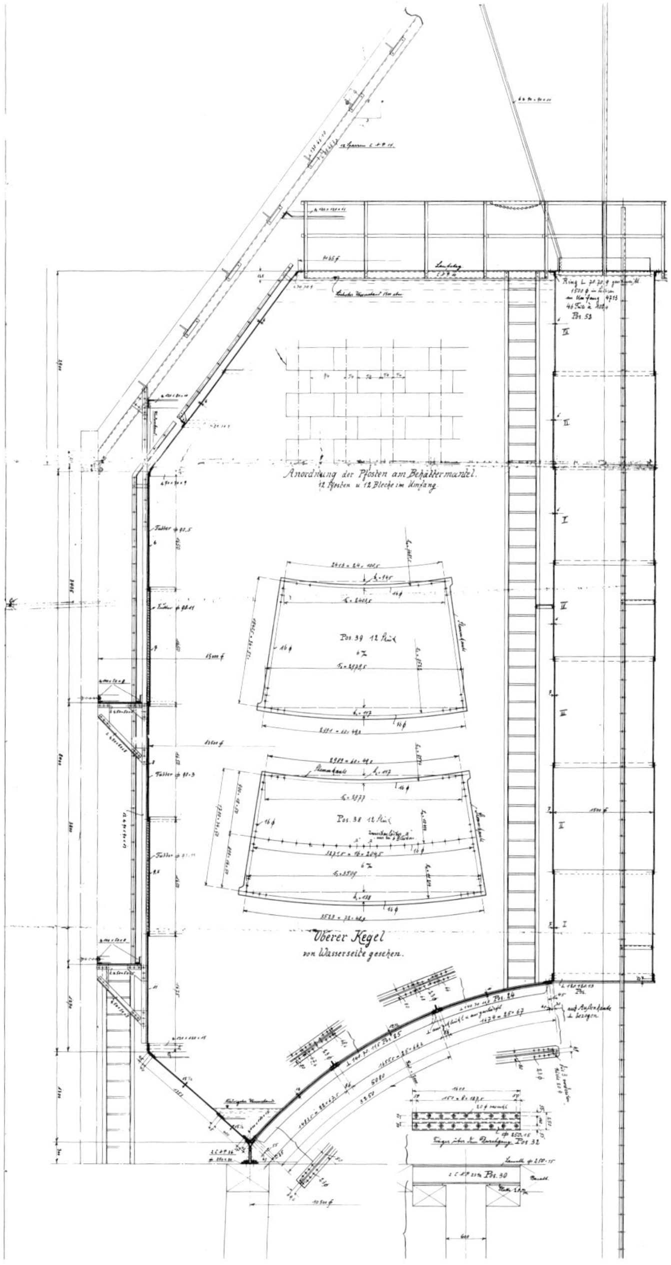

Bild 39. Detailzeichnung für den tatsächlich aufgesetzten Intze-I-Behälter über den allerersten Intze-I-Behälter im Wasserturm Remscheid-Hochstraße [65].

worfenen, 600 m^3 fassenden Intze-II-Behälter im Wasserturm von Diedenhofen ist in der Niederschrift eines Vortrages von Intze ausgeführt:

„Die Zweiteiligkeit des Behälters wurde hier erforderlich, weil zur Ergänzung einer Quellwasserversorgung eine Grundwasserversorgung mit getrenntem Behälter in Aussicht zu nehmen war. Diese Zweiteiligkeit konnte in einfacher Weise durch Fortsetzung des inneren durchhängenden Kugelbodens mit Verlängerung durch einen Cylinder bis zum Wasserspiegel erreicht werden, indem jede der beiden hier gebildeten Abteilungen von je 300 cbm Inhalt zu füllen ist oder auch beide Abteilungen gleichzeitig mit Quell- oder mit Grundwasser gefüllt werden können, ohne wegen der entstehenden verschiedenartigen Beanspruchungen des Eisens Verstärkungen der Gesammtconstruction für 600 cbm Inhalt eintreten lassen zu müssen“ [1].

Als Beispiele für die 2kammerige Behälterausbildung mögen der Wasserturm in Frankenthal/Pfalz für die Lösung beim Intze-II-Behälter und der Wasserturm Großhesselohe/Pullach für die Ausführung bei einem Intze-I-Behälter dienen. Mit dem vom „Technischen Bureau für Wasserversorgung“, München, geplanten Wasserturm Edigheim der Stadt Frankenthal-Edigheim wurde für Bayern und die Pfalz wohl erstmalig eine Behälterkonstruktion vom Typ Intze II ausgeführt. Infolge des relativ großen Fassungsraumes von 800 m^3 hätte sich die große Bauhöhe des Stützbodens beim Intzetyp I nachhaltig für den Fassungsraum bemerkbar gemacht, weshalb unter Beibehaltung des Intzeprinzips ein zusätzlicher mittlerer Hängeboden angeordnet wurde. Durch die Fortführung des Kugelbodenteils nach oben in die Behälterkammer wurde eine 2kammerige Ausbildung (Bild 40) geschaffen. Mit dem Bau dieses in klassischer Intze-Bauweise erstellten Wasserturmes, der vom Terrain bis zum Wasserspiegel 39,3 m und bis zur Turmspitze rd. 51 m mißt, wurde 1899 begonnen; im Turm waren außerdem die Wohnungen des Maschinenpersonals vorgesehen. Der Turmschaft ist gemauert und mit Zwischendecken aus Eisenträgern/Eisenbeton ausgesteift; der Behälterbaustoff bestand, wie damals noch üblich, aus vernieteten Eisenblechen. Der Wasserhochbehälter ist seit 1980 außer Betrieb; Wasserturm und Gelände sind Ende 1982 verkauft worden.

Einen Intze-I-Behälter mit Wasserkammern enthält der 1898/99 vom Kgl.-Obersthofmeisterstab, mit dem Grafen zu Castell an der Spitze, geplante und vom Maurer- und Brunnenmeister Josef Regath ausgeführte Wasserturm Großhesselohe, Pullach b. München, dar. Die 2kammerige Ausbildung wurde durch Anordnung von Ringblechen auf dem Stützboden erzielt. Dieser 100-m^3-Intze-Behälter, der ursprünglich für die Versorgung des mehrere km entfernten königlichen Schlosses Fürstenried und am Rande der Gemeinden Forstenried und Solln diente, steht heute auf dem Gelände des Bundesnachrichtendienstes und ist nicht mehr in Betrieb (Bild 41).

Hatte man noch anfangs geglaubt, nicht auf einen Schutz der Wasserbehälter gegen Temperatureinflüsse verzichten zu können, so erwies sich diese Annahme in vielen Fällen als unbegründet. Aufgrund von Erfahrungen mit ungeschützten Behältern hatte es sich besonders bei größeren Inhalten gezeigt, daß die im Wasser gespeicherte Wärme in Verbindung mit einer durch eine ständige Entnahme hervorgerufenen Erneuerung des Wassers genügte, um den Behälterinhalt vor dem Einfrieren zu bewahren. Ein Beispiel hierfür war der Wasserturm der Stadt Mülheim aus dem Jahre

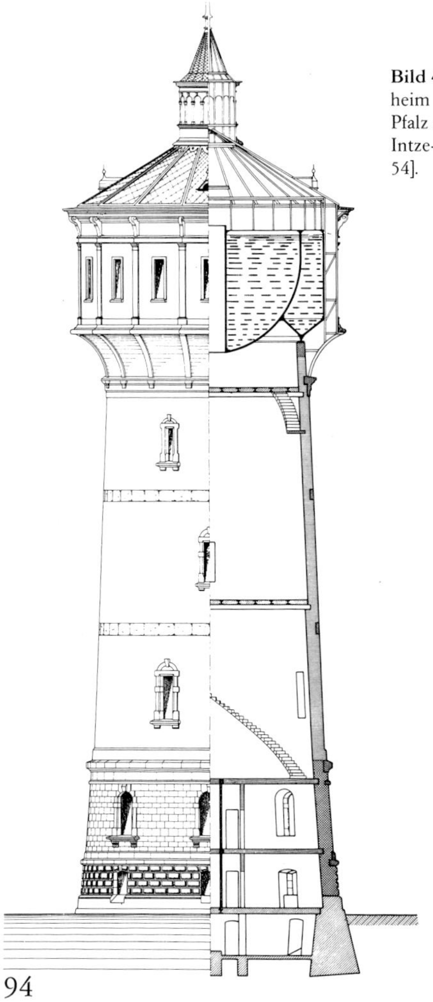

Bild 40. Wasserturm Edigheim der Stadt Frankenthal/Pfalz mit zweikammerigem Intze-II-Behälter, 1899 [32, 54].

Bild 41. Wasserturm Großhesselohe mit zweikammerigem Intze-I-Behälter für die Versorgung des königlichen Schlosses Fürstenried 1898/99 [32, 54].

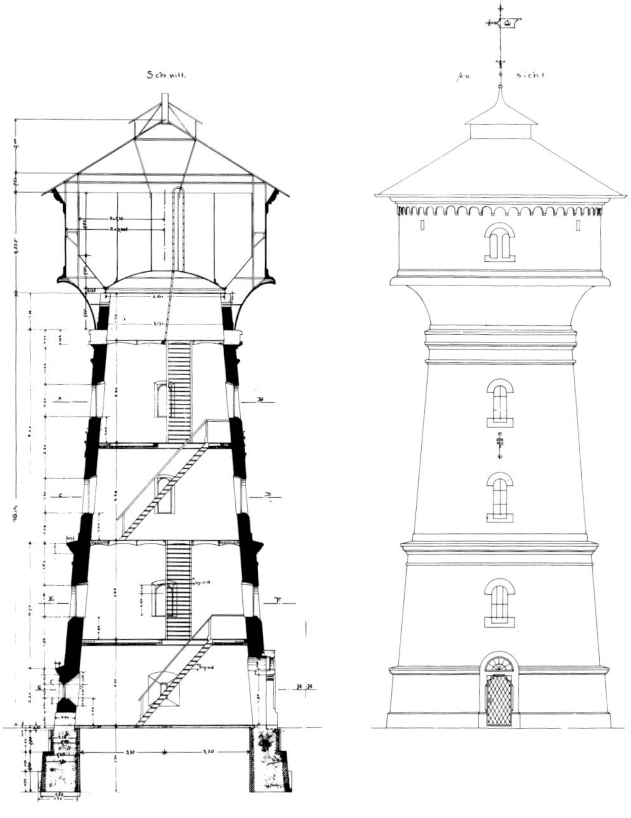

1881, bei dem sich 14 Jahre nach seiner Erbauung noch keinerlei Mißstände gezeigt hatten. Diese Erkenntnis ließ vor allem bei der Eisenbahn (Bild 42) und der Industrie Wasserhochbehälter ohne Ummantelung entstehen. Als Beispiel dafür, daß derartige Wasserhochbehälter auch in der öffentlichen Wasserversorgung Anwendung fanden, dürfen der Wasserturm Essen-Leithe (1898) mit einem Inhalt von 2200 m³, der Wasserturm Alsdorf (1910) mit einem Inhalt von 1000 m³ oder der 1500 m³ fassende, freistehende Intze-I-Behälter des 23 m hohen Wasserturmes Remscheid-Neuenhof an der Baisieper-Straße (Bild 43) gelten – sinnigerweise trägt die nächste Querstraße zu diesem Wasserturm den Namen „Intze".

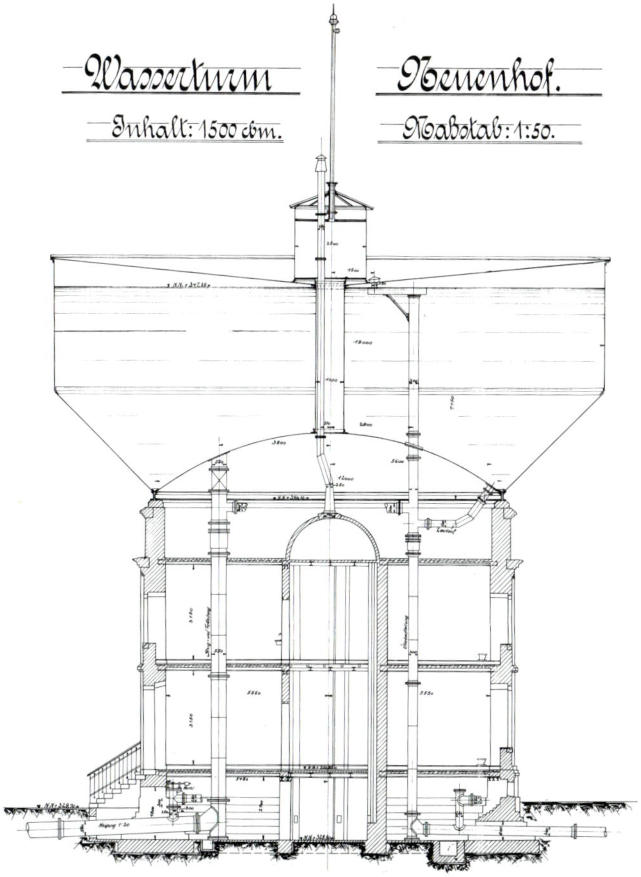

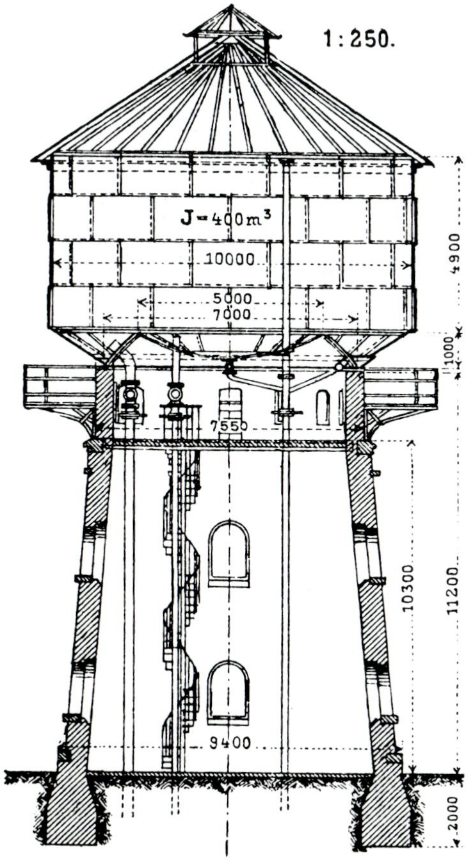

Bild 42. Eisenbahn-Wasserturm mit nicht ummantelten Intze-II-Behälter von 400 m³ Inhalt [39].

Bild 43. Wasserturm Remscheid-Neuenhof an der Baisieper Straße, nicht ummantelter Intze-I-Behälter mit 1500 m³ Inhalt, Baujahr 1900 [65] (Foto Gerd Krauskopf, Remscheid).

2.3.4 Intze-Wassertürme und ihre Gestaltung

Eine jahrzehntelange Erfahrung mit dem Bau von Wassertürmen, besonders für kleine Gemeinden, besaß als spezielle Zentralbehörde in Bayern das Kgl. Wasserversorgungsbureau – zwischenzeitlich als eigene Behörde aus dem technischen Bureau für Wasserversorgung im K. Staatsministerium des Innern hervorgegangen. Von besonderem Interesse und zeitgeschichtlichem Wert sind daher die in einem Geschäftsbericht von 1907 dokumentierten grundsätzlichen Ausführungen zur Gestaltung der Wassertürme [54, 32], insbesondere der Intze-Wassertürme, weshalb sie in Auszügen hier wiedergegeben werden:

„Mit Rücksicht auf die meist sehr beschränkten Mittel, welche den Gemeinden zu ihren Wasserversorgungsanlagen zu Verfügung gestellt sind und möglichste Sparsamkeit nahelegen, war für die verhältnismäßig teuersten Bauobjekte, die Wassertürme, vielfach eine Konstruktion nach System INTZE zur Ausführung gelangt. Die in diesen Türmen aufgestellten Eisenreservoire haben im allgemeinen äußerlich zylindrische Form und in ihrer Mitte ein zylindrisches, ca. 1 m lichtweites Schlupfrohr, durch welches die Wasserzuleitungs- und Übereichrohre geführt sind und welches zum Aufstieg benützt wird. An die unteren Ränder des äußeren und inneren Zylinders schließen Kegelflächen an, welche sich in der kreisförmigen Auflagerlinie schneiden. Diese letztere hat einen Durchmesser, der etwa ⅔ des Durchmessers des Reservoirmantels entspricht. Das ganze Reservoir sitzt scharfkantig auf einem durch Winkeleisen verstärkten Eisenring und ist mit diesem, gleichfalls mit Hilfe entsprechender Winkeleisen, vernietet. Die Reservoirlast einschließlich Inhalt wird gleichmäßig längs des ganzen Umfanges auf den Turmschaft übertragen. Da der letztere im obersten Teile nicht gut unter 1 Stein Stärke ausgeführt werden kann, ist für die Auflage nur eine geringe Umfangslänge erforderlich und ist dem Bedürfnisse nach einer der Last entsprechenden Auflagefläche auch schon bei sehr starker Einziehung des Auflageringes völlig entsprochen. Es ergibt sich damit schon im obersten Teile des Turmschaftes ein möglichst geringer Mauerkubus, wodurch die Last möglichst gering gehalten wird und möglichst geringe Verstärkung des Turmschaftes nach unten erforderlich wird. Das Reservoir ist meist durch einen Mantel von Eisenbeton umschlossen, der in einem Abstande von etwa 50 cm vom Eisenmantel des Reservoirs rundgeführt und in seinem unteren Teil konisch gegen den Turmschaft zu eingezogen ist, während der obere Teil kurz über dem Rande des Reservoirs abschneidet und das Dach nebst Lüftung trägt, das eben noch genügend Platz läßt, um vom Schlupfrohr aus die Abdeckung des Reservoirs, soweit nötig, begehen zu können. Der Turm für … (Rain/Lech, Bild 28) … ist charakteristisch für die Ausbildung nach System INTZE.

Es hat nicht an Versuchen gefehlt, die durch die Konstruktion bedingte, wenig gefällige Form einigermaßen zu verbessern. Mittel einfachster Art waren hierbei die Gliederung der früher konkaven Übergangsfläche in mehrere konvexe Wulstflächen, die Anwendung steiler Dächer (beides etwa beim Wasserturm Oberhaching/Deisenhofen, Bild 44, Wasserturm Schillingsfürst/Mfr. oder Wasserturm Mühldorf zur Anwendung gelangt) und die Verminderung der Einziehung des Reservoirs. Weitergehende Bestrebungen zur Erzielung einer gefälligeren Form bestanden in der Anwendung von Pfeilern um den Turmschaft (Wasserturm für den Burgberg in Erlangen, Bild 45). Die im oberen Teil des Turmes angewendete Holzkonstruktion erforderte eine Isolierung des Reservoirs, da die Abdichtung nach außen keine so vollkommene sein konnte, wie bei dem Eisenbetonmantel. Andere zuweilen in Anwendung gebrachte Verkleidungen in Form eines zweiten Mantels wurden nicht zur Ausführung gebracht, da sich der damit angestrebte Zweck, die große Ausladung des oberen Turmteiles zu vermeiden, leichter durch sog. Kugelbodenreservoire erreichen läßt. Der eiserne Reservoirmantel ist in solchen Fällen bis zur Auflage herabgeführt und direkt auf dem inneren Rande des Turmschaftes gelagert. Die Umhüllungswand ist meist in Eisenbeton ausgeführt und auf dem äußeren Rand des Turmschaftes gela-

Bild 44. Wasserturm Oberhaching/Deisenhofen, 50 m^3 Nutzinhalt, 1901; bauliche Gliederung des Übergangs zwischen Turmunterbau und Behälter mittels konvexen Wulstflächen (Foto Gemeinde Oberhaching).

Bild 45. Wasserturm Erlangen/Burg 1904/05; Kaschierung des runden Intze-Wasserturmes durch Eckpfeiler zu quadratischen Turm (Foto Stadtwerke Erlangen).

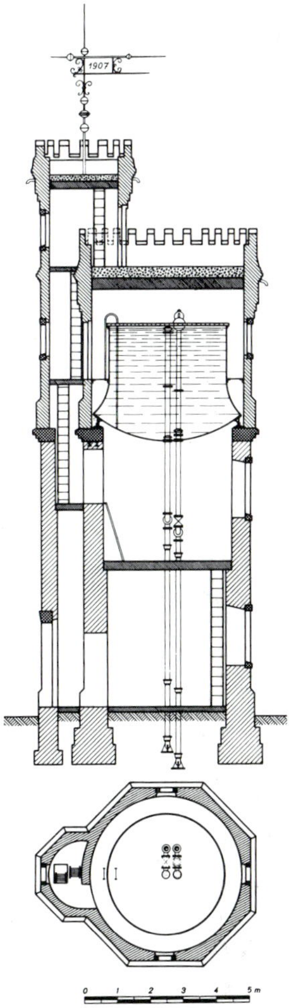

Bild 46. Wasserturm Winzeln der Felsalbgruppe/Pfalz mit Aussichtsplattform, 30 m³ Inhalt, Baujahr 1906 [32, 54].

gert. Nach diesem System sind die Türme für Schmalenberg und Felsalbgruppe (30 cbm) gebaut. Letzterer Turm hat ein ausgebautes Stiegenhaus, das über die Turmabdeckung hinausragt und die Benützung der flachen Abdachung als Aussichtswarte ermöglicht (Bild 46, Turm heute von Funkamateuren genutzt).

Die bisher behandelten Türme haben alle die runde Grundform. Wenn sich auch bei kleineren Türmen mit rechteckiger Grundform noch Eisenreservoire anwenden lassen, wie dies bei dem 25 cbm Reservoire für Ödenstockach, welches auf Trägerrost gestellt ist, geschah, wird man doch im allgemeinen, wegen der ungünstigen Konstruktionsverhältnisse für Ausführung in Eisenblech, besser auf die Ausführung der Reservoire in Eisenbeton übergehen …

Sowohl die Türme mit Reservoiren mit Kugelboden als auch die Türme mit Eisenbetonreservoiren auf gewöhnlichem Mauerwerk- oder auf Eisenbetonkonstruktionen aufgelagert, kamen wesentlich teuerer als die INTZE-Türme.

Mit Rücksicht hierauf hat das Wasserversorgungsbureau in Fällen, in welchen der Standort des Turmes die Vermeidung des Intzesystems wünschenswert erscheinen ließ oder in welchen eine besondere Rücksichtnahme auf die manchmal sehr geringe finanzielle Leistungsfähigkeit der Gemeinden nicht erforderlich schien, von der Ausarbeitung eines Turmplanes nach System INTZE ganz abgesehen.“ (Bild 13).

Der Bericht macht deutlich, daß das Amt aus ingenieurtechnischer Sicht in den Anfangsjahren des Wasserbehälterbaus das Intzesystem wegen seiner Wirtschaftlichkeit favorisierte, aber durchaus zu Kompromissen bereit war oder gegebenenfalls andere Ausführungsvorschläge (Kugelbodenreservoire, Eisenbetonbehälter) zuließ. Bei der Ausführung der Intzewassertürme mit Wulstgesims und steilen Dach, wie es Bild 44 für den Wasserturm Oberhaching/Deisenhofen vermittelt, dürfte es sich um eine öfters gebrauchte „Methode zur Verschönerung“ gehandelt haben, während die Methode den runden Turm durch Eckpfeiler in einen quadratischen Turm zu „verwandeln“ nur in Sonderfällen angewandt wurde.

Man war sich durchaus bewußt, daß dies ansonsten eine reine Architektur-Attrappe ist, zumal die Verkleidung der Intzetürme durch Eck- oder Radialpfeiler erhebliche Materialmehraufwendungen erfordert und demgemäß den Absichten, welche dem Intzesystem zugrunde liegen, direkt entgegensteht. In zeitgenössischer Sicht waren die Intzetürme mit ihren ausladenden Turmköpfen architektonisch umstritten [25]. Von der Ingenieurseite wurden der Intzekonstruktion eine sachgerechte Beurteilung zuteil. Einige Passagen eines Fachzeitschriftenbeitrages von F. Hocheder über Wassertürme mögen dies verdeutlichen:

„Dass die grosse Ausladung der Intze-Wassertürme vielfach architektonischen Einwendungen begegnet, ist allen denjenigen, welche mit Vorliebe die Intzekonstruktion anwenden, bekannt. Es ist ihnen auch nicht entgangen, dass von architektonischer Seite schon die verschiedensten Anstrengungen gemacht wurden, trotz Anwendung des Intzesystems eine grosse Ausladung des Oberteils gänzlich zu vermeiden oder wenigestens diese Ausladung weniger auffallend zu gestalten.

Die Mittel, welche hierfür angewendet wurden, sind ungefähr folgende:

1. Dem Auflagerring wird ein im Verhältnis zum Reservoirdurchmesser grosser Durchmesser gegeben;

2. die Uebergangsfläche von der Reservoirumhüllungswand zum Turmschaft, welche früher meist konkav, tulpenartig glatt gestaltet war, wird in mehrere Teilflächen zu einem allmählicheren Uebergang gegliedert;

3. das Intzereservoir erhält kleinen Auflagerring, wird auf besonderen Schaft gestellt und das Ganze durch einen eigenen, gemauerten, zylindrischen oder polygonen Bau derart ummauert, dass die Räume zwischen Turmschaft und Umhüllung praktisch ausgenützt werden können;

4. die Intzeform wird für Schaft und Reservoir beibehalten und der Schaft durch Eckpfeiler, deren umschliessendes Quadrat aus der Kreislinie der Reservoirumkleidung heraustritt, verkleidet;

5. es wird eine grössere Zahl von Pfeilern um den Tragschaft angeordnet und unter der Reservoirumhüllung durch Wölbungen geschlossen;

6. die meist aus Rabitzwänden gebildete Reservoirumhüllung wird etwa nach mässiger Einschnürung bis zum Turmsockel entweder rund oder im Polygon herabgeführt.

Die Architektur ging sogar in ihren Bestrebungen so weit, für die nach unten sich einschnürende Form des Intzebehälters eine nach aussen tretende eiserne Unterkonstruktion zu fordern!

Es kann nun nicht widersprochen werden, dass der Wasserturm für ein Gemeinwesen ein so ausserordentlich wichtiges Bauobjekt darstellt, dass demselben deshalb die gleiche Würdigung bezüglich seiner äusseren Ausgestaltung zukommen sollte, als den meisten anderen gemeindlichen Bauten und demgemäss auch für den Wasserturm dieselben Anforderungen zulässig erscheinen, wie sie zur architektonischen Schmückung anderer Baulichkeiten beansprucht werden, vorausgesetzt, dass die Wahl des Bauplatzes ein derartiges Vorhaben nicht überflüssig erscheinen lässt.

Wenn daher finanziell günstig situierte Gemeinwesen, welche gewohnt sind, ihren Bauobjekten einigen äusseren Schmuck beizulegen, im Hinblick auf die Formgebung für einen neu zu erbauenden Wasserturm von der Gestaltung desselben nach dem Intzesystem ganz absehen, so dürfte hiegegen vom technischen Standpunkte aus nichts einzuwenden sein.

Um nun aber die Versuche zu würdigen, welche sich damit befassen, die der Intzekonstruktion eigentümliche Form zu verkleiden, dürfte es am Platze sein, darauf hinzuweisen, welchen Zweck denn eigentlich diese Konstruktion verfolgt. Dabei ist vor allem hervorzuheben, dass die Intzekonstruktion eine Verbilligung sowohl des Reservoirbaues als auch des Unterbaues speziell durch eine Herabminderung des für Reservoir und Hochbau aufzuwendenden Materials an strebt ...

Die vielfach angefochtene grosse Ausladung des Kopfes ist eine charakteristische Eigenart des an sich völlig logisch entwikkelten Bauwerkes. Der Gang um das Reservoir hat für grosse und kleine Bauten dieselbe Breite und muss demgemäss bei kleinen Bauten die Ausladung eine verhältnismässig grössere sein als bei grossen Bauten. Der Intzeturm erfüllt in seiner nackten Gestalt sicherlich zwei Hauptforderungen, die auch architektonischerseits für die Bauform stets anerkannt wurden: 1. lässt die allgemeine Form sofort den Zweck des Baues erkennen. 2. entspricht die allgemeine Form genau den statischen Gesetzen, allerdings unter Berücksichtigung des verwendeten Materials. ...

Wenn das Reservoir Intze überhaupt in Anwendung kommt, so darf logischerweise die Einschnürung in der äusseren Form unter dem Reservoir nicht fehlen, sofern nicht eine Verkleidung durch Schaffung weiterer, anderen Zwecken dienender Räumlichkeiten innerhalb der Verkleidung begründet erscheint ..."

Die Schrift diskutiert dann die eingangs bezifferten Bestrebungen zur Veränderung der äußeren Gestalt von Intze-Wassertürmen und fährt fort:

„Man lässt demgemäss wohl am besten dem Intzeturm die ihm charakteristische Form oder wähle, wenn die Konsequenzen dieser auf möglichst zweckmässige Ausnützung des Materials hinzielenden Konstruktion nicht ertragen werden wollen, ein anderes, der gewünschten äusseren Gestaltung mehr entsprechendes Reservoirsystem."

Dem ist wohl aus heutiger Sicht nichts hinzuzufügen.

2.3.5 Intze und der Schornsteinbehälter

Nicht unerwähnt bleiben sollen einige abgewandelte Intzeformen. Behälter unter 100 m^3 Inhalt für Industrie und Gewerbe waren relativ kostspielig, so daß Intze auf die Idee kam, die Schornsteine als Stützung für die Behälter zu benutzen. Der erste ringförmig um einen Schornstein gebaute 75 m^3 fassende Behälter wurde 1885 für eine Schiffswerft als Löschwasserreserve hergestellt [1]. In dem Sitzungsbericht von 1886 des Aachener Bezirksvereines des VDI zu einem Vortrag von Intze heißt es hierzu: „In Uebigau bei Dresden ist für die Werftbauten der Gesellschaft „Kette" ein Behälter für Feuerlöschzwecke auf dem Schornsteine der Maschinenbauwerkstatt ohne Umhüllung untergebracht, indem der Schornstein mitten durch den Behälter hindurchgeht: um den Schornstein herum ist ein besteigbarer Luftraum, der nach außen durch die innere

Wand des Behälters begrenzt wird. Der Behälter von 75 cbm Inhalt stützt sich mit dem verlängerten Außenkegel auf die unten erweiterte Mauerung des Schornsteines, welcher bis zur Auflagerung des Behälters 3 Abteilungen enthält, deren eine, vom Maschinenhause aus zugänglich, eine Steigleiter bis zum inneren Umgange des Behälters und die Rohrleitungen enthält“ [1].

Ein ähnlicher Schornsteinbehälter wurde 1887 von der Firma F. A. Neumann, Eschweiler, nach einem Entwurf von Intze für die Schiffswerft Blohm und Voss in Hamburg angefertigt. Viele der im Laufe der folgenden Jahre errichteten Schornsteinbehälter besaßen ein Fassungsvermö-

Bild 47. Schornsteinbehälter bei Blohm & Voss in Hamburg [65] (Werkfoto Blohm & Voss).

Bild 48. Schornsteinbehälter mit 80 m^3 Nutzinhalt des Städtischen Schlachthofes Bamberg [65] (Foto D. Robakowsky, Geltendorf).

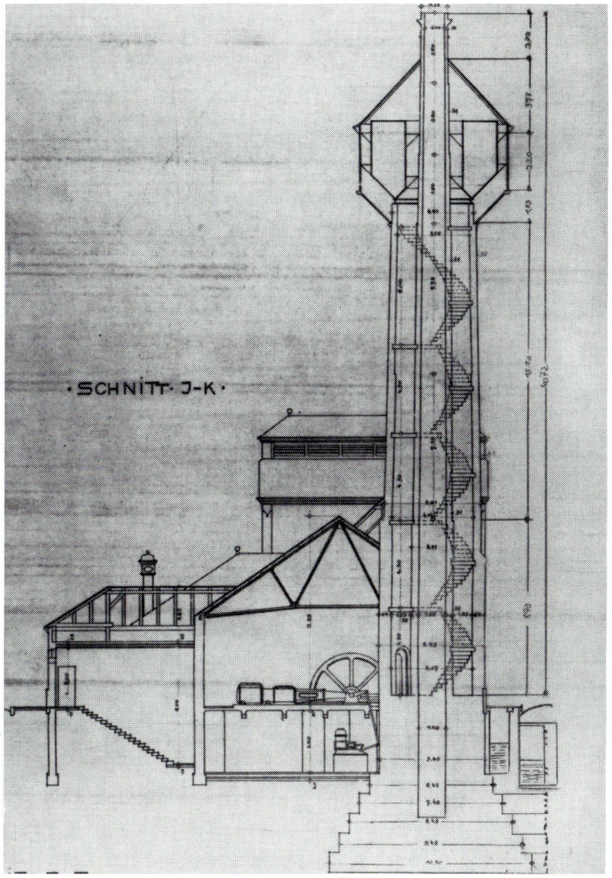

gen zwischen 10 und 100 m^3. Das Schicksal mancher dieser Schornstein beschreibt ohne Worte ein Werkfoto von Blohm und Voss (Bild 47).

Daß Schornsteinbehälter zur Betriebswasserversorgung bei Industrie, Eisenbahnbetriebswerken, Städtischen Gasanstalten usw. nicht so ungewöhnlich waren, zeigt auch das Beispiel des städt. Schlachthofes Bamberg. Bei der Errichtung im Jahre 1904 sah der Erbauer, der Stadtbaurat Erlwein, einen 80 m^3 fassenden Eisenbehälter an dem 35 m hohen Schornstein vor, wobei die max. Wasserspiegellage rund 23 m beträgt. Deutlich sind im Schnitt (Bild 48) ein kräftiger Auflagerring sowie der Lüftungsabstand bzw. Durchstieg zwischen Schornstein und Behälter zu sehen. Erlwein, der später den vermutlich höher als in Bamberg dotierten Posten eines Stadtbaurates in Dresden annahm, brachte für den Bau des Schlachthofes besondere Vorkenntnisse mit, war sein Vater doch Pächter der Schlachthofgaststätte in München. Die Stadt Bamberg verdankt seinem früheren Baurat – er soll vor dem 1. Weltkrieg durch einen Autounfall umgekommen sein – einige Jugendstilbauten, wie die Chirurgie oder die Stadtwerke. Der Schornsteinbehälter des Schlachthofes speichert auch heute noch „Brauchwasser" für den Schlachthof (Bild 48).

2.4 *Halbkugelförmige Hängebodenbehälter – Offener Barkhausenbehälter*

Die Herstellung der Intze-Behälter war nicht ohne Schwierigkeiten. Der Stützboden bestand aus zwei unterschiedlich gekrümmten Flächen, zur Erzielung der notwendigen Beulsteifigkeit mußten unter Umständen Versteifungsrippen angeordnet werden und der Lagerring bestand aus 7 Teilen, wobei mehrere Profile beim Kreisbiegen gewisse Mängel aufwiesen [47]. Nachdem auf dem Sektor Wassertüme die Intzebehälter seit 1883 das Feld weitgehend allein beherrscht hatten, gelang es Professor Barkhausen, Hannover, im Jahre 1898, die Wirtschaftlichkeit im Behälterbau weiter zu verbessern. Barkhausen kam, nachdem er alle früheren Behälterformen und deren Auflagerbedingungen untersucht hatte [7], zu einem halbkugelförmigen Hängebodenbehälter, bei dem lotrechte eiserne Stützen angeschlossen an der Schnittlinie Zylinder und Halbkugel die Belastungskräfte auf die Auflagerkonstruktion (eisernes Standgerüst oder Mauerwerksunterbau) abtragen. An den Behälter wurde von ihm als Anforderung gestellt, die völlige Freiheit des Bodens von Spann- und Lagerringen, knickfreier Übergang des Bodens zur Zylinderwand, ausschließlich Zug- bzw. keine Druckbeanspruchung des Bodens, einfach herzustellende Bauform, freie Zugänglichkeit aller Teile. Die nach seinen Angaben vom 11.1.1898 patentierte Konstruktion (D.R.P. 107890, Patenthalter August Klönne in Dortmund) ist in die Fachwelt mit dem Namen „Offener Barkhausenbehälter" eingegangen. Offen heißt hier, daß die Überdachung nicht zugehöriger Bestandteil des Behälters ist – im Gegensatz zu dem Geschlossenen Barkhausenbehälter (Kap. 2.6) –, sondern gegebenenfalls im Rahmen der Wasserturmkonstruktion eine Abdeckung des Behälters erfolgt.

Bei dem 1899 für die Zeche „Minister Stein" gebauten Wasserturm (Bild 49) wurde der 520 m^3 fassende Behälter aus einem zylindrischen Mantel von 10 m Durchmesser und 3,3 m Höhe sowie aus einem halbkugelförmig gekrümmten Boden zusammengesetzt. Der Übergang Halbkugelboden/Zylinderwand erfolgte tangential, so daß unter Ausnutzung der Trägerwirkung der Behälterwand ein Auflagerring überflüssig wurde. Die Abstützung geschah durch einzelne Pfosten, welche an die Zylinderwand punktförmig angeschlossen

Bild 49. Halbkugelförmiger Hängebodenbehälter (Offener Barkhausen-Behälter) mit 520 m³ Inhalt der Zeche Minister Stein aus dem Jahre 1899 [7].

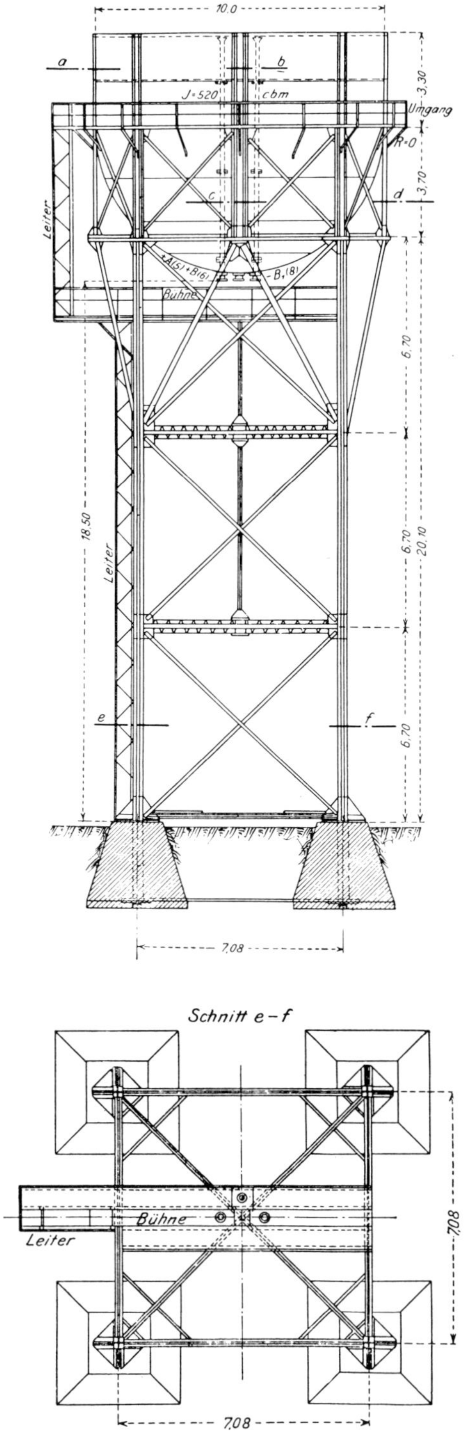

waren. Der Barkhausenbehälter eignete sich daher besonders für eiserne Standgerüste. Die Form des Barkhausenbehälters ergab sich aus rein statischen Überlegungen, um durch die Wahl des richtigen Verhältnisses zwischen Mantel- und Bodenhöhe eine Zugbeanspruchung zu vermeiden. Danach muß die Höhe der Zylinderwand mindestens ⅔ des Radius betragen. Sinkt der Wasserspiegel unter diesen Wert, so entstehen im oberen Kugelbereich geringe Tangentialdrücke, die aber infolge der geringeren Gesamtbelastung niedrig ausfallen, so daß die vorhandenen Meridiankräfte ein Einbeulen der Bleche verhindern können. Mit dem

Barkhausenbehälter konnte gegenüber dem Intze-Behälter eine Materialeinsparung [7] von rund 20% erzielt werden. Bei dem Industrie-Wasserturm auf der Zeche „Minister Stein“ wurde aus Kostenersparnisgründen sogar auf die Überdachung verzichtet. Insgesamt als Wasserturm war der Barkhausenbehälter allerdings nur auf einem Stahlgerüst wirtschaftlicher, da auf einem Mauerwerksunterbau, dessen Durchmesser durch die Stützung in der Behälteraußenlinie festgelegt war, ein erhöhter Materialverbrauch anfiel [6, 47].

Als Lizenzträger des Barkhausenpatentes lag es im Interesse der Firma A. Klönne, Dortmund, ihre Behälter gleichfalls mit geschlossenen Mauerwerksunterbauten verwenden zu können. Besonderer Bedarf an diesen Wassertürmen bestand bei der Eisenbahn, für welche die Firma Klönne zahlreiche Behälter mit Inhalten zwischen 100 und 300 m³ herstellte. Ein Musterbeispiel eines derartigen Wasserturmes ist in Bild 50 dargestellt und kam u.a. beim Bahnhof Bielefeld zur Ausführung. Der Schnitt des 200 m³ fassenden Muster-Behälters zeigt eine ähnliche Ausbildung wie der Wasserturm der Zeche „Minister Stein“. Die Boden- und Wandbleche haben eine Stärke von 8 mm bzw. 6 mm. Aus statischen Gründen wären 3,5 mm Blechdicke bei diesen kleinen Behältern ausreichend, wegen der Korrosionsgefahr wurden die erwähnten Mindeststärken nicht unterschritten. Auch hier wurde die Zylinderwand, welche die Mindesthöhe von $h = \frac{2}{3}\, r = 2{,}33$ m um 0,50 m überschritten, als tragende Wand zwischen einzelnen Stützen benutzt. Die aus zwei L-Eisen zusammengesetzten vertikalen Steifen der Zylinderwand wurden als Stützen soweit verlängert, wie es ihre Steifigkeit zuließ. Diese Hochstellung mußte erfolgen, da der Behälterboden andernfalls in Auflagernähe nicht zugänglich war. Vorwiegend an diesem Punkt setzte die Kritik ein, da es nicht sinnvoll erschien, die über den Umfang gleichmäßig verteilte Behälterlast zunächst auf punktförmige Auflager zu konzentrieren und anschließend wieder auf das Mauerwerk des geschlossenen Unterbaues gleichmäßig zu verteilen. Für die Behälterummantelung benutzte man anstelle des bisher üblichen Rabitzputzes eines 5 cm starke Monierwand. Mit der Monierummantelung trat der Eisenbeton auch im Bereich der Wasserhochbehälter in Erscheinung. Zur Herstellung der Monierummantelung wurde mit dem Behälter ein leichtes Eisengerippe aus T-Eisen verbunden, welche die äußere Form der Ummantelung zu bilden hatten. An diese Tragkonstruktion – z.B. beim Wasserturm Bielefeld – wurden die Rundeisen der Monierbewehrung befestigt. Den Übergang vom Unterbau zum ausladenden Turmkopf bildete

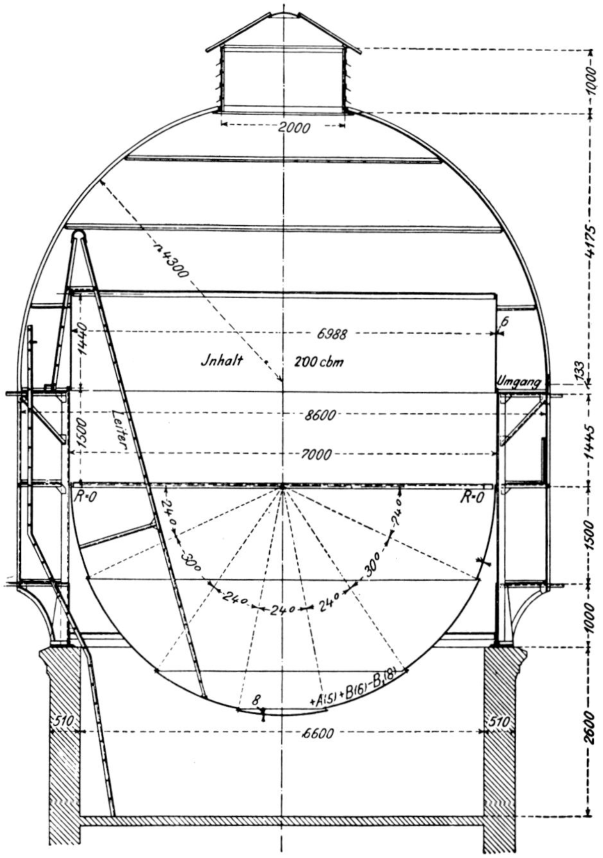

Bild 50. Barkhausen-Behälter mit 200 m³ Inhalt auf Mauer werksunterbau für Wassertürme der Eisenbahn [7].

man ähnlich wie bei den Intze-Wassertürmen hohlkehlförmig aus [47].

Daß die sogenannten Offenen Barkhausenbehälter bei den Eisenbahnen weit verbreitet waren, zeigt eine in der Enzyklopädie des Eisenbahnwesens [39] enthaltene Abbildung, bei der ein „Windmotor" als Pumpwerk für die Wasserzuleitung sorgt. Vermutlich standen diese Wassertürme auf Nebenstrecken im Gebiet der früheren k.u.k. österreichisch-ungarischen Donaumonarchie (Bild 51).

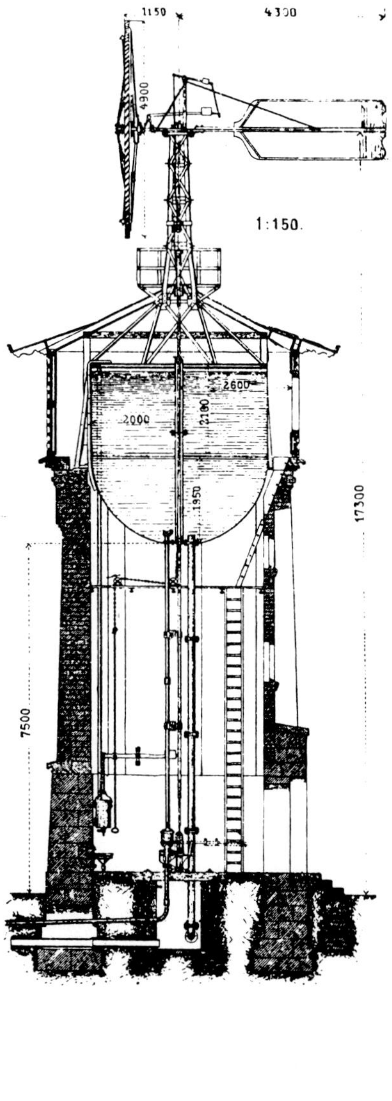

Bild 51. Eisenbahn-Wasserturm mit Barkhausen-Behälter; Pumpwerk wird durch Windkraft angetrieben [39].

Klassische Beispiele für die Ausführung von offenen Barkhausenbehältern im Bereich der Eisenbahn sind der Wasserturm Darmstadt Hbf und der Wasserturm Mainz-Bischofsheim (Bahnmeisterei).

Der 1909 errichtete, je nach Standort-Niveau (Straßendamm) rd. 33 bzw. 39 m hohe Wasserturm Darmstadt Hbf. enthält einen 400 m^3 fassenden offenen Barkhausenbehälter, der auf interessante Weise 2kammerig ausgebildet ist (Bild 52). Der Gesamtdurchmesser beläuft sich auf 10,5 m, die größte Tiefe auf 6,70 m; der äußere 200 m^3 fassende, ringförmige Behälter ist max. 2,35 m weit und an seinem tiefsten Punkt 4 m tief. Der Behälter trägt seine Last über 12 Konsolen aus Winkelprofilen (leicht schräge Pfostenstützung, die auch die Außenfassade stützen) auf den Beton-Turmständer ab. Auflagerpunkt am Behälter ist hierbei die T-förmige Schnittstelle (Auflagerringe) aus den anlaufenden Blechen des Innen-/Außenbehälters zusammen mit den verbindenden Winkelprofilen. Ein 75 cm breiter Gang ist um den oberen Teil des Behälters herumgelegt worden.

Von R. Slotta [41] liegt die nachstehende Architekturbeschreibung vom Wasserturm Darmstadt vor:

„Das zweite Obergeschoß wird durch einen auffallenden Erker belichtet, der auf Konsolen aufsitzt, und vor das Rund der Ständerzone vorgekragt wurde; er wird mit einem Pultdach abgeschlossen. In Höhe der am Außenbau sichtbaren Behälterkonsolen befindet sich im Turminneren die höchstgelegene Zwischendecke. Die stehenden Ovalfenster zwischen den Bögen der Konsolen belichten den Raum (Tropfboden) zwischen dem Boden des Behälters und der letzten Zwischendecke. Der Behälter wird am Außenbau von einer eindrucksvollen Helmarchitektur umschlossen. Auf den Konsolen setzen zunächst drei vorkragende Muldenprofile an, die für die Frankfurt-Wiesbadener Turmgruppe charakteristisch sind. Diese Vorkragung ist nötig, um im Inneren Raum für den ausladenden Behälter mit den Zu- und Ableitungen zu schaffen. Die Wandzone darüber wird von liegenden, rechteckigen Fensteröffnungen durchbrochen, ehe der Helm mit seiner einschwingenden und gebrochenen Kontur aufsetzt. Eine Fensterzone mit zwölf gaubenähnlichen Ovalöffnungen belichtet den Dachstuhl. Das schwarze Schiefermaterial steht in lebhaftem, optischen Kontrast zum früher hellgeputzten Ständerteil."

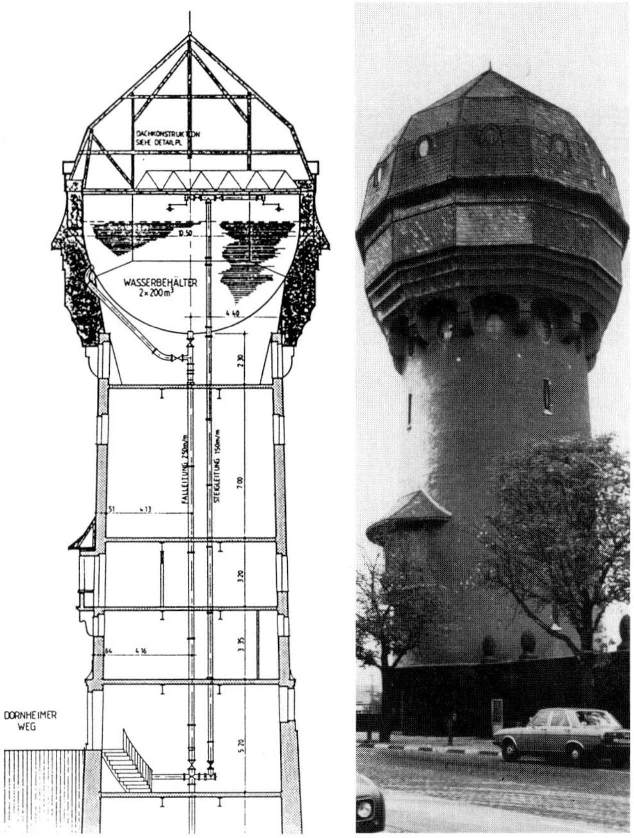

Bild 52. Wasserturm Darmstadt-Hbf. mit zweikammerigem, 400 m³ fassenden offenen Barkhausen-Behälter aus dem Jahre 1909 (Foto Bundesbahndirektion Frankfurt, Dezernat 49).

Der Wasserturm der Bundesbahn im Bereich der Bahnmeisterei Mainz-Bischofsheim wurde 1912 errichtet und diente ausschließlich der Versorgung der Lokomotiven mit Speisewasser. Seit der Elektrifizierung (um 1960) ist er ohne Funktion. Das Speisewasser wurde dem ca. 160 m³ fassenden, offenen, 1kammerigen Barkhausenbehälter (in [41] fälschlicherweise als 80 m³ fassender Intze-Behälter ausgewiesen) durch ein Steigrohr mit 100 mm lichter Weite zugeführt, wohingegen die „Abfalleitung" – so die amüsante Bezeichnung in einem Plan von 1929 – 200 mm lichte Weite aufweist. Die äußere Erscheinungsform (Bild 53), insbesondere mit dem vielseitigen Pyramidendach in Schieferdeckung ähnelt naturgemäß dem größeren, um 1910 erbauten Wasserturm Wiesbaden Hbf. oder dem Darmstädter Turm. Man hat den Eindruck, als ob die Wassertürme im Gebiet der Hessischen Staatsbahnen von den bereits 1898/99 von dem Zivilingenieur Max Hissemer erbauten Wasserturm der Gemeinde Rödelheim/Frankfurt

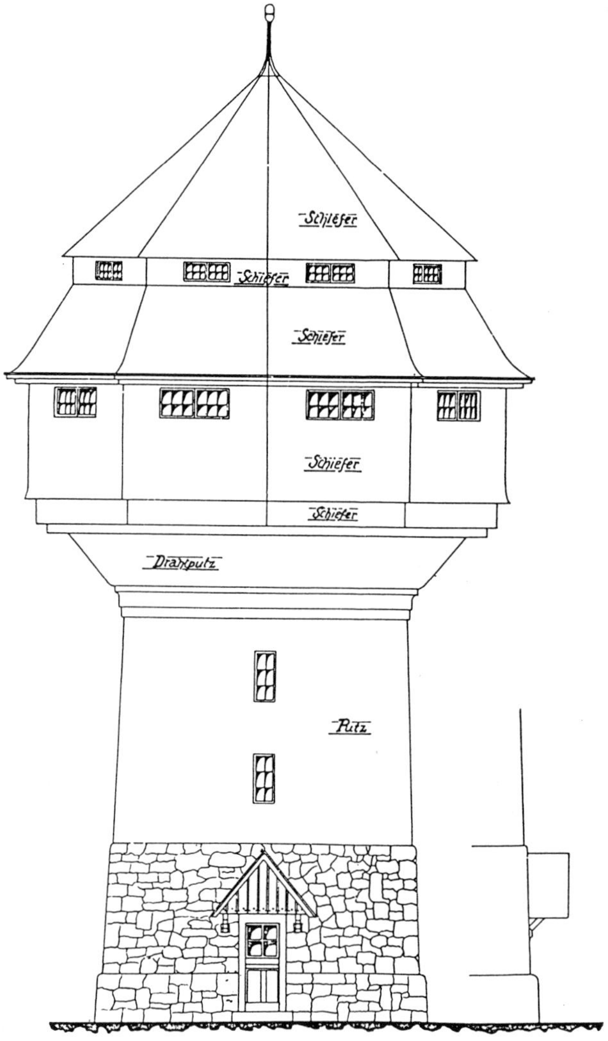

Bild 53. Eisenbahn-Wasserturm Mainz-Bischofsheim mit einkammerigem offenen Barkhausen-Behälter, Baujahr 1912 (Foto Bundesbahndirektion Frankfurt, Dezernat 49)

beeinflußt wurden. Dort ist dieses Pyramidendach mit Schieferdeckung als regionale Besonderheit wohl erstmalig bei einem Wasserturm eingeführt worden. Sockel aus Sandsteinmauerwerk, verputzter Mittelteil mit zwei rechteckigen Fenstern zur Belichtung und Drahtputz in der „Kehle" sind übliche Gestaltungsmittel, während die 10eckige Behälterverkleidung mit schlitzartigen, querrechtigen Fenstern eine der wenigen verbleibenden, originellen Variantenmöglichkeiten sind. Der Barkhausenbehälter mit 7,25 m Radius weist im Gegensatz zum Darmstädter Behälter einen mittleren Durchstieg von 1,00 m Durchmesser auf, durch den auch die Steigleitung geführt wird, vermutlich deshalb, weil durch die vertikale Ableitung des Behälterauflagers im Abstand von nur 5,70 m wenig Möglichkeit zum Durchstieg im Bereich der auskragenden Konsolen bzw. auskragenden Behälterfassade (Kehle) verbleibt. Zwischen dem Behälter und der Verkleidung ist ein 70 cm breiter, durch Fenster belichteter Laufgang ausge-

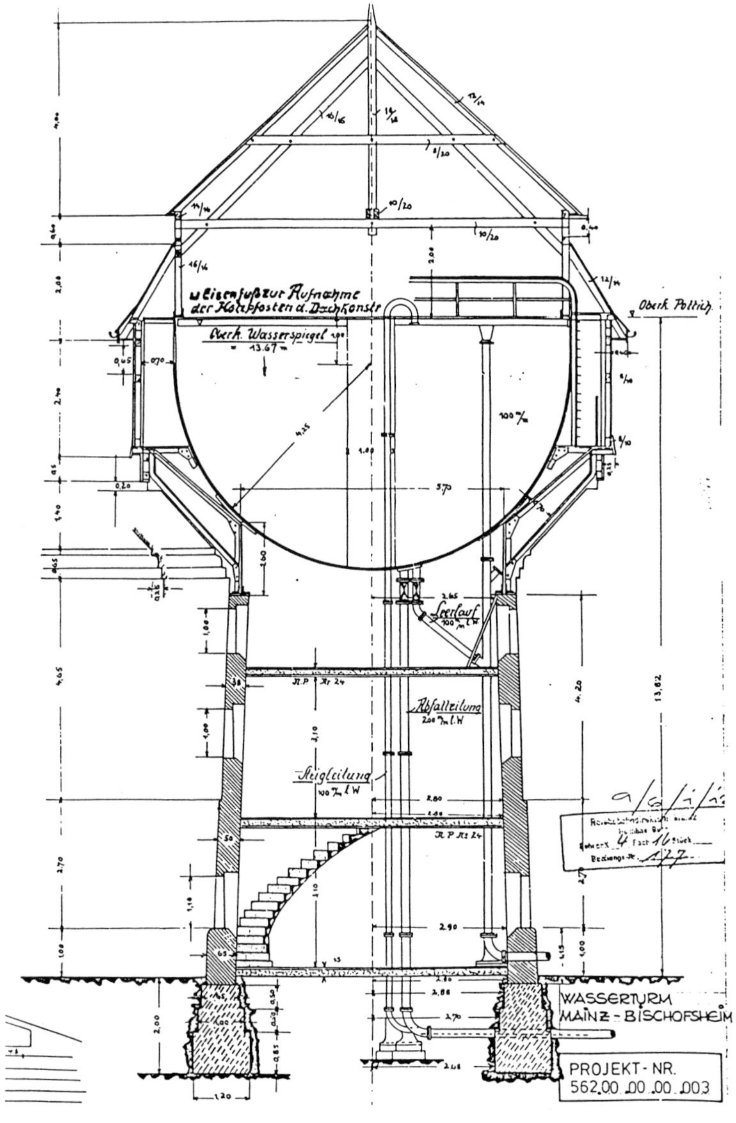

bildet, der vom Durchstieg über eine Bühne (auf dem Behälter) und Leiter erreichbar ist. Da der Wasserturm nur rd. 20 m hoch ist (Wasserspiegel 13,67 m über Geländeoberkante), wirkt er etwas gedrungen, aber durchaus nicht unproportioniert. Ein fast baugleicher Wasserturm (Fassungsraum etwas geringer) steht am Bhf. Weinheim/Bergstraße.

In der öffentlichen Wasserversorgung, d.h. in Städten und Gemeinden, war dem offenen Barkhausenbehälter keine große Verbreitung beschieden. Dies mag zum einen daran gelegen haben, daß Eisenkonstruktionen wegen ihrer feingliedrigen Konstruktion als Monumentalbauten wenig geeignet erschienen und zum anderen, daß der Materialverbrauch für den geschlossenen Mauerschaft, zumindest bei gerader Pfostenabstützung des Behälters, über dem der Intze-Behälter lag. Der für die „Stadt Lüttringhausen" im Jahre 1914 errichtete, noch existente Wasserturm Remscheid-Garschagen ist ein Beispiel für einen von der patenthaltenden Firma August Klönne konstruierten, 400 m³ fassenden halbkugelförmigen Hängebodenbehälter im Bereich der kommunalen Wasserversorgung (Bild 54). Der am Übergang Hängeboden/Zylinderwand auf vertikale, 3 m lange Eisenständer aufgelagerte Behälter hat einen Durchmesser von 8 m, der Radius der Halbkugel beträgt 4 m. Das Behälterinnere kann für Wartungsarbeiten nur über Einzelleitern vom sog. Tropfboden (oberstes Stockwerk) durch einen nur 70 cm breiten Luftraum zwischen Behälter und Außenfassade über eine senkrechte Leiter zum Dachraum hinauf und von dort über eine in den Behälter montierte Leiter „erstiegen" werden. Der 43 m hohe Wasserturm (Wasserspiegellage 38 m über Gelände) wird seit 1972 allerdings in seiner ursprünglichen Funktion nicht mehr genutzt.

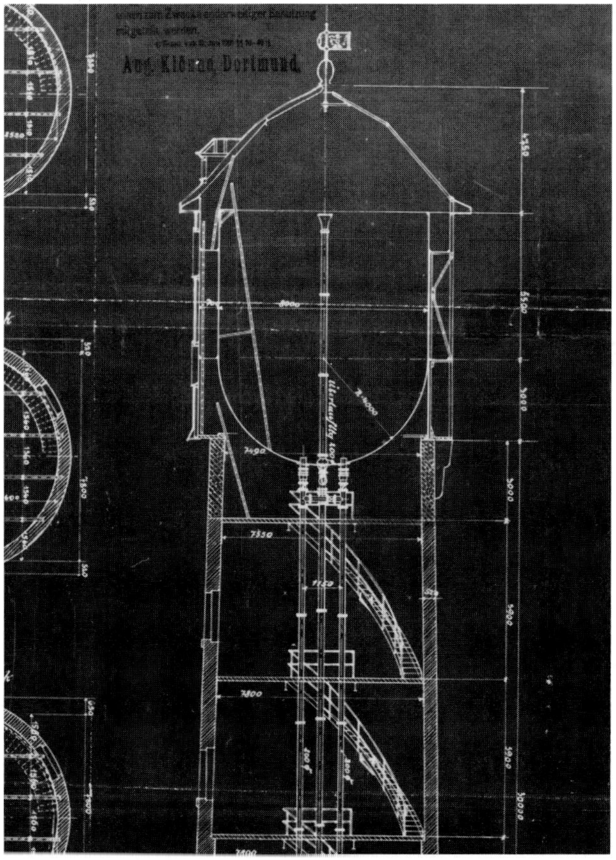

Bild 54. Wasserturm Remscheid-Garschagen mit offenem Barkhausen-Behälter, 400 m³ Inhalt, Baujahr 1914 [65].

2.5 *Sonderkonstruktion Flachbodenbehälter mit zylindrischen Wandelementen*

Am Rande erwähnt werden soll auch eine Sonderkonstruktion, nämlich die beiden rechteckigen Flachbodenbehälter mit zylindrischen Wandelementen, die kurz nach der Jahrhundertwende für das Verbandswasserwerk Bochum nach einem Vorschlag der Eisenkonstruktionsfirma F. A. Neumann in Eschweiler ausgebildet und nebst den eisernen Dachkonstruktionen von ihr geliefert wurden (Bild 55, s.a.S. 234). Veranlassung für die rechteckige Gebäudeform der um 1903 erstellten

Wassertürme Bochum-Harpen (3000 m^3 Fassungsvermögen, im Versorgungsgebiet Grumme) und Bochum-Weitmar (2000 m^3) war der Umstand, daß kreisförmige Unterbauten sich nur schlecht zu Wohn- oder Betriebszwecken nutzen ließen. Im „Journal für Gasbeleuchtung sowie für Wasserversorgung" schrieb 1905 der Regierungs-Baumeister a. D. Aschoff in einem Artikel über die Anlagen des Verbandswasserwerkes [5]:

„Wenn es auch wohl möglich gewesen wäre, für runde Wassertürme von 3000 bzw. 2000 cbm Wasserinhalt mit nur 9 m hohem Unterbau eine ästhetisch befriedigende Ausführungsform zu finden, so hätte doch unter allen Umständen die Verwertbarkeit der Räume in dem Unterbau gelitten gegenüber den in den rechteckigen Gebäuden durch die weitgehende Unterteilung gewonnenen Räumen. Diese Unterteilung war zunächst zweckmäßig zur Erzielung einer guten Verankerung des Mauerwerks. Dazu kam als ausschlaggebend, daß es in dem durch den Bergbau unterwühlten Bezirk sehr bedenklich schien, die Übertragung der gewaltigen Last der Gebäude mit ihren Behälterfüllungen auf den Baugrund in eine ringförmige Fläche zu vereinigen. Die gewählte Anordnung strebt vielmehr eine auf den Gebäudegrundriß möglichst gleichmäßig verteilte Lastübertragung an, wie sie bei ringförmigen Grundriß auch durch den Einbau einer Fundamentplatte kaum mit der gleichen Sicherheit erreicht worden wäre. Die Fundamentbalken aus Eisenbeton tragen sich frei, wenn etwa unter dem Fundament, ja selbst gerade unter einer Gebäudecke ein Tagesbruch auftreten sollte. Freilich darf nicht verkannt werden, daß für den Vorteil einer gleichmäßigen Lastverteilung auf den Baugrund die Nachteile eines schwer zugänglichen, ebenen Behälterbodens in Kauf genommen worden sind; durch tadellose Ausführung und gute Überwachung soll diesen Nachteilen nach Möglichkeit begegnet werden; jedenfalls schienen sie nicht gewichtig genug, gegenüber den Vorzügen der gewählten Bauart für die vorliegenden Verhältnisse."

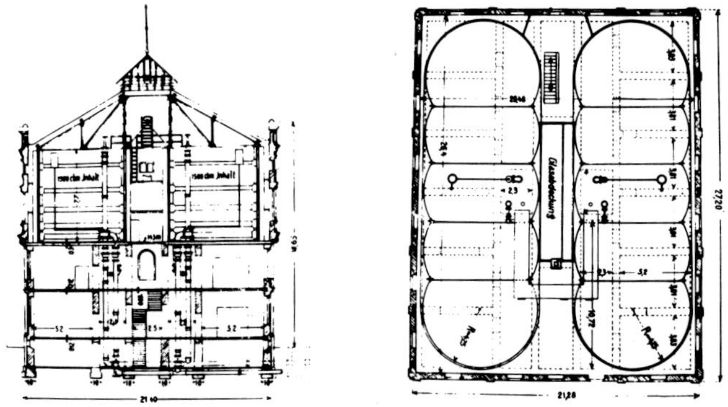

Bild 55. Sonderform eines eisernen Flachbodenbehälters mit zylindrischen Wandelementen in Grumme bei Bochum, Inhalt 2 × 1500 m^3, Baujahr 1903 [5, 47].

Um die Biegebeanspruchung von ebenen Behälterwänden und damit die erforderlichen Aussteifungen und Verankerungen zu vermeiden, löste man die ebenen Wandflächen in zylinderförmig gebuckelte Elemente auf, die dann nur auf Zug beansprucht wurden. Ein Zuganker zur Abspannung (Kräfteausgleich) an den gegenüberliegenden Wandverschneidungen (mit kräftigen, senkrechten Stützen) war allerdings erforderlich. Die Höhe der schmiedeeisernen Behälter beträgt jeweils 7,7 m bei einem höchsten Wasserstand von 7,5 m. Die eigenartige Grundrißform entsteht durch die Zueinanderschachtelung von fünf (Bochum-Harpen) bzw. drei (Bochum-Weitmar) zylinderförmigen Behälterelementen mit je 8,5 m Durchmesser. Interessant ist in diesem Zusammenhang auch die moderne Behälterauflagerung, in der Konstruktionsbeschreibung [5] heißt es hierzu:

„Eine etwa 3 cm starke Gußasphaltdecke, die auf der tragenden Eisenbetonunterlage ausgebreitet ist, sichert letztere vor dem Eindringen von Feuchtigkeit; die unteren Nietköpfe der Behälterbodenplatten können sich in diese Asphaltschicht hineinpressen und werden dadurch von dem Druck des Behälters und der Wasserfüllung entlastet. Selbstverständlich kam es bei dem Zusammenbau der flachen und in ihrer ganzen Ausdehnung fest aufliegenden Behälterböden darauf an, durch sorgfältige Ausführung von vornherein eine vollkommene Dichtigkeit der Nietnähte zu erzielen; in der Tat zeigte die Inbetriebnahme, daß dieses Ziel vollkommen erreicht war. Die nicht unbedeutende Nachgiebigkeit der Behälter bei einseitigen Senkungen des Gebäudes, ohne daß Gefahr für das Undichtwerden der

Nietnähte eintritt, war gleichfalls nicht zu unterschätzen. Zum Schutz der Betondecke gegen Durchfeuchtung durch sog. Schwitzwasser, das sich im Sommer unvermeidlich an den äußeren Behälterwänden niederschlägt, ist um jeden Behälterboden eine gut mit Asphalt ausgestrichene Rinne gezogen, die nach den Regenabfallrohren des Gebäudes entwässert. Eine eiserne Leiter führt von dem Raum zwischen den Behältern zu einer auf diesen liegenden Laufbrücke, von der aus das Behälterinnere gleichfalls durch Leitern zugänglich ist. Die schon erwähnten senkrechten Stützen in den Behälterwänden sind als Tragpfosten herangezogen für die schmiedeeisernen Dachbinder, die die Dachdeckung und einen großen Dachaufsatz tragen. Während das Dach durch Schiefer auf Holzverschlag mit Dachpappenüberzug gedeckt ist, hat der Dachaufsatz zur Erhellung des Lichthofes eine Drahtglasabdeckung erhalten. Die Entlüftung des Behälterraumes erfolgt durch wettersichere Blechjalousien an den Seiten des Dachaufsatzes, die im Inneren außerdem durch ein engmaschiges Drahtnetz gesichert sind."

Die Herstellungskosten ab Behälter mit über 2000 m³ Inhalt konnten mit denen der Intzebehälter durchaus konkurrieren. Dennoch muß diese Konstruktion als ein Irrweg angesehen werden, da wieder Mängel eingeführt wurden, beispielsweise der auf Biegung beanspruchte Behälterboden mit seiner Abfangkonstruktion, um deren Vermeidung man sich intensiv seit der Erfindung des Hängebodenbehälters bemüht hatte [47].

2.6 *Geschlossener Barkhausenbehälter*

Vorwiegend für die Wassertürme der Industrie und Eisenbahn mit ihrer funktionellen Konstruktion lag der Gedanke nahe, die Überdachung (Bild 56) nicht als eine getrennte Konstruktion aufzufassen, sondern zusammen mit dem Behälter als ein geschlossenes Tragwerk auszubilden. Für den Barkhausenbehälter bot sich entsprechend der

Bild 56. Die größte Kaffeekanne der Welt [2].

Bild 57. Geschlossener Barkhausen-Behälter bei Dortmund-Grevel mit 2000 m³ Inhalt [47].

Bodenausbildung eine Halbkugelausbildung geradezu an. Ein derartiger, 2000 m^3 großer Behälter wurde im Jahre 1904 für die Wasserversorgung von Dortmund-Grevel in Betrieb genommen (Bild 57, s.a. S. 222). Der Behälter mit einem Durchmesser von 15 m war aus einem 5 m hohen Zylindermantel sowie den oben und unten anschließenden Halbkugeln von 7,5 m Radius zusammengesetzt. Zur Aussteifung des ständigen Druckkräften ausgesetzten Dachteils wurden zusätzlich innere Tragrippen angeordnet, während die Zylinderwand, wie aus dem Bild 57 ersichtlich, konstruktiv durch den Laufsteg und verlängerte Stützenstiele zu einem wirksamen Tragglied ausgebildet wurde. Der geschlossene Behälter besaß Öffnungen für Einstieg (Mannloch) und Belüftung. Die erforderlichen Lüftungsöffnungen wurden in Form einer Laterne im höchsten Punkt des Behälterdaches eingebaut.

Bild 58. Eisenbahn-Wasserturm mit geschlossenem Barkhausen-Behälter von 100 m^3 Inhalt [39].

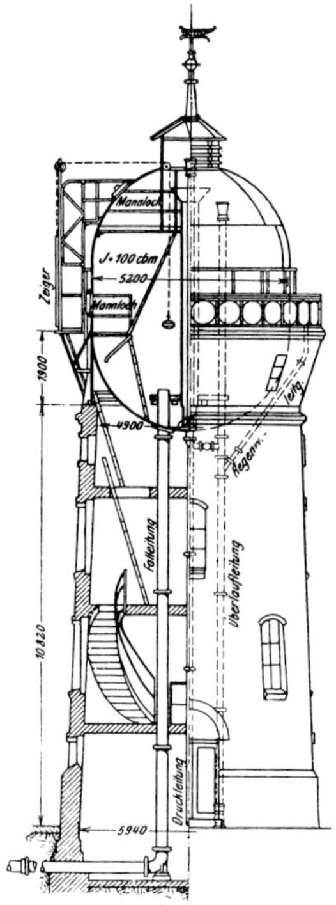

Die Wassertiefe im Behälter des Wasserturmes Dortmund-Grevel betrug maximal 13 m. In betrieblicher Hinsicht waren diese großen Wassertiefen der Barkhausenbehälter nachteilig, weil daraus große Druckschwankungen resultierten. Vielleicht erklärt sich auch daraus die wesentlich häufigere Verwendung der Barkhausenbehälter für Industrie- oder Eisenbahn-Wassertürme (Bild 58), bei denen sich infolge der kleineren Behälterinhalte noch übliche Wassertiefen einstellten. Bei den Eisenbahn-Wassertürmen gelangten statt des eisernen Standgerüstes bevorzugt geschlossene Unterbauten aus Ziegelmauerwerk (Bild 58) zur Ausführung, wofür beispielhaft der Wasserturm Bhf. Mühlheim/Ruhr aus dem Jahre 1901 genannt sei. Da die charakteristische Pfostenstützung und die aussteifenden Diagonalstreben (Bild 58) des geschlossenen Barkhausenbehälters nicht mit der geschlossenen Wirkung harmonierte, wurden sie hinter einer, bis in halbe Behälterhöhe reichende, kegelstumpfförmigen Monierwand (Eisenbetonwand) verborgen. Ein Umgang mit filigraner, eiserner Brüstung bildete den Abschluß dieser Ummantelung. Immerhin konnte man sich durch die obere, freistehende Behälterhälfte eine ungefähre Vorstellung von der Lage und dem Aussehen des Wasserbehälters machen. Mit der Auflagerung der geschlossenen Behälter auf Mauerwerksunterbau wurden allerdings auch wieder einige Nachteile in Kauf genommen, die Barkhausen in den technischen Anforderungen an seine Wasserturmkonstruktionen vermieden hatte.

2.7 *Kugelbehälter der Bauart Klönne*

Wegen der außergewöhnlichen Wassertiefe bei Barkhausenbehälter mit großem Speicherinhalt entwickelte der Hersteller der Barkhausenbehälter, die Fa. Klönne in Dortmund, deshalb einen Kugelbehälter, vorwiegend für Behältergrößen unter 1000 m^3 Inhalt, bei dem die Wassertiefen in einem noch vertretbaren Bereich lagen. Durch das ausschließliche Erfordernis doppelt gekrümmter Bleche war der Behälter beulsteifer, so daß auf jegliche Aussteifung der Behälterwandung verzichtet werden konnte. Wie aus dem Vertikalschnitt für den 1906 erbauten 400 m^3 großen Wasserturm (Bild 59) für den Bahnhof Chemnitz zu ersehen ist, erfolgte die Auflagerung in einem unter dem Äquator der Kugel liegenden Parallelkreis. Zur Vermeidung eines eigenen Druckringes wurde ein steifer Kegelmantel tangential angeschlossen, der die Auflagerkräfte schräg nach innen geneigt auf einen kleineren Auflagerring am Standgerüst weiterleitet (Materialersparnis am Unterbau). Das ca. 7,5 m hohe Standgerüst war als zwölfeckiges Raumfachwerk ausgebildet, das aber mit dünnwandigem Ziegelmauerwerk verkleidet wurde. Die lisenenhaft betonten Stützen sowie ein Rundbogenabschluß täuschen ein schwergewichtiges Ziegelmauerwerk vor, wie es zum Beispiel dann 1907 bei dem geschlossenen Unterbau des mit

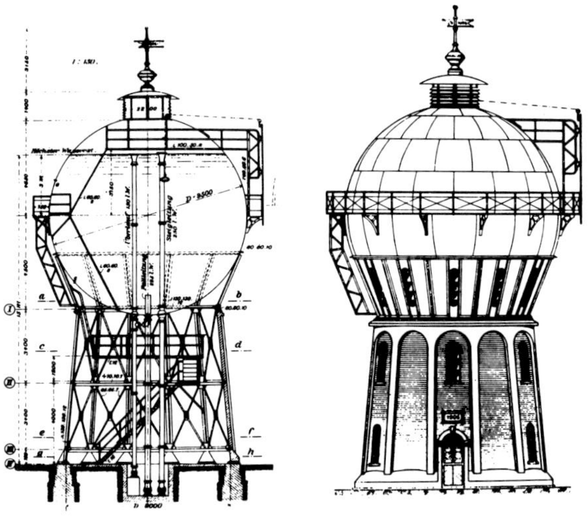

Bild 59. Kugelbehälter, Bauart Klönne, mit 400 m^3 Inhalt auf dem Bahnhof Chemnitz, Baujahr 1906 [47].

1200 m^3 Fassungsraum wesentlich größeren Wasserturmes Bhf. Kassel (Bild 60) ausgeführt worden war (Abbruch des Wasserturms vor einigen Jahren). Bei höheren Wassertürmen wurde der Stützkegel vorwiegend auf einen geschlossenen Unterbau aus Ziegelmauerwerk gesetzt. Zur Wartung und Instandhaltung ordnete man im Äquator des Behälters einen außenliegenden, ca. 75 cm breiten Betriebssteg an, der von an dem Behälter angenieteten Konsolen getragen wurde. Die Herstellung des vollen Stützkegels war naturgemäß materialaufwendig, so daß man gerade bei den kleinen Eisenbahn-Wassertürmen bis 500 m^3 Fassungsvermögen in den folgenden Jahren auf den Stützkegel zu verzichten suchte und den Kugelbehälter unmittelbar auf das Standgerüst (bzw. auf einen geschlossenen Unterbau) setzte, wie z. B. bei dem Wasserturm Haltingen/Rangierbahnhof Weil am Rhein (Bild 61) an der Bahnlinie nach Basel/Schweiz. Der Auflagerring mußte damit aber gleichzeitig, wegen der vertikalen statt tangentialen Vollstützung, die Aufgabe eines Druckringes übernehmen.

Dieser Wasserturm Haltingen/Weil am Rhein ist einer der schönsten, beeindruckendsten Kugelbehälter auf Standgerüst und mit seinen optischen und konstruktiven Besonderheiten (dreieckförmige Stützbleche und Schaft für Durchstieg und Rohrdurchführung) einer der letzten seiner Art. Er ist damit besonders erhaltenswert. Projektiert wurde der Kugelbehälter mit 500 m^3 Fassungsvermögen (Durchmesser 10,4 m) von der Dortmunder Stahlbaufirma August Klönne im Jahre 1908, die Inbetriebnahme erfolgte im Jahre 1913 [41]. Die Gesamthöhe des Wasserturmes bis zur Belüfterlaternenspitze beträgt 25 m, die des Ständer ist 10 m. Das Ständerteil besteht aus acht miteinander verbundenen Stützen, die aus gegeneinander gesetzten Winkelprofilen bestehen. Diese Stützen sind miteinander durch waagerechte und diagonale Streben ausgesteift. Da die Trägerwirkung des wandartigen Kegelmantels, der üblicherweise das Behältergewicht tangential auf den Unterbau weiterleitet, im vorliegenden Fall nicht gegeben war, wurde der tief an der Behälterkugel angeordnete Auflagerring über den gesamten Umfang auf vertikalen Stützenköpfen mit dreieckförmigen Eckblechen gelagert, welche dann die Last auf die 8 vorhandenen Hauptstützen des Ständergerüstes und auf mittels Diagonalstreben dazwischengeschaltete Auflagerpunkte abgaben. Diese dreieckigen Metallfelder, als Verbund zwischen Auflagerring und Standgerüst, sind wie ein Zakkenband um den gesamten Auflagerring herumgeführt und verleihen dem Behälter Haltingen sein unverwechselbares Äußeres. Insgesamt hatte diese Bauweise einen außerordentlich sparsamen Baustoffbedarf zur Folge. Auf bemerkenswerte Weise ist das Problem der Begehbarkeit des Behälters gelöst worden. Um die drei Rohrleitungen im Mittelpunkt des Ständerteiles wurde innerhalb eines zylindrischen Schaftes eine Wendeltreppe angelegt, die durch den Behälter hindurch zum oberen Ende des Reservoirs und unterhalb des Auflagerringes auf einen Laufsteg führt. Von die-

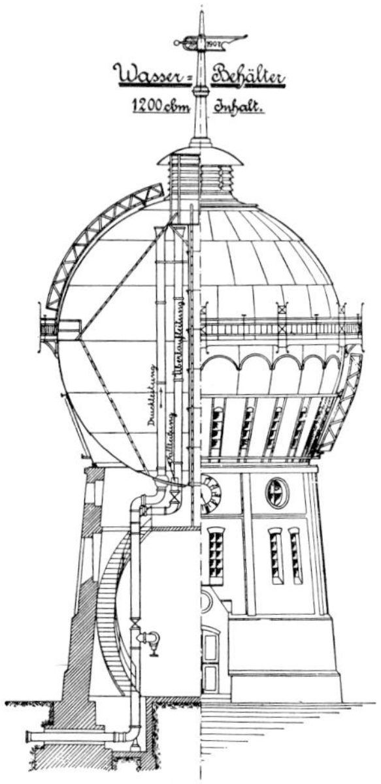

Bild 60. Eisenbahn-Wasserturm mit Klönne-Behälter, 1200 m^3 Inhalt, auf dem Bahnhof Kassel, Baujahr 1907 [45]; der Wasserturm wurde vor einigen Jahren abgebrochen.

Bild 61. Wasserturm Haltingen (Kugelbehälter auf Standgerüst) bei Weil/Rhein, Fassungsvermögen 500 m³, Baujahr 1913 [41, 65].

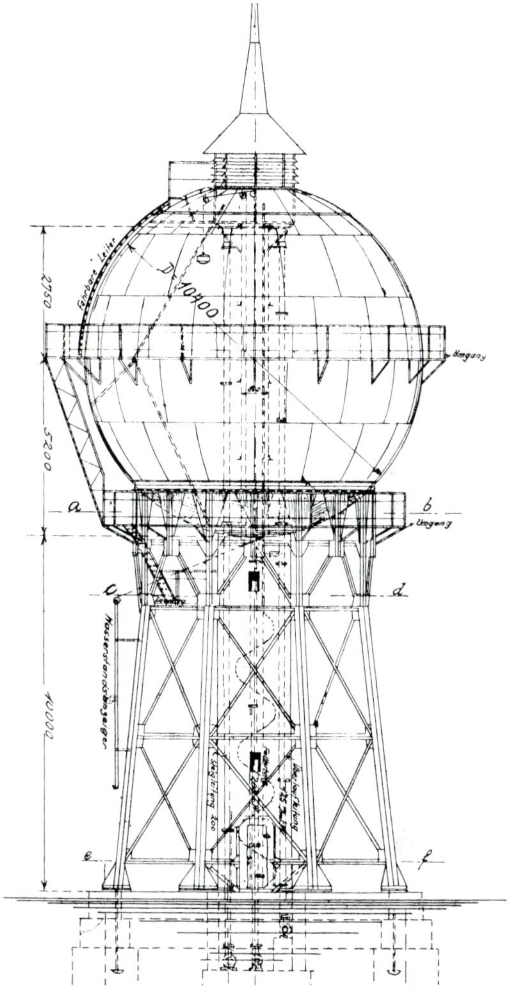

sem gelangt man über eine freigeführte Treppe auf einen Umgang mit Geländer, der in der Zone des Äquators des Kugelbehälters liegt, und von dort über eine der Behälterform angeglichene gebogene, fahrbare Leiter, die je nach Bedarf auf dem oberen Umgang um die Mittelachse herumbewegt werden kann, zur Belüfterkuppel. Die Füllung des Behälters erfolgt über eine 200 mm weite Steigleitung, die Entleerung über ein gleichweit bemessenes Fallrohr. Die Überlaufleitung hat nur 125 mm lichte Weite. Der Wasserstand im Behälterinneren konnte am Standgerüst von einem großen Wasserstandsanzeiger, der über ein Drahtseil mit einem Schwimmer im Behälterinneren verbunden ist, gemeldet werden [41]. Dem Behälter angegliedert war auch ein Wasserschwenkkran (Bild 62). Ein ähnlicher Wasserturm mit Kugelbehälter von 300 m³ auf 20 m hohem Standgerüst ist 1907 für den früheren Anhalter Güterbahnhof in Berlin gebaut worden. Der durch die Kriegswirren leicht eingedrückte Klönnebehälter, in der oberen Hälfte über dem Umgang mit der Aufschrift „Freiheit, Glück“ versehen, „schläft“ einen Dornröschenschlaf neben einem zerbombten Lokschuppen mit Kamin (schöner Kaminabschluß mit gemauertem Dekor) und Lok-Drehscheibe; es bleibt zu hoffen, daß das nahe gelegene, neue Berliner Museum für Verkehr sich dieses Eisenbahn-Wasserturms baldmöglichst annimmt. Ein sehr schöner Kugelbehälter als Werkswasserturm in Meerbusch-Lank am Niederrhein ist in [17] veröffentlicht.

Mit der kugelförmigen Ausbildung eines Behälters gelang es, die vorteilhaften Eigenschaften der Intzebauart (Auflagerung mit geringem Durchmesser) mit denen der Barkhausenbauart (Halbkugelboden nur auf Zug beansprucht, Übergang zur Wandung ohne Knick) in Einklang zu bringen.

Nicht unerwähnt bleiben darf eine Variante zum reinen Kugelbehälter, nämlich die „Kugelbehälter mit Stützboden (Intzeboden)“. Bei diesen unmittelbar auf dem Mauerschaft aufgelagerten Kugelbehältern, deren enger Auflagerring eine typische Eigenschaft der Intzebauweise darstellte, lag der Gedanke nahe, ähnlich wie bei der Normalausführung der Intzeform einen kugelförmigen Stützboden über den Auflagerring zu setzen. Derartige Behälterkonstruktionen sind beispielsweise für die Eisenbahn-Wassertürme Bebra und Kornwestheim ausgeführt worden. Die direkte Auflagerung war im Prinzip einfach gegenüber einer gewissermaßen aufgeständerten Konstruktion bei den reinen Klönnebehältern; der eigentliche Auflagerring ist jedoch ähnlich wie bei den Intze-Behältern nicht unkompliziert und zudem ist durch den Gegenboden (Stützboden) ein Verlust an Fassungsraum zu verzeichnen, so daß überwiegende Vorteile nicht erkennbar sind. Die Behälter Bebra und Kornwestheim sind klassische Beispiele dieser Bauart-Variante und zugleich Musterexemplare für Unterschiede in der prinzipiellen Gestaltung der Behältereinstiege und der Rohrinstallation.

Bild 62. Wasserturm Haltingen – Wasserkran beim Befüllen des Tenders einer Dampflokomotive (Foto Bundesbahnzentralamt Minden).

Der zur „500-m^3-Typenklasse“ zählende Wasserturm Bebra – der nutzbare Inhalt dürfte aufgrund der Höhenlage der Überlaufleitung höchstens ca. 475 m^3 sein – ist rund 25 m hoch, die maximale Wasserspiegellage liegt bei etwa 19,5 m über Gelände (Bild 63). Die Proportionen des kreisförmigen, nach oben sich verjüngenden, 12 m hohen Turmunterbaus in Ziegelmauerwerk mit dem auf einem profilierten Beton-Wulstgesims (Seltenheitswert) sitzenden kugelförmigen Behälter mit der kleinen kegelförmigen Haube für die Belüftung ergeben ein harmonisches Gesamtbild. Zu der umlaufenden, äquatorial gelagerten „filigranartigen“ Laufsteg-Leiter-Kombination, die vielen der Kugelbehälter zueigen ist, kommen beim Wasserturm Bebra die vertikal verlaufenden abgerundeten Pfeilervorlagen im Unterbau als zusätzlicher Akzent hinzu. Der kugelige Behälter mit einem Durchmesser von 10,60 m ist in seinen Wandstärken optimiert – der Stützboden ist mit 7 mm Dicke, die anschließenden Wandbleche mit 8 mm und dann abnehmend mit 6 mm, 5 mm, 4 mm, 3 mm für die Belüftungshaube – ausgeführt. Ein zentrisch angeordnetes, 5 mm starkes, zylindrisches Rohr mit 80 cm Durchmesser, vom Stützboden bis über die Wasserspiegellinie reichend, ermöglicht die Durchführung der Schwimmerseile und einer Leiter (vom Tropfbo-

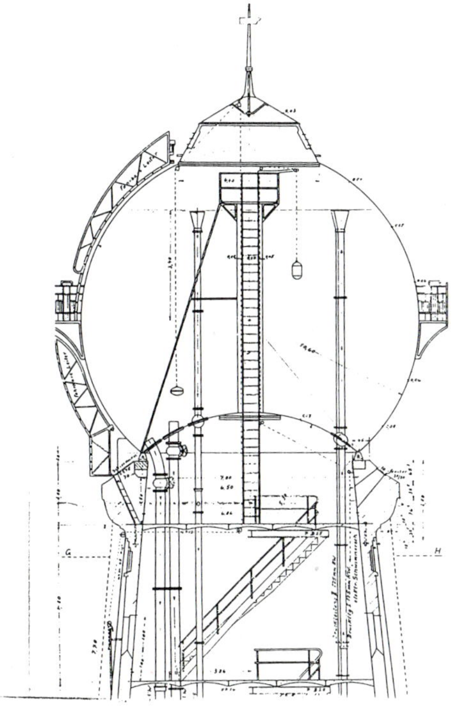

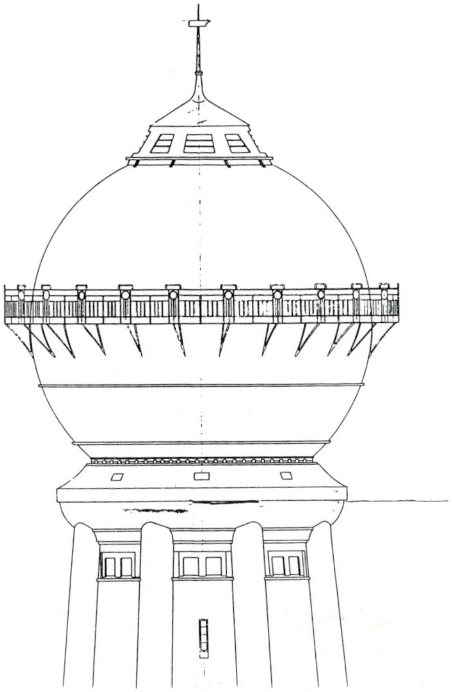

Bild 63. Eisenbahn-Wasserturm Bebra, Kugelbehälter mit Stützboden (Foto Bundesbahndirektion Frankfurt, Dezernat 49).

den ausgehend). Auf dem Innenzylinder ist eine Standbühne montiert, von der eine schräge Leiter zum Stützboden hinunterführt. Eine äußere Wasserstandsanzeige erfolgt mittels Meßlatte am Außenbau und einem beweglichen, mit einem Schwimmer über ein Seil verbundenen Meßstab (Zeiger), die Seilumlenkung erfolgt einerseits im Dach der Belüftungshaube und andererseits unter dem Tropfboden in der Außenwand direkt unter dem Betonwulst. Etwas ungewöhnlich ist die doppelte Bestückung mit zwei Druckleitungen 175 mm und zwei Falleitungen 300 mm, obwohl der Behälter nur 1kammerig ist; eine Leitung 175 mm bildet zugleich Überlauf und Entleerung. Die Druckleitungen werden über elektrische Schwimmerschaltung (Seil über Standbühne auskragend) gesteuert. Das Baujahr wird von der Deutschen Bundesbahn, die über keine Originalakten mehr verfügt, mit 1888 angegeben; für den vorhandenen Wasserbehälter kann dies sicherlich nicht zutreffen: Ein Kugelbehälter mit integrierter Belüftungshaube, also eine geschlossene Konstruktion einschließlich der fahrbaren Außenleiter war zu der Zeit um 1888 technisch „nicht möglich“; legt man die bautechnische Wasserturmentwicklung und vergleichbare Kugelbehälter zugrunde, so ist eher ein Baujahr um 1908 wahrscheinlich.

Der Kugelbehälter des um 1914 erbauten Wasserturms im Bahnbetriebswerk Kornwestheim bei Stuttgart ist im Vergleich mit dem Wasserturm Bebra in seinem Fassungsvermögen von über 1000 m³ gut doppelt so groß; in den äußeren Abmessungen ist er ebenfalls größer, insgesamt ist der fast 30 m hohe Wasserturm wohlproportioniert. Auffällig in der Querschnittzeichnung (Bild 64) ist das direkte Aufsitzen des Belüftungsdaches auf dem Innenzylinder, durch den auch wieder das Schwimmerseil für die äußere Wasserstandsanzeige geführt ist; besonders hingewiesen wird auf die zur äußeren, fahrbaren Leiter konform angebrachte, gebogene Leiter auf der Innenseite der Behälterwandung. Die Behälterinstallation mit Steigleitung und aufgesetztem Schwimmer, Entnahme- und Überlaufleitung entspricht üblicher Ausführung.

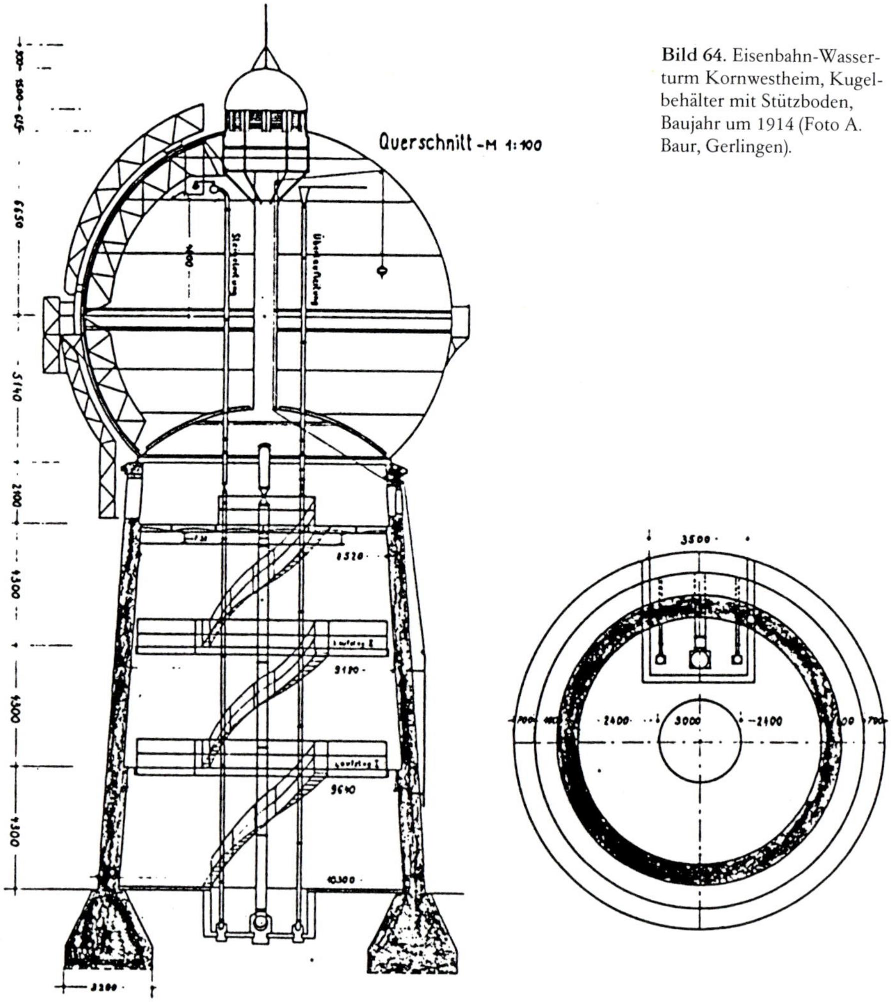

Bild 64. Eisenbahn-Wasserturm Kornwestheim, Kugelbehälter mit Stützboden, Baujahr um 1914 (Foto A. Baur, Gerlingen).

2.8 *Ausblick zu neueren Entwicklungen bei Wasserhochbehältern aus Stahl*

Mit der Verbreitung der Eisenbetonbauweise (Stahlbetonbauweise*) in Deutschland stagnierte der Bau von Wassertürmen aus Stahl, bzw. man begnügte sich mit den bekannten Behälterbauarten. Bereits nur mehr vereinzelt wurden nach 1910 zum Beispiel in Bayern eiserne Intze-I-Behälter eingebaut, etwa im 1911 erstellten Wasserturm der Stadt Dillingen. Der Wasserhochbehälter wird bereits in den Bauplanungen des Kgl. Wasserversorgungsbureau von 1901/02 erwähnt, was vielleicht der Grund sein mag, daß er im Baujahr 1911 nach diesen fertigen Planungen ausgeführt wurde und nicht in der bereits weit verbreiteten Eisenbetonbauweise. Der heute noch betriebene, genietete Eisenbehälter faßt 400 m^3 bei 11,0 m Durchmesser, die Turmhöhe bis zur „Laterne“ beträgt 33,25 m, der max. Wasserspiegel über Terrain rd. 33 m. Ein Intze-II-Behälter mit 300 m^3 Inhalt ist noch 1914 im Zuge der Erweiterung der Wasserversorgungsanlage der Stadt Lauingen von dem Zivilingenieur Karl Hassold, Nürnberg, ausgeführt worden. Durch die Fortführung des Hängebodenteils nach oben in die Behälterkammern wurden zwei runde Wasserkammern geschaffen, wobei der Überlauf für beide Kammern elegant durch einen in der „Hängeboden-Zylinderwand“ integrierten kleinen Kasten (Befestigung durch Winkeleisen) mit abgehender Überlaufleitung 25 mm bewerkstelligt wurde (Bild 65). Der Durchstieg von dem unteren Geschoß durch den Behälter in den Dachraum auf einer senkrechten Leiter in einem Rohr 100 mm ist so eng wie möglich, damit im Behälter nicht zuviel Speicherraum verlorengeht. Für die Außenwand des Turmkopfes wurde wieder eine leichte Konstruktion gewählt, mit 10 cm starker Rabitzwand, befestigt an Konsolen aus Rabitz mit 6 cm Wandstärke. Von 1915 ab sind in Deutschland eiserne Intze-Behälter für Wassertürme der öffentlichen Wasserversorgung nicht mehr nachweisbar [6].

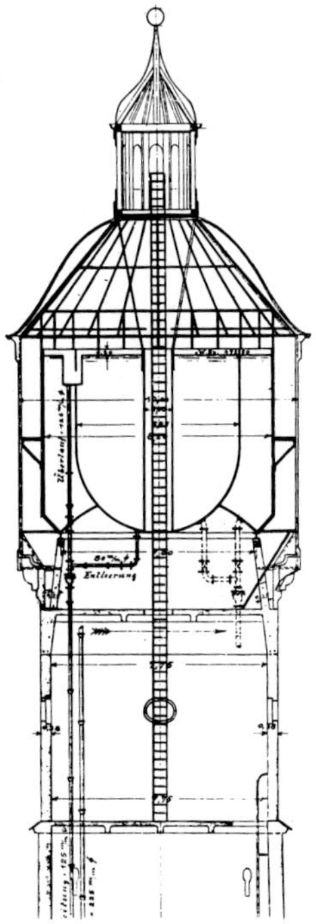

Bild 65. Wasserturm Lauingen, vermutlich letzter Intze-II-Behälter in Bayern, Baujahr 1914 [32, 54].

* Der heutige Ausdruck Stahlbeton wurde ursprünglich Eisenbeton genannt. Zahlreiche Persönlichkeiten lehnten die Bezeichnung Stahlbeton ab, u.a. auch der „Stahlbeton-Professor“ Emil Mörsch. Er meinte, solange es eine Eisenbahn gibt, benutze er das Wort Eisenbeton. Hier werden beide Ausdrücke verwendet, entsprechend der Zeit, auf die Bezug genommen wird.

Im heraufziehenden Betonzeitalter wurde 1922 der letzte große eiserne Wasserhochbehälter in Bayern mit dem 900 m^3 fassenden Hängebodenbehälter im Straubinger Wasserturm eingebaut (Bild 66). Der vorbildlich gepflegte, 63 m hohe Wasserturm der städtischen Wasserversorgung steht am Stethaimer Platz, eine zum Turmstandort synonyme Namensgebung – war doch der Baumeister Stethaimer (14. Jh., Bauten in Straubing, Salzburg u.a.) der Schöpfer des 133 m hohen Turmes des Martinsmünsters zu Landshut, insgesamt ein Bauwerk von kühner Statik. Nicht uninteressant ist die Entwicklung der Konstruktion des von dem Nürnberger Civilingenieur Karl Hassold entworfenen schmiedeeisernen Behälters im Straubinger Wasserturm. Der Entwurf vom Dezember 1918 sah zunächst einen 2kammerigen Intze-I-Behälter vor, der durch einen ausgekreuzten, 4 m hohen Stützenkranz auf den Turmschaft abgestützt worden war. Vermutlich um durch den Stützboden des geplanten Intze-Behälters nicht zuviel Fassungsraum zu verlieren, wurde dessen Stützbodenteil um 180° gedreht, so daß hierdurch ein Hängebodenbehälter daraus wurde. Der solchermaßen erhaltene Hängebodenbehälter hat noch eine gewisse Ähnlichkeit zum Intze-Behälter, da die Auflagerung nicht an der Zylinderwand stattfand, wie bei den ursprünglichen Hängebodenbehältern (der Turmschaft hätte sonst einen größeren Durchmesser benötigt), sondern tiefergelegen nach Intzes Grundidee am Hängebodenbereich. Der runde Auflagerring ruht auf einem achteckigen, etwa 2 m hohen Eisenbetonkranz, der den Übergang von dem runden Auflagerring des Behälters zu dem quadratischen Querschnitt des betonierten Turmvierung vermittelt. Der Behälter mit 12,5 m Durchmesser ist durch innere Ringbleche zweikammerig ausgebildet. Der maximale Wasserspiegel liegt rd. 45 m über Gelände. Die nach Plan oben 64 cm dicken und im mittleren Bereich 77 cm dicken Wände sind in Stampfbeton ausgeführt worden und stehen auf dem nach unten bis 18,5 m breiter werdenden Betonfundament. Die Fassade des Turmkopfes besteht aus einer 8 cm dicken Monierwand, die im Bereich der rundbogigen Fenster nach innen aufgeweitet wurde und so einen massiven Turmkranz vorspiegelt. Die Ära der großen eisernen, genieteten Wasserhochbehälter in Bayern ist mit dem Wasserturm Straubing praktisch zu Ende gegangen.

Als letztes Beispiel für die alte eiserne Generation von Wassertürmen möge hier einer Besonderheit wegen der 1928 erbaute Wasserturm für den Verschiebebahnhof Berlin-Tempelhof dienen (Bild 67). Der Kugelbehälter steht auf einem eisernen Turmbau aus sog. Vierendeelträgern. In einer heute noch gültigen Beschreibung aus dem Jahre 1929 heißt es hierzu:

„Im Stahlbau hat der Vierendeelträger wenig Anklang gefunden, obschon für die Verbindungen zwischen Gurtungen und Pfosten längst einwandfreie Lösungen gefunden sind; man gibt bei liegenden Tragwerken dem vollwandigen Träger und über diesen hinaus dem normalen Fachwerkträger den Vorzug. Daß der Vierendeelträger – auch ohne dritte Gurtung – bei stehenden Tragwerken bei weitem mehr anspricht, dafür liefert der Wasserturm auf dem Verschiebebahnhof Berlin-Tempelhof den Beweis. Bei diesem Bauwerk liegen die Verhältnisse insofern besonders günstig, als der 400 m^3 fassende Kugelbehälter, dessen Oberkante auf 50 m Höhe liegt, ohnehin im Verhältnis zu den Riegeln kräftige Pfosten fordert. Ein Übriges wird durch die Anordnung von fünf Pfosten erreicht, die an sich, mehr aber noch durch die infolge der Schrägstellung vergrößerte Körperfläche, raumumschließend wirken. Die fünf Pfosten des Unterbaues liegen mit der Mitte ihrer Außenkante innerhalb eines Kreises von 9,0 m Durchmesser und einer zugehörigen Seite des Fünfecks von 5,3 m. Die Gefache sind nicht gleichmäßig ausgeteilt, vielmehr nehmen sie in der Höhe von unten nach oben ab (9,0 m ist das unterste und 6,3 m das oberste). Die kastenförmigen Pfosten und Riegel sind nach innen offen. Bild 67 zeigt die Einzelheiten der Verbindung zwischen Pfosten und Riegel. Die Ecken sind sehr knapp gehalten und

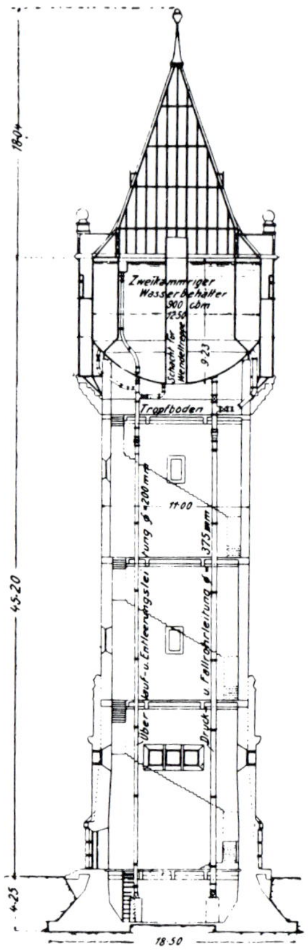

Bild 66. Wasserturm Straubing – der letzte große eiserne Wasserbehälter Bayerns, Baujahr 1922 (Foto Stadtwerke Straubing)

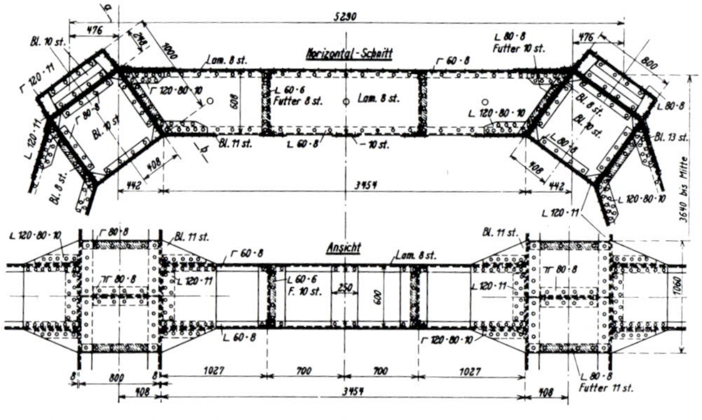

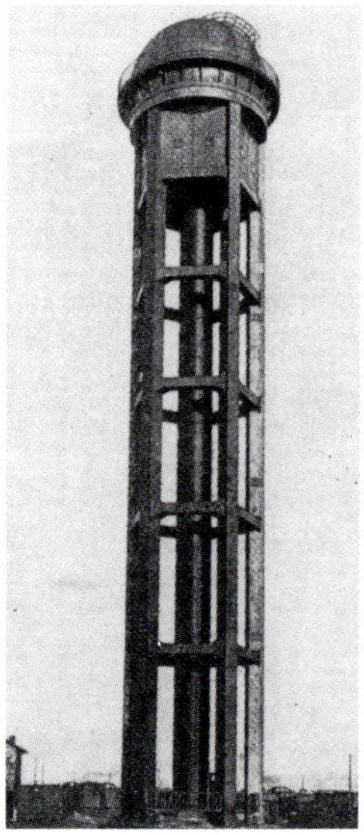

Bild 67. Eisenbahn-Wasserturm Berlin-Tempelhof bzw. Berlin-Schöneberg, Prellerweg, Turmunterbau aus Vierendeel-Trägern [57].

treten im Bilde kaum in Erscheinung. Außen sind die Anschlußbleche der Riegel durch die geschlitzten Stehbleche der Pfosten durchgeführt, innen schließen sie als Bindebleche die Innenwände der Pfosten. Zum Behälter führt ein Rohrmantel von 2,2 m Durchmesser hinauf. Innerhalb des Rohrmantels sind die Leitungsrohre (ein Füllungs- und Entnahmerohr zugleich und ein Leerlauf- bzw. Überlaufrohr) und eine 0,55 m breite Wendeltreppe eingebaut. Der Kugelbehälter von 9,0 m Durchmesser wird durch ein Einsteigrohr von 1,2 m durchbrochen, in dem eine Steigleiter hinaufführt, die auf der anderen Seite bis zum Behälterboden herunterreicht. Entworfen hat den Wasserturm die Reichsbahndirektion Berlin, ausgeführt wurde er von der Firma C. H. Jucho in Dortmund" [57].

Der heute von westdeutscher Seite über den S-Bahnhof wieder leichter sichtbare Wasserturm ist in seiner rußschwarzen Patina für farbige Reproduktionen wenig geeignet, so daß ein Archivbild [45, 49] die Konstruktion optisch noch am besten aufzeigt.

Der nach dem 1. Weltkrieg mit der allgemein stärkeren Verbreitung der Eisenbetonbauweise erfolgte Stillstand im Stahl-Wasserturmbau erstreckte sich jedoch nicht auf die USA, wohin sich für die Folgezeit das Schwergewicht der Entwicklungstätigkeit verlagerte. Basierend auf den Entwicklungen von Intze, Barkhausen und Klönne versuchte man dort, die Bodenausbildung weiter zu verbessern und außerdem eine möglichst flache Form zu erzielen, um besonders bei den großen Wasserbehältern eine Wassertiefe von etwa 8 m nicht zu überschreiten. Diese neuen Behältertypen wären allerdings schwerlich vorstellbar ohne die Schweißtechnik.

Bild 68. Stahl-Wasserturmformen in den USA [47].

Etwa um 1930 gelang es, die bisherige Verbindungsmethode des Nietens optimal durch das Schweißen zu ersetzen, wodurch sämtliche Überlappungen, Laschen und Nieten wegfielen, was eine bedeutende Materialeinsparung brachte. Ein weiterer Vorteil der Schweißtechnik bestand darin, daß die in Folge des Anschlußproblems vernachlässigten Rohrprofile angewandt werden konnten – es führte dies jedoch in unserem Lande nicht mehr zu einer Renaissance im Stahl-Wasserbehälterbau, im Gegensatz zum Ausland (USA, Frankreich).

Von den universellen Typen der Amerikanischen Stahl-Wassertürme (Bild 68) kommen, abgesehen von dem Kugelbehälter, heutzutage 5 Grundtypen zur Anwendung, nämlich elliptische Behälter, Horton-Behälter, Obloidal-Behälter, sphäroidische Behälter und torissphärische Behälter. Der am vielseitigsten einsetzbare Horton-Behälter wird in Größen von 750 bis 12 000 m^3 hergestellt. Es bleibt festzuhalten, daß in unserem Lande, selbst in der Neuzeit nach dem 2. Weltkrieg, kaum mehr Wassertürme aus Stahl – im wesentlichen wegen der als hoch eingeschätzten Aufwendungen für Instandhaltung, insbesondere Korrosionsschutz – gebaut werden, trotz der Tradition mit Namen und Bauweisen wie Intze, Barkhausen und Kugelbehälterbauart Klönne, wohingegen Wassertürme aus Stahlbeton nach wie vor zur Ausführung gelangen.

3. Wasserhochbehälter in Eisenbetonbauweise

3.1 Flachbodenbehälter aus Eisenbeton

Mit der Gründung der ersten Portlandzementfabriken um 1824 in England entwickelte sich der Beton zu einem brauchbaren Baustoff. Mit Beton verfügte man über ein Baumaterial, daß eine hohe Druckfestigkeit sowie eine sehr geringe Zugfestigkeit besitzt, weshalb sich die Anwendungsmöglichkeiten vorwiegend auf druckbeanspruchte Konstruktionen beschränkte, zum Beispiel Fundamente, die weder auf Zug noch auf Biegung beansprucht wurden. Erst in der Verbundwirkung mit Eisen sollte der Beton seine eigentliche Bedeutung erlangen. Der Franzose Lambot zeigte 1855 auf der Weltausstellung in Paris ein Boot, dessen Körper aus einem mit Zementmörtel umhüllten Eisengeflecht bestand. Sein Landsmann F. Coignet beschrieb 1861 in einer Veröffentlichung, daß man durch die Einlage von Zugstangen (tirants) die bisherigen Eisenträger ersetzen und die Decken damit zu einer monolithischen Konstruktion machen konnte. Die Geschichte des Stahlbetons ist jedoch untrennbar mit den Persönlichkeiten Joseph Monier und François Hennebique verbunden. Der Ausgangspunkt für die Entwicklung der Eisenbetonbauweise bildeten das Monier-Patent von 1867 (eisernes Gitterwerk zur bequemen Formgebung von Gartenkübeln aus Beton; Monier war ursprünglich von Beruf Gärtner), die Patente von 1869 (Platten), 1873 (Brücken), 1875 (Treppen) und die Erneuerung der Patente 1877/78 mit ausländischer Lizenzvergabe. Ein erster Wasserturm bzw. Wasserbehälter mit einem Fassungsvermögen von 200 m^3 soll bereits von Monier 1868 in Maisons-Alfort errichtet worden sein, weitere folgten in den Jahren 1872 in Bougival mit 130 m^3 und 1873 in Alençon für die West-Eisenbahn mit 180 m^3 Inhalt [47]. Bei diesen zylindrischen Flachbodenbehältern war der Behälterboden noch nicht selbsttragend ausgebildet, sondern ruhte auf einem Eisenbetongewölbe. Die Bewehrung aus ringförmig und vertikalen Rundstäben wurde von Monier, der sich später als Zementbildner bezeichnete, in der Mitte der Wandung angeordnet. Die Bedeutung des Eisens in Beton hat Monier im vollen Umfang nicht verstanden. Für ihn hatte das Eisen die Funktion, die es im Blumenkübel erfüllte; es sollte die Oberfläche stützen und die Form geben – sei es nun bei einer Brücke, einem Wasserreservoir oder einer Eisenbahnschwelle.

Anders der später in Paris beheimatete Belgier François Hennebique. Er war gelernter Steinmetz und 20 Jahre jünger als Monier. Er baute und hantierte mit den damaligen Materialien: mit Stein, Holz und vor allen Dingen mit Eisenträgern. Mit 24 Jahren war er das, was wir heute einen Bauunternehmer nennen. Ihm blieb es vorbehalten, die konstruktiven Möglichkeiten des Eisenbetons zu erkennen und auszuwerten. Anlaß dazu gab ihm der Auftrag, ein vollkommen feuersicheres Haus zu entwerfen. Hennebique führte dazu das ganze Gebäude als reinen Skelettbau aus Eisenbeton aus. Für die Ausführung verwendete er sein patentiertes Plattenbalkensystem in Verbindung mit Eisenbetonstützen (statt Eisenträger und gußeiserne Stützen), dessen Besonderheit in der Anordnung einer Schubbewehrung bei den Balken und Stützen bestand, die allgemein unter der Bezeichnung „Hennebique'scher Bügel" bekannt wurde [53, 47]. Als den in der Tat interessantesten Teil des Patentes von Hennebique werden bei der Bewehrungsausbildung des Plattenbalkensystems die Verbindungsorgane oder Bügel aus Flacheisen später Rundeisen, bezeichnet, die dem heutigen Schubbügel aus Rundeisen weitgehend entsprechen. War der erste von Hennebique im Jahre 1895 in Dinard erbaute Wasserturm [47] mit einem Inhalt von 500 m^3 noch Moniers Behälterbauweise ähnlich, so stellt der 1904 in Newton-

Le-Willows, England, in Plattenbalkenbauweise mit selbsttragendem Behälterboden ausgeführte Wasserturm (Bild 69) mit einem Fassungsvermögen von 1362 m^3 eine wesentliche technische Verbesserung dar. Das räumliche Tragwerk des 19,5 m hohen Unterbaues besteht aus 28 Stützen, die um einen zentralen Mittelschacht in zwei konzentrischen Kreisstellungen angeordnet sind. Läßt die materialfremde Bauweise von Monier darauf schließen, daß er im Eisenbeton nur einen Ersatz für den Baustoff Eisen sah, so läßt die monolithische Konstruktion Hennebiques eine materialgerechte Nutzung des Eisenbetons erkennen. Ein ähnlicher Turm in Hennebique-Bauweise wurde um 1910 für die Stadt Hasselt in Belgien errichtet [47]. Beide, Monier wie Hennebique, waren Geschäftsmänner mit einem unbeirrten Glauben an die Dauerhauftigkeit des neuen Baustoffes, des Eisens, eingebettet in Beton. In den 90er Jahren des vorigen Jahrhunderts gab es in Europa zwei Systeme, die Hennebique-Bauweise in Frankreich, Belgien, Italien, England und in der Schweiz und die Monier-Bauweise, die einen Gürtel von Deutschland über Österreich nach Ungarn bildete. Als der gelernte Maschineningenieur und als Industriearchitekt in Neapel tätige Eduard Züblin (Begründer der heutigen Baufirma E. Züblin AG in Stuttgart) bei Hennebique um einen ersten Lizenzvertrag nachsuchte, ahnte naturgemäß keiner, daß er „die Anregungen, die er von Hennebique erhalten hatte, durch eigene konstruktive Gedanken bald überholte" und zu den später bekanntgewordenen und gerühmten Bauwerke auch ein Wasserturm zählen würde. In einer Würdigung des Lebens und Wirkens dieses Ingenieurs in der Entwicklungszeit des Stahlbetons schreibt Hahn [21] hierzu:

Bild 69. Eisenbeton-Wasserturm (zylindrischer Flachbodenbehälter) in Hennebique-Plattenbalken-Bauweise bei Newton-le-Willows, England, Fassungsraum 1362 m^3, Baujahr 1904 [47].

„Züblin erkannte als erfahrener Industriearchitekt rasch die Vorteile der neuen, feuersicheren Bauweise. 1895 baute er damit in Salerno eine Bleicherei und in der Folge weitere Industrieanlagen, z. B. eine Spinnerei in Scafati. In keiner ernsthaften Geschichte des Stahlbetons fehlt der Wasserturm dieser Spinnerei in Hennebique-Bauweise, entworfen und ausgeführt von Eduard Züblin 1897 (Bild 70). Er kann den Architekten wie den Ingenieur von heute noch begeistern: die Schale, die das Wasser aufnimmt und auf 4 Stützen gelagert ist, die Wendeltreppe in der Mitte. Alles ist nach dem Gefühl gestaltet, denn die Möglichkeiten, diese Konstruktion numerisch zu erfassen, waren damals sehr bescheiden."

Erstaunlich schnell hat sich der Eisenbeton im Wasserturmbau z. B. in Bayern eingeführt. Bereits von 1903 bis 1908 wurden die Wassertürme Kirchseeon, Rohrenfeld/Grünau, Putzbrunn, Hammelburg, Nürnberg, Feldkirchen, Wiesmühl und Langenaltheim nach „System HENNEBIQUE in armierten Beton" von der heute noch tä-

Bild 70. Eisenbeton-Wasserturm mit 80 m³ Fassungsraum für eine Weberei in Scafati, ausgeführt 1897 von Eduard Züblin [21].

tigen Bauunternehmung Gebr. Rank, München, ausgeführt. Josef Rank, der auch für den Entwurf und die Bauaufsicht beim Bau des Deutschen Museums in München verantwortlich zeichnete, reiste 1901 nach Paris und erwarb von Hennebique eine Konzession. Die Firma Gebr. Rank wurde dann eine der ersten Unternehmungen Süddeutschlands, die sich mit dem Eisenbetonbau befaßte:

„Manche Schalungsgeräte, manche Biegeapparate mußten erst erdacht und in den eigenen Werkstätten hergestellt werden. Die Aufzüge zum Hochschaffen des Betons mittels Dampfwinden waren zu konstruieren und die Arbeiter mit dem Wesen des Eisenbetons bekanntzumachen" [53].

Die in der konstruktiven Durchbildung ähnlichen Wassertürme Putzbrunn und Feldkirchen beinhalten ein „Turmreservoir" von 50 bzw. 60 m³ (Bild 71, 72). Auf einer 60 cm starken quadratischen Betonsohle erheben sich an den 4 Ecken Eisenbeton-Tragsäulen, welche bis unter den Behälterboden reichend in Höhen von ca. 5 m durch Betonplatten und Balken verspannt sind (Bild 71). Der quadratische Flachbodenbehälter hat Betonwände, welche von unten nach oben in einer Dicke von 14–8 cm abnehmend verlaufen und einen „Deckel" von Beton, mit Eisenbetonbalken verstärkt, tragen [37]. Die Wassertürme in Putzbrunn und Feldkirchen wurden in Anpassung an den örtlichen Charakter in ihrer Fassadenausbildung in der Art der heimatlichen Putzbauweise gehalten, d.h., alle Außenwände sind verputzt und bilden mit den grünen Fensterläden und den ro-

Bild 71. Eisenbeton-Wasserturm in Putzbrunn bei München, 50 m³ Inhalt, Baujahr 1903 [37].

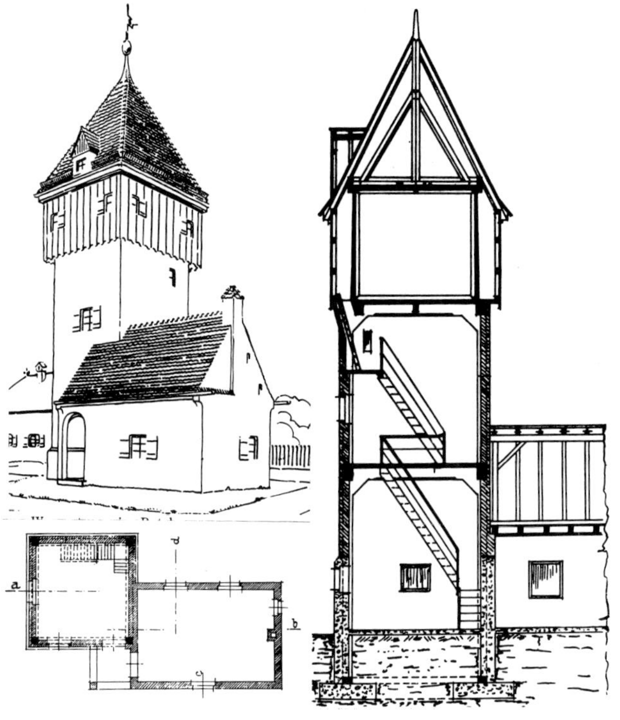

Bild 72. Eisenbeton-Wasserturm für Feldkirchen, Baujahr 1903; perspektivischer Schnitt für die Eisenbeton-Bauweise mit Flachbodenbehältern [37].

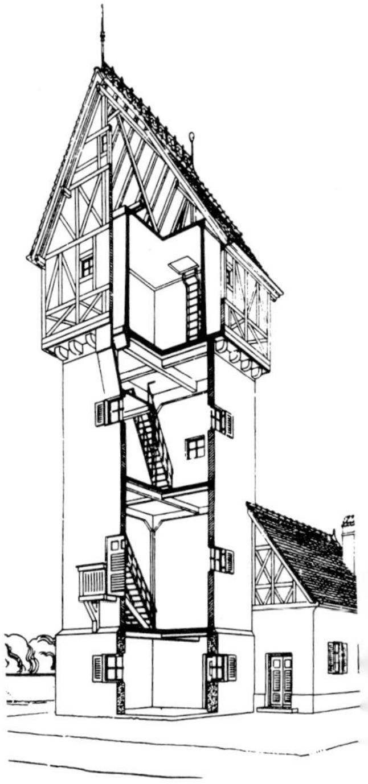

ten Dachziegeln ein freundliches Bild. In Anbetracht der Situierung der beiden Türme in unmittelbarer Nähe des Kirchturmes wurde bei der Durchbildung der Fassade versucht, durch Anwendung von Holzverschalung als Verkleidung des Behälterumganges den weißen Baukörper optisch möglichst niedrig zu halten. Durch die unmittelbare Anfügung des Maschinenhauses an den Turm ist eine nach unten sich verbreiternde Silhouette geschaffen. Der Wasserturm Feldkirchen wurde 1966 abgerissen, nachdem die Gemeinde ein neues Wasserwerk gebaut hatte, während der Wasserturm Putzbrunn noch besteht. Diese Art von kleinen rechteckigen Eisenbeton-Wassertürmen wurden vorwiegend im ländlichen Bereich vielfach ausgeführt. Die Anwendung von Holzverschalungen als Verkleidung des Behälterumganges und der Erker für den Aufstieg in den Dachraum sind als typische Konstruktionsmerkmale z. B. bei dem Wasserturm Edling bei Wasserburg/Inn zu ersehen (Bild 73). In Bayern sind die damals im Wasserturmbau gesammelten Erfahrungen in einem Geschäftsbericht von 1907 des „Kgl. Wasserversorgungsbureau" dokumentiert und werden hier sinngemäß wiedergegeben [32, 54]:

> „An die Stelle von eisernen Trägerrosten bei eisernen Flachbodenbehältern tritt dann als Unterlage ein System von Eisenbetonbalken, welche in parallelen Lagen oder kassettenartig angeordnet sein können und sich meist an eine Eisenbetonvierung anschließen, welche voll auf dem Umfassungsmauerwerk aufsitzt. Der Gang zwischen Reservoir und Umhüllung wird möglichst schmal gehalten. An Stelle des Durchschlupfes erleichtern meist Erker den Aufstieg auf die Abdeckung, welche hier auch vielfach in Eisenbeton hergestellt wird. Desgleichen ist auch die Reservoirumhüllung oft aus dünnwandigem Eisenbeton, damit die Reservoirwandungen nahe an die Umfassungsmauern herangebracht werden können, wodurch möglichste Tragfähigkeit der Balkenlage bei möglichst geringer Dimensionierung erzielt werden soll."

Reservoire dieser Art auf gewöhnlicher Schaftmauerung sind beispielsweise im Jahre 1905 für Unterhaching bei München (Bild 74), 1910 in Aubing/München (Bild 75), 1911/13 in Garching bei München (Bild 76) oder 1912/13 in Ismaning bei München (Bild 77) mit einem Fassungsraum von 60 bis 140 m³ ausgeführt worden. Bei größeren Eisenbetonreservoiren, wie z. B. für die 400 m³ fassenden Behälter in Schwabmünchen (1909/10) und Oberndorf/Schweinfurt (1911), ist der Wasserturm in der geradezu klassischen Eisenbeton-Skelettbauweise mit ausgemauerter Fassade erstellt worden. Die Wassertürme gleichen sich weitgehend. Bei dem 1909/10 erbauten Wasserturm der städtischen Wasserversorgung Schwabmünchen ist der 400 m³ fassende Behälter quadratisch und 2kammerig mit einer Wasserspiegellage von rd. 30 m über Gelände bei einer max. Turmhöhe von 43,45 m (s. S. 266).

Aus statischer Sicht ist diese anfangs öfter vorge-

Bild 73. Wasserturm Edling bei Wasserburg/Inn mit Eisenbeton-Flachbodenbehälter von 30 m³ Inhalt, Baujahr 1926; Anwendung von Holzverschalung als Verkleidung des Behälterumganges, Erker für Aufstieg in den Dachraum; typisch ländliche Bauweise kleiner Eisenbeton-Wassertürme in Bayern (Foto Dr.-Ing. Gallent, Edling).

Bild 74. Wasserturm Unterhaching bei München, Eisenbeton-Flachbodenbehälter mit 100 m³ Inhalt, Baujahr 1905 (Foto D. Robakowsky, Geltendorf).

Bild 75. Wasserturm Aubing/München, quadratischer Turm- und Behältergrundriß, Baujahr 1910, außer Betrieb, bewohnt (Foto D. Robakowsky, Geltendorf).

Bild 76. Wasserturm Garching bei München, Eisenbeton-Flachbodenbehälter mit 60 m³ Inhalt, Baujahr 1911/13, außer Betrieb (Foto D. Robakowsky, Geltendorf).

Bild 77. Wasserturm Ismaning bei München, zweikammeriger Eisenbeton-Flachbodenbehälter mit 140 m³ Inhalt, Baujahr 1912/13 (Foto D. Robakowsky, Geltendorf).

nommene Anordnung der (rechteckigen) Wasserkammern nebeneinander nicht optimal, weil sie bei nur einseitiger Wasserkammerfüllung zu exzentrischen Belastungen in der Tragkonstruktion und Gründung führen, im Gegensatz zur konzentrischen Anordnung der Wasserkammern. Augenscheinlich wird dies auch aus den Schnittzeichnungen vom Jahre 1911 für den 45 m hohen Wasserturm Oberndorf der Stadtwerke Schweinfurt, aus denen auch besonders gut die Konstruktionsart der Eisenbeton-Skelettbauweise zu ersehen ist (Bild 78). Der rd. 10 m im Quadrat große und über 4 m tiefe geschlossene Behälterkasten besteht aus einem allseitigen Plattenbalken bzw. Trägerrostsystem, so daß insbesondere Wände und Decken durch die rd. alle 2 m vorhandenen lisenenartige Wandstützen bzw. Deckenunterzüge sehr dünnwandig ausgeführt werden konnten. Die

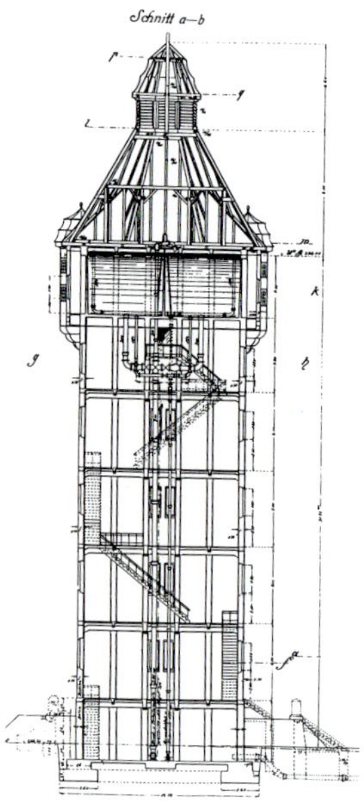

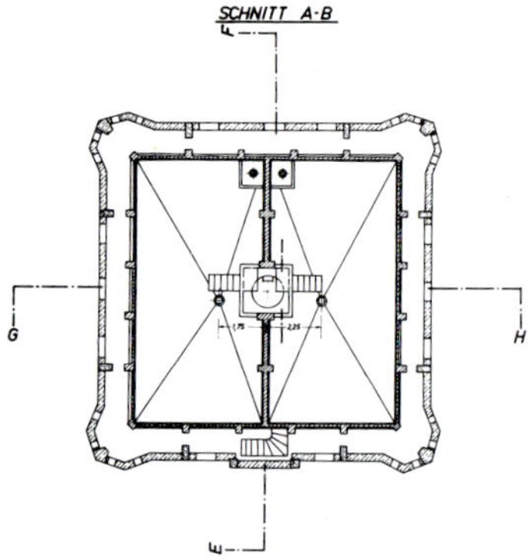

Bild 78. Wasserturm Oberndorf-Schweinfurt in Eisenbeton-Skelettbauweise mit ausgemauerter Fassade, 400 m³ Inhalt, Baujahr 1911 (Foto Stadtwerke Schweinfurt).

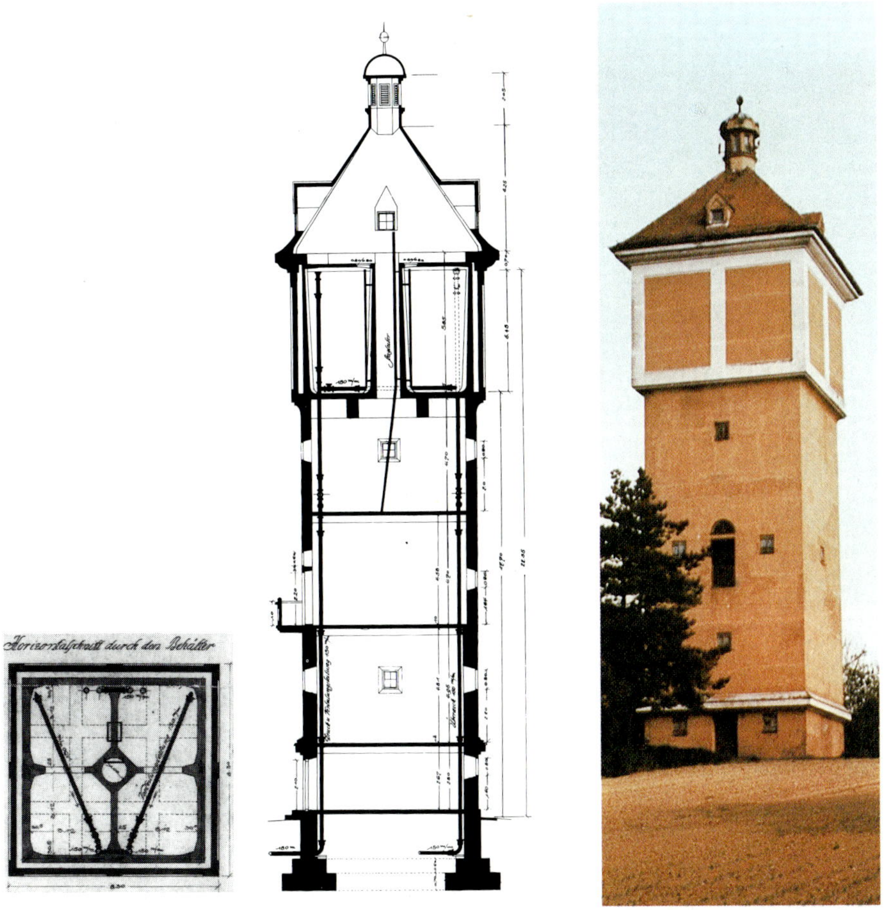

Bild 79. Wasserturm Erding, Konstruktionsform mit zentralem Durchstieg durch die Wasserkammern des Flachbodenbehälters, Fassungsraum 216 m³, Baujahr 1914 (Foto Stadtwerke Erding).

Trägerroste geben ihre Lasten auf die entsprechenden, etwa 50 cm starken Beton-Außenstützen ab, wobei die Zwischenfelder ausgemauert sind. Gemäß Originalzeichnung ist der Behälter durch eine Mittelwand in 2 rechteckige Kammern gegliedert und ein Einstieg von oben her vorgesehen (Zustieg über Umgang im Turmkopf); nach späteren Planmaterial scheint entweder im Zuge der Bauausführung oder später nach der Außerbetriebnahme ein Durchstieg mittels Rohrdurchführung von ca. 1,25 m im Durchmesser von den unteren Stockwerken durch den Behälter in den Dachraum angelegt worden zu sein. Der Wasserturm ist in seiner eigentlichen Funktion seit 1925 außer Betrieb, wird jedoch in seiner Bausubstanz (lobenswerterweise) unterhalten, nicht zuletzt vielleicht weil in den Obergeschossen eine Lehrwerkstatt für den Sanitär- und Heizungsbereich untergebracht ist [65].

Als Beispiel eines typischen Vertreters der Konstruktionsform mit zentralem Durchstieg durch die Eisenbeton-Wasserkammern kann der 216 m³ fassende Erdinger Wasserturm gelten (Bild 79). Die quadratische Behälterkammer (Außenmaß 7,20 m im Quadrat; max. Wassertiefe 5,15 m) gleicht einem allseits geschlossenen Rahmen mit voutenartigen Ecken. In Behältermitte befindet sich eine 1,40 m quadratische Säule, die den Durchstieg zum Dachraum von 1,0 m Durchmesser aufnimmt und von der auch die Kammertrennwand ausgeht (Bild 79). Der Einstieg in die Wasserkammern erfolgt aus dem Dachraum durch kleine Luken in der Behälterdecke. Der über 30 m hohe, ockerfarbige Turm mit weiß umrandeten „Kapitell" ist ein Beispiel für eine einfache, aber durchaus gefällige Bausubstanzpflege.

Im Jahrzehnt vor dem 1. Weltkrieg (1914) sind bei den rechteckigen Wassertürmen überwiegend auskragende Turmköpfe feststellbar, was darin begründet ist, daß einerseits die Behälteraußenwand zur direkten Lastabtragung auf den Turmschaft gelagert ist, andererseits zwischen Behälterwand und Turmaußenwand noch ein Umgang bzw. ein Luftraum zur Isolierung vorhanden ist, womit der auskragende Turmkopf zustande kommt. Später, in den 20er und 30er Jahren nach dem 1. Weltkrieg wurde der Eisenbetonbehälter von der Turmschaftlinie zurückgesetzt auf Eisenbeton-Trägerrost gelagert, so daß (trotz Umgang) die Außenfassade geradflächig und spartanisch einfach wurde. In gewisser Weise verloren diese Wassertürme damit ihr Gesicht. Dieser Wandel in der Außenfassade kleinerer ländlicher Wassertürme ist, abgesehen von dem veränderten Zeitgeist, nicht zuletzt auf andere baustatische Überlegungen zurückzuführen.

Mit dem Aufkommen des Industriezeitalters wurde verstärkt auch „Brauchwasser“ neben dem öffentlichen Trinkwasser benötigt. Für die entsprechende Versorgung (Industrie, Eisenbahn) wurden oft eigene Wassertürme gebaut, die vielfach eine runde oder polygonale äußere Form ausweisen. Diese Wassertürme zeichneten sich anfänglich in den meisten Fällen durch eine gleichartige konstruktive Ausbildung aus. In der Regel bestanden die Tragkonstruktion aus acht Eisenbetonstützen, die senkrecht oder mit leichter Neigung kreisförmig angeordnet wurden. Als Horizontalaussteifung genügten meistens mehrere polygonale Ringbalken, die ohne Vouten an die Stützen angeschlossen wurden. Durch die Biegesteifigkeit der Rahmenkonstruktion war man in der Lage, einen Teil des Behälters auskragen zu lassen, indem man die tragenden Radialbalken als Kragarme über die Stützen hinaus verlängerte. Oft erhielten sie entweder eine Ausfachung der offenen Rahmenfelder oder wurden mit dünnwandigem Ziegelmauerwerk umkleidet, nicht zuletzt um den monumentalen Ansprüchen im Rahmen der städtebaulichen Gestaltung Genüge zu leisten [47]. Als Beispiele für eine derartige Bauweise mögen die Wassertürme in Kirchseeon b. Ebersberg und im Rangierbahnhof Nürnberg dienen, die ihre Verwandtschaft zur Hennebique-Bauweise nicht verleugnen können. Bei dem von der Firma Rank/München im Auftrag der Generaldirektion der Bayerischen Staatseisenbahnen zur Wasserversorgung der „Kgl. Imprägnierungsanstalt“ (Imprägnieren von Eisenbahnschwellen) in Kirchseeon im Jahre 1903/05 erbauten Wasserturm wird der Flachbodenbehälter durch eine „gerüstartige“ Eisenbetonkonstruktion getragen (Bild 80). Diese von außen sichtbare Eisenbetonskelettkonstruktion, die durch dünnes Zwischenmauerwerk nach Fachwerkart ausgefüllt wurde, erscheint als Wandgliederung. Es erfolgen Übergänge von dem oktogonalen Unterbau zu dem runden Aufbau und wiederum zu dem oktogonalen Dach [27].

Bild 80. Industrie-Wasserturm Kirchseeon in „Hennebique-Bauweise“, erbaut im Jahre 1905 im Auftrag der Generaldirektion der Bayrischen Staatseisenbahnen für die Wasserversorgung der „Kgl. Imprägnieranstalt zum Imprägnieren von Eisenbahnschwellen“.

Der 49 m hohe Wasserturm des Bundesbahnbetriebswerkes Nürnberg-Rangierbahnhof, Baujahr 1911/1912, ist als Eisenbetonskelettbau mit aussteifenden Trägerrostdecken, Holzdachstuhl und ausgemauerter Fassade konzipiert worden, eine der damaligen Zeit fortschrittlich angemessenen Technik (Bild 81). Der 480 m^3 fassende runde Betonbehälter hat 2 Kammern mit 6,30 m und 10,60 m Durchmesser bei einer Tiefe von 5,50 m. Die max. Wasserspiegelhöhe beträgt rd. 38 m über Gelände. Der ausladene Turmkopf könnte aus der Ferne fast einen Intze-Behälter vortäuschen, er entstand aber nur aus der soweit wie möglichen Vergrößerung des Flachbodenbehälters im Durchmesser bzw. nach außen.

Der 1912/13 auf dem Güterbahnhof Osnabrück

von der Firma Karl Brandt, Düsseldorf, erstellte 37,6 m hohe Wasserturm gehörte zu den technisch bedeutsamen Bauwerken mit einem zylindrischen Eisenbeton-Flachbodenbehälter. Der 1-kammerige, 1000 m^3 fassende Behälter wies bei 10 m Durchmesser nämlich eine Fülltiefe von über 13 m (!) auf, wobei die Behälterwandung unten nur 25 cm Dicke (oben 10 cm) besaß. Die 35 cm dicke Behältersohle war gestützt von acht radial liegenden Unterzügen, die von der sehr kräftigen Eisenbeton-Mittelsäule (1,14 m oben, 1,30 m unten) nach den acht Außensäulen verliefen. Der Wasserturm ist im letzten Jahr abgebrochen worden.

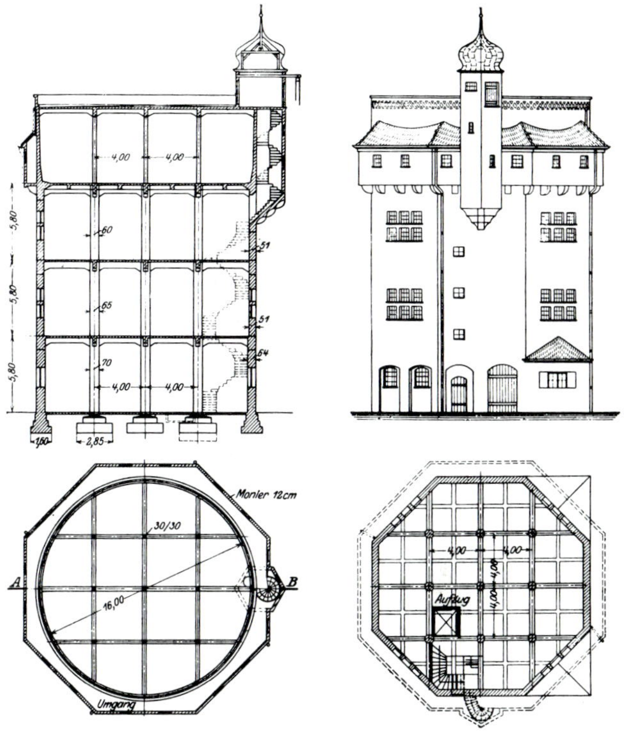

Bild 82. Industrie-Wasserturm in Ingolstadt, geschlossener runder Eisenbeton-Flachbodenbehälter, Inhalt 1000 m^3, Baujahr 1915 [30, 37].

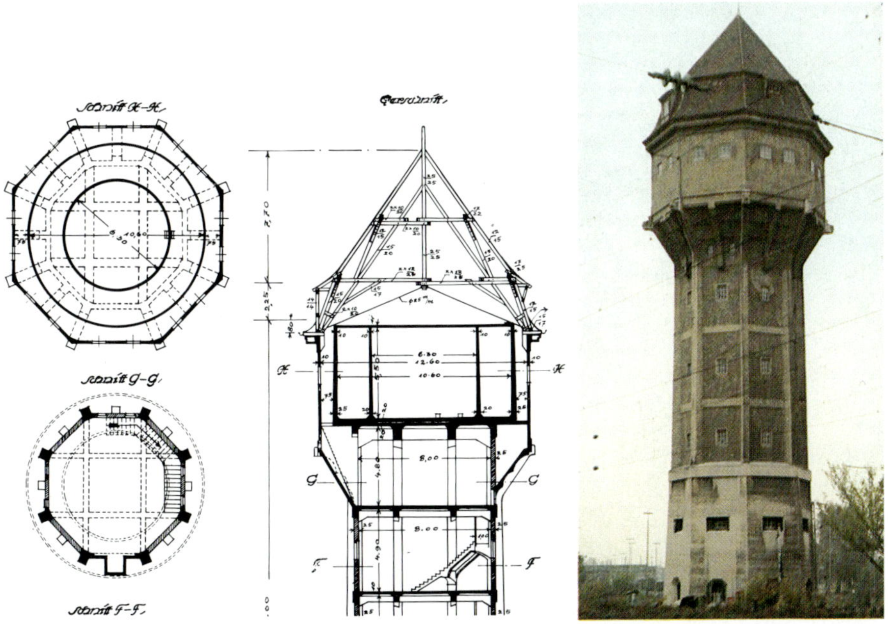

Bild 81. Eisenbeton-Wasserturm im Rangierbahnhof Nürnberg, Baujahr 1911/12 (Foto K. Strauß, Altdorf-Röthenbach).

Von einfacherer Bauweise sind in der Regel die Industrie-Wassertürme in Eisenbetonbauweise, aber durchaus mit manchem interessanten Detail versehen, wie zum Beispiel bei dem Wasserturm für das Gaswerk München (s. S. 242) oder einer „Mechanischen Baumwollen-Spinnerei und Weberei“ in Bayreuth [32]. Der Industrie-Wasserturm in Ingolstadt, der im Jahre 1915 für eine Erweiterung des Hauptlaboratoriums der Münchener Militärintendantur ausgeführt wurde und drei Jahre danach einer Maschinenfabrik seither dient, ist wegen seiner architektonischen Ausgestaltung bemerkenswert. Die Anordnung ist relativ einfach. ein kreisrunder Behälter mit 1000 cbm Inhalt in einer einzigen Kammer ruht auf einem achteckigen Unterbau, teils auf der gemauerten Umfassung, teils auf Eisenbetonsäulen (Bild 82). Die Räume im 1. und 2. Stock, für Lagerzwecke ausgenützt, werden durch einen bis zum 2. Stock durchgehenden Aufzug bedient. Die Verbindungstreppe geht bis zum 2. Stock im Innern, wird aber in einem auskragenden Türmchen zunächst bis zum gedeckten Umgang um den Behälter und dann weiter hinauf bis zur Plattform (Behälterdecke) geführt. Diese ist begehbar und durch eine Brüstung abgeschlossen. Das Türmchen mit einer 1916 installierten 2,30 m großen Uhr bot willkommene Gelegenheit, die Form des Gebäudes zu beleben und ist geradezu bestimmend dafür, daß das Bauwerk eine eigenartige gefällige Form erhielt. Die Brüstung der Terrasse und der runde Umgang um den Behälter tragen ebenfalls dazu bei. In bautechnischer Hinsicht bietet der Wasserturm den damaligen Stand der Technik (siehe Schnitte). Der Behälter mußte gegen Einfrieren geschützt werden. Dazu konnte ein Rundgang herangezogen werden, dessen Außenmauer aus porösen Lochsteinen besteht. Der Teil der Behälterwand, der über dem Dach des Rundganges liegt, wurde ebenfalls isoliert, und zwar durch eine vorgemauerte Schicht von porösen Lochsteinen. Die Decke über dem Behälter ist eine begehbare Plattform, sie mußte wärmegedämmt werden und zugleich wasserdicht sein. Über dem Eisenbeton wurde daher zuerst ein Zementestrich angebracht, darüber eine Lage Kork, Holzzement und schließlich eine etwa 10 cm starke Kiesschicht. Die Brüstung der Terrasse wurde ebenfalls in Eisenbeton ausgeführt und erhielt als architektonischen Schmuck vertiefte Felder [16, 65].

Wassertürme mit runden Flachbodenbehältern in Eisenbeton sind in der öffentlichen Wasserversorgung vor und nach dem 1. Weltkrieg in verschiedenster Bauart entstanden. Die Spannweite bautechnischer Lösungen verdeutlichen nicht zuletzt die nachstehend vorgestellten, besonders individuellen Wasserturm-Beispiele:

Ein Unikum im wahrsten Sinne des Wortes und ein geschichtliches Denkmal der dörflichen Wasserversorgungstechnik ist der kleine Tauchersreuther Wasserturm bei Lauf an der Pegnitz aus dem Jahre 1907 (Bild 83). In Tauchersreuth, einem Höhendorf des Fränkischen Jura, war von Natur aus eine Versorgung durch Hausbrunnen vorgegeben, deren Wasserdargebot allerdings bei länger anhaltender Trockenheit nicht mehr ausreichend war. Es wurde deshalb von der nächsten ergiebigen Quelle, die allerdings über 1 km entfernt und 55 m tiefer lag, mittels hydraulischem Widder (Stoßheber) über einen Höhenunterschied von 75 m Trinkwasser in einen zylindrischen Standwasserturm von 5,3 m Durchmesser und einer Turmhöhe von 7,5 m gefördert (Bild 83). Zum Schutz von Frost und Hitze wurde er mit einer 8eckigen Holzkonstruktion und Isoliermaterial, damals wohl Spreu oder Stroh, umgeben. Die Anlage wurde 1976 stillgelegt, der renovierte, eigenwillige Wasserturm stellt somit nur mehr einen Orientierungspunkt in der Landschaft dar.

Der 1911 erbaute, achteckige Wasserturm in Seckenheim bei Mannheim mit einem Fassungsraum von 350 m³ ist im Gegensatz zu den meisten übrigen Beispielen in seinem Tragwerk aus Stampfbeton errichtet, wofür der billige Kies ausschlaggebend war. Die geschlossene, unbewehrte Fundamentplatte (Gründungstiefe 6,46 m) besitzt innen

Bild 83. Standrohrbehälter Tauchersreuth bei Lauf/Pegnitz, Speicherinhalt ca. 40 m³, Baujahr 1907 [65] (Foto Städtische Werke Lauf a. d. Pegnitz).

1,20 m Dicke, am Rand ist die Platte auf 2,70 m zur Auflagerung des Turmschaftes verstärkt. Die acht Eckpfeiler bestehen aus Stampfbeton; zwischen ihnen sind im Sockelgeschoß 25 cm dicke Stampfbetonwände, darüber bis zum Tropfboden geben 12 cm dicke Ziegelwände den Abschluß, die in den Lagerfugen zur Aufnahme der Windkräfte Flacheiseneinlagen erhielten. Außer der Tragkonstruktion (Bild 84) unter dem Behälter sind zwei Eisenbeton-Zwischendecken eingebaut, die die erforderliche Aussteifung der acht Pfeiler bewirken. Der kreisrunde Behälter besitzt 8,70 m Durchmesser und 6 m Tiefe. Seine Unterstützung erfolgt durch vier sich kreuzende Gurtbogen, deren Schub in der darunter befindlichen Decke durch besondere Anker aufgenommen wird. Der obere Teil des Turmes über dem Hauptgesims besteht aus einer 8 cm dicken Eisenbetonwand und einer Eisenbetonkuppel von 10,53 m Durchm., deren Scheiteldicke 6 cm und deren Kämpferdicke 8 cm beträgt. Die Kuppel ist mit Kupfer eingedeckt. In zeitgenössischer Sicht wurde dem Bauwerk eine glückliche bis eigenwillige Formgebung attestiert [30].

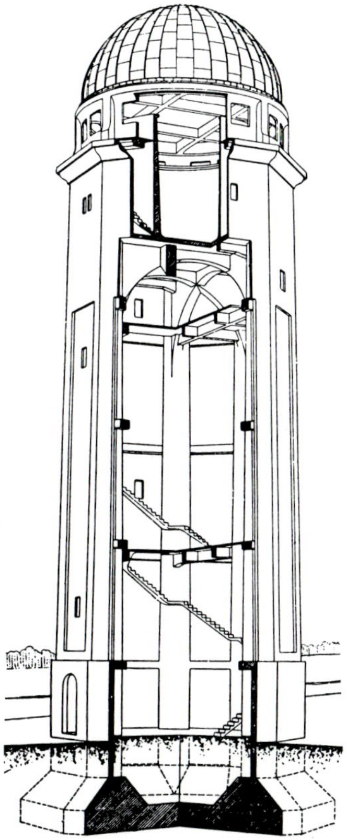

Bild 84. Wasserturm Mannheim-Seckenheim, Bauform achteckig, runder Eisenbeton-Flachbodenbehälter mit 350 m³ Inhalt, gelagert auf vier sich kreuzenden Gurtbogen, Turmschaft und Fundament in Stampfbeton, Baujahr 1911 (Foto D. Robakowsky, Geltendorf).

Etwas ungewöhnlich ist die Anordnung von zwei runden Eisenbeton-Flachbodenbehältern in einem rechteckigen (!) Wasserturm, wie dies bei dem 1926/27 erstellten, rd. 33 m hohen „Wohnwasserturm" Wesermünde-Wulsdorf geschehen ist. Die Tatsache, daß die bei runden Flachbodenbehältern übliche runde oder vieleckige Grundrißform durch eine rechteckige ersetzt wurde, hängt mit der zweiten Nutzungsart als Wohngebäude zusammen. Das ausdrucksvolle Bauwerk ist 25,25 m lang, 13,5 m breit (zuzüglich zweier vorgelagerter, spitzwinkliger Treppenhäuser von 2,42 m Tiefe) und 32,74 m hoch (zuzüglich eines Kellergeschosses von 2,70 m Höhe). Der Wohnwasserturm wurde in Stahlbeton-Skelettbauweise mit ausgefachter und vorgeblendeter Klinkerfassade errichtet (Bild 85). Die sechs unteren Geschosse weisen insgesamt 24 Wohnungen auf. Die beiden Treppenhäuser teilen den Gesamtbau in eine rechte und eine linke Hälfte ein: Zwischen beiden Treppenläufen liegt die rechteckige Rohrkammer mit den drei Steig- und Falleitungen. Ins Behältergeschoß führt eine Wendelsteige; dort stehen zwei im Durchmesser 11,55 m große und 8 m hohe, runde Wasserbehälter aus Eisenbeton mit jeweils 750 m³ Inhalt. Ein Flachdach deckt den Bau ab. Die Lage des Turmes in einer reinen Wohngegend mag in Wulsdorf den Ausschlag zur Ausbildung dieses Types gegeben haben; Anspruch des Bauwerks, zentraler Punkt eines Gemeinwesens zu sein, verlangte nach einer ausge-

Bild 85. Wohnwasserturm Wesermünde-Wulsdorf, zylindrische Flachbodenbehälter mit 1500 m^3 Gesamtinhalt, Baujahr 1926 [19] (Foto Dr. Mevius, Hamburg).

sprochen wirksamen Gliederung des Zweckbaus. Die ästhetisch glücklich gestalteten Klinkerfassaden basieren auf Architekturvorstellungen eines Paul Bonatz, Hans und Oskar Gersons und Fritz Högers [41]. Eine zeitgenössische Beschreibung aus der Sicht von 1928 [19] erläutert die Formgebung wie folgt:

„Sowohl in seinem ganzen Aufbau wie in seinen Einzelheiten trägt das Gebäude den Charakter moderner Kunstauffassung. Die einfache Linie ist nachdrücklich betont worden. Durch die aufstrebenden Linien der schweren Eckpfeiler, der Lisenen und der dreieckigen Treppenhausvorbauten ist dem Ganzen das Gepräge des Massigen aufgedrückt, ist in der äußeren Architektur zum Ausdruck gebracht worden, welche gewaltigen Lasten dem Baugrund zugemutet werden. Durch das die Pfeiler und Lisenen nach oben hin abschließende Gurtgesims sind die beiden Hauptteile des Gebäudes, der Unterbau und das Behältergeschoß, sichtlich gekennzeichnet und abgegrenzt. Dominiert im Unterbau als dem tragenden Bauteil – statischem Empfinden entsprechend – die senkrechte Linie, so ist für das Behältergeschoß als dem getragenden Teil die waagerechte angewandt."

Der Wulsdorfer Wohnwasserturm ist auch das unmittelbare Vorbild des ähnlichen Wasserturmes der holsteinischen Stadt Preetz (s. S. 299) gewesen, der nur drei Jahre später in Betrieb genommen worden ist. Die Übereinstimmungen sind so verblüffend, daß das Preetzer Exemplar als verkleinerte, quadratische Kopie angesehen werden muß. Beide Architekturen sind den großen Bauschöpfungen zu Anfang des 20. Jahrhunderts zuzurechnen. Unmittelbar vergleichbar ist weiterhin der Wohnwasserturm in Bremen-Blumenthal [41].

Im Jahre 1929 ist der in seiner Bauweise hochinteressante Wasserturm Duttweiler der Gemeindewerke Haßloch erstellt. Der Wasserhochbehälter ist nicht nur dadurch bemerkenswert, weil er sich mit 1000 m^3 Inhalt aus der Statistik der üblichen Eisenbeton-Flachbodenbehälter bereits heraushebt, sondern weil er ein Musterbeispiel für die damalige Eisenbeton-Skelettkonstruktion mit ihren Stützenreihen und aussteifenden Ring- und Radialbalken ist (Bild 86). In der heutigen Zeit hätte der 44 m hohe Wasserturm fast dieselbe Konstruktion, entfallen würden die aussteifenden

Bild 86. Wasserturm Haßloch/Pfalz in sichtbarer Eisenbeton-Skelettbauweise, 1000 m³ Inhalt, Baujahr 1929 [30, 58] (Foto Verbandsgemeindewerke Haßloch).

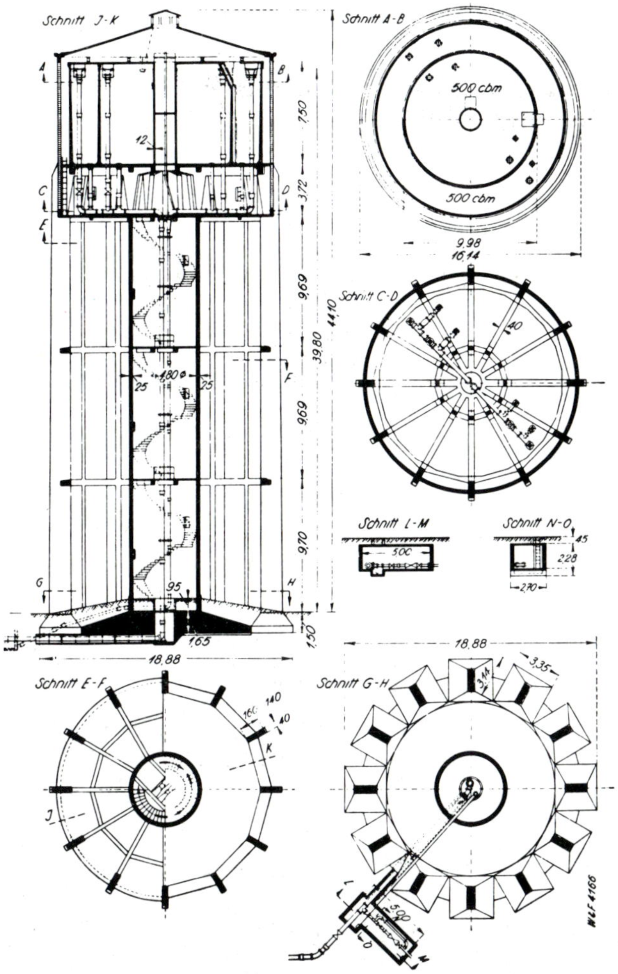

Ring- und Radialbalken wegen der Anwendung von Gleitschalungen, wobei dann allerdings in der Regel stärkere Querschnitte für Stützen und Behältersohlenplatte erforderlich werden. Nach der Projektplanung durch das damalige Bayr. Landesamt für Wasserversorgung wurde auf Grund einer öffentlichen Ausschreibung der Firma Wayss & Freytag AG, Niederlassung Neustadt a.d. Haardt, die unter architektonischer Mitarbeit von Architekt Dipl.-Ing. Joseph Müller einen Sonderentwurf ausgearbeitet und eingereicht hatte, im Januar 1929 der Auftrag erteilt [58].

Konstruktiv handelte es sich um zwei konzentrische Wasserbehälter von je 500 m³ Fassungsvermögen (mit Innendurchmesser von 9,98 m und Außendurchmesser von 14,30 m). Das statische System sieht so aus, daß sich der Ringbehälter auf 12 radial vom Turminnenschaft ($\varnothing_i$ = 4,80 m; Treppenschacht) zu den Außenstützen verlaufenden Zweiggelenkrahmen mit kleinen konsolenartigen Innenkragarm abstützt. Die Bodenplatte des Behälters konnte deshalb mit 22 cm Dicke gering gehalten werden, wohingegen die Rahmenriegel mit 70 cm und die Stielecken mit 1,0 m bemessen sind, bei der „schlanken" Breite von 40 cm. Die radial verlaufenden Rahmenriegel sind durch innere, mittlere und äußere Ringbalken horizontal ausgesteift, ebenso wie der obere Stützenkranz. Die 12 Außenstützen wirken mit den Abmessungen 40 × 160 cm unten, 40 × 140 cm oben sehr schmalgliedrig, was die in den Drittelpunkten angeordneten, aussteifenden Ringbalken verständlich macht. Der Treppenturm hat 5,30 m Außendurchmesser, eine Höhe von 29,08 m und eine Wandstärke von 25 cm; er ist durch zwei Zwischendecken ausgesteift. Zur Vereinfachung des Einschalens und Betonierens der Treppenturm-Wand ist die Treppe in Eisen ausgeführt worden. Die unter dem Doppelbehälter befindliche Schieberkammer von 3,50 m Höhe und der Behälter selbst – letzterer in 0,60 m Abstand – werden von einer Umfassungswand aus Betonhohlsteinen umschlossen. Gegründet ist der Turm auf einem inneren Plattenfundament mit angrenzenden Einzelfundamenten für die Stützen. Der Behälter, dessen Füllhöhe 7 m beträgt, weist einen innenliegenden Durchstieg ($\varnothing$ 1,5 m) und obenliegende Einstiege vom Dachraum auf. Das Dach ist als 12 cm dicke Kegelschale in Bimsbeton mit Bitumenbeschichtung ausgeführt. Das konstruktiv überaus klare Bauwerk ist von beeindruckender architektonischer Wirkung. Die Wasserturm-Konstruktion, für die damalige Zeit durchaus bereits adäquat, hinterläßt auch heute noch mit ihrem fast filigranen Aussehen einen modernen Eindruck. Das Bauwerk wurde 1929, dem Jahr der größten Weltwirtschaftskrise, für 163 390,99 RM erstellt, bei Gesamtkosten von 1 358 999,35 RM für die Wasserversorgung mit einer Auslegungsgröße für 25 000 Einwohner und einem maximalen Verbrauch von 35 l/Ed, bei einer geschätzten und zunächst nicht erreichten Jahresfördermenge von 270 000 m^3.

Ein mit dem Wasserturm in Haßloch vergleichbares Bauwerk mit Fassungsraum 1000 m^3 und Gesamthöhe von 47 m über Geländeoberkante ist der Wasserturm in Schifferstadt der „Pfälzischen Mittelrheingruppe“, der 1931 entstanden ist. Hinsichtlich Konstruktion und Statik bestehen interessante Unterschiede, nicht zuletzt durch die getrennte Ausbildung des Flachbodenbehälters von der Tragkonstruktion. Der Turm ist in der Eisenbetonskelettbauweise ausgeführt (Bild 87), der konstruktive Aufbau ergab eine zwölfeckige Grundrißgestaltung. Auf einem Ringfundament aus Eisenbeton erheben sich sechs Portalrahmen (Querschnitt unten 40/140 cm, oben 50/210 cm), deren horizontale Riegel (Querschnitt 9,50/2,00 m) sich in 36 m Höhe über dem Gelände kreuzen. Der Schnittpunkt dieser Riegel ist von einer quadratischen Pendelsäule (1,20/1,20 m) unterstützt, die für sich mittels eines Einzelfundaments (7,50/7,50) gegründet wurde. Die 2 m hohen Riegel sind mittels einer oberen Platte ausgesteift und tragen den von der Konstruktion völlig unabhängigen, mit eigenem Boden ausgebildeten Behälter. Dieser besteht aus zwei von der Tragkonstruktion unabhängigen, überdeckten Ringkammern, die bei 9,10 m bzw. 13,56 m Durchmesser einen Wasserstand von 7 m aufweisen. Für die Überdeckung der inneren Kammer wurde eine zentrisch unterstützte Pilzdecke gewählt, der äußere Behälter ist durch eine einfach bewehrte Platte mit radial liegenden Eisenstäben abgeschlossen. Um den Behälter ist ein begehbarer Kontrollgang angeordnet. Als Dachkonstruktion dient eine in Bims-Eisenbeton erstellte 12 cm dicke Kegelschale, die vom auf 30 cm verstärkten, durch Bandeisen gesicherten Umfassungsmauerwerk aus Bimsbetonhohlsteinen getragen wird. In dem Turm sind nur zwei Zwischendecken angeordnet, die untere schließt ein Erdgeschoß ab, die obere dient als Tropfboden (Armaturenkammer). Die Portal-Rahmenstiele der Eisenbetonskelett-Tragkonstruktion sind zwischen beiden Decken bzw. deren Randunterzügen durch insgesamt zwei Ringträger mit Vouten ausgesteift. Diese Versteifungsträger nehmen zugleich die Lasten des Umfassungsmauerwerks auf, da das 25 cm starke Bimsstein-Mauerwerk statisch keine Funktion hat. Die bereits erwähnte quadratische Pendelstütze in der Mitte des Turmbaus ist in der Ebene der Ringträger durch je vier Radialbalken gegen Ausknicken

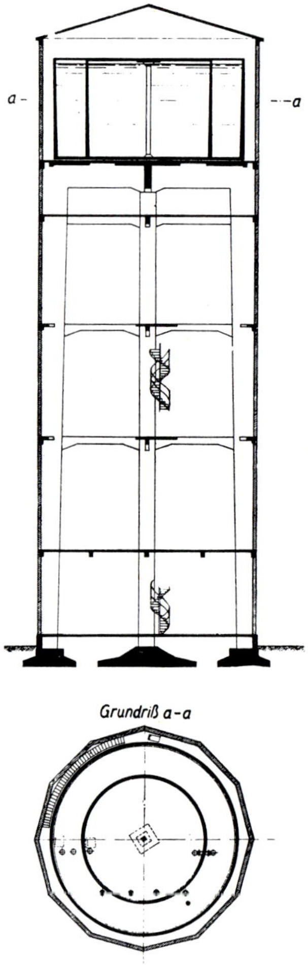

Bild 87 Wasserturm Schifferstadt der Pfälzischen Mittelrheingruppe, getrennte Ausbildung des Eisenbeton-Flachbodenbehälters von der Tragkonstruktion in ummantelter Eisenbeton-Skelettbauweise, Inhalt 1000 m^3, Baujahr 1931/32 [32, 65] (Foto Zweckverband Pfälzische Mittelrheingruppe).

gesichert. Interessant ist auch noch, daß mit Rücksicht auf das unterschiedliche bauphysikalische Verhalten von Beton und Füllmauerwerk und zum Schutz des Außenputzes als Stützenvorlage (Ummantelung) ein besonderer „Bimsbeton von der Zusammensetzung der Steine“ gewählt wurde [48]. Die zwischen der Erdgeschoßdecke und dem Armaturenboden bzw. Tropfboden liegenden, kaum zugänglichen Fenster wurden deshalb aus hellen Glasbausteinen hergestellt. Der Wasserturm wird zur Zeit in seiner Bausubstanz saniert, da nach über 50 Jahren Betrieb Schäden am Dach (Bitumenabdichtung), Mauerwerk (Mörtel, Bandeisenkorrosion), Stahlbeton (mangelhafter Korrosionsschutz bzw. Betondeckung der Stahlarmierung) nicht ausgeblieben sind.

Bei im Baukörper und Inhalt kleineren Wassertürmen der öffentlichen Wasserversorgung konnte die Bauausführung einfach gehalten werden, so daß die Mischbauweise gemauerter runder Türme mit Eisenbetonbehältern wirtschaftlich war. Ein Beispiel hierzu ist der 1934 erbaute Wasserturm Heltersberg/Pfalz (Zuständigkeit 1975 in die Verbandsgemeinde Waldfischbach-Burgalben aufgegangen). Der zweikammerige Ringbehälter in Eisenbeton mit 250 m³ Nutzinhalt und einer Wasserspiegellage von 15 m über Gelände ruht auf dem durch 8 lisenenartige Mauerpfeiler ausgesteiften Turmschaft und auf dem inneren Mauerschlot. Die Verteilung der Behälterlast auf Schaft und Schlot erfolgt durch radiale Plattenbalken-Unterzüge der Behältersohle. Das äußere Schwemmsteinmauerwerk und der Luftraum des Behälterumganges sichern einen ausreichenden Wärmeschutz des gespeicherten Trinkwassers. Bezogen auf die relativ bescheidene Wasserturmgröße (Höhe, Inhalt) muß der Entwurf nach einem Sondervorschlag der ausführenden Tiefbaugesellschaft Oltsch & Co., Zweibrücken, als formal geglückte Lösung von gewissem Seltenheitswert angesehen werden (Bild 88). Leider wurde die Behälterfassade vor ca. 20 Jahren mit weißgrauen Platten verkleidet, vermutlich weil das Mauerwerk beschädigt und in Regenzeiten durchfeuchtet war, womit der Wasserturm aber sein „Gesicht“ verlor. Nachdem nun an der Dachtraufe einzelne Platten abgebrochen sind, wäre eine Sanierung des Mauerwerks nach den alten Plänen wünschenswert.

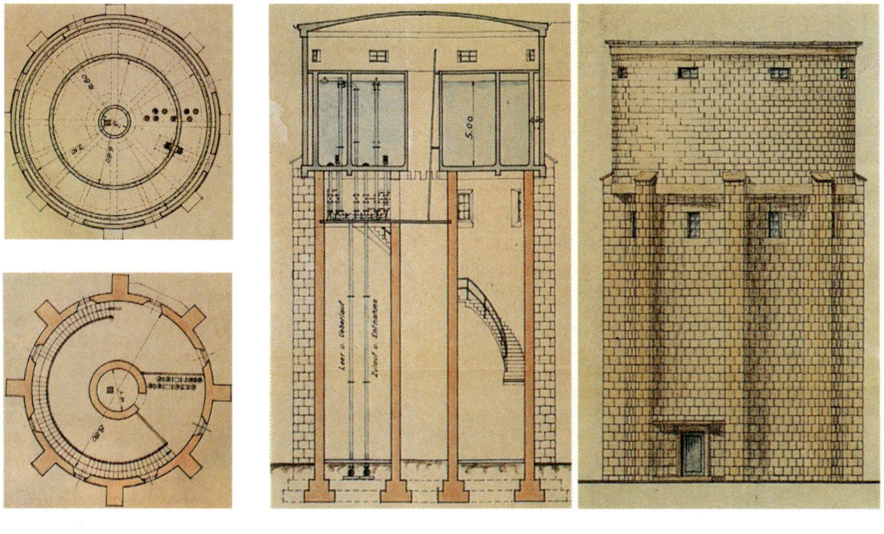

Bild 88. Wasserturm Heltersberg/Pfalz, Mischbauweise gemauerter Turm mit Eisenbeton-Flachbodenbehälter, 250 m³ Nutzinhalt, Baujahr 1934 [65].

Betrachtet man die Entwicklung der Fassaden der runden Wassertürme mit Flachbodenbehälter in Eisenbeton zu Anfang der 30er Jahre bis zum 2. Weltkrieg, so wurden sich die Türme immer ähnlicher, wie die abschließenden Beispiele der Wassertürme Plattling und Würzburg ergänzend bestätigen. Bei hohen zylindrischen Wassertürmen besteht vielfach das architektonische Bedürfnis, die Fassade zu gliedern, um das schlotartige Erscheinungsbild zu vermeiden. Dies dürfte vermutlich auch der Grund gewesen sein, daß der 1933 erbaute, 45 m hohe Wasserturm der Stadtwerke Plattling eine achteckige Form erhielt (Bild 89). Der 800-m³-Flachbodenbehälter hat zwei konzentrische Wasserkammern mit je 400 m³ Inhalt. Die Behältersohle ist Teil einer Plattenbalkendecke. Der Turmunterbau ist in Betonbauweise erstellt und in mehreren Geschossen durch Trägerroste ausgesteift.

Einer der letzten größeren, vor dem 2. Weltkrieg in Bayern für eine öffentliche Trinkwasserversorgung erbauten runden Flachbodenbehälter in Eisenbeton ist der Wasserturm Sieboldhöhe der Stadtwerke Würzburg aus dem Jahre 1938 mit 2×280 m^3 fassenden Wasserkammern (Bild 90). Der runde, ca. 26 m hohe Turm ist durch 10 Außenstützen (60/100 cm) gegliedert, welche die Lasten aus Dach und Randbalken des Behälterträgerrostes sowie der aussteifenden Decken übernehmen. Dazwischen ist eine Ausmauerung erfolgt. Zur weiteren Lastabtragung und Stabilisierung tragen 4 Innenstützen (60/60) bei, die außerdem als Treppenlagerung fungieren. Eine Steigleiter in einem Rohr mit ca. 80 cm lichter Weite ermöglicht den Aufstieg vom Armaturenboden durch Eisenbetonbehälter zur Sirene auf dem Wasserturm-Dach. Der Einstieg in die Wasserkammern des Rundbehälters erfolgte, wie vielfach üblich, vom Dachraum her durch Öffnungen.

Zusammenfassend läßt sich feststellen: Mit dem Eisenbetonbau kehrte der Flachbodenbehälter (im Gegensatz zum eisernen Behälter) wieder als gleichberechtigte Bauart zurück. Als sich nach 1890 im Erdbehälterbau der Eisenbeton einführte, machte der Wasserturmbau von dem neuen Baustoff noch zögernd Gebrauch. Man beschränkte sich auf Teile des Baus, wie z.B. auf „Monierwände" um die Köpfe gemauerter Wassertürme mit eisernen Behältern oder auf Eisenbetonbehältern auf Eisenträgern oder Eisenbetongewölben. Mit der Entwicklung der sog. Hennebique-Bauweise ging man davon ab, den Flachbodenbehälter, wie es bei den ersten Ausführungen geschah, mit einem vom Boden unabhängigen Gewölbe zu unterstützen, sondern weist diese Tragaufgabe einer dem Eisenbeton eigentümlichen Bauart, der ebenen Plattenbalkendecke, zu. Entweder wird der Behälter auf eine Plattenbalkendecke gesetzt oder der Behälterboden wird selbsttragend als kräftige Plattenbalkendecke ausgebildet. Mit der Bauweise des Belgiers Hennebique wird auch der Schritt von der Mischbauweise zur vollen Eisenbetonbauweise, nicht nur Eisenbetondecken, sondern auch Eisenbetonstützen, vollzogen. Von 1903 ab, namentlich bei kleinen Behältern in Süddeutschland, ist diese Bauart nachzuweisen, wobei allerdings überwiegend eine Ausmauerung des Turmschaftes zwischen den Außentragstützen erfolgt, und zwar sowohl bei rechteckigen wie bei runden oder polygonen Türmen. Neben dem selbsttragenden Flachbodenbehälter wurden zeitlich parallel dazu Behälterformen ähnlich Kugelgewölbeformen entwickelt, also sogenannte Stützbodenbehälter.

Bild 89. Wasserturm Plattling in Eisenbetonbauweise, achteckige Bauform zur Vermeidung eines schlotartigen Erscheinungsbildes, zylindrischer, zweikammeriger Flachbodenbehälter mit 800 m^3 Inhalt, Baujahr 1933 [65] (Foto Stadtwerke Plattling).

Bild 90. Wasserturm Würzburg-Sieboldshöhe, 2×280 m^3 Inhalt, Baujahr 1938 [65] (Foto Stadtwerke Würzburg).

3.2 *Stützbodenbehälter Bauart Intze und artverwandte Behälter aus Eisenbeton*

Die Entwicklung der Wassertürme in Eisenbetonbauweise erfolgte relativ rasch, da durch die Eisenbehälter gewisse Behälterformen schon vorgegeben waren, so daß es naheliegend war, diese zu übernehmen. Im Gegensatz zum Eisen, das zur materialgerechten Ausnutzung auf Zug beansprucht werden sollte, ist bei Eisenbeton auf überwiegende Druckbeanspruchung zu achten. Zur Ausbildung eines druckbeanspruchten Stützbodens bot sich hierfür die Intze-Bauart an. Die ersten Eisenbeton-Wassertürme nach Intze-Bauart wurden 1898 von Edmund Coignet, dem Sohn des bereits erwähnten François Coignet, für das Marinearsenal in Toulon (Bild 91) mit einem Inhalt von 500 m³ ausgeführt. Die in Deutschland später ausgeführten Intze-Behälter aus Eisenbeton (Industrie-Wassertürme) hatten in der Regel Inhalte um 200 m³ [47]. Einen wesentlich größeren Anwendungsbereich fanden die Intze-Wassertürme im benachbarten Ausland. Beispielsweise wurden für die Wasserstationen auf den Bahnhöfen der italienischen Staatsbahnen genormte Intze-Behälter [14, 47] verwendet (Bild 92).

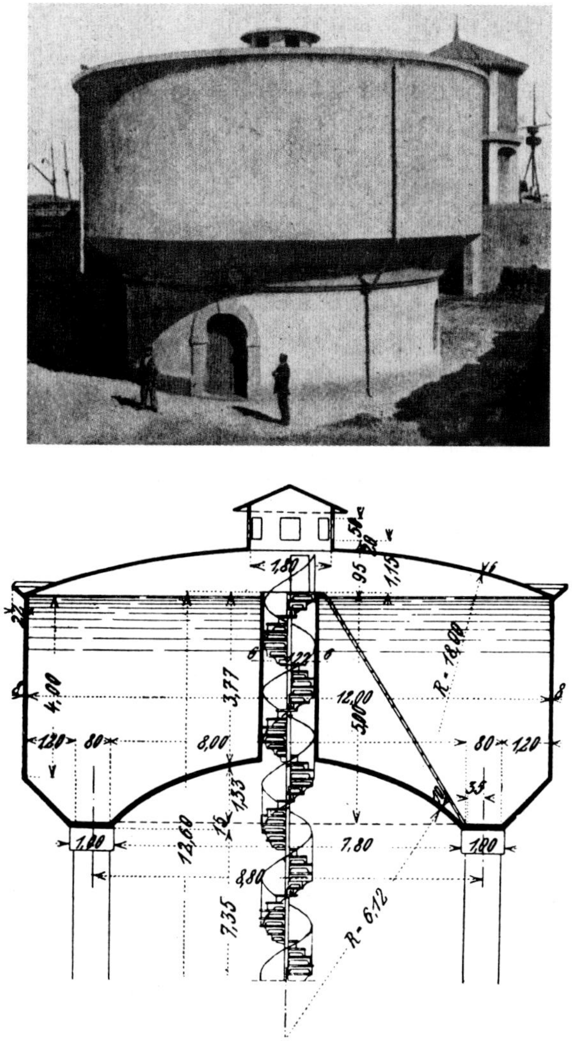

Bild 91. Eisenbeton-Wasserturm (Stützbodenbehälter nach Intze-Patent) für das Marinearsenal Toulon mit 500 m³ Fassungsraum, Baujahr 1898 [14, 47].

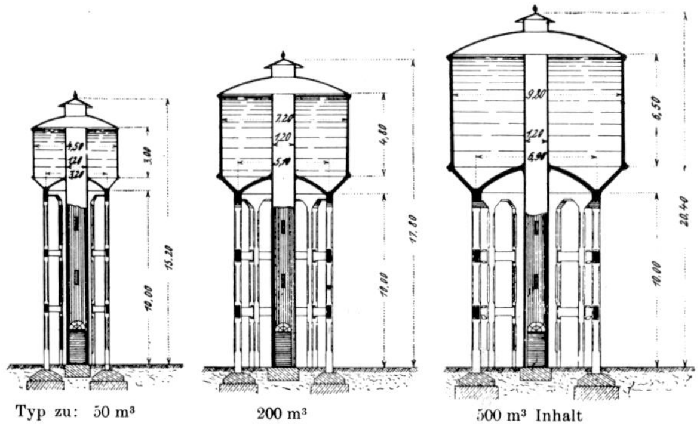

Bild 92. Genormte Eisenbeton-Intze-Behälter auf den Wasserstationen der italienischen Staatsbahnen [14, 47].

Ein im wahrsten Sinne des Wortes herausragender Wasserturm, nicht nur wegen seiner großen Höhe von 60,5 m, sondern wegen der Eigenart der Konstruktion, ist der Wasserturm in Eilenburg/Sachsen (Bild 93). Gebaut wurde er 1915/16 von der Fa. Dyckerhoff & Widmann AG, NL Dresden, für die Deutsche Celluloidfabrik Eilenburg. Das in der Literatur [30] beschriebene Bauwerk enthält insgesamt 6 (!) Behälter, nämlich einen Intze-Stützbodenbehälter in Eisenbeton mit 1000 m³, einen entsprechenden Behälter mit 500 m³, dann zwei Flachbodenbehälter mit je 20 m³, einen Eisenbeton-Kuppelbehälter (siehe nachfolgendes Kapitel) mit 65 m³ und einen Tiefbehälter mit 500 m³:

„Es ist gegründet auf einer runden Eisenbetonplatte von 19,40 m Durchmesser und 1,50 m Dicke. Die Lasten des Aufbaues werden von zehn Randsäulen aufgenommen; ihre Belastung im untersten Geschoß beträgt 650 t. Vier Plattenbalkendecken versteifen das Tragwerk. In 38 m Höhe über Gelände sind die zehn Säulen nach innen ausgekragt und durch einen Ringbalken verbunden. Durch eine Fuge getrennt, sitzen die beiden miteinander verbundenen Intze-förmigen Behälter auf diesem Ringbalken. Die Behälterform wurde so gewählt, daß in den Fußbalken die waagerechten Komponenten nahezu ausgeglichen sind, so daß keine nennenswerten Ringzugkräfte in den Fußbalken auftreten. Der obere große Behälter ruht auf zehn Säulen, die auf dem Zugring des darunterliegenden 500 m³-Behälters stehen. Es wurden die folgenden Beanspruchungen gewählt: Eisen in den Ringwänden auf Zug σ_e = 1000 kg/cm², desgl. Beton σ_{bz} = 12 kg/cm². Die vom Wasser benetzten Behälterflächen erhielten wasserdichten Zementputz ohne Zusätze und Anstriche."

In den Jahren 1908 bis zum 1. Weltkrieg entstanden eine Reihe von Wassertürmen aus Eisenbeton mit Fassungsraum zwischen 95 m³ und 700 m³, die sich von dem Stützbodenbehälter Bauart Intze ableiten lassen. Aus der Bauerfahrung mit dem Baustoff Eisenbeton waren in Fachkreisen [42] eine Reihe grundsätzlicher Konstruktionsgesichtspunkte als zweckmäßig erkannt worden: Der wichtigste Konstruktionsteil, der eigentliche Wasserbehälter, ist stets in Eisenbeton ausgeführt und als Rotationskörper ausgebildet, wodurch erreicht wird, daß gleichmäßig verteilte, ringförmige, zur Rotationsachse konzentrische Belastungen nur Normalkräfte hervorrufen. Die Wandungen der Behälter sind Kreiszylinder- oder Kegelstumpfmantelflächen, so daß die Horizontalschnitte bei Deformationen durch den Wasserdruck geometrisch ähnlich bleiben und daher, im Gegensatz zu Behältern mit polygonalem Grundriß und ebenen Wänden, Biegungsbeanspruchungen in den Wänden nicht auftreten. Dabei sind die Biegungsbeanspruchungen infolge der Verbindung der Wandung mit dem Behälterboden vernachlässigt. Behälter von kreisförmigem Grundriß sind in ihren Wandungen leichtgewichtiger und mit erheblich geringerem Aufwand an Eiseneinlagen zu konstruieren als solche mit polygonalem,

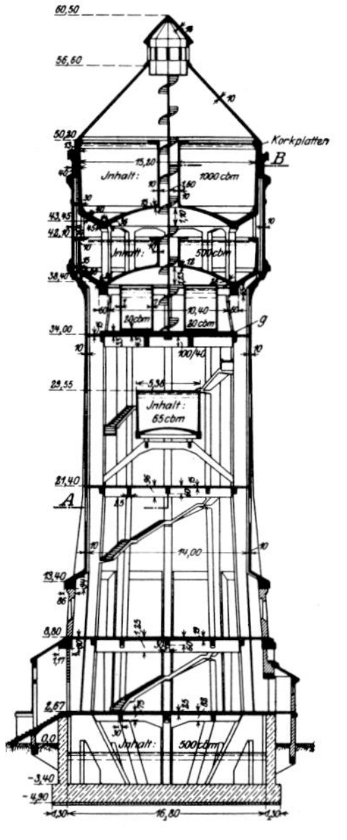

Bild 93. Industrie-Wasserturm Eilenburg/Sachsen mit Intze-Stützbodenbehälter in Eisenbeton und fünf weiteren Behältern, Baujahr 1915/16 [30] (Archivfoto Dyckerhoff & Widmann, München).

z. B. quadratischem Grundriß und ebenen Wänden. Gleiche Erwägungen führten dazu, die Böden der Behälter nicht als auf Biegung beanspruchte Plattenbalkendecken, sondern durchweg als gesprengte Böden, und zwar als Kugel- oder Kegelböden auszuführen, die also auch durch gleichmäßig verteilte, zur Behälterachse konzentrische Lasten nur durch Meridian- und Ringkräfte beansprucht werden. Am unteren Rande der Böden ergibt sich bei allen Behältern, ähnlich wie bei Kuppel- und Zeltdachkonstruktionen, als wichtigstes Konstruktionsglied ein kräftiger Zugring, der teils mit Rundeisen, teils mit Profileisen zur Aufnahme der Zugkräfte bewehrt ist und der außerdem zumeist, als Ringträger zwischen den Köpfen der Eisenbetonsäulen des Turmschaftes sich spannend, im erheblichen Maße auf Biegung beansprucht und hierfür als kontinuierlicher Träger armiert ist. Eine Verminderung der Zugkraft in diesem Fußring ist, wenigstens bei den größeren Behältern, durch Gegenböden in Form eines Kegelstumpfmantels bewirkt worden. Ein voller Ausgleich der Horizontalschübe von Hauptboden und Gegenboden, nach Intzes Vorschlag für eiserne Behälter, wurde jedoch nicht angewandt, weil sich dabei eine zu große Verbreiterung der Turmköpfe ergeben hätte und dadurch die architektonische Gestaltung der Türme als beeinträchtigt angesehen wurde. Die wesentlichen Unterschiede zur neuen Bauart Intze liegen also in der geringeren Ausladung (ohne Ausgleich der Horizontalschnitte) und der Anwendung von kegelförmig ausgebildeten Stütz- oder Sprengböden statt kugelförmig gewölbter Stützböden.

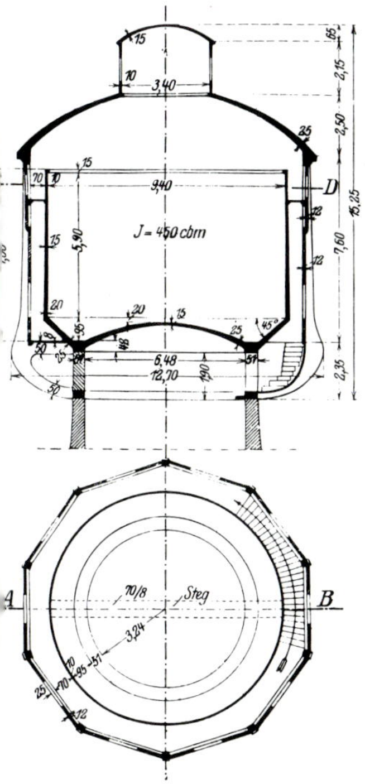

Bild 94. Wasserturm Edingen, Eisenbeton-Stützbodenbehälter Bauart Intze mit 450 m^3 Inhalt (Foto D. Robakowsky, Geltendorf).

Eine gewisse „Initialzündung" für derartige Bauweisen ging gewissermaßen vom Bau des Wasserturmes Edingen im Jahre 1905 aus. Der sich nach oben allmählich verjüngende Turmschaft von ringförmigem Querschnitt aus Klinkermauerwerk war bereits im Bau (!), als man sich an Stelle des ursprünglich geplanten, eisernen Behälters für einen solchen aus Eisenbeton entschied, dessen Entwurf und Ausführung der Firma Dyckerhoff u. Widmann AG in Karlsruhe übertragen wurde [42]. Da an dem rd. 25 m hohen Turmschaft nichts mehr geändert werden konnte, war der Eisenbetonkonstrukteur für die Ausbildung des Turmkopfes (Bild 94) sehr gebunden. Auf dem gemauerten Schaft sitzt zunächst ein 1,9 m hoher zylindrischer Ring aus Eisenbeton, auf dem der Fußring des 450 cbm fassenden Behälters aufruht und an den 10 Eisenbetonkonsolen angeschlossen sind, die den gleichfalls in Eisenbeton konstruierten Umbau des Behälters tragen. Der Umbau besteht aus Eisenbetonsäulen und -riegeln, die mit 12 cm starken Schwemmsteinmauerwerk ausgefacht sind. Auf den Säulen ruht mit seinem Zugring das 11,5 m weitgespannte Kuppeldach aus Eisenbeton, das durch eine 2,8 m hohe Laterne gekrönt ist. Zwei Reihen Fenster im Turmkopf und weitere Fenster in der Laterne geben eine sehr reichliche Beleuchtung des Behälters (Anmerkung: Zuviel Tageslicht in die Wasserkammer ist physiologisch unerwünscht). Der lichte Abstand des Umbaus von der Behälterwandung beträgt 70 cm, wodurch ein gewisser Wärmeschutz erzielt sowie die Besichtigung und Revision der Außenseite der Behälterwandung ermöglicht werden. Zu diesem Zwecke sind in Höhe des Zugringes und 1,3 m unter Behälteroberkante horizontale Umgänge angeordnet, die untereinander durch eine eiserne Wendeltreppe verbunden sind.

Die Herabführung dieser Treppe zu dem in Oberkante des gemauerten Schaftes liegenden Revisionssteg erfordert eine Öffnung in dem Eisenbetonring unter dem Behälter sowie einen kleinen erkerartigen Anbau an eine der zehn Konsolen.

Der Behälter selbst besitzt als Stützboden eine Kugelkalotte, an die sich ein Gegenboden in Form eines Kegelstumpfmantels anschließt (Prinzip Intze). Die Horizontalschübe heben sich nicht auf, sondern es verbleibt ein beträchtlicher Zug im Fußring, der durch 11 Rundeisen von 30 mm Ø und 2 von 20 mm Ø aufgenommen wird. Der lichte Durchmesser des Behälters ist 9,4 m, die größte Wasserhöhe 7,0 m [42]. Mit seinem einmaligen „Behältergesicht" zählt der Wasserturm Edingen zu den unverwechselbaren Wasserhochbehältern in unserem Lande.

Die guten Erfahrungen mit dem Edinger Behälter veranlaßten die Kulturinspektion Heidelberg bei der Planung der Wasserversorgung für die Stadt Hockenheim die Eisenbetonbauweise für den ganzen Wasserturm vorzusehen und zu diesem Zweck einen engeren Wettbewerb unter mehreren Eisenbetonfirmen zu veranstalten. Dabei waren nur die Hauptkonstruktionsdaten gegeben: geschlossener Unterbau, zul. Bodendruck 2,5 kg/qcm, Behälterinhalt 500 cbm, tiefster Punkt des Behälters 26,0 über Gelände, Mindestlichtraum zwischen Behälter und Umbau 60 cm usw., während die konstruktive Ausbildung selbst ganz freigestellt war, ebenso die architektonische Ausgestaltung, auf die jedoch besonderen Wert gelegt wurde. Das Preisgericht erteilte den ersten Preis dem Entwurf mit dem Kennwort „Neue Form" (Bild 95) der Firma Dyckerhoff und Widmann AG in Verbindung mit Prof. Eugen Beck in Karlsruhe als architektonischem Mitarbeiter. Auf Grund dieses Entwurfes wurde die Firma mit der weiteren Durcharbeitung und der Aufgabe eines Angebotes beauftragt, worauf dann die Zuschlagserteilung im Jahre 1909 erfolgte – dieses Verfahren statt dem sonst meist angewandten Mindespreisverfahren ist auch heute noch bemerkenswert. Allerdings war die Kulturinspektion Heidelberg auf Grund zahlreicher ausgeführter Türme mit gemauertem Schaft und eisernem Behälter in der Lage, die Angemessenheit des Gesamtpreises zu prüfen [42]. Aus der Ansicht des Ausführungsentwurfes wird ersichtlich, daß der Architekt eine obere Ausbauchung des Turmes ganz vermieden und für die volle Höhe eine nahezu zylindrische, sich schwach verjüngende Form gewählt hat, die oben durch ein leicht geschwungenes, mit Kupfer gedecktes Kegeldach abgeschlossen ist. Der Behälter ist nach außen durch eine vertikale Felderteilung betont. Eine große Anzahl Fenster durchbrechen den oberen Teil des Schaftes und den Turmkopf, der noch durch eine außen herumführende Galerie belebt ist. Die Gesamthöhe des Turmes beträgt 40,7 m, der Durchmesser am Fuß ist 12,84 m, am Hauptgesims 10,84 m, so daß sich ein Anlauf von 70 cm ergibt. Die Tragkonstruktion des Turmschaftes wird von 8 Eisenbetonsäulen gebildet, deren Querschnitt von 65 × 65 auf 60 × 65 cm abnimmt. Die Felder zwischen den Eisenbetonsäulen wurden mit 12 cm dickem Zie-

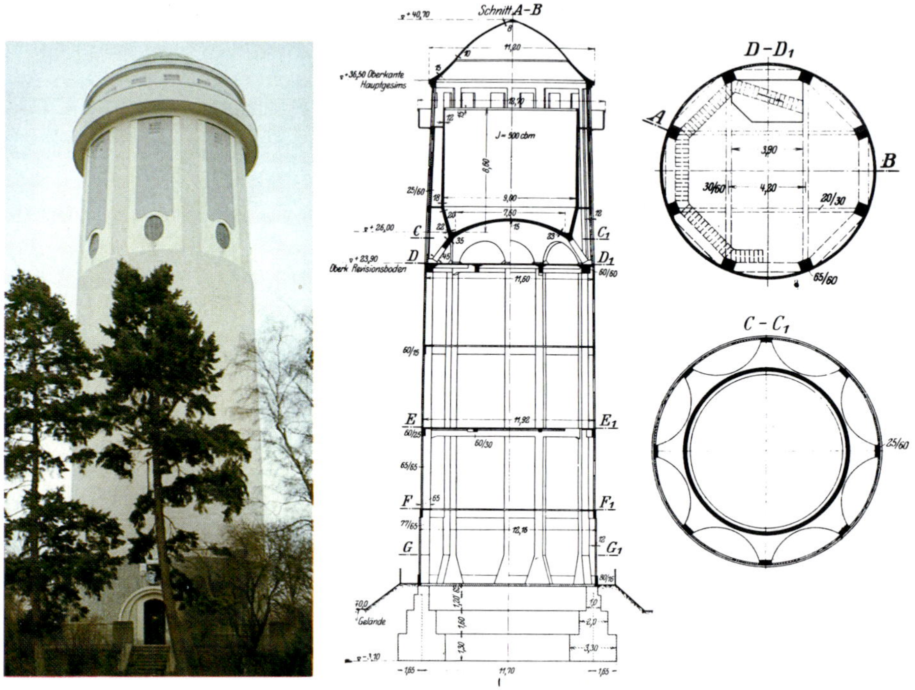

Bild 95. Wasserturm Hockenheim mit Stützbodenbehälter von 500 m³ Inhalt, Behälterstützung durch acht parabolisch gekrümmte Gewölbe, Baujahr 1909 [42, 65] (Foto Stadtwerke Hockenheim).

gelmauerwerk ausgeriegelt. Besondere Beachtung verdient die Ausbildung und Stützung des 500 m^3 fassenden Behälters von 9 m Lichtweite und 8,60 m größter Tiefe. Seine Wandung hat oben 10 cm, unten 18 cm, der Kuppelboden 15 bis 23 cm Dicke. In bemerkenswerter Weise wird die Behälterlast durch acht räumlich gekrümmte parabolische Gewölbe unmittelbar auf die 8 Eisenbetonsäulen übertragen, ohne daß der den Kopf der Säulen verbindende reguläre achteckige Zugrahmen durch die Behälterlast auf Biegung beansprucht wird. Das ist ein Vorteil dieser Konstruktion, die gleichzeitig durch die acht parabolischen Öffnungen eine gute Belichtung des „Revisionsbodens" (Tropfboden) ermöglicht. Auf den Kopf jeder Säule wird in der Meridianebene eine schräg nach unten gerichtete Kraft ausgeübt, durch deren Horizontalkomponenten in dem Zugrahmen eine Zugkraft erzeugt wird. Zur Aufnahme dieser Zugkraft dienen 4 reguläre achteckige Flacheisenrahmen von je 160 × 16 mm Querschnitt, die an den Stößen durch Schrauben verbunden wurden. Der Zugrahmen ist außerdem mit Rundeisen zur Aufnahme der geringen Biegungsbeanspruchungen armiert, die in ihm durch die Last des Daches und des Behälterumbaues auftreten [42]. Wie aus der Schnittzeichnung ersichtlich wird, tritt bei dieser Konstruktion keine Ausladung des Turmkopfes auf. Der im Jahre 1957 generalüberholte Wasserturm Hockenheim aus dem Jahre 1909 muß in seiner Bauart zu den schönsten und konstruktiv klarsten Lösungen gerechnet werden. Er ist seit 1981 stillgelegt und erfüllt praktisch nur noch eine Funktion als markanter städtebaulicher Punkt.

Ein Beispiel für den Kegelstützboden ist mit dem 1912/13 erbauten Wasserturm Karlsruhe gegeben. Der 40 m hohe Wasserturm von 700 cbm Behälterinhalt auf dem neuen Hauptbahnhof Karlsruhe mußte bei gefälliger architektonischer Ausbildung – er sollte sich gut in das Bild des in der Entstehung begriffenen Bahnhofsstadtteils einfügen – mit äußerster Sparsamkeit konstruiert werden, da an seiner Stelle vorher ein eiserner Wasserturm einfachster Form, ein Kugelbehälter mit offenem eisernen Untergerüst vorgesehen war, dessen Kosten nicht erheblich überschritten werden durften. Der Ausschreibung lag für die Architektur eine Entwurfsskizze (Bild 96a) zugrunde, während in technischer Beziehung lediglich ein Entwurfsprogramm die nötigen Grundmaße und Forderungen festlegte, so daß den Firmen in bezug auf die Konstruktion freie Hand gelassen war. Auf Grund des beschränkten Wettbewerbes wurde mit der Ausführung die Firma Dyckerhoff & Widmann AG, nach dem Entwurf I, welcher der bauseitigen Architekturskizze entsprach, betraut. Zwecks Verminderung der Kosten hatte die Firma noch den Entwurf II (Bild 96b) eingereicht. Bei diesem Entwurf sollte durch teilweisen Einbau des Behälters in den Dachraum und durch Verringerung des Durchmessers um rund 1,0 m eine beträchtliche Kostenersparnis erzielt werden. Dieser Vorschlag fand die Zustimmung der Eisenbahnverwaltung und wurde deshalb noch weiter ausgearbeitet, so daß sich schließlich der noch rationellere Ausführungsentwurf ergab, bei dem ein großer Teil des Behälters im Dachraum liegt (Bild 96c). Dabei wurde auch die Architektur vereinfacht, und wenn sie auch den ursprünglichen Entwurf in der Wirkung vielleicht nicht ganz erreicht, so ist doch das Ergebnis, unter Berücksichtigung der beträchtlichen Einsparungen, recht befriedigend (Bild 96d). Die Entwicklung dieses Entwurfes ist ein interessantes Beispiel, wie durch technische Durcharbeitung oft gespart und Besseres erreicht werden kann als durch eine Mindestpreisvergabe eines vorher festgelegten Entwurfes. Die acht rund 25 m hohen Eisenbetonsäulen des Turmschaftes sind unten durch die Decke des Maschinenraums, oben durch den Revisionsboden und dazwischen noch durch drei winkelförmige Eisenbetonringe ver-

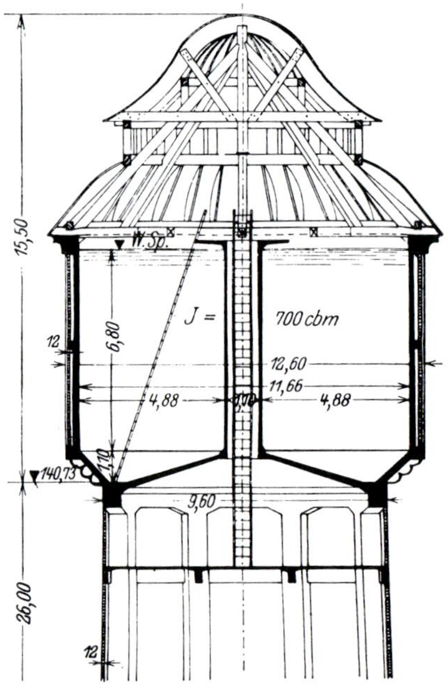

Bild 96a. Wasserturm Karlsruhe, Turmkopf Entwurf I.

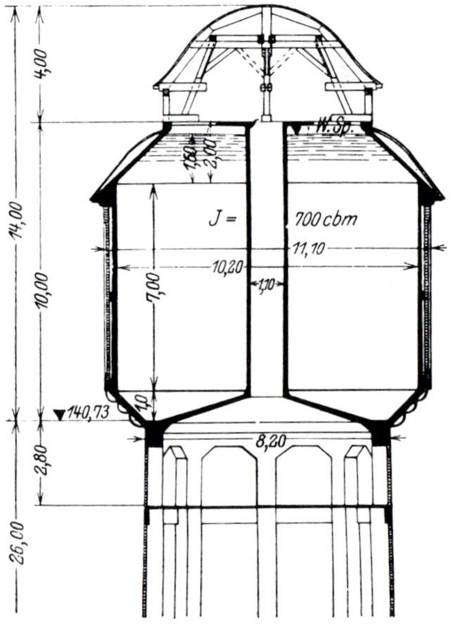

Bild 96b. Wasserturm Karlsruhe, Turmkopf Entwurf II.

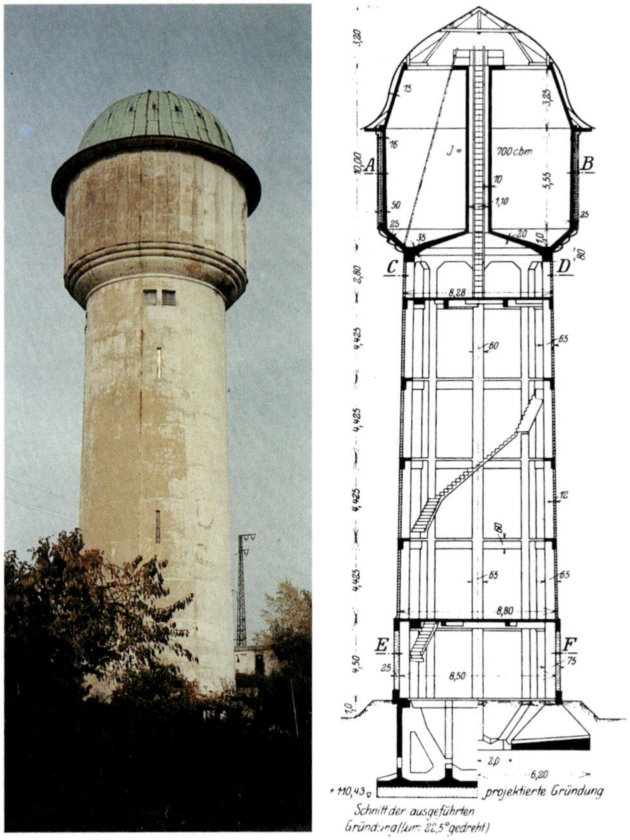

Bild 96c. Wasserturm Karlsruhe mit Eisenbeton-Kegelstützboden, 700 m³ Inhalt, Baujahr 1912/13 [42] (Foto Dr. Mevius, Hamburg).

bunden und versteift, die gleichzeitig die Backsteinausriegelung tragen. Der Boden des Behälters besteht aus dem flach geneigten kegelförmigen Stützboden, der sich auf den Hauptzugring stützt, sowie aus dem steileren Gegenboden in Kegelmantelform, durch den der Hauptzugring gedrückt wird. Der äußere Kegelmantel ist durch ein dreifaches Wulstgesims verkleidet. Die Behälterwandung hat infolge des Einbaus in den Dachraum im oberen Teil die Form eines Kegelstumpfmantels und geht erst an dem durch eine auskragende Eisenbetonplatte gebildeten Hauptgesims in die Zylinderform über. Diese Eisenbetonplatte hat gleichzeitig die Funktion eines Zugringes auszuüben. Ein zweiter Zugring liegt am unteren Ende der zylindrischen Wand. Die größte Wasserhöhe im Behälter beträgt 10,0 m, und auch bei diesem erheblichen Wasserdruck wurde die Wasserdichtheit bewirkt, wobei dazu der innenseitige Zementputz wesentlich beigetragen hat. Vom Tropfboden führt eine senkrechte, eiserne Leiter durch den 1,1 m weiten Schacht zu dem Besichtigungssteg über dem Behälter [42]. In seiner optisch auffallenden „Pilz"-Form ist der Wasserturm in Karlsruhe-Hbf. der Bauaufgabe in einer sehr originellen Weise gerecht geworden. Allein die Lisenen und deren Fortsetzung im Dach bewirken, daß die oberen Teile nicht plump und ungegliedert erscheinen: Vielmehr setzen sie die straff emporschießende Bewegungsrichtung des Ständerteils „gedämpft" fort, die im Behälterdach in sanftem Schwung ausklingt [41]. Der Turm wird nicht mehr genutzt und wird von der Deutschen Bundesbahn zum Verkauf oder zur Vermietung angeboten.

3.3 *Stützbodenbehälter mit Kuppelboden*

3.3.1 Freitragender Kuppelboden

Die nach der Intze-Bauart ausgebildeten Wassertürme wurden, wegen der Ausladung des Turmkopfes, vielerorts als eine architektonisch nicht befriedigende Lösung angesehen. Dies führte zu einer Ausbildung des Behälterbodens als freitragenden kuppelförmigen Stützboden unter Verzicht auf den äußeren Stützkegel. Abgesehen von geringen Biegebeanspruchungen entstanden durch die gleichmäßig verteilten konzentrischen Belastungen nur Normalkräfte im Behälter. Der Auflagerring war als kräftiger Zugring ausgebildet, um die aus dem Kuppelboden entstehenden horizontalen Schnittkräfte aufnehmen zu können.

In dieser Bauart wurde als einer der ersten Wassertürme ein 500 m^3 fassender Wasserhochbehälter auf dem Gelände des Güterbahnhofes Heidelberg im Jahre 1907 errichtet, mit einer Stützweite von 9,15 m, einer Höhe der Zylinderwand von 9,7 m und einer tragenden Unterkonstruktion von 12 Eisenbetonsäulen, die allerdings durch eine zylinderförmige Ummantelung aus Ziegelmauerwerk umhüllt wurde [33, 47]. Eine gleichartige Konstruktion (Entwurf und Ausführung Gebr. Rank, München) entstand 1915/16 auf dem Verschiebebahnhof Hohenbudberg bei Krefeld, allerdings mit zwei je 500 m^3 fassenden, auf runden Unterbauten ruhenden Behältern, wodurch der Wasserturm sein charakteristisches Gepräge erhielt (s. S. 292). Der Kuppelboden, der möglichst flach gewölbt sein sollte, um keinen nutzbaren Speicherraum zu verlieren, hat bei einem Durchmesser von 9,50 m einen max. Stich von rund $\frac{1}{6}$ (bis $\frac{1}{9}$ ist üblich). Die Behälter wurden in die Dachkonstruktion, die ebenfalls in Eisenbeton ausgeführt wurde, einbezogen, um Kosten zu sparen. Dadurch wurde nach außen ein kleinerer Speicherraum vorgetäuscht, als in Wirklichkeit vorhanden. Durch die Anordnung von Zwischendecken in der Turmunterkonstruktion entstanden Räume, die auch als Wohnungen jetzt noch genutzt werden [16].

Als Rarität ist der Eisenbeton-Wasserturm Blumau, in Österreich zwischen Wien und Wiener Neustadt situiert, anzusehen (Bild 97). Die sichtbare Eisenbetonskelett-Konstruktion (Hennebique-Bauweise) in Verbindung mit einem 1000 m^3 fassenden Stützbodenbehälter (freitragender Kuppelboden) dürfte andernorts kaum mehr vorhanden sein. Der 1916/17 erbaute, rd. 30 m hohe Wasserturm Blumau gehört zum Wasserleitungsverband der Triestingtal- und Südbahngemeinden mit Sitz in Bad Vöslau, einem seit der k. u. k. Monarchie bekannten Kurort Österreichs. Sehr schön ersichtlich ist, wie beim Turmunterbau die Steifigkeit der Rahmenkonstruktion durch die Ausbildung von kräftigen Eckverstärkungen gesichert wurde; die voutenartige Anschlußform der ansonsten 30/80 cm starken Querriegel sowie der Stützenköpfe sind ein charakteristisches Merkmal

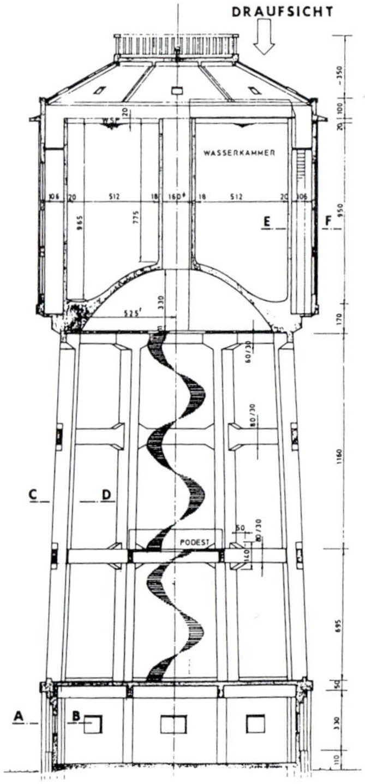

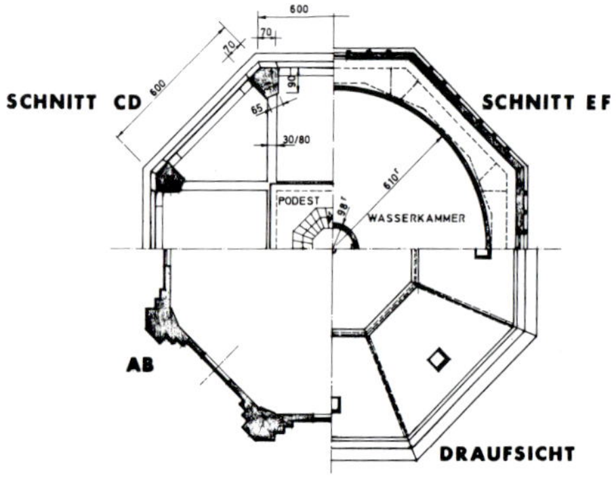

Bild 97. Wasserturm Blumau/Österreich in Eisenbeton-Skelettkonstruktion mit Stützbodenbehälter von 1000 m³ Inhalt, Baujahr 1916/17 [65] (Foto Wasserleitungsverband der Triestingtal- und Südbahngemeinden).

für die alte Bauweise der Standgerüste aus Eisenbeton. Der Durchmesser der Wasserkammer beträgt 12,20 m; ein zentrischer Durchstieg mit 1,60 m Durchmesser ermöglicht ein Weiterkommen zum Behälterumgang. Die mittlere Wassertiefe beträgt etwa 8,5 m. In der Schnittzeichnung ist deutlich die kräftige Ausbildung des Auflagerringes zu ersehen, der als Zugring die aus dem Kuppelboden entstehenden horizontalen Schnittkräfte aufnehmen muß. Der Stützbodenbehälter mit Kuppelboden ist heute noch in Betrieb und sollte als technisches Industriedenkmal unbedingt erhalten bleiben.

3.3.2 Zusammengesetzte Behälterböden

Für freitragende Kuppelböden wuchsen bei Behältergrößen von 1000 m³ und mehr die Spannweiten auf über 11 m, was zu einer unwirtschaftlichen Bodenausbildung führte, zumal durch die große Bodenhöhe auch Behälterraum entfiel. Bei dem 1000-m³-Wasserturm in Emden (Bild 98) wurde 1911 von der Firma Wayß & Freytag dieses Problem durch die Anordnung von zwei konzentrischen Säulenreihen gelöst, wobei innen ein 20 cm starker Kuppelboden mit einer lichten Weite von etwas über 6 m und außen ein ebener Ringboden (Flachboden) mit rund 2,15 m lichter Weite ausgeführt wurde [33]. Dem Behälter mit einer maximalen Wassertiefe von 9,10 m und einem Außendurchmesser von 12,5 m war ein poly-

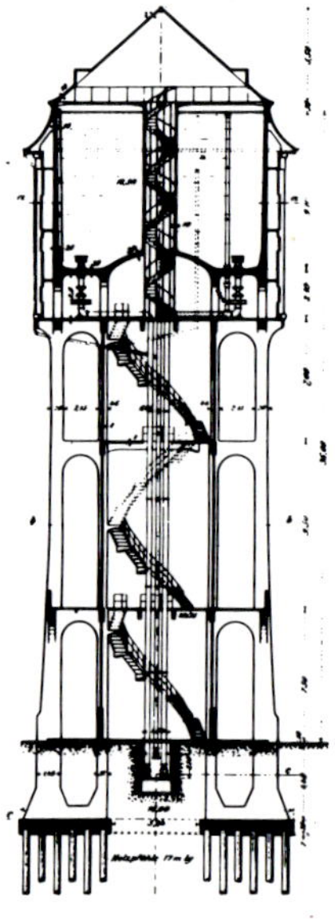

Bild 98. Wasserturm Emden, zusammengesetzter Behälterboden, 1000 m³ Inhalt, Baujahr 1911 [33] (Foto Dr. Mevius, Hamburg).

gonaler Eisenbetonmantel zur Isolierung vorgelagert. Über einem Durchstieg in Behältermitte (Ø = 1,80 m) gelangt man in das Dach. Die innere Säulenreihe, welche die Treppe und sämtliche Rohrleitungen umfaßte, wurden durch einen 8 cm starken Eisenbetonmantel geschlossen. Dadurch erhielten die Rohrleitungen einen ausreichenden Schutzmantel, während die Skelettkonstruktion klar erkennbar blieb. Die durch drei Ringbalken ausgesteifte äußere Skelettkonstruktion blieb hier sichtbar, im Gegensatz zu dem 1928 erbauten Wasserturm der Stadt Halle [34, 47, 58], der mit einem Inhalt von 2000 m^3 der bedeutendste Repräsentant der damaligen Bauart war. Dieser Behälter mit einem Durchmesser von 15,70 m und einer Innenhöhe von 12,50 m wurde von insgesamt 20 Säulen in doppelter Kreisstellung getragen. Der innere Kuppelboden mit einer Stützweite von rund 8,60 m und die äußere Bodenplatte von 3,15 m Stützweite ruhten auf Ringbalken, die im Gegensatz zu dem Wasserturm Emden aus Gründen der einfacheren Schalung sämtlichst ohne Vouten angeschlossen wurden. Zur Befestigung des Behälterraumes war auch hier in der Mitte des Behälters ein zylindrisches Steigrohr von 2,4 m Durchmesser angeordnet [34]. Die Skelettkonstruktion selbst wurde hinter Ziegelmauerwerk verborgen, was zeigt, daß man den Wert einer architektonisch nüchternen und klar durchkonstruierten Eisenbetonkonstruktion den monumentalen städtebaulichen Gesichtspunkten unterordnete, wobei im vorliegenden Fall die Gestaltung des Turmes durchaus befriedigte [47]. Der Beginn neuzeitlicher Technologien beim Bau von Wassertürmen deutet sich bei dem, ebenfalls mit einem zusammengesetzten Behälterboden ausgerüsteten Wasserturm Großniedesheim/Pfalz an:

Bild 99. Erster in Deutschland für eine kommunale Wasserversorgung mit Gleitschalung erstellter Eisenbeton-Wasserturm in Großniedesheim/Pfalz, Baujahr 1929 [59, 65] (Foto Verbandsgemeindewerke Heßheim).

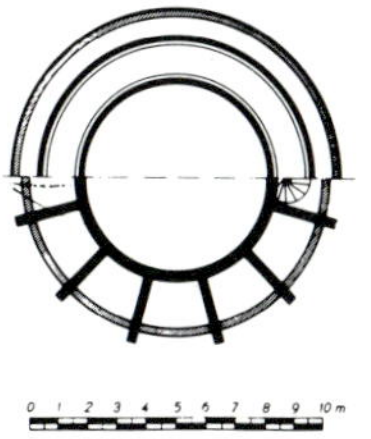

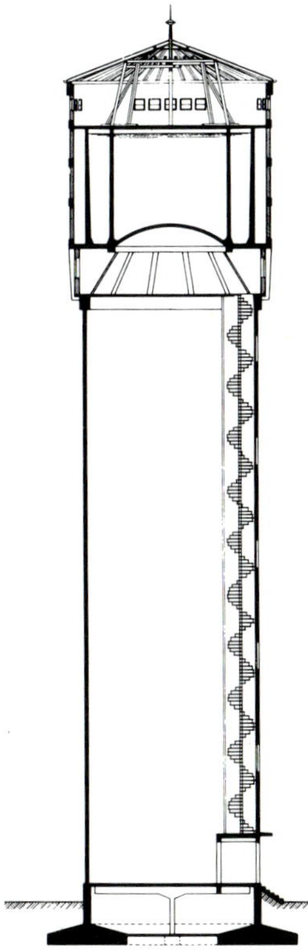

Das Aussehen der Stahlbeton-Wassertürme wurde etwa bis zum Jahre 1930 vorwiegend von den Skelettkonstruktionen mit ihren Stützreihen *und* aussteifenden Ring- und Radialbalken bestimmt. Einen Wandel bewirkten die 1920 und 1926 erfundenen Verfahren der Gleitbauweise und Kletterschalung, die den allgemeinen Forderungen nach Verringerung der Kosten und Verkürzung der Bauzeit entgegenkamen. Die entsprechenden Wassertürme wiesen zunächst zylindrische Formen auf, die Unterkonstruktionen bestanden aus glatten zylindrischen Tragschäften oder aus um einen mittleren Schaft konzentrisch angeordneten, kräftigen Einzelstützen. Der erste in Deutschland mit Gleitschalung erstellte Wasserturm wurde 1929 in Groß-Niedesheim in der Pfalz durch die Beton- und Monierbau AG im Auftrag des damaligen Bayerischen Landesamtes für Wasserversorgung bei der Vorderen Karlbachgruppe ausgeführt (Bild 99). Der heute noch betriebene, zylindrische, 49 m hohe Wasserturm hat zwei runde Wasserkammern mit 360 m^3 Gesamtspeicherinhalt. Im Schnittbild zu beachten ist der zusammengesetzte Behälterboden mit äußerem ebenen Ringboden und innerem freitragenden Kuppelboden (Stützboden) sowie die Lastverteilung auf den Turmschaft. Der Wasserversorgungsverband für das Vordere Karlbachgebiet wurde 1973 von der Verbandsgemeinde Heßheim übernommen, die den Behälter 1981 sandstrahlen und beschichten ließ und weiter betreibt. Die Anwendung der Gleitbauweise beeinflußt in hohem Maße die konstruktive Ausbildung des Bauwerks, weil der ungestörte Aufbau des Turmschaftes nur möglich ist, wenn Zwischendecken nachträglich und möglichst unabhängig vom Schaft hergestellt werden. Außerdem muß der Turm auf die meist bedeutende Höhe während des Baubetriebes ohne innere Aussteifungen knicksicher sein, weil Zwischendecken erst später eingebaut werden. Der Baufortschritt ist allerdings enorm: so wurden beispielsweise für die klinischen Krankenhäuser der Universität Freiburg in den Monaten November und Dezember 1930 ein etwa 54 m hoher Wasserturm in Gleitbauweise errichtet, der zwei Rundbehälter von 2×80 m^3 Fassungsraum für die Hochzone und von 360 m^3 für die Niederzone aufnimmt [30].

Abgeschlossen werden soll hier die geschichtliche Entwicklung historischer Wassertürme aus bautechnischer Sicht mit einer Besonderheit, die für den in der „Pfälzischen Mittelrheingruppe" 1930/32 erstellten Wasserturm Mutterstadt zu verzeichnen ist: Der zweikammerige, überdeckte Behälter mit 6 m Wasserstand besteht aus einem quadratischen äußeren Behälter und einem inneren Kreisbehälter, eine sicherlich strömungs- und bautechnisch einmalige Kombination der Behälterkammern. Unter der äußeren Behälterkammer spannt sich ein Flachboden, unter dem Kreisbehälter ein Kuppelboden (Bild 100). Die Bauherrschaft wünschte eine quadratische Turmgestaltung, außerdem war Bedingung, daß die Lage der Lastresultierenden vom Füllzustand des Behälters unabhängig ist und stets mit der Turmachse zusammenfällt. Das Übliche wären zwei konzentrische Wasserkammern (Ringbehälter) gewesen, die jedoch bei quadratischem Grundriß zu einer verhältnismäßig großen unbenutzten Fläche geführt und biegungsbeanspruchte Tragglieder notwendig gemacht hätten. Mit dem ausgeführten Vorschlag war es dagegen möglich, die Behälterwände insofern günstiger zu unterstützen, als einerseits in den Turmachsen Außen- und Innenwand vermöge ihres geringen Abstandes auf einer gemeinsamen Scheibenstütze abgesetzt werden konnten, andererseits ließen sich in den Turmecken Portalrahmen so anordnen, daß die Behälterwände unmittelbar auf deren Stiele zu sitzen kamen. Die Scheibenstützen sowie die Eckstiele der Rahmen setzen sich nach unten hin als Mittelrand- bzw. Eckstützen des Turmskeletts fort, während die inneren Rahmenstiele in die, schon der Zwischendecken wegen, erforderlichen Innenstützen übergehen [48].

Bei der gleichmäßigen Unterstützung der Behälterwände lag es nahe, diese selbsttragend auszubilden und die Behältersohle daran aufzuhängen. In Verfolg dieses Konstruktionsgedankens ergab sich zwischen Eck- und Kreisbehälter ein Flachboden, während sich unter der Ringkammer mittels eines Kuppelbodens weitere Zwischentragglieder vermeiden ließen.

Der Wasserturm Mutterstadt besitzt ein Fassungsvermögen von 530 m^3 und eine Gesamthöhe von 50,6 m; der Wasserspiegel liegt 45,6 m über dem Gelände. Der Turm ist als Eisenbeton-Skelettbau ausgeführt: Eine gemeinsame Fundamentplatte trägt zwei Stützensysteme, wobei das äußere 8 Stützen, das innere 4 Stützen aufweist. Unter dem 37,70 m hoch liegenden „Armaturenboden" enden diese beiden Systeme und nehmen die eigentliche Behälter-Tragkonstruktion auf. Diese besteht aus vier diagonal stehenden Portalrahmen, durch welche die vier Eckstützen des äußeren Sy-

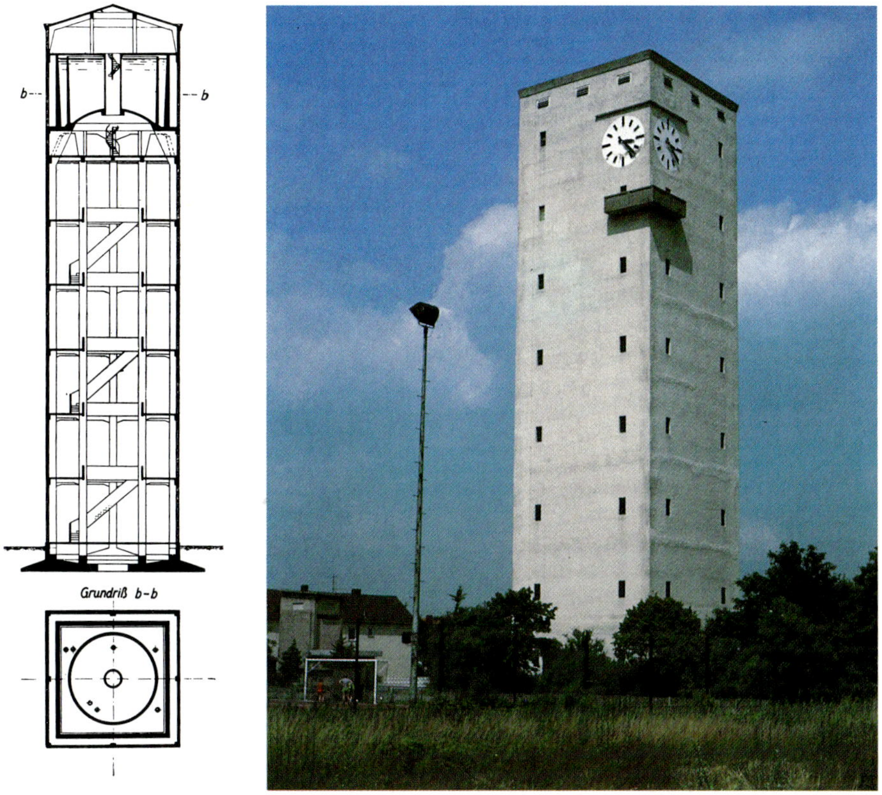

Bild 100. Wasserturm Mutterstadt, zusammengesetzter Behälterboden, Außenbehälter quadratisch, Innenbehälter zylindrisch, Baujahr 1930/32 (Foto Zweckverband Pfälzische Mittelrheingruppe).

stems mit den vier Innenstützen verbunden werden. Die vier Mittelrandstützen verbreitern sich zu trapezförmigen Scheiben. Über der Behältertragkonstruktion setzt sich das äußere Stützensystem fort und trägt die aus vier Rahmen bestehende Zeltdachkonstruktion. Auch dieser Turm ist mit Leichtbetonsteinen ausgefacht; die Mauerstärke beträgt 25 cm. Die Turmaußenseiten sind verputzt und das Dach mit Kupferblech gedeckt. Bei dem Wasserturm Mutterstadt, wie auch bei dem bereits erwähnten Wasserturm Schifferstadt (beide Pfälzische Mittelrheingruppe) erfolgt die Behälterentlüftung mittels eines über Dach geführten und aus Zementrabitz hergestellten Schachtes. Die Rohrleitungen sind gegen Temperatureinflüsse durch Korkschalenisolierung geschützt [48].

3.4 *Ausblick – Entwicklung zu neueren Stahlbeton- und Spannbeton-Wassertürmen*

3.4.1 Wechselwirkung zwischen Bauformen und Bautechnologie

Den Ausgangspunkt für die modernen Wasserturmkonstruktionen aus Stahlbeton und Spannbeton bilden die beim Bau der historischen Wassertürme gesammelten Erfahrungen, weshalb die wesentlichen Entwicklungsstadien kurz in Erinnerung zurückgerufen werden sollen. Der Eisenbeton führte sich zu Anfang im Wasserturmbau etwas zögernd ein: Zunächst die „Monierwände" als Verkleidung der eisernen Behälter auf gemauerten Turmunterbau, dann Behälter aus Eisenbeton mit Flachboden oder flachen Kugelhauben auf Eisenbetongewölben [6] oder stützenden Trägerrosten auf gemauerten Unterbau; aus der Bauerfahrung heraus und abgestützt auf Versuche mit dem Eisenbeton folgte die ebene Plattenbalkendecke als freitragendes Eisenbeton-Tragelement und machte den Flachbodenbehälter möglich. Mit dem Eisenbetonbau kehrte der Flachbodenbehälter wieder als gleichberechtigte Bauart zu den eisernen Behälterformen nach Intze, Barkhausen, Klönne zurück, entweder als Behälter auf Eisenbetonplattenbalkendecke abgesetzt oder sich selbsttragend, unmittelbar als kräftige Plattenbalkendecke (-sohle) ausgebildet. Es folgten – nicht zuletzt aus Wirtschaftlichkeitserwägungen (Sondervorschläge) heraus – freitragende Böden mit gewölbten Tragflächen (Stützböden), z.T. kombiniert mit ebenen Böden. Der Turmunterbau war in den Anfängen meist aus Mauerwerk mit Eisenbetonkranz, gelegentlich findet sich auch ein Turm mit Schaft aus unbewehrten Beton. Der Schritt von der Mischbauweise zur Eisenbetonbauweise vollzog sich mit der Ausbildung der Tragstruktur mit Eisenbetonstützen. Der Behälter ruht auf einem System von Stützen mit aussteifenden Ring- und Radialbalken oder mit Zwischendecken – meist dann, wenn diese sogenannte Skelettkonstruktion nicht sichtbar bleiben sollte und mit Mauerwerk ausgefacht wurde. Mit der 1920 und 1926 erfundenen Verfahren der Gleitbauweise und Kletterschalung kamen um 1929/30 Wassertürme mit zylindrischem Tragschaft in voller Stahlbetonbauweise auf.

Nach dem 2. Weltkrieg führte dies zu Bauformen mit zylindrischem Tragschaft und zylindrischer, kegelstumpf-, hyperboloid- oder kugelkalottenförmiger Ausbildung für den Behälter oder auch Architektur-Sonderformen, z.B. eine vorgespannte Ellipsoid-Schale oder eine gebrochene Form (wie ein Diamant) [31, 47]. Neben der Gleitbauweise bewirkte der Einsatz von Fertigteilelementen eine besonders in Süddeutschland (Bild 101) vielfach angewandte Bauweise eines zylindrischen Stahlbetonbehälters mit vorgehängter, polygonaler Fertigteil-Fassade und Unterkonstruktion aus um einen mittleren zylindrischen Tragschaft konzentrisch angeordneten kräftigen Einzelstützen [31]. Im Gegensatz zur aufgezeigten historischen Bauweise entfallen hierbei in der Regel die aussteifenden Ring- und Radialbalken, was zwar zur Bauvereinfachung beiträgt, aber letztendlich auch kräftigere Stahlbetonquerschnitte bedingt.

Bild 101. Wasserturm Stollnried, in Gleit- und Fertigteilbauweise mit vorgehängter Eternit-Fasssade erstellt, mit insgesamt 500 m³ Fassungsraum, Baujahr 1977 [62].

In den bisherigen Ausführungen deutet sich bereits die Verflechtung zwischen Tragstruktur und Herstellungstechnologie an. Die Entwicklung der neueren Stahlbeton- und Spannbetontürme hängt mit der Entwicklung der modernen Bautechnologien aufs engste zusammen, wobei die zunehmenden Anforderungen an den Inhalt, Turmhöhe, architektonische Gestaltung, Verringerung der Kosten, Verkürzung der Bauzeit, zu bautechnisch interessanten und ökonomisch befriedigenden Lösung führten. Die modernen Bautechnologien für derartige Wassertürme lassen sich praktisch in drei Kategorien einteilen.

– Klassische Verfahren

Herstellung von Turmschaft und Behälter nach einem einheitlichen Bauverfahren mittels Standschalung oder beweglicher Schalung. Beispiele für diese Kategorie sind die mit Gleitschalung hergestellten Türme, die zunächst zylindrische Formen – mit der Weiterentwicklung der Gleitschalung aber auch andere, konische und hyperbolische Formen – aufwiesen.

– Ziehverfahren oder ziehendes Heben des vorgefertigten Behälters

Herstellung des Turmschaftes in Gleitschalung oder Kletterschalung und nachträgliches Herstellen des Behälters als Großfertigteil unten am Boden und anschließend hydraulisches Heben bzw. Hochziehen in die Endlage (Bild 101).

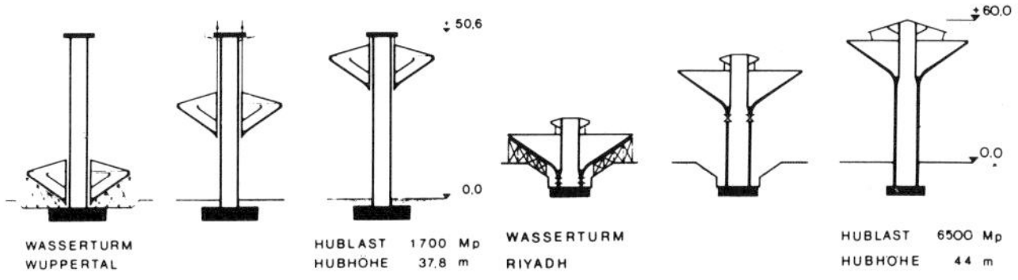

Bild 102. Ablaufschema beim ziehenden und drükkenden Heben [10].

– Hubverfahren oder drückendes Heben des vorgefertigten Behälters

Herstellen des Schaftansatzes und Behälters auf Geländehöhe und dann gemeinsames Herstellen des Turmschaftes und Anheben des Turmkopfes im Wechsel (Bild 102).

Bei nicht allzugroßen Behältern ist im übrigen das ziehende Heben (Bild 103) dem drückenden Heben meist überlegen. Das drückende Heben (Bild 104) kommt bei sehr großen Behältern zur Anwendung, weil es dann beim ziehenden Heben schwierig wird, Behälter und Schaft in der Endlage auf einigermaßen einfache Weise miteinander zu verbinden [10].

In der Regel weisen die Behälter von neueren Wassertürmen eine der o.a. rotationssymmetrischen Grundformen auf, die man plastisch mit Zylinder, Konus, Kegel, Kessel, Kelch umschreiben könnte. Die Behälterschale trägt die Lasten, z.B. aus Wasserfüllung, durch Schnittgrößen in Ringrichtung und Meridianrichtung ab. Entscheidend für die technisch optimale Brauchbarkeit der einzelnen Formen ist die Einleitung ihrer Meri-

Bild 103. Wasserturm Wuppertal, Hochziehen der Behälterkammern, 1500 m^3 Inhalt, Baujahr 1975 (Foto Dyckerhoff & Widmann AG, München).

Bild 104. Wasserturm in Riyadh, Saudi-Arabien, Anwendung des Hubverfahrens, angehobener Behälter mit 12350 m^3 Fassungsvermögen, Baujahr 1971 (Foto Dyckerhoff & Widmann AG, München).

diankräfte als Stützkräfte in den Turmschaft. Nur bei Kegel- oder Kelchform ist ein Gleichgewicht ohne Biegemomente und Querkräfte im Behälter möglich. Bei kleinen Behälterinhalten von einigen hundert bis rund 1000 m³ ist man in der Formentscheidung aus statischen Gründen noch relativ frei, bei den Zylinder-, Konus- und Kesselformen sind neben einem Turmschaft aber oft noch Stützen als eine Art Flächenstützung notwendig; es lassen sich jedoch die bei diesen Formen auftretenden „ungesunden“ Spannungszustände bei kleinen Behältern mit Gleichgewichtsbiegemomenten aufnehmen. Bei großen Speicherinhalten von vielen tausend m³ Inhalt sind aus statischen und betriebstechnischen (Wasserspiegelabsenkung) Gründen Kegel- und Kelchformen in dem Optimierungsprozeß des Entwerfens umso leistungsfähiger, je knickfreier der Meridian in den Schaft übergeht. Andererseits wäre es unwirtschaftlich, die hochleistungsfähige, in Schalung und Rüstung aber aufwendige, weil doppelt gekrümmte Kelchform bei zu kleinen Behältern zu wählen [10]. Die Formentscheidung neuester Wassertürme wird also verstärkt aus der Technik heraus, dem Leistungsvermögen der Grundform entsprechend, beeinflußt.

3.4.2 Ästhetik von Tragstrukturen und Turmensembles

Im Zusammenhang mit der Entwicklung der Tragstrukturen ist die ästhetische Wirkung des Tragwerkes von besonderer Bedeutung. Die Gestaltung von Wassertürmen und ihre Einbindung in die Landschaft [62] wird durch die Parameter Fassungsraum und Standort weitgehend geprägt. Wassertürme mit höchstens 1000 m³ Fassungsraum im niederbayerischen Hügelland sind unter Rücksichtnahme auf den Maßstab der Umgebung und auf vorhandene Bauwerke in Sichtweite (Dorfkirchtürme) sicherlich mit einer anderen (bescheidenen) Silhouette zu entwerfen als (zeichenhafte) Wassertürme mit mehreren tausend m³ Fassungsraum, z. B. in Industriestadtnähe. In den letzten zwei Jahrzehnten wurde immer mehr versucht, den Turmbehälter gemeinsam mit der Schaftkonstruktion unter starker Einbeziehung architektonischer Gesichtspunkte zu entwerfen. Dem Tragwerk wird eine ausschlaggebende ästhetische Funktion zugeordnet, die es entweder unmittelbar – die Vielfalt der Tragstrukturen ist erstaunlich groß [22] – oder auch mit Hilfe von Zusatzelementen wie Verkleidungen, Rippen, Lisenen, Farbanstrichen und ähnliches erfüllen soll [31, 47, 22]. In manchen Planungsfällen reichte der Speicherinhalt eines einzelnen Wasserturmes nicht aus: Mit dem Anwachsen der erforderlichen Versorgungskapazitäten, der Erweiterung der Nutzungsanforderungen und der inzwischen bewiesenen starken ästhetischen Wirkungen der Turmtragwerke erfolgte der Übergang zum Turmensemble (Bild 105). Diese Wasserturmgruppen (bis zu 9 Wassertürme) – einheitlich oder baulich unterschiedlich gegliedert – sind vornehmlich im Ausland (Frankreich, Finnland, Schweden, Saudi Arabien und Kuwait) zu finden, wo in bezug auf die Architektur freiere Möglichkeiten bestehen als bei uns. Während in unserem Lande der Ausbau

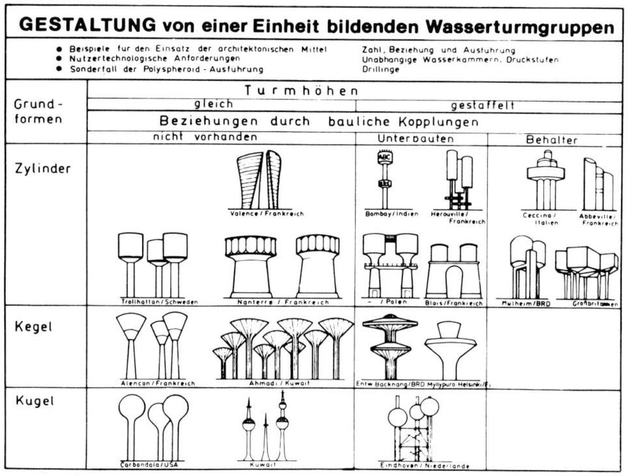

Bild 105. Turmensembles [22].

der Wasserversorgung und damit auch der Bau von Wassertürmen weitgehend einem Abschluß zugeht, werden beispielsweise in den sogenannten Golf-Anrainerstaaten laufend noch neue Wassertürme gebaut – Saudi Arabien und Kuwait also ein El Dorado für schlaff bewehrte und vorgespannte Wassertürme.

4. Zusammenfassende Schlußbemerkungen

Zusammenfassend läßt sich festhalten, daß in Europa seit 1830 die Entwicklung von Wassertürmen mit eisernen Wasserhochbehältern begann, stählerne Wassertürme aber heutzutage in Europa kaum mehr gebaut werden, in den USA hingegen die Entwicklung konsequent weitergeführt wurde.

Dreißig Jahre nach der Einführung der Betonbauweise begann man die Gestaltungsmöglichkeiten des Stahlbetons zu erkennen. Erst mit der Erfindung der Gleitbauweise trat ein sichtbarer Wandel ein, in dem man sich bemühte, dem Wasserhochbehälter eine seiner Funktion entsprechende äußere Gestaltung zu geben. Die beim Bau der historischen Wassertürme gesammelten Erfahrungen bilden den Ausgangspunkt für eine große Vielfalt neuerer Wassertürme innerhalb von drei Jahrzehnten nach dem 2. Weltkrieg bis hin zu modernsten Konstruktionen der heutigen Zeit [31]. Während im außereuropäischen Ausland wegen des Ausbaus der Wasserversorgung noch viele moderne Wassertürme entstehen dürften, wird in unserem Lande wegen des hohen Ausbaugrades der öffentlichen Wasserversorgung die Zahl von neu zu bauenden Wassertürmen zurückgehen. Unter Berücksichtigung des vorhandenen Versorgungssystems kann der Bau eines Wasserturmes aber auch künftig zur Verbesserung von Versorgungssicherheit und Wirtschaftlichkeit dienen. Nach einer technischen Dokumentation des DVGW-Deutscher Verein des Gas- und Wasserfaches e.V. vom Februar 1983 über den Bau von Wassertürmen, die den neuesten Stand der Technik repräsentiert, trifft dies z.B. zu, wenn Wasser von einer Fernwasserversorgung mit entsprechendem Druck übergeben und einem Wasserturm ohne zusätzliche Förderung frei zugeführt werden kann oder wenn Druckschwankungen möglichst gering gehalten werden müssen oder eine Höchstgrenze nicht überschreiten dürfen [64]. Wassertürme werden also immer wieder notwendig werden, so daß dem Bauingenieur eine anspruchsvolle, schwierige, aber auch sehr reizvolle Aufgabe erhalten bleibt.

Literaturverzeichnis

[1] Aachener Bezirksverein VDI: Das Wasserwerk der Stadt Düren und neuere Ausbildungen ausgeführter Wassertürme, Öl- und Gasbehälter. Zeitschrift des VDI 30 (1886), Nr. 2, S. 25–31

[2] Adam, M. et al.: Evolution de la technique da la construction des réservoirs et château d'eau. Travaux, Nr. 471/472, Juni/Juli 1974, S. 19–31

[3] Architektenverein zu Berlin und Vereinigung Berliner Architekten (Hrsg.): Berlin und seine Bauten. W. Ernst & Sohn, Berlin 1896

[4] Apel, A., Mevius, W.: Wassertürme in Europa. Fachliche Berichte Hamburger Wasserwerke 2 (1983), Nr. 2, S. 40/58, 3 (1984), Nr. 1, S. 43–59 und Nr. 2, S. 42–55

[5] Aschoff: Das Verbandswasserwerk Bochum. Ein Beitrag zur Wasserversorgung im Rheinisch-Westfälischen Kohlenrevier. Journal f. Gasbeleuchtung und Wasserversorgung 48 (1905), Nr. 19, S. 377–383; Nr. 20, S. 410–415

[6] Baer, S.: Die Entwicklung von Speicherung und Maschinenleistung in der deutschen Wasserversorgung, Diss. Berlin 1934

[7] Barkhausen, G.: Neuere Formen für Flüssigkeitsbehälter. Zeitschrift des Vereines Deutscher Ingenieure 44 (1900) Nr. 47, S. 1594–1599 und Nr. 49, S. 1681–1685

[8] Baur, A.: Wassertürme – Gestaltung, Konstruktion und Betrieb. gwf-wasser/abwasser 112 (1971), Nr. 7, S. 345–348

[9] Baur, A.: Wasserbehälter. gwf-wasser/abwasser 125 (1984), Nr. 6, S. 195–199

[10] Bomhard, H.: Entwurf, Konstruktion und Bauverfahren von Wassertürmen. Enth. in 2. Wassertechnisches Seminar „Wasserspeicherung", Berichte aus Wassergütewirtschaft und Gesundheitsingenieurwesen, Technische Universität München, Nr. 20, München 1978

[11] Bonnet, C.: Château d'eau de Valence. Travaux, Nr. 473/474, August/Sept. 1974, S. 17–19
[12] Borchardt, C.: Denkschrift zur Einweihung der Neye-Talsperre vom 8. Mai 1909. Herausgegeben von der Stadt Remscheid
[13] Disselhoff, L.: Das städtische Wasserwerk zu Remscheid. Zeitschrift des VDI 29 (1885), Nr. 2, S. 21–23
[14] Emperger v., F.: Handbuch für Eisenbetonbau. Bd. V Flüssigkeitsbehälter, 2. Aufl., S. 520–594. Ernst u. Sohn, Berlin 1910
[15] Eriksson, K.: Schwedische Wassertürme – Bau und Gestaltung. gwf-wasser/abwasser 109 (1968), Nr. 48, S. 1350–57
[16] Escher, G.: Neuere Wassertürme. Der Bauingenieur 1 (1920), Nr. 13, S. 379–384
[17] Föhl, A.: Technische Denkmale – Wassertürme im Rheinland. Denkmalpflege im Rheinland 1 (1984), Nr. 1, S. 8–13
[18] Fölzer, E., Schupp, H.: Wassertürme. 3. Aufl. Polytechnische Verlagsgesellschaft Hittenkofer, Strelitz in Mecklenburg 1923
[19] Friese, G., Mangel, H.: Die Wasserversorgung der Stadt Wesermünde und der neu erbaute Wohnwasserturm. Das Gas- und Wasserfach 71 (1928), Nr. 10, S. 217–220
[20] Groß, E.: Handbuch der Wasserversorgung R. Oldenbourg, München 1928; 2. Aufl., R. Oldenbourg, München 1930
[21] Hahn, V.: Bauen mit armiertem Beton. Eduard Züblin. Herausragende Ingenieurleistungen in der Bautechnik, H. 2, Schriftenreihe der VDI-Gesellschaft Bautechnik, Düsseldorf 1984
[22] Hampe, E., Kühn, S.: Tragstrukturen für Wassertürme. Wiss. Zeitschrift der Hochschule f. Architektur und Bauwesen Weimar 22 (1975), Nr. 3, S. 273–278
[23] Henrion, E.: Die Stahlkonstruktion von Wassertürmen. Acier-Stahl-Steel 20 (1955), Nr. 1, S. 25–32
[24] Heusinger von Waldegg, E. (Hrsg.): Handbuch der Speziellen Eisenbahntechnik. 1. Aufl. Engelmann, Leipzig 1870, 2. Aufl. 1871, 3. Aufl. 1873, 4. Aufl., Engelmann, Leipzig 1877
[25] Hocheder, Fr.: Über Wassertürme. Süddeutsche Bauzeitung 14 (1904), Nr. 8, S. 62–63
[26] Kelting, O.: Die Wasserspeicherung und die Druckregelung innerhalb des Hamburgischen Leitungsnetzes im Wandel der Zeiten. Das Gas- und Wasserfach 78 (1935), Nr. 1, S. 1–6, Nr. 2, S. 24–26
[27] Knauß, H.: Zweckbau – Architektur. Zwischen Repräsentation und Nutzen. tuduv-Studien, Reihe Kunstgeschichte I, München 1983
[28] Kottenmeier, E.: Der Stahlbehälterbau. Der Stahlbau 3 (1930), Nr. 2, S. 17–22, Nr. 5, S. 49–55, Nr. 7, S. 73–80
[29] Lamprecht, H.-O.: Opus caementitium – Wie die Römer bauten. Verlag für deutsche Wirtschaftsgeographie, Heinz Flieger, Düsseldorf 1968
[30] Löser, B.: Ausgeführte Bauwerke – Wassertürme. Enth. in Handbuch für Eisenbetonbau, 3. Aufl. (1921), V. Band (Flüssigkeitsbehälter), S. 212–257, W. Ernst & Sohn, Berlin 1923, 4. Aufl. (1927 ff.), IX. Band (Behälter), S. 81–125, W. Ernst & Sohn, Berlin 1934
[31] Merkl, G.: Über die Entwicklung von Wasserhochbehältern. Eternit AG, Berlin 1979
[32] Merkl, G.: Wassertürme in Bayern. Enth. in: Geschichtliche Entwicklung der Wasserwirtschaft und des Wasserbaues in Bayern, Teil 2, Informationsbericht 4/83 des Bayerischen Landesamtes für Wasserwirtschaft, München 1983
[33] Muy, O.: Wassertürme in Eisenbeton. Der Städtische Tiefbau 6 (1915), Nr. 9, S. 73–79
[34] Muy, O.: Der neue städtische Wasserturm in Halle a. S. Der Bauingenieur 10 (1929), Nr. 17, S. 291–297
[35] Nagler, B. E.: Elevated Concrete Reservoirs in Finland. Journ. AWWA 58 (1966), Nr. 11, S. 1429–1445
[36] Norris, R.-S.: Moderne Wassertürme in den Vereinigten Staaten. Acier-Stahl-Steel 34 (1968), Nr. 11, S. 466–467
[37] Rank, Gebr.: Neuere Wasserturmbauten in Eisenbeton-Konstruktion. Süddeutsche Bauzeitung 14 (1904), Nr. 9, S. 69–71
[38] Renard, J. et al.: Esthétique et environnement. Travaux, Nr. 471/472, Juni/Juli 1974, S. 32–41
[39] Röll v. V.: Enzyklopädie des Eisenbahnwesens. 2. Auflage, Band 10, Urban u. Schwarzenberg, Berlin, Wien 1923
[40] Ruckdeschel, W.: Die Wasserversorgung von Augsburg 1416–1879. Enth. in Geschichtliche Entwicklung der Wasserwirtschaft und des Wasserbaus in Bayern Teil II, Informationsbericht 4/83 des Bayerischen Landesamtes für Wasserwirtschaft, München 1983
[41] Slotta, R.: Technische Denkmäler in der Bundesrepublik Deutschland, Bd. 2, Deutsches Bergbau-Museum, Bochum 1977
[42] Spangenberg: Wassertürme aus Eisenbeton. Armierter Beton 8 (1915), Nr. 3, S. 55–68
[43] Strobel, L.: Die Wasserversorgung Hallertau im niederbayerischen Hügelland – Gesamtanlage und Wasserturm Sielstetten. Die Wasserwirtschaft 60 (1970), H. 10, S. 1–9
[44] Thometzek, F.: Der neue Hochbehälter des Wasserwerkes für die Städte Mühlheim a. Rh., Deutz und Kalk. Zeitschrift des VDI 43 (1899), Nr. 4, S. 98–100
[45] Vollbrecht, W., Sternberg-Raasch, R.: Trink- und Nutzwasser in der deutschen Wirtschaft. R. Hobbing, Berlin 1930
[46] Wahl, K.: Entwicklung der Wasserversorgung seit Einführung der Dampfmaschine. Technik-Geschichte Band 25, Berlin 1936
[47] Werth, J.: Ursachen und technische Voraussetzungen für die Entwicklung der Wasserhochbehälter. Diss. TH Aachen 1971
[48] Zeilinger, F.: Neuere Wassertürme in Eisenbeton. Beton und Eisen 33 (1934), Nr. 7, S. 108–113
[49] Zieler, O.: Über die Gestaltung von Wassertürmen. Baugilde 18 (1936), Nr. 8, S. 230–237
[50] Nouvelles Annales de la construction 3. Annè, Nr. 1, Januar 1857, Plan 5–6, Dalmont et Dunod (Hrsg.), Libraïres des Corps Imperíaux des Ponts et Chaussées des Mines, Paris 1857
[51] Das Wasserwerk der Stadt Essen. Zeitschrift des VDI 30 (1886), Nr. 44, S. 951–954
[52] Festschrift 125 Jahre Behälterbaufirma F. A. Neumann, Eschweiler 1974
[53] Festschrift 100 Jahre Rank 1862–1962. Baugesellschaft Gebr. Rank & Co., München 1962
[54] Geschäftsberichte des technischen Bureau für Wasserversorgung im Kgl. Staatsministerium des Innern, des Kgl. Wasserversorgungsbureau, des Bayerischen Landesamtes für Wasserversorgung von 1890 bis 1948. Bayer. Landesamt für Wasserwirtschaft, München 1982

[55] 60 Jahre Bayerisches Landesamt für Wasserversorgung 1878–1938. Bayer. Landesamt für Wasserwirtschaft, München

[56] Die Wasserversorgung der K. Haupt- und Residenzstadt München, ihre Entwicklung und ihr gegenwärtiger Stand, München 1912 bzw. Die Versorgung der Königlichen Haupt- und Residenzstadt München mit Gas und Wasser. Festschrift zur 53. Jahresversammlung des Deutschen Verein von Gas- und Wasserfachmännern. München 1912, Buchdruckerei und Verlagsanstalt Carl Gerber, München

[57] Wasserturm auf dem Verschiebebahnhof Berlin-Tempelhof. Der Stahlbau 2 (1929), Nr. 9, S. 130–131

[58] Technische Blätter der Wayss & Freytag AG., Nov./Dezember 1930. Wassertürme in Eisenbeton-Konstruktion. Wasserturm für 2000 m^3 in Halle a.d. Saale, S. 77–79; Wasserturm 1000 m^3 in Haßloch (Pfalz), S. 80–81; Wasserturm für 775 m^3 in Düsseldorf-Reißholz für Henkel & Cie. GmbH, S. 82–83

[59] Wasserturm in Groß-Niedesheim. Archiv Beton- und Monierbau, München

[60] Bau eines Wasserturmes in Riyadh, Saudi-Arabien. Dywidag-Berichte 1972–3, S. 2–7 und Archivmaterial, Dyckerhoff u. Widmann AG, München 1972

[61] Zwei Wassertürme für die Stadt Wuppertal. Dywidag-Berichte. Sonderheft 1 Behälterbau, S. 7–10, Dyckerhoff u. Widmann AG, München

[62] Wasserturm Stollnried und Sielstetten, Ing. Büro Kleis, München

[63] 2. Wassertechnisches Seminar „Wasserspeicherung". Berichte aus Wassergütewirtschaft und Gesundheitsingenieurwesen, Technische Universität München, Nr. 20, München 1978

[64] Bau von Wassertürmen. Grundlagen und Ausführungsbeispiele. DVGW-Merkblatt W 315 (Febr. 1983), ZfGW-Verlag Frankfurt 1983

[65] Freundliche Mitteilung des Unternehmensträger für den Wasserturm

Baustile und Wassertürme

Dr. Walter Mevius

Die zentralen Trinkwasserversorgungen im heutigen Sinne gehen in Mitteleuropa auf Mitte bis Ausgang des vorigen Jahrhunderts zurück. Die seinerzeitige Technik forderte zum Ausgleich von Abnahme- und Druckschwankungen sowie als Notvorrat für die Löschwasserversorgung Ausgleichsbehälter über dem Verbrauchsgebiet. Es ist naheliegend, daß so auffällige Bauwerke wie die Wassertürme sehr sorgfältig im Stil ihrer Zeit errichtet wurden. Zunächst waren es reine Zweckbauten, teils in vorhandene Bauwerke hineingebaut, dann wurden sie außen verkleidet. Erst in unserer Zeit entwickelte sich der Wasserturm zum reinen Funktionsbau mit einer eigenen Formsprache. Anders beim Industriebau: dort wurde der jeweilige Baustil abgewandelt, evtl. auch durch die längeren Planungszeiten zeitlich etwas verschoben. In einer Ausschreibung von 1906 heißt es: „...werden die Wassertürme sowohl wegen ihrer Lage als auch ihrer Höhe und Größenverhältnisse die Bedeutung von Wahrzeichen der Stadt haben und es werden vor allen Dingen gute und schöne Umrißlinien der Bauwerke und schöne Verhältnisse ihres Aufbaus anzustreben sein...“. In der architektonischen Form griffen die Architekten, oder sollte man der Zeit entsprechend besser Baumeister sagen, von der Mitte des 18. bis ins späte 19. Jahrhundert auf bekannte Gestaltungsprinzipien früherer Stile zurück. Bewußt wurden von den Architekten auch für den Wasserturmbau historisierende Formen verwendet, um nicht als Fremdkörper in dem gewachsenen Stadtbild zu erscheinen und um die geschlossene Silhouette der Stadt nicht zu stören.

In Worms, dessen Stadtsilhouette von den romanischen Türmen des Doms geprägt werden, errichtete der Stadtbaumeister Karl Hoffmann in den Jahren 1888–1890 den fast 60 m hohen Wasserturm in neuromanischen Formen; als Grund formulierte er: „Obschon der Zweck des Bauwer-

Bild 1 a. Worms, romanischer Dom.

Bild 1 b. Worms, Wasserturm.

kes ein rein praktisch-technischer ist und dieses hauptsächlich nur den Ansprüchen der Festigkeit zu genügen hat, so legte die Stadtverwaltung in Anbetracht dessen, daß das Gebäude durch seine erheblichen Abmessungen doch sehr in die Augen fällt, Werth darauf, daß es in der äußeren Gestaltung der Stadt nicht zur Unzierde gereiche. Infolge dessen haben auf die Wahl der Bauformen und Baustoffe die ehrwürdigen Zeugen aus romanischer Zeit, die das Wormser Stadtbild beherrschen, bestimmend eingewirkt."

Im niedersächsischen Lüneburg entstand in Angleichung an den Stadtkern ein neu-gotischer Wasserturm in Backsteingotik: Lanzettfenster, Blendmaßwerk, Ecktürmchen, Formsteinfriese, durchbrochene Zinnen usw. In Braunschweig versuchte der Stadtbaumeister Tappe, den 54 m hohen Druckturm dem Erscheinungsbild der Stadt einzufügen, indem er in historische Stile floh und neugotische Bau- und Schmuckformen wählte. Als Baumaterial verwendete er Bruchsteine aus Muschelkalk. Im „barocken" Mannheim stellten der Architekt Halmhaber und der Ingenieur Smrecker in das Zentrum der Stadterweiterung als Wahrzeichen den zwischen 1886 und 1889 errichteten Wasserturm, der mit seiner reichen neobarocken Zier Architekturelemente des Mannheimer Schlosses wiederholt und aufgreift, um den „kaum beachteten Werken der Ingenieure Popularität, zumindest aber Wohlwollen zukommen zu lassen". Der in den Jahren 1908/1909 errichtete Wasserturm von Mönchengladbach, ganz in Formen des späten Jugenstiles erbaut, zeigt in einzigartiger Weise auf der dem alten romanischen Münster zugewendeten Seite ein Relief des Schutzpatrons des Münsterbaus und der Stadt (St. Vitus) und richtet damit das alte und das architektonische Wahrzeichen der Stadt in einer besonderen (Sicht-)Beziehung aufeinander.

Bild 3. Braunschweig, neugotischer Wasserturm.

Bild 2. Lüneburg, neugotischer Wasserturm.

Neben den architektonischen Fragen spielte beim Bau von Wassertürmen die Materialwahl für den Speicherbehälter eine entscheidende Rolle. Die ersten Wasserhochbehälter der Stadtwasserkünste wurden in Turmbauwerken der Stadtbefestigungen oder in besonderen Türmen innerhalb der Stadtmauern angelegt. Es waren meist Kästen, Bottiche oder Tröge aus Holz, Kupfer oder Stein.

Bis Anfang des 18. Jahrhunderts wurde das Eisen in Grubenöfen, den sogenannten Rennöfen, durch Niederschmelzen der Erze mit Holzkohle gewonnen. Als es durch den Einsatz von wassergetriebenen Blasebälgen gelang, die Temperatur in den Öfen zu erhöhen, war das Roheisen in Folge seines höheren Kohlenstoffgehaltes nicht mehr schmiedbar. Erst als es Henry Cort 1783/84 gelang, mit Hilfe seines Puddelverfahrens den Kohlenstoffgehalt des Gußeisens zu senken, konnte so Schmiedeeisen hergestellt werden. Mit dem Guß- bzw. Schmiedeeisen war aber ein Werkstoff gefunden, der einen Ersatz für das Holz darstellte und gleichzeitig neue konstruktive Anwendungsmöglichkeiten bot. Mit diesem Werkstoff, welcher nicht das Problem der ständigen Undichtigkeit in den zahlreichen Fugen und der geringen Haltbarkeit besaß, die zu fauligem Geschmack des Trinkwassers führte, konnten auch die kleinen Behälter der Stadtwasserkünste durch größere Behälter abgelöst werden. Eine weitere Entwicklung der Bauformen von Behältern war zu dem Zeitpunkt möglich, als bei den einzelnen Bauelementen die Verbindungsmethode des Nietens durch das Schweißen ersetzt wurde.

Ein ganz anderer Werkstoff war im Stahlbeton gegeben. Es mußte nicht mehr ein Behälter in oder auf einem Bauwerk untergebracht werden, sondern der Behälter war das Bauwerk. Den Ausgangspunkt bildeten die Patente der Betonarmierung des französischen Gärtners Joseph Monier. Bis 1930 wurde das Aussehen dieser Stahlbeton-

Bild 4. Mönchengladbach, Wasserturm im späten Jugendstil, Fassadengestaltung von Stadtbaurat Greiß (1908/09).

Wassertürme durch konzentrisch angeordnete Stützen geprägt, die durch horizontale Ring- und Radialbalken ausgesteift waren. Häufig wurden die Unterbauten auch mit Ziegelmauerwerk ausgefacht oder vollständig umhüllt. Eine Weiterentwicklung zu eigenen Formen bot die Einführung des Spannbetons.

Die äußere Gestaltung eines Wasserturmes kann nicht das zufällige Resultat technischer Überlegungen und Gegebenheiten sein. Sie werden oft als Bauwerke angesehen, die im Grenzgebiet zwischen den Tätigkeitsbereichen von Ingenieuren und Architekten liegen. Wenn auch ein Wasserturm in erster Linie ein technisches Bauwerk ist, so muß es wegen seiner exponierten Lage – sei es weithin sichtbar auf Anhöhen oder inmitten von Ortschaften – ein architektonisch ansprechendes

Äußeres haben. Um aber die Architektur von Wassertürmen, die sich nach betrieblichen Anforderungen richten muß, zu verstehen, ist die Stilrichtung der Planungs- bzw. Bauzeit von entscheidender Bedeutung.

Unter Historismus verstehen wir eine um 1700 sich anbahnende, aber erst im späten 18. und besonders im 19. Jahrhundert wirksam werdende Geschichtsbetrachtung. Er versucht alle Erscheinungen aus ihren geschichtlichen Bedingungen heraus zu verstehen und zu erklären. Sein Ursprung liegt in den geistesgeschichtlichen, ein neues Geschichtsbewußtsein weckenden Erkenntnissen des 18. Jahrhunderts. Der spezielle Verlauf der nationalen Entwicklung, nämlich Motivierung und Zeitpunkt der Wiederaufnahme eines bestimmten historischen Stiles, wurde durch die jeweiligen politischen Entwicklungen und die Architekturtradition jeden Landes beeinflußt. Jedes Geschehen wird auf seine Zeit bezogen.

In seiner 1886 erschienenen „Geschichte der Architektur" beschreibt der Kunsthistoriker Wilhelm Lübke den Fortschritt, den die zeitgenössische Baukunst im Vergleich zu älteren Epochen genommen hat: „Es wurde nicht mehr nur für privilegierte Kreise gebaut wie im 17. Jahrhundert Paläste und Kirchen oder im 18. Jahrhundert Paläste und Theater, sondern das ganze Volk ist wieder Bauherr. Es verlangt seine Kirchen, Schulen, Museen, Konzertsäle, Spitäler usw. usw."

Die soziale Frage war längst ins Blickfeld gerückt und vom Bürgertum als politische Herausforderung begriffen. Während noch allenthalben über Stil- und Monumentalarchitektur diskutiert wird, erkennt Lübke in den großen Verkehrsbauten die originellsten und bedeutendsten Leistungen der zeitgenössischen Architektur.

Eine besonders sinnfällige Ausdrucksweise des Historismus findet sich in der Baukunst, wo im 19. Jahrhundert gotische und romanische Bauelemente wieder Eingang fanden, sei es im kirchlichen wie im profanen Bau. Sie sollten Zeichen der „historisch-akademischen Bildung" ihrer Konstrukteure sein.

Der Historismus ist gekennzeichnet durch die Nachahmung aller historischen Stile. Dieser Stilbegriff müßte bereits der vorhergehenden Periode des Klassizismus zukommen, der die erste Wiederaufnahme eines historischen Stiles bedeutete. Die üblich gewordene Abgrenzung hat aber ihre Berechtigung insofern, als erst jetzt eine Vielfalt von Vorbildern auftritt und durch die schnell zunehmende Bevölkerungszahl und Ausdehnung der Städte zahlreiche neue Bauaufgaben gestellt werden. Dabei setzt eine verhängnisvolle Trennung von Ingenieur und Architekt ein. Alles Konstruktive und Funktionale, das durch die neuen technischen Konstruktionsmöglichkeiten von Eisen und Glas eine große Rolle spielte, mußte verkleidet werden. Typisch ist das Marshall-Field-Kaufhaus in Chicago von Henry Richardson aus den Jahren 1885–1887 im massiven neuromanischen Stil. Die Wände gleichen, mit Ausnahme der schweren, pfeilerartigen Ecken, den übereinanderstehenden Arkaden eines römischen Aquäduktes, ein Eindruck, der durch das Fehlen von Ornamenten und die Dicke der Mauern bei tief zurückgesetzten Fenstern noch verstärkt wird. Diese Arkadenwände sind selbsttragend wie ihre antiken Vorläufer und verdecken ein eisernes Gerüst, das die sieben Stockwerke trägt.

Im 19. Jahrhundert ist der Begriff „Fabrik" allgemein ein Synonym für Häßlichkeit. Wenn sich bei Unternehmen soziale und ästhetische Gesichtspunkte durchsetzen, entstehen unter dem Einfluß des Historismus „Fabrikschlösser". Nur in Einzelfällen deutet sich eine auf Funktionen und Technik bezogene Gestaltung an. Seit Beginn des 20. Jahrhunderts aber leistet der Industriebau entscheidende Beiträge zu einer neuen Ästhetik. Doch was man bei Brücken, Fabrikhallen usw., also bei reinen Zweckbauten, als notwendiges Übel akzeptierte, wurde beim Repräsentativ-, Kult- oder Wohnbau zunächst radikal abgelehnt. Noch einmal wurde der Versuch unternommen, den alternierenden Möglichkeiten von Historismus und karger Sachlichkeit in einem Kompromiß zu begegnen. Die Bestrebungen reformerischer Gruppen, auf der Grundlage der Industriearbeit eine neue Kultur aufzubauen, beginnen sich auszuwirken.

Der Jugendstil, benannt nach der Münchener Zeitschrift „Die Jugend", oder in Frankreich der Art Nouveau bzw. in England als Modern Style bekannt, war eine kurze, aber wichtige Phase in der architektonischen Entwicklung zwischen 1895 und 1910. Wesentliche Voraussetzung war, daß man gelernt hatte, Stahl zu biegen und dieses auf Stein zu übertragen. Um 1900 nahmen die bereits von einem neuen Formbewußtsein zeugenden Bauten kunstgewerbliche Elemente des Jugendstiles an. Im Vergleich zu anderen europäischen Ländern trat er in Deutschland relativ spät auf und wurde früh wieder aufgegeben. Er stellte sich der Nachahmung historischer Stile entgegen und bezog sich in erster Linie auf das Gebiet des Dekorativen und Kunsthandwerks.

Die englische Arts- and Crafts-Bewegung von William Morris und John Ruskin, die eine Rückkehr zu den Werten handwerklicher Arbeit und die Bemühungen um soziale Reformen forderten, fand ein aufgeschlossenes Publikum in Deutschland, wo diese Ideen weiterentwickelt wurden und in der Gründung des Deutschen Werkbundes 1907 kulminierten.

Die Arbeiten der Gruppe Four aus Glasgow fanden erst 1896 Anerkennung in The Studio, als der kontinentale Art Nouveau im allgemeinen bereits weit fortgeschritten war. Doch in Österreich und

Bild 5. Chicago, Marshall-Field Kaufhaus; von Henry Hubson Richardson 1885–1887 in neuromanischem Stil (Aufn. Jan Versuel, Amsterdam).

Deutschland vermittelte das Werk Mackintosh's zusätzliche Impulse und beeinflußte besonders die Wiener Secession, die von einer vergleichbaren geometrisch-symbolischen Grundlage ausging. Der österreichische Architekt Joseph Maria Olbrich führte den „Secessionstil" in Deutschland ein, als er 1899 auf Einladung des Großherzogs von Hessen nach Darmstadt kam und dort u.a. den „Hochzeitsturm" baute (1905/08).

Der belgische Entwerfer Henry van de Velde konnte mit seiner abstrakten, konstruktiven Spielart die Entwicklung des Jugendstils nicht mehr wesentlich beeinflussen. In der 1908 eröffneten

Kunstgewerbeschule in Weimar bildete seine Methode die Grundlage für die Lehre, die hier vermittelt wurde, als man die Schule dem Bauhaus angliederte.

Der Jugendstil, der am Anfang stark kämpferische Züge trug, wandte seine Aufmerksamkeit besonders dem Ornament und der Flächendekoration zu. Er versuchte mit Hilfe einer neuen Ornamentik zu einem neuen Stil zu gelangen. Die äußere Erscheinung des Kunstwerkes wird durch verfremdete Naturformen bestimmt. Man unterscheidet eine florale (pflanzenhafte) und eine geometrische Richtung. Der Jugendstil ist Ausdruck einer weit verbreiteten geistigen Reformbewegung, die dem Leben mehr Schönheit und Stil verleihen wollte. Man liebte das Leben und alles, was dazu beitrug, es zu verschönern. Selbst alltägliche Formen und technisch notwendige Konstruktionen sollten durch kunstvolle Dekoration geschmückt und reizvoll verfremdet werden. Das Material ist flüssig geformt, pflanzliche, gespannte, federnde Linien tragen und überschneiden sich. Gleichzeitig will man aber auch der um sich greifenden Versachlichung durch den Ingenieurbau entgegenwirken. Der geometrische Stil wurde wesentlich von dem Österreicher Otto Wagner entwickelt, durch die Verwendung neuartiger Materialien wie Eisen und Glas, die zu überraschenden Effekten kombiniert werden. Es wurde so auch eine Verbindung zur Baukunst der Konstrukteure und Ingenieure hergestellt.

Als Peter Behrens 1907 von Emil Rathenau als künstlerischer Berater der AEG verpflichtet wurde, trat ein Wandel in der Entwicklung des In-

Bild 6. Berlin, AEG-Turbinenhalle von Peter Behrens 1907 (Aufn. P. Lafrentz).

Bild 7. Fußgelenk des Dreigelenkbogens der AEG-Turbinenhalle (Aufn. P. Lafrentz).

dustriedesignes ein. Behrens wurde nicht nur mit dem Entwurf von AEG-Produkten beauftragt, sondern auch mit der Werbung und dem Bau von Fabriken. Behrens' AEG-Turbinenhalle in Berlin war eines der einflußreichsten Bauwerke seiner Zeit. Er versuchte, als Mann der Schinkel-Schule ein unverstellt funktionelles Bauwerk zu errichten. Der Stahl der aufgehenden Glieder des Dreigelenkbogens wurde gezeigt, trat aber als Kastenstütze ein wenig überdimensional in Erscheinung. Das Fußgelenk wird zwar gezeigt, die Idee des Dreigelenkbogens durch den aus rein ästhetischen Gründen angebrachten Gesimskasten, die die Pfeilerfront oben abschließt, wieder verwischt. Behrens gab eine Erinnerung an klassische, griechische Konstruktionen. In der Turbinenhalle hat der Architekt sich mit der Stahlkonstruktion auseinandergesetzt. Es gelang ihm trotz der Umdeutung der Konstruktion, sie als Stahlkonstruktion überzeugend zur Darstellung zu bringen.

Musterbeispiele von Jugendstil-Wassertürmen sind in Mönchengladbach, Bardenberg und Plön.

In Mönchengladbach, einem Wasserturm in der Form des späten Jugendstils, deckt ein vielfach stufenförmig gebrochenes und schwungvoll modelliertes Kupferdach einen aus Ziegeln errichteten Unterbau. Vom Sockel aus steigen mehrfach abgetreppte Backsteinlisener auf. Sie ruhen auf Konsolen, die Wassertiere darstellen.

In Bardenberg erhebt sich über dem schlanken Ziegelständerteil des Wasserturmes die kupferne Außenhülle des Behälterteiles, die praktisch eine Verlängerung des Schaftes darstellt. Hierdurch wirkt der Bardenberger Turm schlank und aufstrebend. Das Zusammenspiel runder, eckiger, welliger und geknickter Formen von Ziegelmauerwerk und Kupfer ist hier meisterhaft bewältigt worden.

Beim Wasserturm in Plön (1913), der von dem Bremer Ingenieur Carl Franke entworfen wurde, findet sich über dem roten Backstein- und Klinkerschaft ein dunkler, mit Schiefer verkleideter Behälterteil, der sich in Material, Farbe und Form bewußt von dem Ständerteil unterscheidet, ohne daß der Bauzusammenhang verlorengegangen wäre.

Bild 8. Plön (Schleswig-Holstein), Wasserturm im Jugendstil nach Entwürfen des Ingenieurs Carl Franche, Bremen (1913).

Dennoch ist der Jugendstil eine typische Übergangserscheinung. Die bedeutendsten Vertreter wenden sich schon bald von ihm ab und werden damit die Wortführer einer neuen Sachlichkeit im Bauen und Gestalten.

Der Expressionismus war eine künstlerische Revolution, die Europa zu Beginn des 20. Jahrhunderts erschütterte und zumindest bis um die Mitte

Bild 9. Hamburg, Entwurf für den Wasserturm am Waisenhaus von Hans Pölzig 1907.

des 20. Jahrhunderts – wenn nicht bis heute – nachwirkte. Den Begriff Expressionismus prägte 1911 Herworth Walden für alle fortschrittlichen künstlerischen Richtungen seiner Zeit. Ein wesentlicher Charakterzug des Expressionismus ist sein leidenschaftliches Streben nach Ausdruck innerer Wahrheit. Die Künstler wollten die Welt und das Leben in ihrer Kunst so darstellen, wie sie sie unmittelbar empfanden. Hierbei wurden neue Materialien wie z. B. Stahl verwendet. Der Expressionismus ist die deutsche Erscheinungsform der Kunstrevolution. Er zeigt eine Verfestigung der Linien, elementare, kraftvolle Farben, Verzerrung der Naturformen bis zur reinen Abstraktion. Das 1896 erbaute Warenhaus Wertheim von Alfred Messel in Berlin bedeutete seine erste zusammenfassende Vereinfachung innerhalb einer sonst von Stilnachahmungen beherrschten Architektur. Bedeutung als Baumeister eines technisch orientierten Expressionismus hatte vor allem Peter Behrens.

Das Behrens'sche Repertoire ist fest in der avantgardistischen Tradition verwurzelt. Man sieht Dekors, die für die Industrieproduktion bestimmt sind, bei denen das Repertoire des Art Nouveau drastisch vereinfacht und auf die Kombination weniger geometrischer Grundformen reduziert ist, um Korn und Textur der Materialien zur Geltung zu bringen.

Außer Behrens erwiesen sich vor dem 1. Weltkrieg unmißverständlich als Expressionisten: Hans Poelzig, Max Taut, Otto Bartning und Max Berg. Ein bekanntes Beispiel eines Bauwerkes, das einen sachlichen Zweck mit expressivem Ausdruck verbindet, war der Wasserturm in Posen von Hans Poelzig. Nach Theodor Heuss war er in dem gedachten Zweck etwas zwiespältig: Zunächst handelte es sich um den großen „Pavillon" der oberschlesischen Montanindustrie für die Posener Ausstellung von 1911, das Turmgeschoß sollte als großer Erfrischungs- und Aussichtsraum dienen; später war es für einen Wasserbehälter bestimmt, der Unterbau aber für eine Markthalle. Diese Entstehung und den Doppelsinn der Aufgabe muß man sich gegenwärtig halten, um die ruhig gelagerte Disziplin des Baues um so mehr zu bewundern. Mit dem Ausstellungszweck der Montangewerbe mag es zusammenhängen, daß Poelzig die formende Konstruktion des Eisenfachwerkes mit Ziegelausfachung unverhüllt zeigte. Ostern 1944 wurde der Turm von Bomben schwer getroffen und nicht mehr renoviert.

Aus der gleichen Zeit stammt auch ein Vortrag von Poelzig über den Industriebau. Er handelt

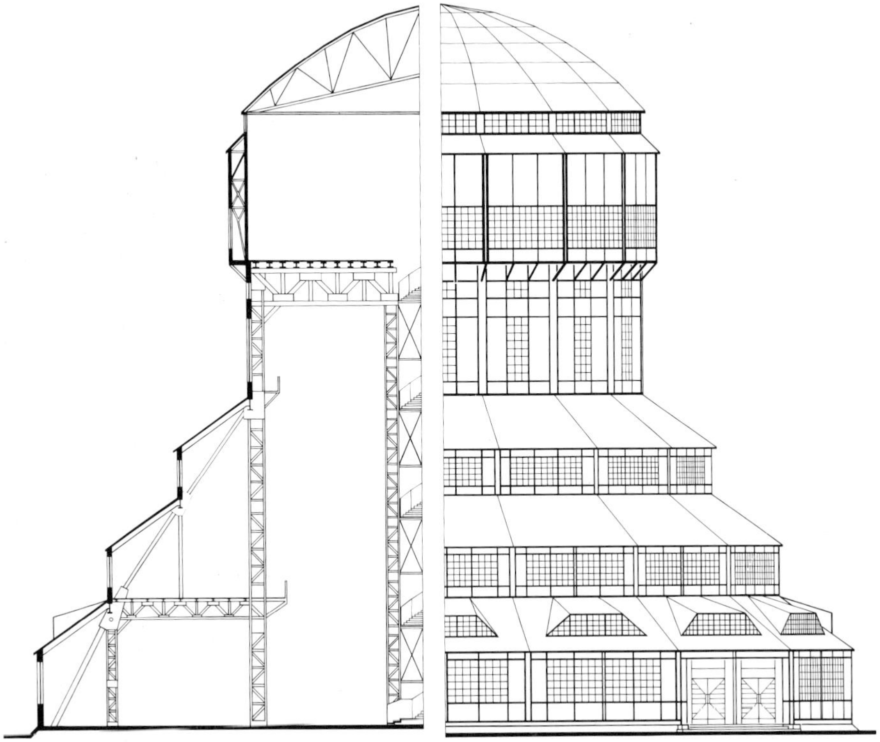

Bild 10 a/b. Wasserturm in Posen (1911) von Peter Pölzig.

von der Beziehung Architekt – Ingenieur und weist dem Architekten eine einfühlende Rolle zu, wenngleich er betont, daß ohne die Wirkung des Architekten der Ingenieurbau keine Gestalt hat. Wie sich Poelzig in diesem Vortrag ausdrückt, sprachen um die gleiche Zeit auch Behrens, Muthesius, Gropius u.a. Die Arbeiten sind verschieden, die Gesinnung ähnlich. Es gab eine breite Front der fortschrittlichen Architekten; man kann sie als die Front des jungen Werkbundes bezeichnen.

1917 ist das Jahr des Vortrages von Muthesius „Handarbeit und Massenherstellung“, der zwischen der Werkbundarbeit der wilhelminischen Zeit und dem Bauhaus in Dessau steht. Der Weg, der hier beschritten wird, ist nicht der Weg der Absage an die Maschinenzivilisation und sein Geschöpf, die Materialschlacht des ersten Weltkrieges, vielmehr wird beides von Muthesius bejaht. Man kann den Unterschied auch politisch ausdrücken. Der Expressionismus hat eine starke handwerkliche Komponente und ist nicht abgeneigt, die Befreiung des Arbeiters darin zu sehen, daß er wieder instandgesetzt wird, sich in der Arbeit zu verwirklichen. Da sich der Arbeiter an der Maschine nicht unmittelbar verwirklichen kann, so weist Muthesius ihn einerseits auf die funktionale Schönheit der Technik hin. Andererseits will

Bild 11. Hamburg, Chilehaus von Fritz Höger 1922–23.

Bild 12. Wasserturm Wangerland, Fritz Höger 1934.

er dem Arbeiter seine Würde zurückgeben und zwar durch das Bewußtsein, an Resultaten mitzuwirken, so groß und so neuartig, daß das Handwerk ihnen nichts zur Seite zu stellen hat.

Fritz Schumacher, seit 1909 Stadtbaudirektor in Hamburg, trat für eine Wiederbelebung des in Norddeutschland traditionellen Backsteinbaus ein. Der Holsteiner Architekt Fritz Höger wandte die traditionelle Backsteinbauweise für expressive und dynamisch gesteigerte Bauformen an, wie beim in Hamburg 1922/23 entstandenen „Chilehaus", welches wie ein Schiffsrumpf vorstößt. Die puritanische Schlichtheit der gleichmäßig gegliederten Fensterbänder steht allerdings der Neuen Sachlichkeit nahe. Andererseits kam der dynamischen Baugesinnung des Expressionismus das plastisch formbare Baumaterial Beton entgegen. Viele Elemente des „Chilehauses" finden sich auch in dem als Arbeitsbeschaffungsmaßnahme 1934 von Höger errichteten Wasserturm in Friesland wieder.

Eine gewisse Anlehnung an das Chilehaus zeigt dann auch der von Peter Giesenhagen entworfene Wasserturm in Preetz (Schleswig-Holstein).

Das Rathaus von Rüstringen – Wilhelmshaven (1928/29) mit dem mächtigen Kubus des Turmes, der als Wasserturm dient, ist ineinandergesetzte Blockhaftigkeit. Der Wasserturm hat sicher „zwangsmäßig" die architektoniche Konzeption beeinflußt. Dieser Rathausbau nimmt Formideen auf, die Höger schon beim Entwurf des Lyzeums in Hamburg-Eppendorf bewegt hatten. Aber trotz aller elementarer Stereometrie war auch an diesem Rathaus ein feines Klingen in den Stäbungen der beiden Flügel, in der Durchstäbung der Turmstirn und der Klinkermauerung und hatte eine zwar verhaltene, aber zarte Lebendigkeit. In seinem Ausdrucksdrang hat der Expressionismus oft surreale und utopische Züge. Die dynamische Form erscheint oft wichtiger als die praktische

Bild 13. Preetz (Schleswig-Holstein), Wasserturm von Peter Giesenhagen 1928/29.

Funktion. Das Bestreben, ein Bauwerk als eine in sich geschlossene organische Struktur aufwachsen zu lassen, ist ein typisch expressionistischer Zug. Mit diesem Bestreben steht der Expressionismus in radikalem Gegensatz zum Funktionalismus der gleichzeitigen Bauhauskunst.

Einen weiteren neuen Impuls gab der 1907 gegründete Deutsche Werkbund, der als Mittler zwischen Kunst und Produktion unnötiges Schmuckwerk zu überwinden suchte zugunsten des Funktionsausdruckes von Bau- und Gebrauchsformen. Er war eine Arbeitsgemeinschaft von Formgestaltern, die auf Veredelung und Zweckgerechtigkeit von Bauten, Einrichtungen und Gebrauchsformen aus waren und den Alltag mit Gestaltkultur durchdringen wollten.

Der internationale Stil ist jene funktionsgerechte Architektur des 20. Jahrhunderts, die auf jede Anlehnung an historische Stile und Ornamente und Profilierung verzichtet und klare kubische Formen mit großen Fensterfronten bevorzugt. Die Bezeichnung ist immer wieder angegriffen wor-

Bild 14. Wilhelmshaven, Rathaus Rüstringen-Wilhelmshaven von Fritz Höger (1928/29), Trinkwasserspeicher im Turm.

Bild 15 a. Alfeld (Leine), Fabrik Fagus von Walter Gropius und Adolf Meyer 1911/16.

Bild 15 b. Schornsteinbehälter.

den, seit sie zum erstenmal in dem Buch von Henry-Russel Hitchcock und Philip Johnson: The International Style, Architecture since 1922 auftrat. Der Internationale Stil entstand schon kurz nach der Jahrhundertwende. So geben Walter Gropius, der bei P. Behrens gearbeitet hatte, und Adolf Meyer der von ihnen 1911/1916 gebauten Fabrik Fagus die Form eines allseits betrachtbaren Kubus. Der Brauchwasserbehälter wird als Schornsteinbehälter ausgeführt. Der Arbeitsprozeß vollzieht sich nicht mehr hinter düsteren Mauern, sondern bietet sich der Öffentlichkeit dar. Die Faguswerke sind auch der erste Bau, bei dem die Stahlskelettkonstruktion nicht nur die Einheitlichkeit des schmucklos reinen Baukörpers bestimmt, sondern bei dem die Glas-Stahl-Wand lediglich als Außenhaut erscheint, wo statt der traditionell massiven Wände zwei Glasflächen zusammentreffen. Der Internationale Stil verbreitete sich seit den 20er Jahren zunächst in Mitteleuropa, etwas später auch im übrigen Europa. Ein amerikanischer Vorläufer war Frank Lloyd Wright, der ein Beispiel weitgehender Freiheit der Anordnung bei strikter Entwicklung aller Bauelemente aus Konstruktion und Funktion gegeben hat.

Nach dem 1. Weltkrieg trug die Desillusion bei den fortschrittlich gesonnenen Geistern der Republik entschieden zur Entstehung der „Neuen Sachlichkeit“ bei, in der ein großer Teil der expressionistischen Vorkriegsströmung einfloß. Die abstrakten Ideale der holländischen De Stijl-Bewegung der 20er Jahre trafen sich mit den Ideen des 1919 von Gropius gegründeten „Bauhauses“ und von Le Corbusier in Paris.

Das „Bauhaus“ erstrebte eine kompromißlose „Architektur des industriellen Zeitalters“. Gegen die rationalen, baugeometrischen Doktrinen des Bauhauses grenzten sich die Mitglieder der Architektengruppe „Der Ring“ 1924 ab, dessen Hauptprogrammpunkt nach Häring das „organische

Bauen“ war, das die Form aus der Bauaufgabe entwickelt. Die Stilgegensätze innerhalb des Neuen Bauens verloren nach und nach an Schärfe. Unter dem Begriff „Neues Bauen“ wird das Bauen des 20. Jahrhunderts verstanden, soweit dieses nicht durch historische Stile bedingt wird. Der Begriff wurde 1926 von Häring geprägt. Unter dem Nationalsozialismus konnte sich in Deutschland nur seine technische Seite fortentwickeln, die auch nach Kriegsende für das Bauen bestimmend blieb. Nachdem man in den ersten dreißiger Jahren durch systematische Vereinfachung der Formen bei Wand und Körper, durch funktionsgerechte Gliederung des Inneren wie des Äußeren und durch Verwendung neuer Baustoffe zu einem konstruktiv sachlichen Baustil gekommen war, beginnt man sich Mitte der dreißiger Jahre um eine Durchbildung des Baukörpers zu bemühen, „um die Monotonie allzu großer Fensterflächen zu vermeiden“ (Mies van der Rohe). Man weicht von dem strengen Rasterschema ab und gibt der Außenwand durch vor- und zurückspringende Elemente sowie unterschiedliche Fensterformen eine gewisse Strukturierung.

Bild 16. Flensburg, Wasserturm, von Fritz Trautwein und der Phillipp Holzmann AG (1961); Aufnahme Weber.

Neben dem rationalen und fast ausschließlich mit Kuben arbeitenden Internationalen Stil traten von dessen Beginn an Tendenzen auf, die auf plastische bewegte Gestaltung der Bauten in der Außen- und Innenform zielten. Für diesen „plastischen Stil“ ist das bevorzugte Baumaterial Beton. Neben der Perfektionierung des Stahlskelettbaues wurden auch andere Konstruktionstechniken entwickelt und angewendet, wie z. B. Schalenstrukturen aus geschweißtem Blech.

Im allgemeinen suchte man im 19. und zu Beginn des 20. Jahrhunderts das äußere Bild von Wassertürmen dem Zeitgeschmack und der jeweiligen Architekturrichtung anzupassen. Neue Konstruktionsgebilde wurden in ihrer Form umhüllt und sie so weitgehend kaschiert. Eine gewisse Gestaltungsfreiheit zeigte sich, als sich der Intze-Behälter durchsetzte, bei dem besonders der Turmkopf betont wurde. Die ersten Wasserhochbehälter als reine Funktionsbauten fanden sich vorwiegend bei Industrie- und Eisenbahntürmen, deren Ausführung weitgehend von wirtschaftlichen Gesichtspunkten bestimmt wurde. Erst langsam entwickelte sich auch bei der öffentlichen Wasserversorgung bei den Hochbehältern eine eigene Formsprache. Man ging zu einer der Funktion entsprechenden äußeren Gestaltung über, die die Form des Behälters nicht verbarg, sondern bewußt hervorhob.

Typisch für diese Entwicklung eines Betonbauwerkes ist der Wasserturm in Flensburg des Hamburger Architekten Professor Fritz Trautwein und der Bauunternehmung Philipp Holzmann AG

Bild 17. Horsens/Dänemark, 2000 m³ Stahlwasserturm von Kjeld Thomsen und Marcel Hansen der International Steel Consulting A/S Kopenhagen, Architekt Holger Koch Nielsen der I. Krüger A/S (1983).

(1961). Der Schaft des Wasserturmes entspricht einem rotierenden Parabelabschnitt um eine Vertikale. Die parabolische Schaftform ist durch dünne Stahlbeton-Fertigteilstützen betont und gegliedert.

Ein Stahlbehälter mit einem Fassungsvermögen von 2000 m^3 wurde von Holger Koch Nielsen für die Wasserversorgung nahe der dänischen Stadt Horsens in Jütland entworfen (1983). Er wurde in der Form, ähnlich einem geschliffenen Diamanten, gestaltet, auf einer relativ schlanken Zentralsäule mit polygonalem Kastenquerschnitt und acht Rohrsäulen. Durch die Rohrsäulen wird eine erhebliche Erhöhung der Horizontalsteifigkeit des Gesamtsystems erreicht.

Der Bau von Wassertürmen hat sich in den letzten 100 Jahren vom angepaßten Turm zu einem Bauwerk eigenständigen Stiles entwickelt. Dabei zeigt die Geschichte, daß landschaftliche bzw. städtebauliche Anforderungen durchaus erfüllt werden konnten.

Literatur

Angelika Apel und Walter Mevius: Wassertürme in Europa 1 bis 4; Fachliche Berichte der Hamburger Wasserwerke GmbH, 1983 bis 1985

Bernhard und Hilla Becher: Die Architektur der Förder- und Wassertürme: Prestel-Verlag, München 1971

Leonardo Benevolo; Geschichte der Architektur des 19. und 20. Jahrhunderts; Verlag Georg D. W. Callwey, München 1964

Michael Brix/Monika Steinhauser: „Geschichte allein ist zeitgemäß" Historismus in Deutschland; Anabas-Verlag Günter Kämpf KG, Lahn–Gießen 1978

Tilmann Buddensieg und Henning Rogge: Die Nützlichen Künste; Quadriga-Verlag, Berlin 1981

Theodor Heuss: Hans Poelzig – Lebensbild eines Baumeisters; Ernst Wasmuth-Verlag, Berlin 1939

Horst W. Janson: Du Monts Kunstgeschichte unserer Welt. Verlag M. Du Mont Schauberg, Köln 1962

Alfred Kamphausen: Der Baumeister Fritz Höger; Karl Wachholtz Verlag, Neumünster 1972

W. Kümmel: Die Wasserkunst in Altona; Perthes-Besser & Mauke, Hamburg 1861

R. Neumeister: Deutsche Konkurrenzen; Bd. XXII, Heft 3/4, Seemann u. Co. Verlag, Leipzig

M. Marc Neveux: Évolution de la technique et de l'esthétique des châteaux d'eau: Techn. et sciences municipales (1966) 225–254

Julius Posener: Vorlesungen zur Geschichte der neuen Architektur; ARCH + Heft 48

Julius Posener: Hans Poelzig; Gebr. Mann Verlag, Berlin 1970

Frank Russel: Architektur des Jugendstils; Deutsche Verlags-Anstalt, Stuttgart 1981

Wilhelm Salisko: Außengestaltung von Wassertürmen; GWF Wasser-Abwasser 110 (1969), 713–715

Rolf Seyfarth: Neuere Gesichtspunkte beim Entwurf von Wassertürmen; gwf-wasser/abwasser 119 (1978), 110–117

Rainer Slotta: Einführung in die Industriearchäologie; Wissenschaftliche Buchgesellschaft Darmstadt, 1982

Rainer Slotta: Technische Denkmäler in der Bundesrepublik Deutschland, Bd. 1 und 2; Bergbau-Museum Bochum, 1975 bzw. 1977

Kjeld Thomsen und Marcel Hansen: 2000 m³ Water Tower in Sted at Tyrsted-Denmark; ISC-Bulletin Nr. 16, Dec. 1983

Otto Ziegler: Über die Gestaltung von Wassertürmen; Baugilde 1936, S. 230–237

Photo: VDI-Archiv Düsseldorf

Otto Intze
Wasserturm-Pionier, Wasserbauer und Statiker

Bernd Gockel

Mit dem Auf- und Ausbau der „modernen" öffentlichen und zentralen Wasserversorgungsanlagen in der zweiten Hälfte des letzten Jahrhunderts entstanden, vor allem in flachem Gelände, Wassertürme in großer Anzahl. Für diese Türme gab es keine Vorbilder; es mußte Neuland beschritten werden, obwohl es „Turmbehälter" schon seit Jahrhunderten gab. Der Nutzinhalt dieser Turmbehälter war jedoch sehr klein, selten über ein Kubikmeter. Zum Ausgleich der Schwankungen zwischen Wasserförderung und Wasserverbrauch waren sie nicht geeignet. Der erste Wasserturm mit einem Fassungsvermögen von immerhin 2350 m^3 und einem Behälterdurchmesser von 30,40 Meter entstand nach den Entwürfen von Lindley in den Jahren 1853 bis 1855 am „Berliner Tor" im Hamburg. Es war ein runder „Flachbodenbehälter", der aus gußeisernen Platten zusammengesetzt war. Lindley stellte diesen Behälter, der eine Wassertiefe von etwa 3 Meter aufwies, auf einen kräftigen, in Pfeilern aufgelösten Unterbau von Mauerwerk aus hartgebrannten Ziegeln. Die Biegespannungen in der Bodenplatte konnte er – den Festigkeitseigenschaften des Gußeisens entsprechend – durch das enge Pfeiler-Gerüst klein halten.

Dieses Konstruktions-Beispiel war sehr aufwendig; für hohe Wassertürme war es praktisch nicht anwendbar. Die erste, wesentliche Verbesserung gelang mit der Entwicklung der runden „Hängeboden-Behälter" mit innerem Druckring. Hier war der Boden kugelkalottenförmig ausgebildet. Biegespannungen traten (praktisch) nicht auf. Von großem Nachteil war jedoch, daß die Bleche für den Kugelboden beim Kümpeln gestreckt oder gedrückt werden mußten, was zu dieser Zeit hohe Kosten verursachte.

Die Lösung dieser statischen Probleme, die im In- und Ausland schon bald Stand der Technik wurde und über viele Jahrzehnte blieb, fand Otto Intze in Zusammenhang mit Untersuchungen von zwei Hängeboden-Behältern – eines Behälters in Halle und eines Behälters in Essen. Intze „verengte den Stützring gegenüber dem Manteldurchmesser und ordnete zwischen Mantel und Stützring einen Kegelboden, im Inneren des Stützringes aber einen nach oben gekehrten Kugelboden an. Dadurch erreichte er nicht nur, daß wegen des schmaleren Stützringes der bauliche Unterbau viel billiger wurde, sondern namentlich, daß alle waagerechten Kräfte sich aufhoben, wenn man nur den Durchmesser des Stützringes so wählte, daß der Außenkegel unter der Wasserlast die entgegengesetzte horizontale Kraft des Kugelbodens hervorrief. Hauptvorteil: Bei jedem Füllzustand des Behälters sind Formänderungen so gut wie ausgeschlossen, so daß die konstruktiv schwierig auszubildenden Kanten dicht bleiben ..." (Vergl. auch Seite 79).

Intze meldete diese Konstruktion, die er später verbesserte, zum Patent an. Die erste Baulizenz erhielten die Firmen F. A. Neuman in Aachen-Eschweiler und Bamag-Meguin in Berlin/Dessau. Die auch in ihrer Formgebung auffälligen Intze-Wassertürme schossen dann wie Pilze aus dem Boden. Die beiden genannten Lizenz-Firmen lieferten während der fünfzehnjährigen Geltungsdauer des Patents insgesamt 460 Flüssigkeitsbehälter nach dem Intze-System ab, darunter einen Behälter mit einem Nutzinhalt von 37000 m^3, der um die Jahrhundertwende in La Plata (Argentinien) zur Aufstellung kam. Die Eisenbahnverwaltungen im In- und benachbarten Ausland stellten sich fast ausnahmslos auf Intze-Behälter um und führten „Normalien" für die verschiedenen Nutzinhalte von 100 bis 800 m^3 ein. Lizenzbeziehungen entwickelten sich nach Ungarn, Italien, der Schweiz, den USA (Chicago); auch Firmen in Turin und in Bern stellten Intze-Behälter her.*)

Der Name Otto Intze ist jedoch nicht nur mit der weitgehend ausgereiften statischen sowie konstruktiven Entwicklung von Wasserbehältern aus Stahl verbunden, sondern z. B. auch mit seinen Arbeiten zur wasserwirtschaftlichen und versorgungstechnischen Bedeutung von Talsperren sowie zur Verbesserung der Standsicherheit von Gewichtsstaumauern. Aus seiner Feder stammen viele Gutachten und Veröffentlichungen, so z. B. 18 größere Arbeiten zum Thema „Öffentliche wasserwirtschaftliche Aufgaben". Im Jahre 1904 waren 12 Intze-Talsperren in Betrieb. Den Vollstau seines größten Werkes, der Urfttalsperre, erlebte er nicht mehr, ebensowenig die Vollendung der übrigen 10 im Bau begriffenen Talsperren im Bergischen Land, im Sauerland, in Schlesien und Böhmen sowie die 24 von ihm noch in der Planung begriffenen Stauanlagen. „Was Talsperren sind und was Talsperren bedeuten, weiß die Welt ... erst, seit Intze sie baute, zugleich Werke höchster Kunst und reichsten Segens." (VDI-Nachruf) Intze gilt als Begründer des neuzeitlichen deutschen Talsperrenbaus und der vorausschauenden wasserwirtschaftlichen Planung.

Dabei ist zu bedenken, daß z. B. der Begriff „Wasserhaushalt" noch völlig unbekannt war. Um den Eingriff in den Wasserhaushalt mit dem beabsichtigten Erfolg vornehmen zu können, bedurfte es einer sehr mühseligen und langwierigen Erforschung der wasserwirtschaftlichen Grundwerte für das betreffende Gebiet, denn zu dieser Zeit gab es praktisch keine Daten über die Abflußmengen, und Niederschlagsmessungen waren nur spärlich vorhanden.

Durch seine umfangreichen Untersuchungen und Berechnungen gelang es ihm auch, das Vertrauen an die Standsicherheit von Stau-

*) nach O. Schatz in Rheinisch-Westfälische Wirtschaftsbiographien, Münster, o. J.

mauern zurückzugewinnen, das durch viele Talsperrenbrüche in Spanien, Algerien und Frankreich sehr gelitten hatte.
Seinen weltweiten Ruf im konstrukiven Ingenieurbau gewann Intze durch eine Vielzahl konstruktiver Arbeiten, Entwürfe und Berechnungen, beispielsweise für die Werftanlagen von Blohm und Voss in Hamburg, für die „Kanonenwerkstatt V" der Firma Krupp in Essen, die Gute-Hoffnungshütte in Essen-Sterkrade, das Messingwalzwerk Koltschugin in Moskau sowie verschiedene Zuckerraffinerien in Valparaiso und Malmö. Auch schuf er die erste Datensammlung für Walzprofile. Er gilt als Initiator und war der spätere Mitherausgeber des „Deutschen Normalprofilbuch für Walzeisen" (1881).
Otto Intze wurde am 17. Mai 1848 in Laage (Mecklenburg) als Sohn eines Landarztes geboren. Seine Schulzeit verlebte er in Güstrow (Mecklenburg), wo er die „Oberrealschule" besuchte. Mit 17 Jahren ging er nach Rußland. Hier war er im Dienste einer britischen Firma beim Bau der Riga–Dünaburger-Eisenbahn praktisch tätig. Im Herbst 1862 kehrte er nach Deutschland zurück und begann ein vierjähriges Studium am „Königlichen polytechnischen Institut" in Hannover (Technische Hochschule Hannover), wo er bedeutende Lehrkräfte, deren Namen auch heute noch nicht vergessen sind, antraf: Ritter (Mechanik), Treuding (Wasserbau), von Kaven (Wege- und Eisenbahnbau). Intze belegte nicht nur die Fächer des Bauingenieurwesens, sondern auch des Maschinenbaus und der Architektur. In sämtlichen Fächern schnitt Intze in den Prüfungen hervorragend ab und beschloß sein Studium im Juli 1866 mit einer seltenen Auszeichnung: der „Silbernen Medaille mit Diplom".
Auf Empfehlung von Professor von Kaven war Intze anschließend – allerdings nur für eine kurze Zeit – Lehrer an der Herzoglichen Baugewerkschule in Holzminden/Weser. In diese Zeit fallen seine ersten wissenschaftlichen Aufsätze, z. B. der Zeitschriftenbeitrag „Elementare Berechnung der Dach- und Brückkonstruktionen", eine Arbeit, die zur damaligen Zeit ein Lehrbuch ersetzen konnte.
Wiederum auf Empfehlung von Kavens ging Intze im Juni 1867 zur Wasserbaudirektion nach Hamburg, wo er für Dahlman als bauleitender Ingenieur für Hafenanlagen sowie für Straßen, Brücken und Schleusen tätig war.
In den Jahren 1869/1870 entstand die „Königlich technische Hochschule" zu Aachen. Der Gründungsrektor war von Kaven. Im Alter von nur 26 Jahren erhielt dort Otto Intze den ordentlichen „Lehrstuhl für Wasserbau und Baukonstruktionslehre". Der Lehrauftrag war mit der Weisung verbunden, im Nebenberuf als freischaffender Ingenieur tätig zu sein, um Lehre und Praxis besser miteinander verbinden zu können. Diese günstige Konstellation schöpfte Intze aus: Er entwarf mit gleicher Liebe das einfache Wasserrad wie später seine Großkraftwerke, das kleine Flußwehr wie seine Sperrmauern, das Wohnhaus wie die Fabrikhalle, den Schornstein wie den Wasserturm. Seine Entwürfe gingen stets bis in die Einzelheiten, seine Skizzen waren, wie seine Mitarbeiter zu berichten wußten, mitunter schon zur Ausführung reif.
Intze blieb der Stadt Aachen und vor allem der Technischen Hochschule treu. Allen Versuchen, ihn für andere Hochschulen zu gewinnen, hat er widerstanden. (Bereits im Jahre 1875 erhielt er einen Ruf an die TH Braunschweig, 1889 an die TH München, 1894 an die TH Berlin.) Von 1895 bis 1898 war Intze Rektor der TH Aachen. „Ein glänzender Rektor, umkleidet mit dem Nimbus, der ihn schon damals umgab." Groß ist auch die Liste der Ehrungen, die ihn noch zu seinen Lebzeiten erreichten, wie die Verleihung des „Roten-Adler-Ordens II. Klasse mit Eichenlaub", der Ernennung zum Dr.-Ing. h. c. durch die TH Dresden (1902) und die Ernennung zum Mitglied des Preußischen Herrenhauses (1898).
Otto Intze starb im Dezember 1904 und wurde auf dem Friedhof in Waals, einem kleinen holländischen Genzort in der Nähe von Aachen, beigesetzt.

Lit.:

VDI-Nachruf in Zeitschrift des VDI, Januar 1905 (mit umfangreichem Literaturverzeichnis)

O. Schatz: Otto Intze, Rheinisch-Westfälische Wirtschaftsbiographien, Münster, o. J.

W. Borchers, Gedächtnisrede in der TH Aachen, 1905

Das Gas- und Wasserfach, 1968, Seite 1037; 1952, Seite 337

Journal für Gasbeleuchtung und Wasserversorgung, 1893, Seite 184; 1896, Seite 266; 1896, Seite 457; 1898, Seite 664; 1902, Seite 893

O. Intze: Talsperrenanlagen im Rheinland und Westfalen, Schlesien und Böhmen, Berlin 1904 ?

A. Mantsch: Otto Intze, Geistige Welt, 1929

Mitteilungen des Historischen Institutes der Rheinisch-Westfälischen Technischen Hochschule Aachen

Mitteilungen der Firma F. A. Neuman, Eschweiler

Bilddokumente historischer Wassertürme

Bernd Gockel

Einführung

Deutschland ist – wie die Flachlandgebiete in den Nachbarländern – reich an historisch interessanten Wassertürmen. In dieser Bilddokumentation wird nur ein kleiner Teil des noch vorhandenen Bestandes vorgestellt. Eine vollständige Erfassung gibt es nicht. Die Auswahl erfolgte nicht systematisch; sie ist u.a. auch von mancherlei Zufälligkeiten geprägt. So ist es beispielsweise nicht gelungen, verwertbare Unterlagen und anderes Material aus der DDR und dem heutigen Polen zu bekommen. Das Geschichtsbewußtsein, die Besinnung und auch der Stolz auf die Leistungen der Väter moderner Wasserversorgungen tritt hier offenbar noch zurück hinter anderen Erwägungen.

Ohne die hilfreiche Unterstützung von Freunden sowie den Inhabern und Eigentümern der vorgestellten Wassertürme wäre diese Dokumentation nicht möglich gewesen. Diesen Helfern sei auch an dieser Stelle gedankt. Für mißverständliche Darstellungen oder gar Fehler fühle jedoch ich mich verantwortlich, ebenso für die Auswahl der Fotos, die vielleicht noch zu verbessern gewesen wäre.

Über viele Jahrzehnte – fast ein gesamtes Jahrhundert – waren Wassertürme notwendige und integrale Bestandteile jeder Wasserversorgung im Flachland. Da sie immer an exponierter Stelle standen und aus der Bebauung des Siedlungsgebietes herausragten, wurden sie in aller Regel repräsentativ gestaltet. In ihnen dokumentiert sich nicht nur der zeitbedingte Gestaltungswille des planenden Architekten, sondern auch der Bürgerstolz. Sie traten plötzlich in ganz ungewöhnliche Konkurrenz zu der herkömmlichen Architektur, zu Wehr- und Kirchtürmen. Vor allem die älteren Wassertürme lassen das Ringen der Architekten um die Gestaltung dieser Zweckbauten erkennen: Historisierende und exotische Monumente, Wohlstandsfassaden im Look erfolgreicher Kaufleute und auch Fassaden, die eher die Funktion der Anlage verkleiden, befinden sich ebenso darunter, wie Stahlgerüst-Bauten mit hohem technischen wie ästhetischen Reiz. Diese Wassertürme sind Dokumente unserer technischen Vergangenheit, der Kulturtechnik.

Der Begriff „Wasserturm“ wurde in dieser Dokumentation weit gefaßt. In einigen Fällen werden hohe Mehrfunktionsbauten vorgestellt, in denen ein Wasser-Hochreservoir untergebracht wurde. Bei anderen Bauwerken fehlt der häufig als typisch empfundene Wasserturm-Schaft völlig, wie beispielsweise bei den Wasser-Hochbehältern Bochum-Weitmar, Göttelborn und Hannover-Lindener Berg. Entsprechendes gilt für die Türme, die ihre ursprüngliche Funktion verloren und heute nur noch anderweitig genutzt werden, wie z.B. die Wohntürme in Bramsche und Duisburg-Hohenbudberg. Sie alle sind Beispiele einer ungewöhnlich vielschichtigen Aufgabenstellung; sie dürfen in dieser Bilddokumentation daher nicht fehlen.

B. Gockel

Wasserturm Mannheim – kolorierte Entwurfszeichnung
Photo: Stadtwerke Mannheim AG/Fokina, Mannheim

Augsburg – Jakobervorstadt

Zur Wasserversorgung der „Jakobervorstadt“, dem Gewerbeviertel im Osten der Reichsstadt, errichtete Elias Holl, Augsburgs berühmter Stadtbaumeister, 1609 zwei gleiche „Brunnenwerke“. Vom Stadtgraben beaufschlagte Wasserräder trieben einfachwirkende Kolbenpumpen an. Die Werke lieferten in der Stunde ca. 30 m^3 Wasser und waren 270 Jahre lang in Betrieb (W. Ruckdeschel). Beide Brunnenwerke waren mit Wassertürmen ausgerüstet. Sie galten als „Schatzbehälter des Lebensguts Wasser; ihre außenarchitektonische Gliederung scheint auf das hochgeführte Steigen und ausgespendete Fallen des Wassers anzuspielen“ (N. Lieb). Ein anderer Autor (J. Baum) beschreibt die Türme so: Sie „steigen quadratisch bis zum Dache empor, die untere Hälfte ist einfach rustiziert und schließt in einem breiten Gesims. Darauf erhebt sich ein gerahmter Sockel, der ein breites, gequetscht wirkendes Geschoß trägt, auf dem ein höheres aufsitzt. Beide werden von Rahmenpilastern eingefaßt. Die unteren haben keine Kapitäle, die oberen statt ihrer Triglyphen. Ein überschweres dorisches Gebälk mit Tympanon schließt jede Seite des Baues ab. Darüber erhebt sich eine breite, vierkantige Haube. Das Fenster im unteren Geschoß des Oberbaues hat Ohrenrahmen; das im oberen, das bis an das Gesims hinaufgerückt ist, außerdem noch einen durchbrochenen Giebel als Aufbau.“
Über Größe und Werkstoff des Wasserbehälters, der sich im obersten der drei Turmgeschosse befunden haben muß, ist nicht viel bekannt. Caspar Walter erwähnt nur, daß die Steigleitung einen Durchmesser von $2^3/_4$ Zoll (67 mm) gehabt und daß sich der Wasserbehälter in einer Höhe von ca. 45 Schuh (13,3 m) befunden habe. Der Durchmesser der Falleitung habe 4 Zoll (98 mm) betragen. Die Verteilungsleitungen beider Jakober-Brunnenwerke konnten zusammengeschaltet werden. Im Versorgungsgebiet lag die weltberühmte Fuggerei, die älteste Sozialsiedlung der Welt (1519).
Die beiden Zwillingswerke waren bis zum Jahre 1879 in Betrieb. Das Obere Wasserwerk wurde nach 1900 abgebrochen. Vom Unteren Werk am Oblatterwall wurde nur der ehemals innerhalb der Stadtmauer befindliche Teil des Werkhauses mit dieser beseitigt. Der größere Teil mit dem charakteristischen Wasserturm blieb erhalten und ist für die Zukunft wohl ungefährdet. Im Baubestand vor kurzem renoviert, steht er heute kontrastkräftig im romantischen Grüngürtel als Denkmal Augsburger Kultur- und Technikgeschichte.

Photo: W. Ruckdeschel, Augsburg

Lit.:
In weiten Passagen zitiert nach W. Ruckdeschel, Architektur und Technik trefflich vereint – Die Jakober-Brunnenwerke von 1609 zu Augsburg, in Sanitär- und Heizungstechnik, H. 3, 1981

Schwetzingen

Wasserturm des oberen Schloßwasserwerkes Photo: Energie- und Wasserwerke Rhein-Neckar AG, Mannheim

Schloß und Garten in Schwetzingen waren im 18. Jahrhundert der festliche Rahmen für den sommerlichen Aufenthalt der kurpfälzischen Hofgesellschaft aus Mannheim. Als wesentlicher Bestandteil des großartigen Parks galten, wie zu dieser Zeit üblich, die Wasserspiele. Zur Versorgung der Zierbrunnenanlagen wurde im Jahr 1755 ein neues Wasserwerk gebaut, dessen sieben Pumpen durch zwei Wasserräder, die vom Leimbach angetrieben wurden, in einen Wasserbehälter förderten. Die Wasserversorgungsanlage sorgte jedoch nicht nur dafür, daß der Schloßpark und die Wasserspiele ausreichend Nutzwasser erhielten; ein Historiker weiß auch zu berichten, daß das Wasser „stets bei der Tafel Carl-Theodors getrunken" worden sei.
Der Turmbehälter wurde jedoch offenbar nicht zeitgleich mit dem Wasserwerk fertiggestellt. Erst aus dem Jahre 1771 wird berichtet, daß man sich entschlossen habe, den (neuen) Turm zu bauen, der eine Grundfläche von 15 × 15 m aufweisen und 24 m hoch sein sollte, „ein sehr beachtliches und kostspieliges Werk. Aber zugleich auch sehr nötig, um die Wassermengen und die Höhe der Fontäne zu gewährleisten." Im Jahre 1774 scheint der Turmbehälter vollendet gewesen zu sein.
Der Turmbehälter war aufgestellt in einem Gebäude, in dem sich auch das Pumpen- und Brunnenhaus sowie die Wohnungen für das Personal befanden. Während das Pumpen- und das Wohnhaus parallel zum Leimbach liegen, fließt der Bach unter dem Wasserturm hindurch. Von besonderem Interesse und in eindrucksvollen Teilen noch vorhanden sind die Antriebs- und Übersetzungsmaschinen des Pumpwerkes, zum Beispiel die mächtigen Wasserräder, die 6,50 m langen Wellen und die Zahnräder, die – einschließlich der Zähne – ausschließlich aus Holz gefertigt worden sind.
Zum Turmbehälter bestanden drei Steigleitungen. Für die Druckleitungen zum Schloß sind Bleirohre verwendet worden. Im 19. Jahrhundert wurden diese Bleirohre durch gußeiserne Flanschenrohre ersetzt.
Die Wasserspiele sind heute wie früher zu besichtigen und beleben den Schloßpark. Das benötigte Wasser liefern allerdings die Stadtwerke Schwetzingen. Auch die Maschinenanlage des historischen „Oberen Wasserwerkes" existiert noch zu einem großen Teil. Es ist zu hoffen, daß diese Förderanlagen, Zeugen großer Leistungen einer vergangenen Epoche, erhalten und der Besichtigung zugänglich bleiben.

Lit.:
H. Weiss, Frühe Wasserversorgung in der Kurpfalz, am Beispiel des Schwetzinger Schlosses, Zweckverband Wasserversorgung Kurpfalz, Heidelberg 1984
R. Slotta, Technische Denkmäler der Bundesrepublik Deutschland, Bochum 1977

Oberes Wasserwerk mit Wasserbehälter, Schnitt Photo: H. Weiss

WW Wasserwerk
WT Wasserturm
1. Brunnengalerie
2. Druckpumpe
3. Treibräder
4. Wasserradwerk
5. Wasserleitung zum Turm
6. Steigleitung zum Turm
7. oberer Wasserbehälter
8. unterer Wasserbehälter
9. Traggewölbe
10. Wasserleitung zum Garten

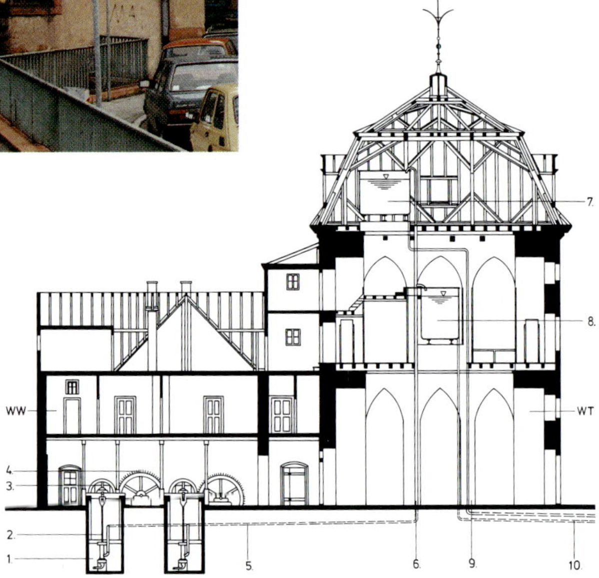

Münster/Westf. – Buddenturm

Der Buddenturm ist der einzige erhaltengebliebene Festungsturm der ersten Stadtbefestigung von Münster in Westfalen aus der Mitte des 12. Jahrhunderts. Er war bis 1879 mit einem 10 m hohen Kegeldach geschlossen. Im Jahre 1598 war in dem Buddenturm eine Pulvermühle eingerichtet. Zu Beginn des siebenjährigen Krieges (1756) diente er als Pulvermagazin. Im Jahre 1777, in der Franzosenzeit, wurde der Turm zur Unterbringung der Väter der Konskriptionspflichtigen und der Geistlichen benutzt. Um die Mitte des 19. Jahrhunderts war er Militärgefängnis. Nach dieser wechselvollen Geschichte diente das Bauwerk von 1880 bis 1903 als Wasserturm der öffentlichen Wasserversorgung.
Dazu ersetzte die Stadt das Kegeldach, baute den Turm um 9 m höher, installierte einen Wasserbehälter und setzte einen Zinnen-Kranz obendrauf. Gleichzeitig wurde das Treppentürmchen – zur unteren Hälfte von 1629, die obere Hälfte stammte aus dem 18. Jahrhundert – abgebrochen. Mit diesem Wasserturm wurde ein Speicherraum von 500 m³ geschaffen. Durch den 1903 neu erbauten Wasserturm auf der Geist mit 2500 m³ Speicherraum wurde der Buddenturm bedeutungslos. Eine Bombe zerstörte die Zinnen im Kriege, so daß der Turm heute wieder sein Kegeldach hat.
Über die Bedeutung des Namens „Buddenturm" gibt es verschiedene Deutungen. Wahrscheinlich leitet er sich von einem Schreckgespenst ab „Waockte men, de Buddekerl (oder Bullekerl) soll di äß halen!". (Frei übersetzt: Du wirst schon sehen, der Geist des Buddenturms wird dich noch holen!)

W. Mevius

Lit.:
P. Weiland, Alt-Münsters Stadttore und Festungswerke, Das schöne Münster, 12 (1940), S. 46

Buddenturm um 1880 ▷

Buddenturm im Jahre 1984 ▷▷

Photos: W. Mevius

Bremen – Auf dem Werder

Der mächtige Wasserturm, weithin sichtbar, steht inmitten der 1983 stillgelegten Wassergewinnungs- und Aufbereitungsanlagen, die nach dem deutsch-dänischen Krieg im Jahre 1866 auf einem angeschütteten, hochwasserfreiem Gelände „Auf dem Werder" für die erste zentrale Wasserversorgung Bremens begonnen worden sind. Die technische Planung des Wasserbehälters geht zurück auf den Bremer Oberbaurat Fr. R. Th. Berg; die architektonische Gestaltung des Wasserturmes mit dem Kesselhaus und dem zugehörigen Wohngebäude lag in den Händen des Bremer Architekten J. G. Poppe.

Der Wasserturm hat gewaltige Abmessungen. Der fast quadratische Grundriß weist eine Kantenlänge von 35 m bzw. 34 m auf; die Gesamthöhe beträgt etwa 47 m. Die beiden Wasserkammern des Flachbodenbehälters befinden sich im 5. Geschoß, also in Höhe des äußeren Abschlußgesims. Sie haben insgesamt eine Grundfläche von 488 m^2. Der höchste Wasserstand beträgt 3,50 m; der Gesamtinhalt 1700m^3.

Das Bauwerk diente allerdings nicht nur der Wasserspeicherung; im unteren Teil waren z. B. auch die zwei dampfbetriebenen Pumpen eingebaut, die das Trinkwasser in den Behälter einspeisten. Die historischen Aufbauten, die die vier achteckigen Türmchen nach oben abschlossen und manchem Bremer Bürger als „die Füße der umgestülpten Kommode" galten, sind heute nur noch teilweise vorhanden. Diese Ecktürme haben nicht nur gestaltende Funktionen; ein Eckturm dient als Schornstein, zwei nehmen die Steig- und Falleitungen auf, ein Eckturm dient noch heute als Treppenhaus zur Verbindung der fünf Bauwerksgeschosse.

Das Bauwerk stand auf einem Pfahlrost von 1684 Holzpfählen, die allerdings vor rund 25 Jahren durch Betonfundamente ersetzt werden mußten. Das Mauerwerk des Turms besteht aus roten Backsteinen mit Kalkmörtel. Sämtliche Gesimse sind aus profilierten Sandsteinquadern, die aus unterirdischen Brüchen der Porta Westfalica mit dem Schiff herantransportiert worden sind.

Durch einen Bombentreffer wurde der Nordturm im letzten Krieg bis in eine Höhe von etwa 16 Metern zerstört. Dabei kamen 14 Menschen ums Leben, die sich hinter dem dicken Mauerwerk in Sicherheit wähnten. Bei der Reparatur des Bombenschadens hielt man sich nicht so sehr an das Vorbild, sondern ersetzte den zerstörten Teil durch ein viereckig erscheinendes Turmteil mit vollkommen ebenen Flächen.

Der Wasserturm kann sich auch heute noch mit den „alten", mittelalterlichen und das Stadtbild prägenden Kirchen- und Profanbauten der Hansestadt messen. Er „ist das letzte Zeichen des Jahrhunderte währenden Bemühens des Senats und der Bürgerschaft, ein funktionstüchtiges Versorgungsnetz aufzubauen. Für die Entwicklung ist er damit zu einem wichtigen Zeugen der Stadtgeschichte und -entwicklung geworden."

Der Wasserturm ist auch heute noch in Betrieb und steht unter Denkmalschutz.

Ansicht, Bauzeichnung aus dem Jahre 1873
Photo: Stadtwerke Bremen AG

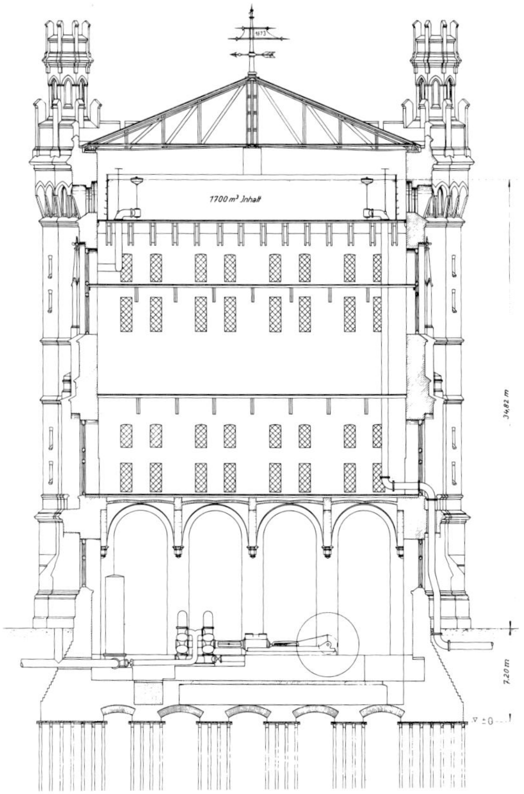

Schnitt, Bauzeichnung aus dem Jahre 1873
Photo: Stadtwerke Bremen AG

Lit.:

A. Ohl, Die Wasserversorgung der Freien Hansestadt Bremen, Bremen 1973

A. Ohl, Das Bremer Wasserwerk. Das Flußwasserwerk „Auf dem Werder", in: Die Weser 45, 1971, S. 155

R. Slotta, Technische Denkmäler in der Bundesrepublik Deutschland, Teil 2, Bochum 1977

Mitteilungen der Stadtwerke Bremen AG aus dem Jahre 1984

E. Götze, Wasserversorgung von Bremen, Journal für Gasbeleuchtung und Wasserversorgung, H. Februar 1907

Wasserturm auf dem Werder
Photo: Stadtwerke Bremen AG

Technische Angaben:
Baujahr: 1872/1873
Nutzinhalt: 1700 m^3
Höhe des höchsten Wasserspiegels über Gelände: 34,80 m

Hannover – Lindener Berg

Der Trinkwasserbehälter „Lindener Berg" befindet sich auf der einzigen im damaligen Stadtgebiet gelegenen Höhe. Gleichzeitig mit dem Aufbau einer zentralen Wasserversorgung in Hannover wurde der Behälter gebaut. Unter Leitung des Architekten und Maurermeisters Strasser aus Hannover wurde das Bauwerk innerhalb eines Jahres fertiggestellt. Da man jeden Zentimeter Höhe des Berges ausnutzen wollte, konnte der Behälter nicht im Boden verschwinden; er wurde vielmehr unmittelbar auf dem Kalkfelsen erbaut, der direkt unter einer dünnen Bodenschicht angetroffen wurde. Man verzichtete auf eine Überschüttung, da der Boden hierzu hätte herangefahren werden müssen und weil die im Eigentum befindliche Fläche für Überschüttungen zu klein war. Ein weiteres Argument gegen eine Überschüttung war die Kontrollmöglichkeit der Mauern. Hierbei berief man sich auf Erfahrungen bei Talsperren in Belgien und Frankreich.
Es wurde also ein Behälter vollständig frei über dem Erdboden aus einem Mauerwerk von hartgebrannten Klinkern errichtet, der wie eine Burg aussieht. Veröffentlichungen lassen nicht erkennen, ob über dieses Erscheinungsbild Überlegungen angestellt und Alternativen vorgestellt wurden. Es scheint, daß die Form und der gestalterische Aufwand mit allen Zierformen, Glasuren, Zinnen und Türmchen als selbstverständlich empfunden wurde.
Das Profil der Umfassungsmauern ist ein Trapez, dessen innere Seite vertikal ist. Die Mauern haben am Fuß eine Dicke von 4,5 m und in Höhe des Gewölbekämpfers von 2,25 m.

Erhebliche Schwierigkeiten bereitete beim Bau das Heranschaffen von Wasser. Dieses mußte aus Privatleitungen herangeführt werden, wobei 24 Pf/m³ bezahlt werden mußten. Insgesamt wurden 2360 m³ Wasser geliefert. Die Verteilung des Wassers auf der Baustelle geschah über Gummischläuche mit verschließbaren Hähnen. Zwischen den beiden Wasserkammern befand sich ein Wasser-Vorratsbehälter von 6,5 m³ Inhalt, den man mit dem wachsenden Bau in die Höhe mitnahm.
Seit 1977 war der Behälter außer Betrieb. Undichtigkeiten in den Umfassungsmauern hatten zu erheblichen Leckagen und zu bakteriologischen Beeinträchtigungen des Wassers geführt. Die Entwicklung des Trinkwasserverbrauchs zeigte jedoch, daß zur Deckung der Verbrauchsspitzen im Innenstadtbereich weiterhin ein entsprechender Speicherraum benötigt wurde. Ein Abriß des Bauwerkes und sein Ersatz durch einen Neubau waren wegen seiner Ausweisung als bauhistorisches Denkmal nicht möglich.
Aus diesen Gründen entschlossen sich die Stadtwerke Hannover für einen Behälterneubau innerhalb der vorhandenen Umfassungsmauern bei gleichzeitiger Sanierung der alten Anlagen.
Das im letzten Krieg zerstörte turmartige Eingangsbauwerk wurde nicht mehr aufgebaut.
Auf der Decke des Wasserbehälters befindet sich eine Kuppel mit einem Refraktor-Fernrohr der Volkssternwarte. Für spätere Erweiterungsmöglichkeiten sind noch zwei weitere Kuppelfundamente vorhanden.

O. Schatz, Hannover

Technische Angaben
Baujahr: 1877
Nutzinhalt: 10600 m³
Wände: Mauerwerk
Decke: Kappengewölbe mit Pfeilern
Bauzeit: etwa 15 Monate
Architekt: Berg
Renovierung: 1983
Renovierungskosten: 5,7 Mill. DM

Wasserbehälter Hannover Lindener Berg, Ansicht NW (oben), Ansicht NO (unten) Photo: GRBV-Ingenieurbüro, Hannover, 1931

Niederlande

Holland ist ein im wesentlichen flaches Land, reich an Wassertürmen, die ähnlich den Kirchtürmen weit sichtbare Blickpunkte fast jeder Gemeinde sind und auch als deren Wahrzeichen gelten.
VEWIN, der Holländische Verband der Wasserwerke, hat auf einem Poster 190 Wassertürme des Landes vorgestellt, die in ihrem äußerem Erscheinungsbild und der Werkstoffauswahl oft den Fassaden in Norddeutschland gleichen; aber auch typisch holländische Bauwerke befinden sich darunter, wie z. B. die Wassertürme in Velsen, Leiden, Oosterbeek, Schoonhoven, Utrecht, Wageningen, Maassluis und Dordrecht. Den Behälterkopfabschluß zieren häufig Zinnen, ein Zeichen für die Patenschaft von zinnenbestückten Wehrtürmen und die Bauzeit vor sowie um die Jahrhundertwende. Viele Türme sind mit Hängebodenbehältern ausgestattet, aber auch die typischen Intze-Behälter sind hier anzutreffen.
Fast alle Wassertürme sind noch in Betrieb. Die Auswahl der nachfolgend vorgestellten fünf Wassertürme erfolgte eher zufällig.

Lit.:
Angaben und Unterlagen von VEWIN
P. Houwink, Watertorens in Nederland, Nieuwkoop 1973

Wasserturm Den Haag
Photo: Henk van der Veen, Delft

Technische Angaben
Baujahr: 1874
Nutzinhalt: 1200 m³
Gesamthöhe: 43 m über Gelände
Planung: L. A. Brouwer

◁ *Wasserturm Delft*
Photo: H. van der Veen, Delft

◁◁ *Wasserturm Schoonhoven*
Photo: H. van der Veen, Delft

Technische Angaben
Wasserturm Delft
Baujahr: 1895
Nutzinhalt: 600 m^3
Gesamthöhe: 27 m
über Gelände

Wasserturm Schoonhoven
Baujahr: 1901
Nutzinhalt:
Turmbehälter: 125 m^3
Tiefbehälter: 125 m^3
Gesamthöhe: 50 m
über Gelände

Wasserturm Velsen ▷
Photo: H. van der Veen, Delft

Wasserturm Noordwijk aan Zee ▷▷
Photo: H. van der Veen, Delft

Technische Angaben
Wasserturm Velsen
Baujahr: 1916
Nutzinhalt: 540 m^3
Gesamthöhe: 48 m über Gelände
Planung: D. Drost, W. de Vrind, K. Visser

Wasserturm Noordwijk
Baujahr: 1917
Nutzinhalt: 240 m^3
Gesamthöhe: 23 m über Gelände
Planung: F. A. Warners

Hanau – Schloß Philippsruh

Der Wasserturm ist erbaut worden zur Wasserversorgung des Schlosses Philippsruh und vor allem der Zierbrunnen und Wasserspiele des Schloßgartens. Er liegt unmittelbar am „Mühlengraben“, der oberhalb des letzten Kinzig-Wehres, wenige Meter vor Mündung der Flusses Kinzig in den Main, begann und sodann in den damals noch nicht kanalisierten Main mündete.

Über diesen historischen Wasserturm sind Akten und Unterlagen kaum noch vorhanden. Weder in den Beständen des Stadtarchives, der Bauverwaltung und des Hanauer Geschichtsvereines, noch in den Archiven des früheren Eigentümers, der „Hessischen Hausstiftung“ sind Belege für eine exakte Datierung zu finden. An der Fassade selbst findet sich die Zahl 1881. Der Turm wurde zudem in der Nachkriegszeit „entkernt“, d.h. sämtliche Stahlteile, so auch der Behälter und die Stahltreppen, wurden verschrottet.

Nachzuweisen ist lediglich, daß in einem Nebengebäude, das heute nicht mehr existiert, im Jahre 1890 eine neue Wasser-Turbine eingebaut werden sollte, nicht nur zum Antrieb der Wasserpumpen, sondern auch „zum Betrieb der elektrischen Beleuchtungsanlage“ des Schlosses.

Daß der Turm noch nicht abgerissen worden ist, verdankt er der Initiative der Bürger der Stadt. Die „Abrißgenehmigung“ war (im Jahre 1974) bereits erteilt und das Abriß-Gerüst aufgestellt, als sich die Stadt genötigt sah, das Vorhaben aufzugeben.

Der sowohl architektonisch reizvolle wie auch kultur-historisch interessante Wasserturm ist zweifellos ein bemerkenswertes technisches Denkmal des 19. Jahrhunderts. Sein hochragender Körper wurde mit Hilfe einfacher Klinkerziegel und feinfühliger Rhythmik in der Gliederung zu einem fast grazilen Bauwerk, vor allem, wenn das Sonnenlicht das Muster von hellen gegen dunkle Ziegel zum Leuchten bringt.

Wasserturm Schloß Philippsruh
Photo: B. Gockel

Lit.:
Angaben und Unterlagen der Stadt Hanau
Berichte der Tagespresse

Colmar/Elsaß

Im Jahre 1880 erhielt der Zivil-Ingenieur Gruner, Basel, den Auftrag zur Ausarbeitung eines Projektes für eine zentrale, öffentliche Trinkwasserversorgung. Bei den Vorarbeiten zeigte sich jedoch bald, daß sich die Hoffnung, Gebirgs-Quellwasser mit natürlichem Gefälle für die Wasserversorgung erschließen zu können, nicht in dem gewünschten Umfang verwirklichen ließ. Nach längeren Untersuchungen entschloß sich Gruner schließlich, die Wassergewinnung im Rheintal, nur wenige Kilometer südlich der Stadt, vorzunehmen.

Die städt. Wasserversorgung ging 1884 in Betrieb, zunächst allerdings ohne Wasserturm, der erst zwei Jahre später in Dienst gestellt wurde. In der Übergangszeit hat man versucht, eine einigermaßen gleichmäßige Versorgung durch eine verbrauchsabhängige manuelle Steuerung der Dampfmaschine und durch den Abbau zu hoher Druckspitzen mit Hilfe eines einfachen Überdruck-Auslasses, der das Wasser in einen Bach abführte, durchzuführen.

Als das Wasserwerk in Betrieb ging, lag die Einwohnerzahl der Stadt bei rd. 27000. Der mittlere Wasserverbrauch pro Kopf und Tag war in den ersten Betriebsjahren relativ klein: Bis zur Jahrhundertwende wurden Zahlen zwischen 60 und 80 l pro Kopf und Tag genannt.

Der Wasserturm wurde „in unmittelbarer Nähe der Stadt" erbaut. Der schmiedeeiserne Behälter hat einen Fassungsraum von 1250 m^3 bei einem Durchmesser von 12,3 m und der für diese Zeit beachtlichen Mantelhöhe von 9 m. Der Wasserbehälter steht auf einem 42 m hohen, massiven Schaft. Eine Kugelkalotte von 2,34 m Pfeilhöhe bildet seinen Boden.

Im Jahre 1932 wurde der Behälter des Wasserturms parallel geschaltet mit dem Wasserbehälter von Ingersheim (Nutzinhalt: 10000 m^3). Sobald der Behälter des Wasserturms in Colmar gefüllt war, wurde der Wasserzulauf durch eine Klappe, die durch einen Schwimmer gesteuert wurde, geschlossen. Dann erfolgte die Auffüllung des Behälters in Ingersheim.

Das Schließsystem der Klappe arbeitete jedoch nicht immer zuverlässig. Der Brunnenwart hatte in diesen Fällen die Aufgabe, den getauchten Schwimmer mit Hilfe eines Hakens zu lösen. Dieses nicht immer einfache Manöver kostete dem Brunnenwart von Zeit zu Zeit ein erzwungenes Bad in dem kalten Wasser von etwa 12 °C. Zu den erforderlichen Qualifikationsmerkmalen des Brunnenwartes gehörte es insoweit, auch schwimmen zu können. Später wurde das System allerdings verbessert und ein Zugangssteg errichtet. Der Schwimmer wurde dann mit einer Kette befestigt.

M. Groelly, Colmar, und *B. Gockel*

Lit.:
Angaben und Unterlagen von Régie Municipale de Colmar
E. Grahn, Die städtische Wasserversorgung im deutschen Reiche ..., Berlin u. München 1902

Wasserturm Colmar/Elsaß
Photo: Régie Municipale de Colmar

Technische Angaben
Baujahr: 1886
Nutzinhalt: 1200 m^3
Turmhöhe: ~56 m über Gelände
Behältersystem: Flachbodenbehälter
Bauentwurf: H. Gruner, V. Huen

Speyer

Am 2. August 1881 wurde die Konzession zur Wasserversorgung der Stadt Speyer dem pfälzischen Ingenieur Adolf-Friedrich Lindemann, örtlicher Repräsentant des Konsortiums der englischen Firma „The Speyer Water Works Company, Limited" erteilt. Dieses englische Konsortium gab zum Bau der Wasserwerksanlagen Anteilscheine aus. Die Planung und Bauleitung – auch des Wasserturms – lag in den Händen des englischen Ingenieurbüros Edward – Easton & Co. London (Bild 1).

Die Ausschreibung für den Bau des Wasserturms erfolgte im September 1882. Die Abbildung 2 zeigt die erste Seite des Angebotes des Architekten und Bauunternehmers Fritz Felder aus Hilden/Rheinland vom 15. 9. 1882, der auch den Auftrag erhielt.

Zugrundegelegt war darin eine Bauzeit von 2 Monaten für den Rohbau des fast 40 m hohen Turmes und eine weitere Bauzeit von 2 Monaten für den Innenausbau (einschließlich des schmiedeeisernen Wasserbehälters, der Rohrleitungen, Armaturen usw.). Vereinbart war ein Festpreis von 52000,– Goldmark. Die Abbildung 3 zeigt die Rechnung der Kühnle'schen Maschinenfabrik für den Wasserbehälter.

Die Bauarbeiten für den Wasserturm wurden bereits im September 1882 aufgenommen, mußten allerdings Mitte Dezember 1882 wegen Frost unterbrochen werden. Zu diesem Zeitpunkt hatte man das fünfte Stockwerk erreicht. Da ein Teil der Anlagen des Wasserwerkes schon so weit fertiggestellt war, daß sie in Betrieb genommen werden konnten, wurden bis zur Fertigstellung des schmiedeeisernen Reservoirs im vierten Stockwerk des Wasserturmes 6 hölzerne Bottiche, die miteinander verbunden waren und einen Gesamtinhalt von 13 m^3 aufwiesen, als Zwischenlösung aufgestellt.

Die offizielle Inbetriebnahme des nun in allen Teilen fertigen Wasserturmes erfolgte am 29. Mai 1883.

Der Turm ruht auf einer 1,50 m dicken Beton-Fundamentplatte mit einem Durchmesser von 14,50 m. Das Sockelgeschoß ist 12eckig; es folgen vier kreisförmige Geschoße. Das von der Sohle stufenförmig aufgehende Blendsteinmauerwerk mit Klinkerhintermauerung hat eine übergehende Wanddicke von anfänglich 2,80 m auf 1,55 m in aufsteigender Minderung bis 1,12 m in den Pfeilern und 0,88 m in den Feldern. Die fünf Stockwerke haben einen lichten Durchmesser von 8,80 m und sind durch sehr schöne eiserne Treppen miteinander verbunden.

Der Speyer Wasserturm, als markantes Zeichen der Stadt Speyer schon von weitem zu erkennen, dient auch heute noch als Ausgleichbehälter; er ist in seiner ursprünglichen Ausführung erhalten und voll betriebsfähig.

G. Flaschenträger / B. Gockel

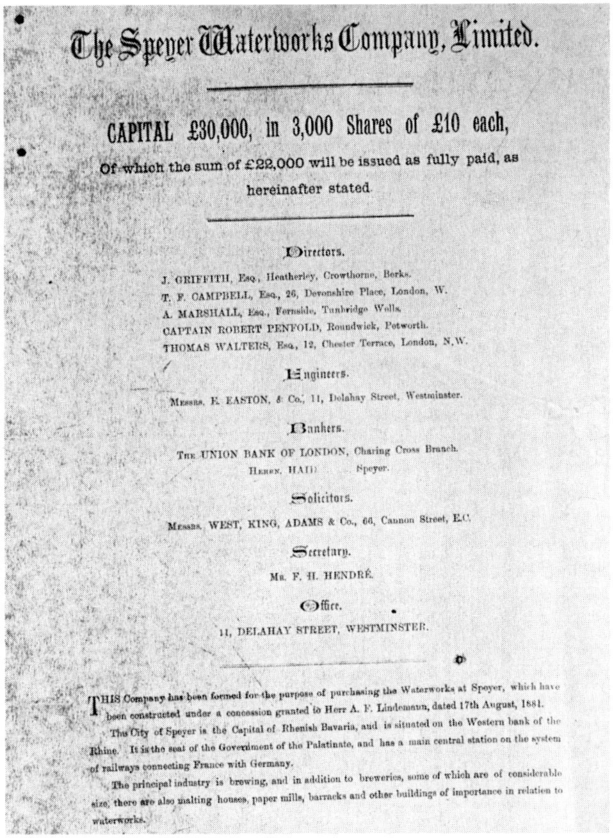

The Speyer Waterworks Company, Limited.

CAPITAL £30,000, in 3,000 Shares of £10 each,

Of which the sum of £22,000 will be issued as fully paid, as hereinafter stated.

Directors.

J. GRIFFITH, Esq., Heatherley, Crowthorne, Berks.
T. F. CAMPBELL, Esq., 26, Devonshire Place, London, W.
A. MARSHALL, Esq., Fernside, Tunbridge Wells.
CAPTAIN ROBERT PENFOLD, Roundwick, Petworth.
THOMAS WALTERS, Esq., 12, Chester Terrace, London, N.W.

Engineers.

Messrs. E. EASTON, & Co., 11, Delahay Street, Westminster.

Bankers.

The UNION BANK OF LONDON, Charing Cross Branch.
Herrn. HAID Speyer.

Solicitors.

Messrs. WEST, KING, ADAMS & Co., 66, Cannon Street, E.C.

Secretary.

Mr. F. H. HENDRÉ.

Office.

11, DELAHAY STREET, WESTMINSTER.

THIS Company has been formed for the purpose of purchasing the Waterworks at Speyer, which have been constructed under a concession granted to Herr A. F. Lindemann, dated 17th August, 1881.

The City of Speyer is the Capital of Rhenish Bavaria, and is situated on the Western bank of the Rhine. It is the seat of the Government of the Palatinate, and has a main central station on the system of railways connecting France with Germany.

The principal industry is brewing, and in addition to breweries, some of which are of considerable size, there are also malting houses, paper mills, barracks and other buildings of importance in relation to waterworks.

◁◁ Prospekt zur Ausgabe von Aktien

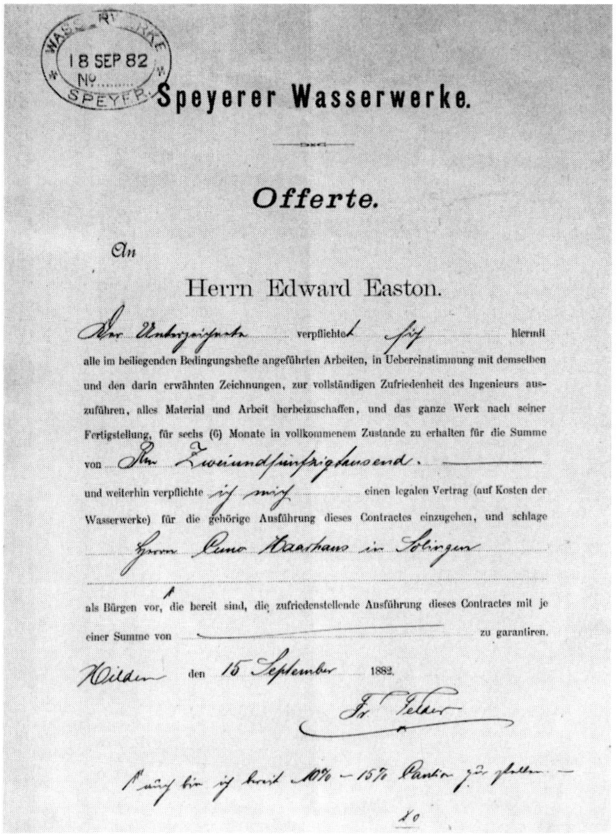

WASSERWERKE 18 SEP 82 No. SPEYER

Speyerer Wasserwerke.

Offerte.

An

Herrn Edward Easton.

Der Unterzeichnete verpflichtet sich hiermit alle im beiliegenden Bedingungshefte angeführten Arbeiten, in Uebereinstimmung mit demselben und den darin erwähnten Zeichnungen, zur vollständigen Zufriedenheit des Ingenieurs auszuführen, alles Material und Arbeit herbeizuschaffen, und das ganze Werk nach seiner Fertigstellung, für sechs (6) Monate in vollkommenem Zustande zu erhalten für die Summe von Mk Zweiundfünfzigtausend. —

und weiterhin verpflichte ich mich einen legalen Vertrag (auf Kosten der Wasserwerke) für die gehörige Ausführung dieses Contractes einzugehen, und schlage Herrn Cuno Haarhaus in Solingen als Bürgen vor, die bereit sind, die zufriedenstellende Ausführung dieses Contractes mit je einer Summe von — zu garantiren.

Hilden den 15 September 1882.

Fr. Felder

◁ Bauangebot der Fa. F. Felder, Hilden, Rhld.

Wasserturm Speyer ▷▷
Photo: G. Flaschenträger

Technische Angaben
Baujahr: 1882/83
Nutzinhalt: 460 m^3
Höhe: rd. 37 m über Gelände
Konstruktion und Bauleitung: Edward Easton u. Co., London

Berufsgenossenschaft der Gas- und Wasserwerke.

Sektion VI. Kat.-Nr. VI. 773.

Mitgliedschein

für Herrn A. F. Lindemann, Speyer

(: Wasserwerk :)

Ausgefertigt in Gemäßheit des § 37 Absatz 3 des Unfallversicherungs-Gesetzes vom 6. Juli 1884.

Berlin, den 12. Maerz 1897.

Der Vorstand.

Journ.-Nr. 1354/97 B. G. W. Form. 4. — 200. 12. 96.

Mitgliedschein der Berufsgenossenschaft der Gas- und Wasserwerke aus dem Jahre 1897

Rechnung für den Wasserbehälter

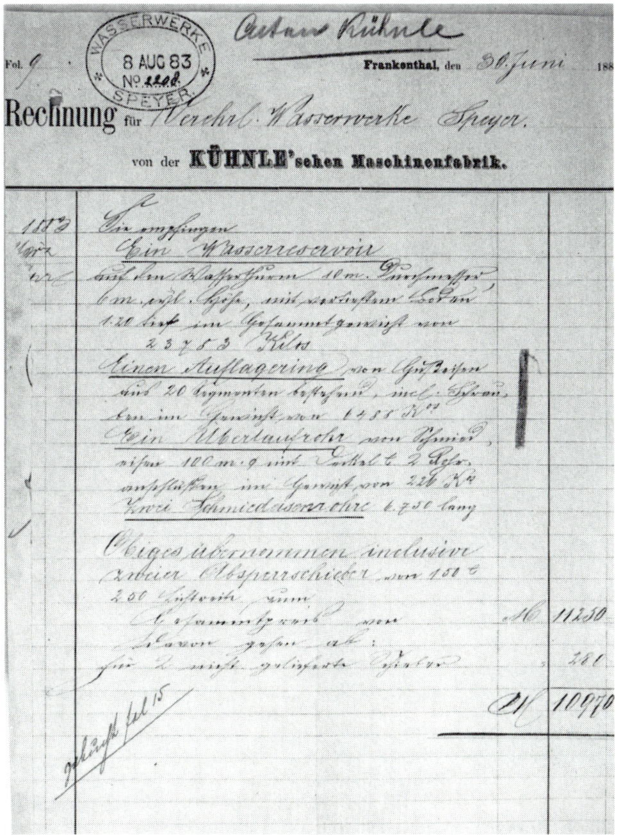

Gustav Kühnle

Fol. 9. Frankenthal, den 30. Juni 188

Rechnung für Wasserwerke Speyer.

von der KÜHNLE'schen Maschinenfabrik.

Ein Wasserreservoir

Einen Auflagering

Ein Überlaufrohr

Zwei Schmiedeeisenrohre

Obiges übernommen inclusive zweier Absperrschieber

M 11250

281

M 10970

Berlin-Steglitz

Um 1872 wurde der Fichtenberg in Steglitz, einem Berliner Vorort mit rd. 9000 Einwohnern, zur Bebauung freigegeben. Der Ansturm von Grundstückskäufern war groß, die Bebauung aber nur schleppend. Als Grund dafür wird die fehlende Wasserversorgung angegeben, die die 93 neuen Eigentümer der Villengrundstücke zwang, Brunnen mit einer Tiefe von bis zu 50 m abzuteufen. Im Herbst 1885 erhielten die Charlottenburger Wasserwerke zu Westend die Konzession zur Wasserversorgung des Ortes Steglitz und damit auch der Grundstücke auf dem Fichtenberg. Dazu wurde der Wasserturm auf dem Fichtenberg benötigt und gebaut. Der Wasserturm wurde am 1. 10. 1886 in Betrieb genommen. Die Gesamtkosten betrugen 150000,– Goldmark.

Die erstaunlichen Abmessungen des Behälters, die statische Konzeption und Konstruktion des gesamten Turmes sowie die aufwendige, selbstbewußte architektonische Gestaltung haben das prächtige Bauwerk zu einem der interessantesten Wassertürme werden lassen, die vor der Jahrhundertwende gebaut worden sind.

Der Wasserturm ist seit Jahrzehnten nicht mehr in Betrieb. Er wird heute genutzt vom Universitätswetterdienst der Freien Universität Berlin, der in diesem historischen Gebäude die Abteilungen Wirtschaftswetterdienst, Synoptische Diagnose und Klimatologie, Stadtmeßnetz und Stadtklima sowie die hauseigene Druckerei und den Versand untergebracht hat. Heute krönt nicht mehr ein Aufsatz (Laterne) die schlanke Kuppel, sondern ein Radargerät. Der Umbau zum „Wetterturm" begann im Oktober 1979; der Gesamtausbau wurde im Herbst 1982 abgeschlossen.

Damit dürfte der Bestand des Turmbaus für lange Zeit gesichert sein. Für diese beispielhafte Lösung gebührt den Berliner Wasserwerken und dem Fachbereich Geowissenschaften der Freien Universität besondere Anerkennung.

Lit.:

P. Schlaak, Wasserturm wird Wetterturm, in Beilage zur Berliner Wetterkarte vom 31. 10. 83

Piekenburg, Das Hochreservoir der Charlottenburger Wasserwerke auf dem Fichtenberge bei Steglitz, Deutsche Bauzeitung, Jg. 1887, S. 169

△ *Ansichtszeichnung aus dem Jahre 1887*

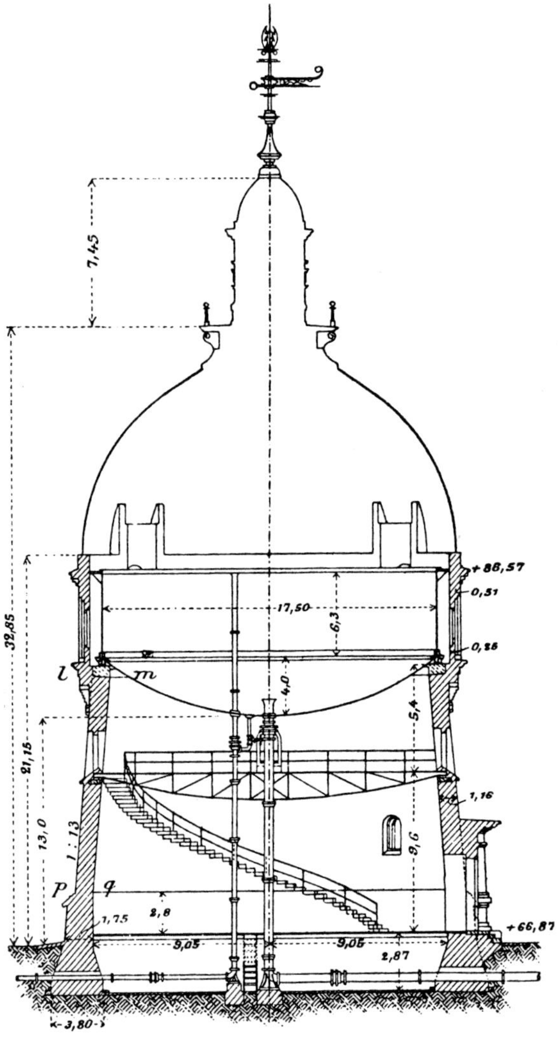

Schnittzeichnung aus dem Jahre 1887 ▷

Wasserturm, „Wetterturm"
Berlin-Steglitz
Photo: Berliner Wasserwerke, Bauabt.

Technische Angaben
Baujahr: 1886
Nutzinhalt: 2000 m^3
Gesamthöhe: 40,30 m über Gelände
Durchmesser des Wasserbehälters: 17,50 m
Behälter-System: Hängeboden-Behälter

Mannheim – Friedrichsplatz

Im Jahre 1886 wurde in Mannheim mit dem Bau des Wasserturms vor dem damaligen Heidelberger Tor begonnen. Zusammen mit dem etwa 7 km entfernten Wasserwerk Käfertal konnte im Jahre 1888 dann der 2000 m^3 fassende Hochbehälter in Betrieb genommen werden.
Für die Gesamtgestaltung des Turmes war 1885 ein Architekturwettbewerb ausgeschrieben worden, den der junge Stuttgarter Architekt Halmhuber gewann. Die prächtige Ausstattung begründeten Halmhuber und der Ingenieur Smrecker, der für Planung und Bau der Wasserversorgungsanlagen verantwortlich war, so: Man müsse den „kaum beachteten Werken der Ingenieure Popularität, zumindest aber ‚Wohlwollen' zukommen lassen." Dies gelinge aber nur über eine äußere Gestaltung des Ingenieurbauwerks, die der jeweiligen Bedeutung angemessen sei. Die im Entwurf nur wenig geänderte Ausführung wurde 1907, zum dreihundertsten Geburtstag der Stadt, durch eine umfangreiche, geschlossene Jugendstilbebauung – Rosengarten, gartenarchitektonische Ausgestaltung des Friedrichsplatzes, Arkadenhäuser und Kunsthalle – ergänzt. Die großzügige, hufeisenförmige Anlage um den Wasserturm gilt in unserer Zeit als ein Juwel des Jugendstils.
Seit 1888 ist der Hochbehälter nahezu ohne Unterbrechungen im Einsatz. Trotz starker Beschädigung durch Kriegseinwirkungen in den Jahren 1943 bis 1945 hielten ständige Notreparaturen den Hochbehälter betriebsbereit. Ein in den fünfziger Jahren erneut ausgeschriebener Wettbewerb zur Umgestaltung oder zum Neubau des im Kriege schwer beschädigten Turmes führte zu einem Volksbegehren. Danach wurde der Turm in der alten architektonischen Form restauriert.
Der Wasserturm mit Wasserspielen und Grünanlagen bildet heute den Abschluß der Mannheimer Fußgängerzone „Die Planken", die am Paradeplatz ihren Anfang nimmt. Der Wasserturm ist heute das Wahrzeichen der Kurpfalzmetropole, des Industrie- und Wirtschaftszentrums an Rhein und Neckar.

Lit.:
Angaben und Unterlagen der Energie- und Wasserwerke Rhein-Neckar Aktiengesellschaft, Mannheim
R. Slotta, Technische Denkmäler in der Bundesrepublik Deutschland, München 1977

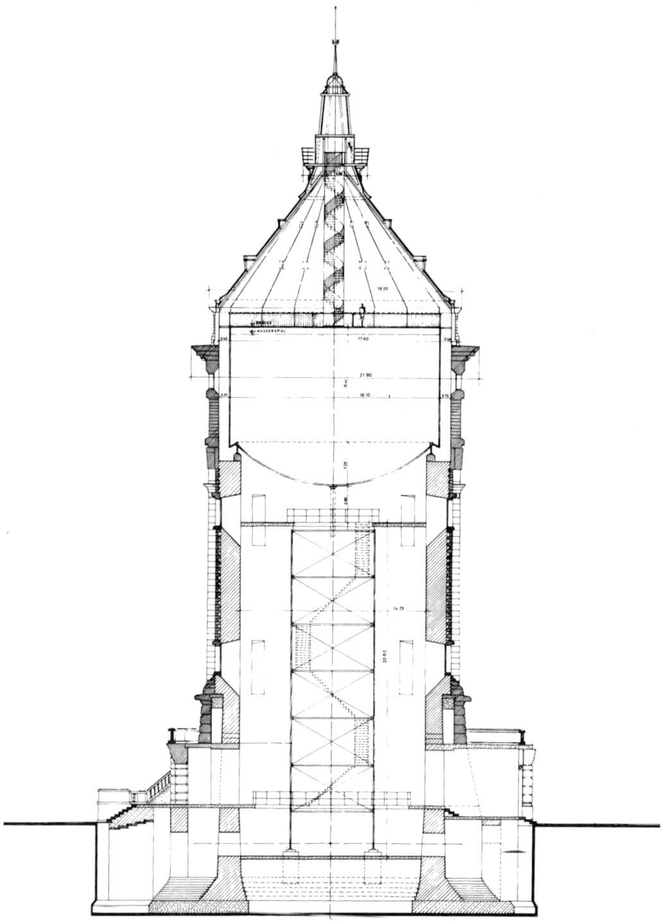

Schnittbild des Wasserturms
Photo: Energie- und Wasserwerke Rhein-Neckar AG, Mannheim

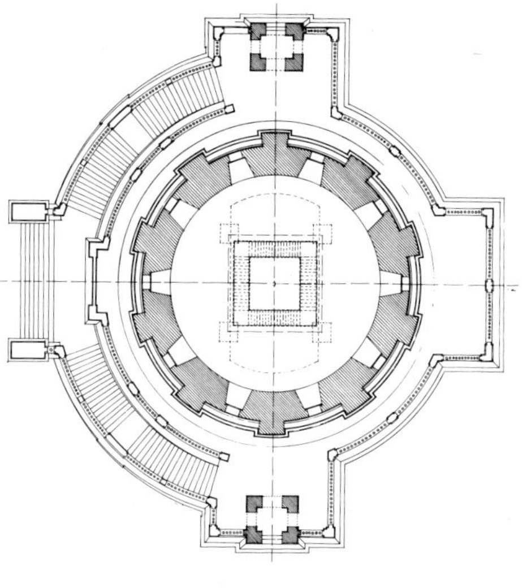

Grundriß des Wasserturms
Photo: Energie- und Wasserwerke Rhein-Neckar AG, Mannheim

Mannheimer Wasserturm
Photo: Energie- und Wasserwerke Rhein-Neckar AG, Mannheim/Foto Hauck, Mannheim

Technische Angaben
Baujahr: 1886/1887
Nutzinhalt: 2000 m^3
Turmhöhe: 60,33 m über Gelände
Architekt: Halmhuber, Stuttgart

Worms

Den markanten Wasserturm, in seiner äußeren Gestaltung geprägt von neuromantischem Formen-Gefühl, hat E. Grahn (im Jahre 1902) wie folgt beschrieben: Das Hochreservoir hat 1200 cbm Inhalt und besteht aus einem 19,0 m hoch über Terrain aufgestellten und umbauten sowie überdachten Blechreservoire von 12,9 m Durchmesser und 9,15 m Wandhöhe, dessen Boden eine nach unten durchhängende Kugelcalotte von 2,34 m Pfeilhöhe bildet. Der Wasserthurm ist nach dem Projecte und unter der Leitung des dortigen Stadtbauraths C. Hofmann im Jahre 1902 ausgeführt. Der Turm hat in dem Erdgeschosse 20,4 m Durchmesser und zieht sich bis zum Tragringe (in 21,2 m Höhe) auf 15,5 m Durchmesser zusammen, während er am Hauptgesims (in 31,4 m Höhe) 17,5 m Durchmesser hat.

Zu dieser Zeit hatte die Stadt Worms 32000 Einwohner; der mittlere Wasserverbrauch betrug 103 Liter pro Einwohner und Tag. Die Anzahl der Hausanschlüsse lag bei 560. Das öffentliche Rohrnetz hatte eine Länge von 38 km. Eingebaut waren 330 Hydranten und 260 Schieber. Das Fassungsvermögen des Wasserbehälters war auf 36% des mittleren Tagesbedarfes ausgelegt.

Hofmann formulierte die wichtigsten Gesichtspunkte für die Gestaltung des Turmes mit folgenden Worten:

Obschon der Zweck des Bauwerkes ein rein praktisch-technischer ist und dieses hauptsächlich nur den Ansprüchen der Festigkeit zu genügen hat, so legt die Stadtverwaltung in Anbetracht dessen, daß das Gebäude durch seine erheblichen Abmessungen doch sehr in die Augen fällt, Werth darauf, daß es in der äußeren Gestaltung der Stadt nicht zur Unzierde gereiche. Infolge dessen haben auf die Wahl der Bauformen und Baustoffe die ehrwürdigen Zeugen aus romanischer Zeit, die das Wormser Stadtbild beherrschen, bestimmend eingewirkt.

Man war sich insoweit also des Anspruches bewußt, den die Vergangenheit der Stadt und deren verbliebene Bausubstanz an den Bau- und Gestaltungswillen zu stellen vermag.

Lit.:

E. Grahn, Die städtische Wasserversorgung im Deutschen Reiche ..., Bd. 2, München und Berlin 1902

R. Slotta, Technische Denkmäler in der Bundesrepublik Deutschland, Bochum 1975

*Wasserturm Worms
Photo: Stadtwerke Worms*

Wasserturm Worms, Entwurf aus dem Jahre 1887
Photo: Stadtwerke Worms

Technische Angaben
Baujahr: 1888 bis 1890
Nutzinhalt: 1200 m^3
Turmhöhe: 58 m über Gelände
Architekt: K. Hofmann, Worms
Behältersystem: Hängeboden-Behälter

◁ *Wasserturm Worms*
Photo: Stadtwerke Worms

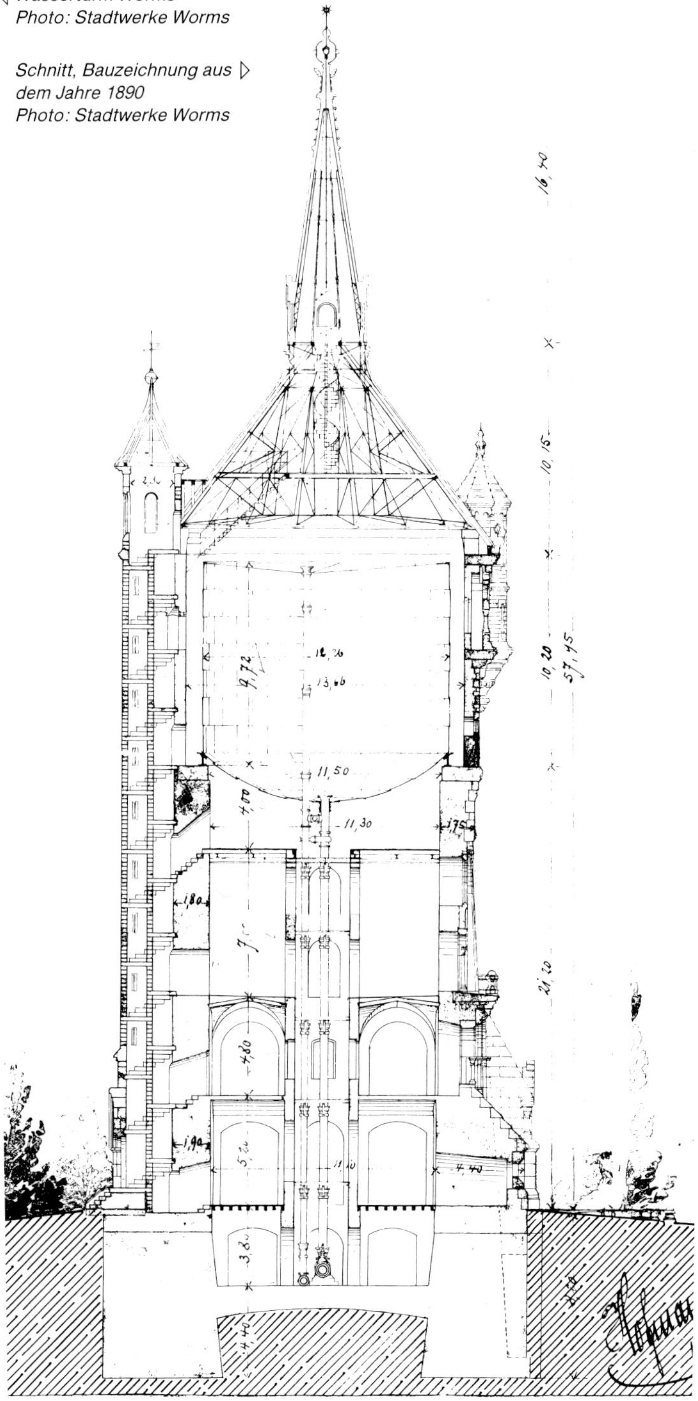

Schnitt, Bauzeichnung aus ▷
dem Jahre 1890
Photo: Stadtwerke Worms

Cuxhaven

Die Stadt Cuxhaven gehörte bis 1938 zu Hamburg. Hierdurch ist es erklärlich, daß das von einem Privatunternehmen 1896 erbaute Wasserwerk ab 1912 zum Hamburger Staat, Deputation für die Stadtwasserkunst bzw. nach Gründung der Hamburger Wasserwerke GmbH im Jahre 1924 zu deren Verwaltungsbereich gehörte. Die Verwaltung der HWW für den Bereich von Cuxhaven hatte ihren Sitz im Schaft des Wasserturmes.

W. Mevius

Lit.:
W. Holthusen und R. Schröder, Hamburger Wasserwerke GmbH, Sonderdruck aus „Industrie-Bibliothek“, Bd. 25 (1928)

Ansicht und Schnitt, Bauzeichnung ▷

Wasserturm Cuxhaven
Photo: W. Mevius

Technische Angaben
Baujahr: 1897
Nutzinhalt: 950 m^3
Gesamthöhe: 47,85 m über Gelände
Im Schaft: vier Wohnungen

Lübeck

Der Stadtkern von Lübeck liegt an der Mündung der Wakenitz, dem Abfluß des Ratzeburger Sees in die Trave; er ist von einem Gürtel von Wasserläufen so umschlossen, daß die Versorgung der Bürger mit Trinkwasser bis in das 18. Jahrhundert keine grundsätzlichen Schwierigkeiten machte. Trotzdem wurden bereits recht früh Wasserhebeanlagen und Wasserleitungen, die allerdings nur einen kleinen Interessentenkreis versorgten, gebaut. In der Mitte des letzten Jahrhunderts zwang das häufige Auftreten der Cholera, eine (neue) zentrale und öffentliche Wasserversorgung einzurichten. Dieses Wasserwerk ging 1867 in Betrieb. Die maximale Leistung betrug 4500 m^3/Tag.

Teil dieser „modernen" Wasserversorgung war ein Wasserturm mit einem ringförmigen gußeisernen Flachbodenbehälter, dessen Durchmesser 19,5 m und dessen maximale Wasserstandshöhe 3,70 m betrugen. Der Nutzinhalt lag etwas über 1000 m^3. In der Mitte des Behälters war ein „Steigrohr", 25 m hoch, installiert, das eine stufenweise Druckerhöhung in den Verteilungsleitungen – z. B. im Brandfalle – ermöglichte. Einem Bericht aus dem Jahre 1888 ist zu entnehmen, daß damit der mittlere Wasserstand nur zwischen 9 m und 24 m über dem Straßenniveau in der Stadt lag. Dieser geringe Druck führte zu Unzuträglichkeiten, vor allem durch die ständige Vergrößerung des Verteilungsnetzes und auch die Erhöhung von Wohngebäuden. Nach Diskussion von zwei Vorschlägen beschlossen daher Senat und Bürgerschaft, den bestehenden Wasserturm aufzustocken und den mittleren Wasserspiegel im Behälter um 10 m anzuheben.

Verwirklicht wurde der Vorschlag des Wasserbauingenieurs Rehder: Das vorhandene Mauerwerk wurde erheblich verstärkt. Über dem alten Wasserbehälter, der erhalten blieb, kam ein Intze-Behälter mit einem Nutzinhalt von 2100 m^3 zur Aufstellung. Das „Steigrohr" entfiel. Die Bauarbeiten konnten im Jahre 1890 beendet werden. Durch die Aufstockung erhielt das Äußere des Wasserturms ein vollkommen verändertes Aussehen; die typischen Intze-Form kam aber auch nicht zum Ausdruck. Seit dieser Zeit ist die Fassade des Wasserturms erhalten geblieben – abgesehen von leichten Veränderungen an den Turm-Zinnen infolge späterer Sanierungsarbeiten.

Durch die Erweiterung der Vorstädte und vor allem durch eine Erhöhung der Geschoßzahlen in den Wohngebäuden reichte jedoch bereits im Jahre 1927 die vom Wasserturm vorgehaltene Druckhöhe nicht mehr aus, so daß der Versorgungsdruck im Netz – tagsüber – erhöht werden mußte. Zu diesem Zeitpunkt wurden Pumpen installiert, deren Ausgangsdruck bei etwa 5 bar lag. Auch heute ist der Wasserbehälter im Wasserturm noch in Betrieb, im wesentlichen als Ausgleichsspeicher. Eine eingebaute Druckerhöhungspumpe fördert direkt aus dem Behälter mit einer Druckerhöhung von etwa 1,5 bar.

Über viele Jahre war im älteren Teil des Wasserturms unterhalb des alten Behälters ein Geschoß eingebaut, in dem die Direktoren und Beamten des Wasserwerkes ihre Büros hatten. Auch das Labor war dort bis zum Jahre 1929 untergebracht. Nach dem Zweiten Weltkrieg wurden diese Räume zu Wohnzwecken genutzt.

Der Lübecker Wasserturm erinnert noch heute an die Anfänge der Lübecker Wasserversorgung. Der Turm muß den eindrucksvollsten und aussagekräftigsten deutschen Versorgungsbauten zugerechnet werden.

Lit.:
Angaben und Unterlagen der Stadtwerke Lübeck
R. Slotta, Technische Denkmäler in der Bundesrepublik Deutschland, Bd. 2, Bochum 1977
E. Grahn, Die städtische Wasserversorgung im Deutschen Reiche sowie in einigen Nachbarländern, Bd. 2, München und Berlin, 1902

Entwurfsvarianten für eine Erhöhung des Wasserturms aus den Jahren 1887/1888/1889
Photo: Stadtwerke Lübeck
▽

Wasserturm Lübeck
Photo: Stadtwerke Lübeck

Technische Angaben:
Baujahr: 1867/1890
Erhöhung: 1890
Nutzinhalt: 2100 m^3
Gesamthöhe: 29,77 m
über Gelände
Behältersystem: Intze

Ludwigshafen am Rhein

Der Wasserturm steht im Hof der „Gräfenauschule“. Die Planung und Bauleitung lagen in den Händen des Mannheimer Ingenieurs Oskar Smreker und des Königlichen Technischen Büros für Wasserversorgung (München). Errichtet wurde der Turm in Zusammenhang mit dem Bau der öffentlichen, zentralen Wasserversorgung für die Stadt Ludwigshafen in den Jahren 1894 und 1895. Den „Hängeboden-Behälter“ (Behälter mit durchhängendem Kugelboden), der einen Nutzinhalt von 1000 cm^3 besitzt, lieferte die Firma BAMAG, Berlin/Dessau. Einschließlich der installierten Rohrleitungen betrugen die Gesamtkosten 80800,– Goldmark.
Der „Zahn der Zeit“ und leichte Beschädigungen während des 2. Weltkrieges machten wiederholt Instandsetzungsarbeiten erforderlich. Eine Sanierung des gesamten Bauwerkes, das im Jahre 1980 unter Denkmalschutz gestellt worden ist, begann im Jahre 1981. Diese Arbeiten erwiesen sich, vor allem im Hinblick auf einen Einspruch der Unteren Denkmalschutzbehörde gegen die vorgesehenen Werkstoffe, als relativ schwierig. Die Renovierung stand außerdem unter keinem guten Stern: Nach Abriß der Fassade und der Dachhaut wurden schwerwiegende und tiefgreifende Schäden, die man nicht erwartet hatte, festgestellt. Während der Abbrucharbeiten brach nachts ein Schadensfeuer aus. Ein heftiger Wintersturm riß Holz- und Gerüstbauteile los und schleuderte sie auf die umliegenden Schulhaus-Dächer. Art und Umfang der Renovierung sowie der Zeitaufwand und die Kosten, die sich schließlich auf rd. 1 Mio. DM beliefen, waren davon erheblich betroffen. Die vorgesehene Innenrenovierung des Bauwerkes mußte zunächst zurückgestellt werden.
R. Slotta hält den Wasserturm Gräfenau für ein besonders eindrucksvolles und gutes Beispiel eines Hochbehälters, der in der Zeit zwischen Historismus und einsetzendem Jugendstil errichtet worden ist. Der Reiz und die besondere Charakteristik des Turmes liegen in seiner Architektur und hier besonders in der Ummantelung des Behälters; der Turm sei ohne Zweifel ein bemerkenswertes Stadtzeichen. Dieser Einschätzung haben sich die Bürger der Stadt Ludwigshafen angeschlossen.
Die Renovierungs- und Restaurierungs-Maßnahmen sind mit sicherem Gefühl durchgeführt worden. Die Diskussionen um die Ausführung des Daches (Ziegelbelag oder Kupferblech) und der Fassade (verputzte und bemalte Korkplatten oder einbrennlackierte Aluminiumbleche) sind längst vergessen. Eine (neue) Wetterfahne ziert nun wieder die Turmspitze, ganz so wie in alter Zeit.

Wasserturm Gräfenau Bauzeichnung

Lit.:
Angaben und Unterlagen der Technischen Werke Ludwigshafen
R. Slotta, Technische Denkmäler in der Bundesrepublik Deutschland, Bd. 2, Bochum 1977

Wasserturm Gräfenau
Photo: Technische Werke Ludwigshafen/Rhein

Technische Angaben
Baujahr: 1894/95
Nutzinhalt: 1000 m^3
Turmhöhe: 46 m
Baufirma: BAMAG, Berlin

Wiesbaden-Biebrich

Der Bau des Wasserturmes auf der Adolfshöhe stand in unmittelbarem Zusammenhang mit der Errichtung einer zentralen Wasserversorgung. Die Planungen für die gesamte Wasserwerksanlage, bestehend aus Brunnen, Grundwasserwerk und Rohrleitungen gehen auf den Zivil-Ingenieur Thiem zurück, der allerdings mit seiner Kostenschätzung von 450000 Goldmark auf wenig Gegenliebe stieß und dann schließlich dem Ort den Rücken kehrte. Sein Nachfolger, der Zivil-Ingenieur Kullmann, dessen Signatur noch auf der alten Schnitt-Zeichnung zu erkennen ist, realisierte die Pläne dann schließlich – jedoch für einen Gesamtbetrag von 700000 Goldmark.

Der Turm trägt zwei Wasserbehälter. Über der großen Wasserkammer hat man noch eine zweite, kleinere mit rund 50 m³ Nutzinhalt eingebaut, vermutlich als Brandreserve. Ein weiterer Wasserspeicher, ein großer Wasserbehälter (Erdbehälter) mit einem Nutzinhalt von rund 3000 m³ wurde etwa gleichzeitig errichtet. Dieser Wasserbehälter befindet sich „zu Füßen" des Wasserturms.

Da der Turm eine herrliche Fernsicht über das Stadtgebiet Wiesbaden und auf den gesamten Taunushöhenzug sowie über die Rheinebene von Bingen über Mainz bis in den Bereich Darmstadt zu den Hängen des Odenwaldes bietet, wurde beschlossen, ihn architektonisch auszubilden und zu einem Aussichtsturm zu gestalten. Allerdings wurde der in den alten Unterlagen dargestellte Fahrstuhl nicht eingebaut. Das Baumaterial des Turmes ist im wesentlichen gelbbrauner und roter Ziegelstein. Eingelegt sind Sandsteinelemente.

Der Wasserturm wurde gemeinsam mit dem Hochbehälter und einer 7 km langen Zuleitung am 6. Dezember 1897 feierlich eingeweiht. Die Außerbetriebnahme erfolgte allerdings bereits im Jahre 1922 – zur Zeit der Eingemeindung Biebrichs nach Wiesbaden.

Bis in die jüngste Zeit gab es immer wieder Interessenten, die den Turm für die unterschiedlichsten Zwecke nutzbar machen wollten. Diese Bestrebungen scheiterten aber schon im Vorfeld ernsthafter Verhandlungen, weil die Stahltanks eine entscheidende statische Funktion für die Kuppel haben und nicht entfernt werden können. Ein Innenausbau läßt sich damit praktisch nicht realisieren.

H. Berger, Wiesbaden

Ansicht, Bauzeichnung aus dem Jahre 1896
Photo: ESWE Stadtwerke Wiesbaden AG

Wasserturm Wiesbaden-Biebrich
Photo: Schmieding-Armaturen/Berg

Technische Angaben
Baujahr: 1896/1897
Nutzinhalt
  Behälter 1: 170 m^3
  Behälter 2: 50 m^3
Turmhöhe: rd. 40 m
  über Gelände
Behältersystem: Intze
Außerbetriebnahme: 1923

Kiel-Ravensberg

Im Jahre 1898 verfügte die Wasserversorgung der Stadt Kiel über die beiden Hochbehälter Studentenberg und Ravensberg, deren Höhenlage jedoch nicht ausreichend war, die Versorgung der neuen und höhergelegenen Stadtteile sicherzustellen. Man entschloß sich daher, einen neuen Wasserturm auf dem Ravensberg zu bauen, dessen maximaler Wasserspiegel 15 m über dem vorhandenen Druck-Niveau liegen sollte. Aus technischen und vor allem aus wirtschaftlichen Gründen wurde eine Hoch- und eine Niederdruckzone so angelegt, daß „an den höchsten Stellen der Niederdruckzone überall mindestens ein Wasserdruck von 25 m über Straßenpflaster gesichert" werden konnte.

Der neue Wasserturm wurde über dem Erdbehälter Ravensberg errichtet. Für den Standort war von besonderer Bedeutung, daß der Ravensberg inmitten der Hochzone lag.

Der Ausführung des Wasserturmes auf den Grundmauern des Erdbehälters gingen umfangreiche statische Untersuchungen voraus. Es bestanden vor allem Bedenken, ob aus Gründen der sehr erhöhten Bauwerkslasten ungleichmäßige Setzungen des Untergrundes zu erwarten wären. (Wie sich später herausstellte, waren diese Bedenken durchaus nicht unberechtigt; die entstandenen Undichtheiten konnten allerdings wieder beseitigt werden.)

Für den Wasserbehälter wurde ein Intze-Behälter gewählt mit rd. 27 m äußerem Durchmesser. Im Turm wurde außerdem eine „Gasmotor-Pumpanlage" untergebracht, die das Wasser aus dem alten Erdbehälter (Nutzinhalt 2500 m^3) entnahm. Die Leistung der Pumpen betrug 120 m^3/h. Für die Wahl von Gasmotor-Pumpen wurde als Begründung angegeben, daß sie gegenüber Dampfmaschinen den Vorteil hätten, daß eine Dampfkesselanlage (mit hohem Schornstein) überflüssig war.

„Da der Wasserturm inmitten eines voraussichtlich in einigen Jahren bebauten Stadtteiles auf einem Platze mit freiem Einblick von vier Seiten liegt, so ist derselbe äußerlich in einer für ein so monumentales Bauwerk erforderlichen geschmackvollen Weise architektonisch ausgebildet worden und derselbe bildet nunmehr in seiner Vollendung einen weithin sichtbaren Schmuck der Stadt." Der Turm wurde in Ziegelstein-Bauweise mit dunkelroten Verblendsteinen, Glasursteinen und Formsteinen unter Verwendung von rotem Sandstein für die Konsolen und Säulen des „Tambours" ausgeführt. Als Verzierung wurden verschiedene Wappen, unter anderem die Wappen des Deutschen Reiches, von Schleswig-Holstein und der Stadt Kiel sowie die Jahreszahlen der Erbauung des alten Hochbehälters und des neuen Turmes angebracht. Der Wasserturm Ravensberg gilt nach wie vor als Wahrzeichen der Stadt Kiel.

Lit.:

Angaben und Unterlagen der Versorgung- und Verkehr Kiel GmbH

NN, Wasserthurm auf dem Ravensberg, Journal für Gasbeleuchtung und Wasserversorgung, Juli 1898

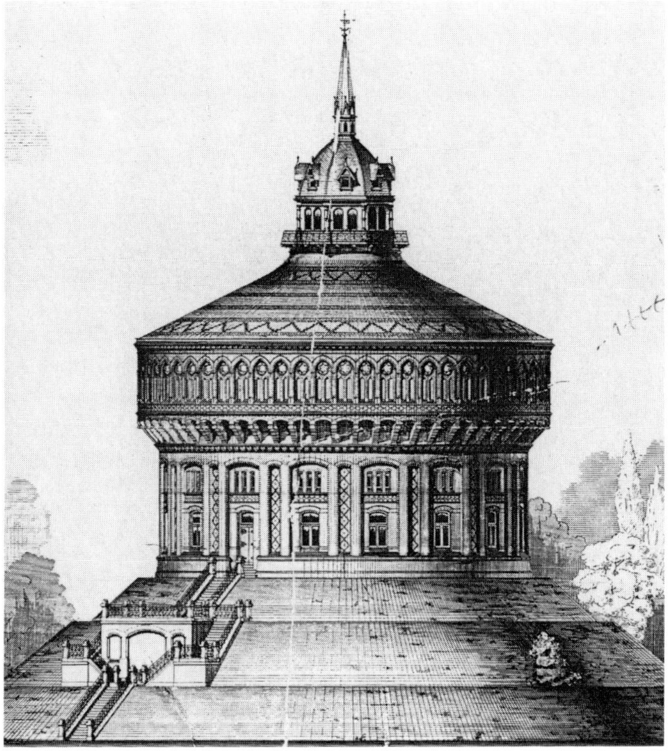

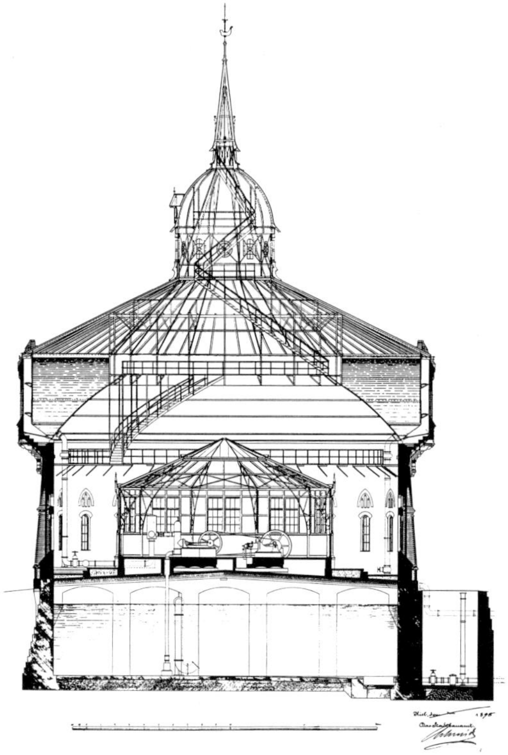

◁◁ *Ansichtszeichnung aus dem Jahre 1898*
Photo: Versorgung und Verkehr Kiel GmbH, Pressestelle

◁ *Schnittzeichnung aus dem Jahre 1898*
Photo: Versorgung und Verkehr Kiel GmbH, Pressestelle

Wasserturm Kiel-Ravensberg ▷
Photo: Versorgung und Verkehr Kiel GmbH, Pressestelle

Technische Angaben
Baujahr: 1897/1898
Nutzinhalt:
oberer Behälter: 1500 m^3
unterer Behälter: 2500 m^3
System des oberen Behälters: Stahl, genieteter Flachboden-Ringbehälter

Krefeld

Als der Wasserturm an der Gutenbergstraße am 5. 11. 1984 in die Denkmalliste aufgenommen und unter Denkmalschutz gestellt wurde, war er 107 Jahre alt und seit fünf Jahren außer Betrieb. Er ist damit so alt wie die städtische Wasserversorgung in Krefeld; in den Jahren 1876/77 wurde er als Teil der ersten Wasserversorgungsanlagen errichtet.

Vor die Notwendigkeit, eine zentrale, städtische Wasserversorgung einzurichten, sah sich die Stadt Anfang der siebziger Jahre des vorigen Jahrhunderts gestellt. Vor allem die oberirdisch abfließenden Färberei- und anderen Schmutzwässer hatten den Untergrund so verunreinigt, daß das in den zahlreichen privaten Brunnen geförderte Wasser den Anforderungen an ein gutes Trinkwasser nicht mehr genügte. Planung und Bau der neuen Anlagen wurden B. Salbach, Dresden, übertragen. Die Arbeiten begannen mit den ersten Probebohrungen im Jahre 1874; die Inbetriebnahme fand im Jahre 1877 statt.

Den Nutzinhalt des Wasserturmes legte Salbach auf 1600 m³ fest: 20% der errechneten maximalen 24-Stunden-Abgabe. Dabei ging er von einem Wasserbedarf von 125 l pro Tag und Person und einer Einwohnerschaft von 60 000 Menschen aus; 500 m³ dienten ihm als „disponible Reserve". Vier Jahre nach Vollendung der gesamten Anlage hat Salbach in einer ausführlichen Dokumentation auch die Konstruktion des Turmes und des Wasserbehälters beschrieben:

„Der Thurm ist aus Ziegelmauerwerk als Rohbau hergestellt, hat kreisförmigen Querschnitt und im Hauptkörper einen Durchmesser von 20 m erhalten. Im höchsten Theile des Thurmes hat das schmiedeeiserne 6,2 m hohe und 18,478 m im Durchmesser haltende Reservoir auf schmiedeeisernen Trägern seine Aufstellung gefunden ..." Zur Unterstützung der (92) Träger hat der Turm im Inneren eine Anzahl Zwischenmauern erhalten. Die Träger liegen nicht direkt auf dem Mauerwerk, sondern in gußeisernen Schuhen, deren verbreiterter Fuß den Druck auf das Mauerwerk verteilt. Das Mauerwerk selbst hat zur besseren Druckübertragung eine Abdeckung von Quadern aus Basaltlava erhalten. „... Auf dem Rande des Reservoirs ruht die eiserne Dachkonstruktion, die mit den hölzernen Zwischensparren über das Umfassungsmauerwerk der Reservoir-Etage vorspringt."

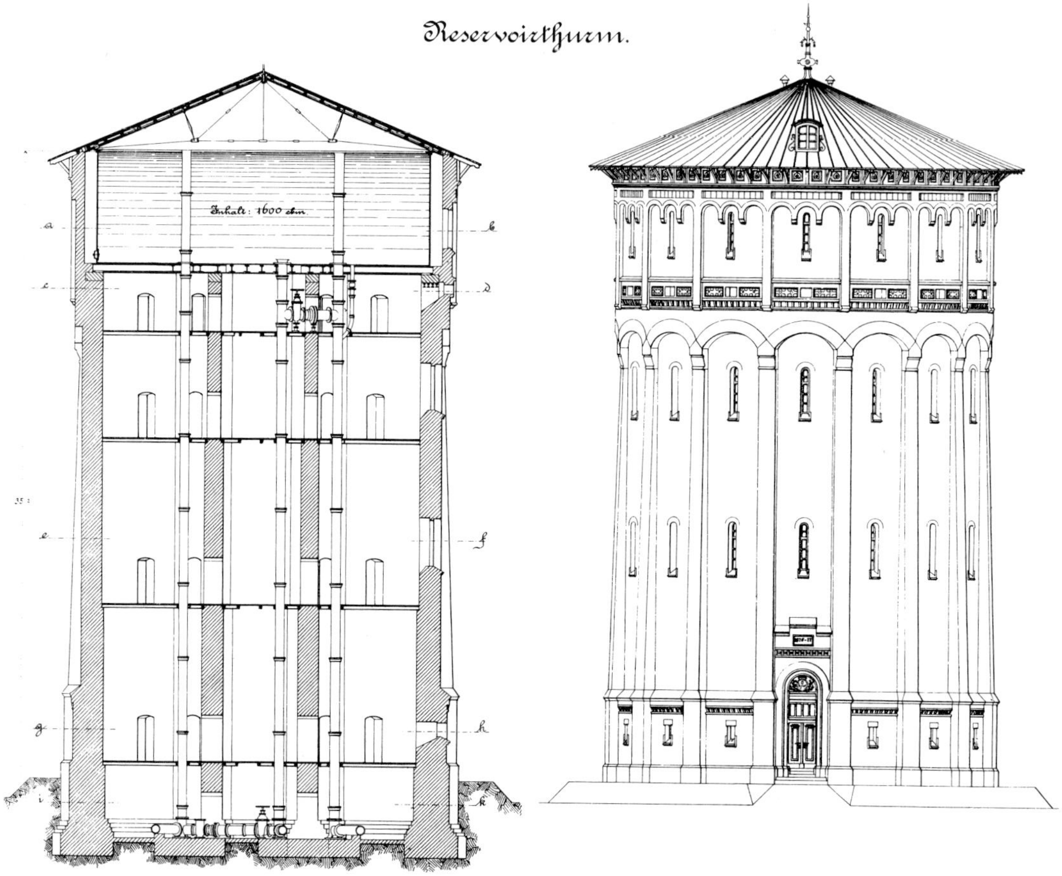

Wasserturm Krefeld-Gutenbergstraße
Schnitt und Ansicht, Bauzeichnungen aus dem Jahre 1876
Photo: Stadtwerke Krefeld AG

Außen zeigt sich der Turm in zeitgenössisch historisierender Schmuckfassade. Dem Sockel und Ständerteil sind 16 stützende Strebepfeiler vorgesetzt; sie enden unterhalb der Reservoir-Etage in grauen Hausteinkämpfern, die als Auflager für flache Blendbögen aus Ziegelstein dienen. Den Blendbögen liegt die leicht vortragende – durch Rundbogen-Blendarkaden gegliederte – Behälterfassade auf. Friese aus gelben – mit Blattreliefs versehenen – Ziegelplatten setzen den Behälterteil gegen Ständer und Dach ab. Im Sockelgeschoß ist zwischen zwei Pfeilern ein erhöhtes Rundbogenportal ins Mauerwerk eingelassen und mit profilierten gelben Ziegeln stufig gelaibt. Das Bogenfeld nimmt ein Ziegelrelief mit dem Bild des Krefelder Stadtheiligen, des hl. Dionysius, ein.

Gut siebzig Jahre erfüllte der Turm seine Aufgabe, ohne daß nennenswerte Reparaturen notwendig gewesen wären. Im Kriegsjahr 1943 zerstörte jedoch eine Brandbombe das Dach; es mußte völlig erneuert werden. Im Zuge einer späteren Sanierung erhielt der Turm ein Betondach, das in einen flachen Turmaufsatz mit Entlüftungsklappen endet.

Die bauliche Substanz des Turmes ist auch heute noch gut und ohne Tadel; sein weiteres Schicksal aber ungewiß. Die zahlreichen Stützmauern im Inneren erleichtern nicht eben die Suche nach einer neuen Verwendung. Daß aber der Turm erhalten bleibt, ist nicht nur Zweck der Unter-Schutz-Stellung; es ist auch der Wunsch der Krefelder Bürger.

(Fortsetzung auf Seite 202)

Wasserturm Krefeld-Gutenbergstraße
Photo: Stadtwerke Krefeld AG

Technische Angaben
Baujahr: 1876/1877
Nutzinhalt: 1600 m³
Gesamthöhe: 39 m über Gelände
Planung: B. Salbach
Behältersystem: Flachbodenbehälter
Bauunternehmen
Turm: Hartel & Quester, Krefeld
Behälter: Gebr. Moeller, Brackwede
Außerbetriebnahme: 1979

(Fortsetzung von Seite 200)

Krefelds zweiter Wasserturm wurde gut zwanzig Jahre später nach den Plänen von Professor Intze, Aachen, an der Gladbacher Straße – im Kreuzungsbereich mehrerer wichtiger Stadtstraßen – gebaut. Schnell wurde der Turm zum städtischen Wahrzeichen. Die kräftige, aber gefällige Gestalt des Turms trug ihren Teil dazu bei. Das Bild des weithin sichtbaren Turms wurde geprägt vor allem durch die markante Fassadengliederung der Behälterummantelung und das hohe Kegeldach mit den vier – in die Haupthimmelsrichtungen zeigenden – Gauben. Intze hatte ursprünglich vorgesehen, das Dach in einer Plattform mit – von acht Säulen getragener – Zwiebelkuppel enden zu lassen. „Die Spitze", so seine Notiz auf dem Plan, „ist in ihrer Ausführung einfacher gehalten." Geblieben sind eine dem Kegel aufsitzende kupferne Kugelspitze und die vier Gauben mit in die Giebel gewölbten Dächern.
Die rote Ziegelmauer der Bassinummantelung wurde durch 20 schlanke Sandstein-Lisenen gegliedert. Sie saßen profilierten Konsolen auf, die sich aus dem Abschlußgesims des Ständerteils entwickelten und der tragenden Eisenkonstruktion vorgesetzt waren.
An Fuß und Kopf der Säulenreihe umliefen breite Sandsteingesimse den Turm.
Als Ganzes bot der Turm eine klare Teilung in Sockel, Ständer- und auskragenden Behälterteil, wie es bei der Verwendung von Intze-Behältern typisch ist. Der sich verjüngende Ständerteil umfaßte zwei Geschosse, die Licht durch je acht Rundbogenfenster erhielten. Im grob gequaderten Sockelgeschoß, in das ein schönes erhöhtes Rundbogenportal führte, waren zwei Wohnungen eingerichtet.
Der Turm wurde im Jahre 1968 außer Betrieb genommen und im Jahre 1974 niedergelegt, „um einer Straßenkreuzung Platz zu machen". Daß Prof. Intze nicht nur ein bedeutender Ingenieur und Hochschullehrer war, sondern auch ein praktizierender Architekt, kann insoweit nur noch aus den erhalten gebliebenen Bauzeichnungen ersehen und erahnt werden.

Lit.:
Angaben, Unterlagen und Ausarbeitungen der Stadtwerke Krefeld AG
„Stadtwerke Rundschau" der Stadtwerke Krefeld AG, Heft 11, August 1984

Wasserturm Krefeld-Gladbacher Straße
Ansicht der Bauzeichnung aus dem Jahre 1897
Photo: Stadtwerke Krefeld AG

Technische Angaben
Baujahr: 1897/98
Nutzinhalt: 1860 m^3
Gesamthöhe: 53 m über Gelände
Planung: Prof. Intze, J. Frings

Westerland/Sylt

Das Wasserwerk der Stadt Westerland ist als Grundwasserwerk um 1897 projektiert worden und wurde am 1.6.1901 in Betrieb genommen. Zu den Wasserwerksanlagen gehörte ein Wasserturm, der – wie meist üblich – mit einem drucklosen Wasserbehälter (Nutzinhalt: 200 m³) versehen war. Der zunehmende Wasserverbrauch erforderte bereits im Jahre 1912 eine Erweiterung und den Umbau der Gesamtanlage.
Bei diesem Umbau wurde die Funktionsweise des Wasserturmes völlig verändert: In den vorhandenen Intze-Behälter wurde ein nahezu kugelförmiger Druckwindkessel mit dem sehr großen Nutzinhalt von 228 m³ hineingebaut. Da in einem Druckwindkessel der größere Teil des Behälter-Volumens für das Luftpolster benötigt wird, verringerte sich dadurch zwar das nutzbare Wasser-Speichervolumen; der Druck im Wasserrohrnetz konnte jedoch – und zwar über die geodätische Höhenlage des Behälters hinaus – weiter angehoben werden. Abgesehen von dem relativ großen Inhalt des Druckwindkessels entsprach die Anlage damit einer normalen Druckerhöhungsanlage, die auf einem hohen Unterbau steht. Für diese Lösung, die in der öffentlichen Wasserversorgung Deutschlands wohl einmalig ist, dürften die „pneumatischen Wassertürme" Österreichs, die in etwa zur gleichen Zeit gebaut worden sind, Pate gestanden haben.
Wegen Überalterung und mangelnder Druckfestigkeit des Druckwindkessels mußte die Anlage im Jahre 1964 stillgelegt werden. Im Jahre 1967 wurde der obere Teil des Wasserturmes, der Turmkopf, abgebrochen. Auf dem Turmschaft wurde ein neuer, vor Ort mittels Lichtbogenschweißung gefertigter Kugelbehälter – ebenfalls ein Druckwindkessel – aufgesetzt. Die Funktionsweise wurde nicht geändert. Gleichzeitig wurde der Turmschaft mit einem profilierten PVC-beschichteten blauen Aluminiumblech verkleidet. Die Kugel erhielt einen glatten Aluminiummantel mit silberfarbener PVC-Beschichtung.

W. Mevius, B. Gockel

Lit.:
F. Schimrisk, Selbsttätig wirkende Pumpwerke in Versorgungsnetzen mit und ohne Hochbehälter, GWF 75 (1932), S. 66 bis 69

Alter Wasserturm aus den Jahren 1897/1901 Photo: Stadtwerke Westerland ▷

Technische Angabe
Nutzinhalt: 200 m³

Neuer Wasserturm aus den Jahren 1967/1977 Druckbehälter auf vorhandenem Schaft Photo: Stadtwerke Westerland ▷▷

Technische Angaben
Gesamtinhalt: 625 m³
Gesamthöhe: 28,70 m über Gelände
Betriebsdruck: 2,5 – 3,0 bar

Frankfurt-Rödelheim

Der Zivil-Ingenieur M. Hessemer entwarf und baute den Wasserturm einschließlich des dazugehörenden Pumpwerkes auf eigene Rechnung. Das Grundstück stellte die Gemeinde Rödelheim zur Verfügung.

Das Fundament besteht aus mehreren großen Basaltquadern, die aus dem benachbarten Bockenheim stammen könnten (Steinbruch Bockenheim, Basaltstraße). Der Turm ist 51 m hoch und im unteren Teil aus behauenen Sandsteinblöcken mit einem Schaftdurchmesser von 12 m gefertigt. Die Mittelpartie besteht aus gebrannten Ziegelsteinen. Den Abschluß bildet eine kunstvolle Kuppel mit einer schieferverkleideten Holzkonstruktion. Die Kuppel hat einen Durchmesser von 11 m. In ihr ist ein Intze-Wasserbehälter mit einem Nutzinhalt von 380 m^3 eingebaut. Die max. Wasserspiegelhöhe lag bei 39 m über Gelände. Der Zugang zur Kuppel ist mit senkrechten Eisenleitern über fünf Zwischenpodeste zu erreichen.

Durch die harmonischen Proportionen und die gelungene Außengestaltung ist dieser Wasserturm von besonderem Reiz; er besticht vor allem durch seinen schlanken, hochaufschießenden Ständerteil, der sich bis zur Kuppel deutlich verjüngt. Der Sockel ist außergewöhnlich hoch und gliedert zusammen mit dem Sandsteinband unterhalb der Kuppel den Ständerteil in drei Zonen. Die schieferverkleidete Kuppel ist als Zwölfeck ausgeführt. Die Mantelfläche ist insgesamt sechsmal unterbrochen. Darüber befindet sich das geschwungene Dach mit dem aufgesetzten Türmchen.

Es wird vermutet, daß dieser Wasserturm als Vorbild diente für andere Türme im Rhein-Main-Gebiet, vielleicht auch für den Wasserturm in Kehl, den ähnliche typische Architekturelemente kennzeichnen. Pläne und andere Unterlagen aus der Bauzeit sind leider nicht mehr vorhanden.

Der Wasserturm ist seit 1972 in der Liste der geschützten Bauwerke aufgeführt.

Lit.:

Angaben und Unterlagen der Stadtwerke Frankfurt am Main

R. Slotta, Technische Denkmäler in der Bundesrepublik Deutschland, Bd. 2, Bochum 1977

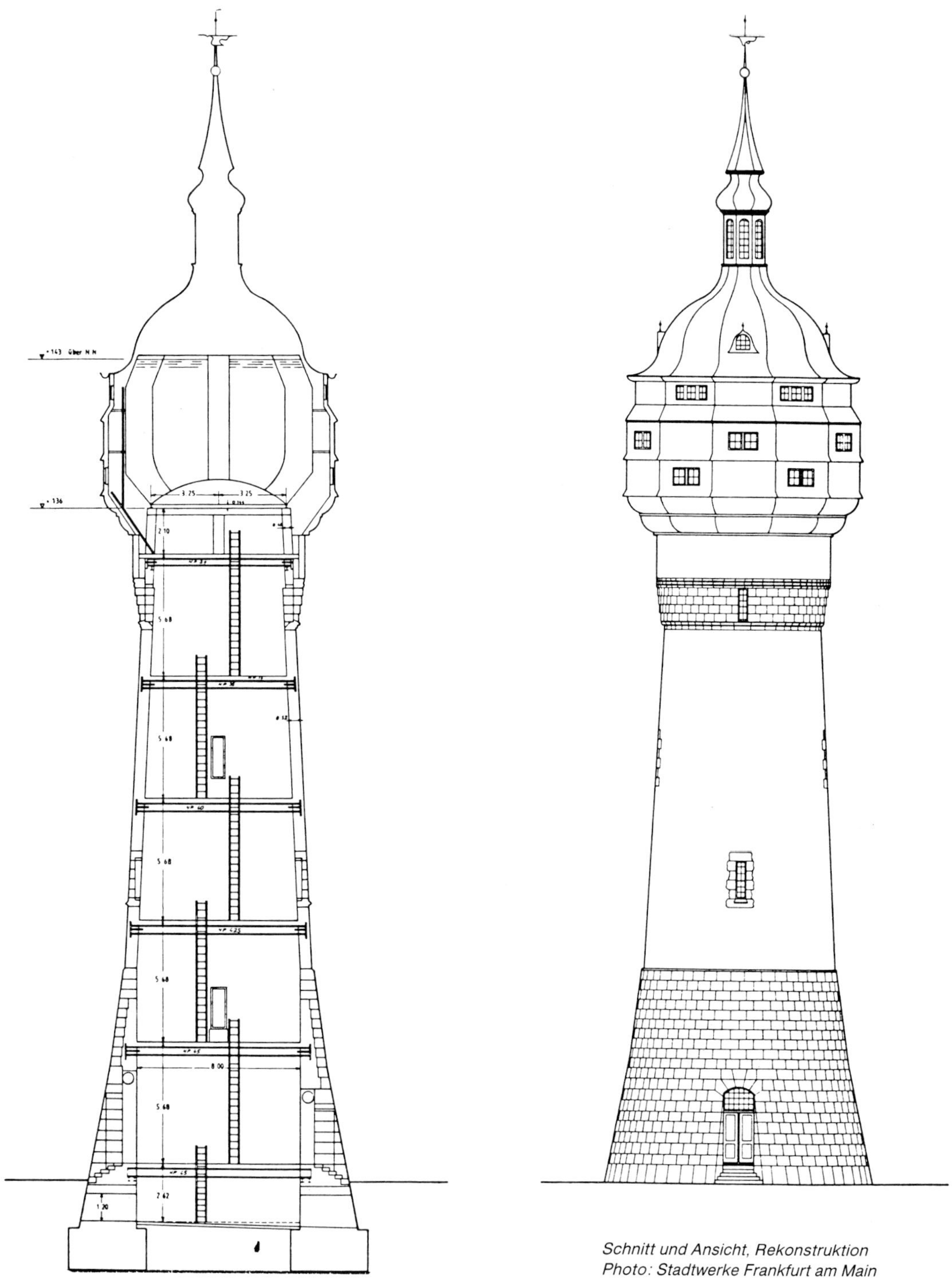

Schnitt und Ansicht, Rekonstruktion
Photo: Stadtwerke Frankfurt am Main

Wasserturm Frankfurt-Rödelheim
Photo: Stadtwerke Frankfurt am Main

Technische Angaben
Baujahr: 1897/1899
Nutzinhalt: 380 m³
Gesamthöhe: 51 m über Gelände
Außerbetriebnahme: um 1910

Essen-Steele (Laurentiusweg)

Die zentrale und öffentliche Wasserversorgung der Stadt Essen wurde stets von besonderen und zum Teil auch außergewöhnlichen Merkmalen geprägt. Technische, organisatorische, wirtschaftliche und vor allem kommunalpolitische Gesichtspunkte, die sich gegenseitig oft hemmten, waren dafür offensichtlich verantwortlich. So lassen sich beispielsweise alleine bis zur Jahrhundertwende 8 Ausbaustufen, die aus Zwangslagen geboren und nicht immer harmonisch aufeinander abgestimmt waren, deutlich ausmachen. So wurde man sich lange Zeit darüber nicht einig, ob man nicht zugunsten des Baus städtischer Zieh- und Pumpbrunnen auf eine zentrale Wasserversorgung verzichten könne, ob eine öffentliche Wasserversorgung nur Straßenbrunnen (nicht die Wohngebäude) zu versorgen habe, oder ob es tatsächlich notwendig sei, Wasser in „jedwedes Haus" zu liefern.

Das erste Wasserwerk, das zurückgeht auf den englischen Ingenieur Moore (damals in Berlin), der auch als General-Unternehmen die Wassergewinnungs- und Verteilungsanlagen baute, war für die sehr bescheidene Tagesförderung von 1400 m^3 ausgelegt. Die Baukosten in Höhe von 350000,– Goldmark teilten sich die Stadt (211410 Goldmark) und die Firma Friedrich Krupp (60000 Goldmark); der Rest wurde von den Bürgern als freiwillige und unverzinsliche Darlehen gezeichnet. Die Wasserversorgung wurde aufgenommen am 21. Januar 1864.

Dennoch plagte den Oberbürgermeister Lindemann die Frage „ob der von der Stadtvertretung angenommene Grundsatz, daß von der Errichtung öffentlicher Brunnen und Springbrunnen vorläufig abzusehen ist und das Wasser nur gegen Bezahlung verabreicht wird und dem entsprechend über die Einnahme und Ausgabe des Wasserwerkes eine getrennte Rechnungsführung stattfindet" als richtig und gerecht anzusehen sei.

„Man behauptet, daß die Errichtung zahlreicher öffentlicher Brunnen eine Nothwendigkeit ist. Die jährlichen Betriebskosten des Wasserwerkes seien schließlich sehr bedeutend. Demgegenüber mache die zusätzliche Errichtung zahlreicher, öffentlicher Brunnen nothwendigerweise die Rentabilität des Wasserwerkes unmöglich, so daß in diesem Falle die Betriebskosten des Wasserwerkes auf die Communalcasse zwangsweise übernommen werden müßte.

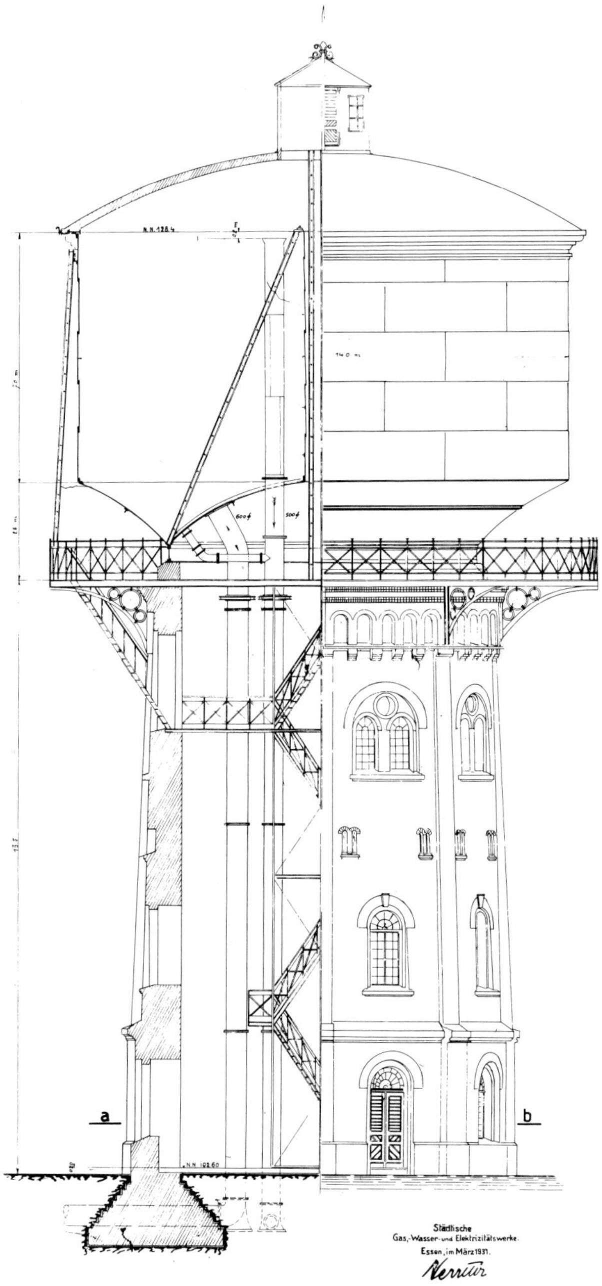

Ansicht-/Schnittzeichnung aus dem Jahre 1937
Photo: Stadtwerke Essen AG

Da es nun aber nicht die Sache der Gemeinde ist, für den Wasserbedarf der Einzelnen zu sorgen und weil zugleich die Vortheile des Wasserwerkes denjenigen Eingesessenen, welche außerhalb des Bereiches der Rohrleitungen liegen, nicht zu Gute kommen können, so würde es sich meines Erachtens nicht rechtfertigen lassen, wenn man von den letzteren Beiträge zu den Kosten dieser, ihnen nicht zu Gute kommenden Einrichtung einziehen wollte. Es werde daher in diesem Falle nothwendig sein, eine Disparität der Steuern dahin einzuführen, daß die bemerkten Eingessenen entsprechend erleichtert würden. Ob dies nach der Städteordnung zulässig ist, möchte zweifelhaft sein. Die Königliche Regierung hat auf meine desfallsige Anfrage die Einrichtung einer ungleichen Besteuerung als unzulässig hingestellt..."

Es bestanden also erhebliche Zweifel, ob eine öffentliche, allgemeine und zentrale Wasserversorgung zu den Aufgaben der Gemeinde zählt, was zur damaligen Zeit allerdings auch in anderen Städten noch nicht anders gesehen wurde.

Der Wasserturm auf dem Laurentiusberg in Essen-Steele ist in Backsteinmaterial aufgemauert worden. Er gehört zu den typischen Wassertürmen mit Intze-Behältern, deren Behälter-Kopf nicht architektonisch besonders gestaltet ist. Der Turm steht unter Denkmalschutz, ist heute jedoch nicht mehr in Betrieb.

Lit.:

Angaben und Unterlagen der Stadtwerke Essen AG

R. Slotta, Technische Denkmäler in der Bundesrepublik Deutschland, Bd. 2, Bochum 1977

E. Grahn, Die städtische Wasserversorgung im Deutschen Reiche, Bd. 1, München und Leipzig 1899

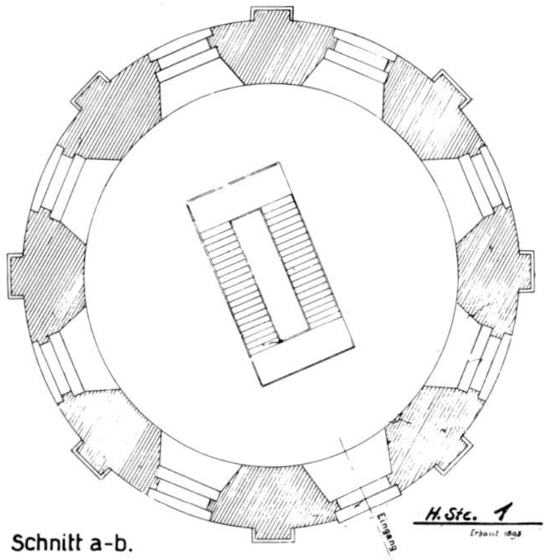

Schnitt a-b.

Wasserturm Essen-Steele
(Laurentiusweg)
Photo: Stadtwerke Essen AG

Technische Angaben
Baujahr: 1898
Nutzinhalt: 1000 m^3
Höhe des max. Wasserspiegels: etwa 25,50 m über Gelände
Behältersystem: Intze

Wien – Favoriten

Der Wasserturm steht auf einem Hochpunkt des Stadtteils Favoriten, dem Wienerberg, in nächster Nähe der „Spinnerin am Kreuz“. Er gilt als Wahrzeichen der Stadt Wien – auch wohl infolge seiner überragenden Größe. Der Wasserturm zählt zu den höchsten Wassertürmen Europas. Seine Spitze liegt 1,10 m höher als der Adler auf dem Turm des Stephansdoms. Die Galerie an der Laterne bietet einen der schönsten Aussichtspunkte der Stadt.
Seit dem Bau der Ersten Wiener Hochquellenleitung im Jahre 1873 wurde den Bezirken Favoriten und Meidling das Trinkwasser über den Wasser-Hochbehälter „Wienerberg“, einem Erdbehälter, zugeleitet. Die zunehmende Bebauung der höhergelegenen Teile beider Bezirke erforderte jedoch schon bald den Bau einer Pumpstation und eines Wasserturmes. Mit der Eröffnung der Zweiten Hochquellenleitung im Jahre 1910 wurde die Pumpstation entbehrlich, der Wasserturm behielt indessen seine Funktionen noch bis zum Jahre 1949. Heute ist er nicht mehr in Betrieb. Er steht unter Denkmalschutz. Eine Fremdnutzung wird erwogen.

▽ *Alter Baubestand*
Photo: Stadt Wien, Direktion der Museen

Der Wasserturm ist ein Ziegelbau, der – wie auch in vielen anderen Fällen – aus zwei ringförmigen Mauerschalen besteht. Auf der inneren Mauerschale liegt ein Steinkranz, der unmittelbar den Hauptbehälter trägt. Auf die äußere Schale (Fassade) ist der hohe Dachaufbau aufgesetzt. Zwischen den zylinderförmigen Mauerschalen führt eine 203 m lange Aufstiegsrampe zu den beiden Behältern und weiter über Treppen zur äußeren Galerie der Laterne. Der kleine ringförmige Behälter, der auf der inneren und der äußeren Mauerschale ruht, hatte lediglich eine Reserve-Funktion. In seiner äußeren Gestaltung ist der Wasserturm der Architektur der öffentlichen Bauten am Ring, an der Lastenstraße und anderen Punkten der Stadt, die in die Zeit von Kaiser Franz Josef fallen, verwandt. Dokumentiert wurden sowohl der zeitbedingt historisierende Gestaltungswille des planenden Architekten als auch die Repräsentationsvorstellungen der Stadt.

Lit.:
J. Donner, Wien, Unterlagen, Photos und eigene Schriften
M. Wehdorn u. U. Georgeacopol-Winischhofer, Baudenkmäler der Technik und Industrie in Österreich, Wien, Köln, Graz 1984
Fr. Borkowitz, Das Wasserwerk der Wiener Hochquellenleitung im X. Bezirk (Favoriten), in Ztsch. des Oesterreichischen Ingenieur- und Architekten-Vereins, H. 4, 1900

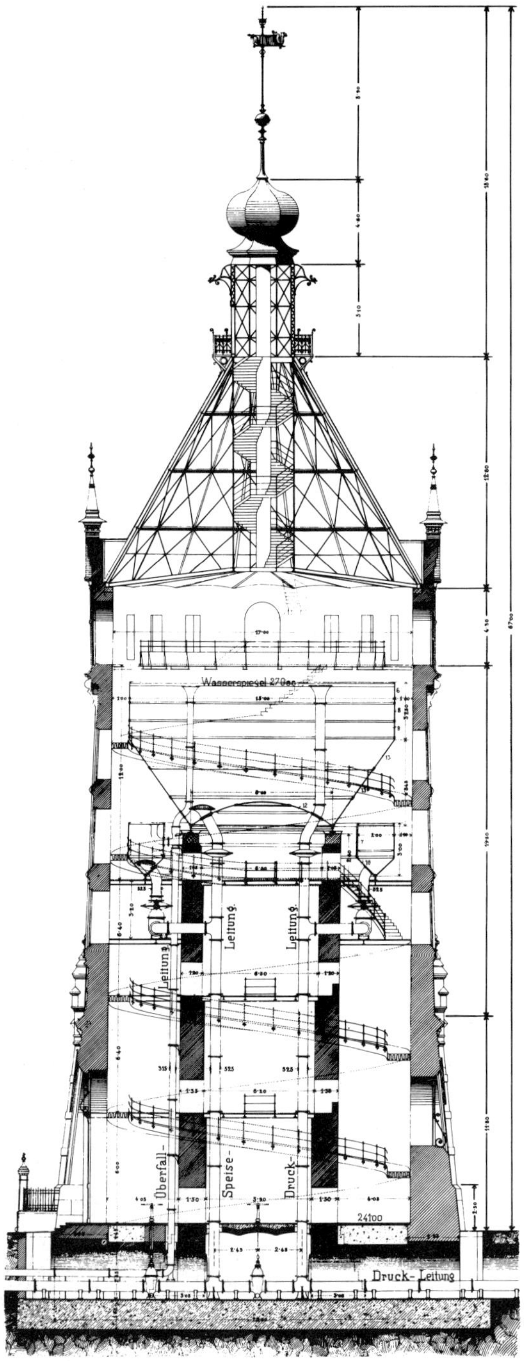

Schnittzeichnung aus Zeitschrift des Österreichischen Ingenieur- und Architekten-Vereins, H. 4, 1900

Wasserturm Wien-Favoriten
Photo: Stadt Wien, Wasserwerke

Technische Angaben
Baujahr: 1898/1899
Nutzinhalt:
unterer Behälter: 203 m^3
oberer Behälter:
~ 1050 m^3
Gesamthöhe: 67 m
über Gelände
System des oberen
Behälters: Intze
System des unteren
Behälters: Ringbehälter
Außerbetriebnahme: 1949

Neu-Ulm

Die Stadt Neu-Ulm zählte rd. 8000 Einwohner, als der Magistrat der Stadt im Jahre 1894 beschloß, den Bau eines städtischen Wasserwerkes, „welches durch die Wasserzinse sich selbst erhalten müßte", in Erwägung zu ziehen. Das Projekt war inzwischen befürwortet worden vom „Technischen Bureau für Wasserversorgung", dem Vorläufer des heutigen Bayerischen Landesamtes für Wasserwirtschaft, München. Ein Gutachten veranschlagte die Baukosten auf 200000,– Goldmark und den Wasserpreis auf 8 Goldpfennig je m^3. Im Jahre 1896 teilte das Kaiserliche Gouvernement der Festung Ulm mit, daß nach einer Verfügung des Kgl. Preußischen Kriegsministeriums „gegen die Benutzung bzw. Überlassung der für den Bau des Wasserwerkes benötigten Festungsgrundstücke einschließlich des Kriegspulvermagazins II" nichts einzuwenden sei. Im Dezember 1897 stellte der Bürgermeister von Neu-Ulm einen Beihilfeantrag beim Bayerischen Staatsministerium des Innern, in dem er um einen „möglichst reichlich bemessenen Geldzuschuß" ersuchte. Diese Bitte begründete er vor allem damit, daß „die junge Stadt Neu-Ulm, welche aus früheren Zeiten keinerlei Vermögen überkommen hat, überhaupt gegenüber der Nachbarschaft Ulm einen äußerst harten Konkurrenzkampf mit zu Ungunsten Neuulm's ungleichen Kräften zu führen hat, daß es für die Stadt Neu-Ulm von außerordentlichem Werte ist, gerade wegen dieses Konkurrenzkampfes keine zu hohen Wasserzinse erheben zu müssen". Der Zuschuß wurde bewilligt. So beginnt das Bautagebuch des Wasserwerkes am 1.8.1898.

Der Wasserturm wurde in unmittelbarer Nachbarschaft des Maschinenhauses auf dem alten Kriegspulvermagazin errichtet. Der Turmschaft besteht aus Stampfbeton, der Behälterkopf aus einer Eisenkonstruktion, ausgefüllt mit Mauerwerk. Der Wasserbehälter, System Intze, hat einen Nutzinhalt von etwa 350 m^3.

Lit.:
Angaben und Unterlagen des Stadtarchivs Neu-Ulm

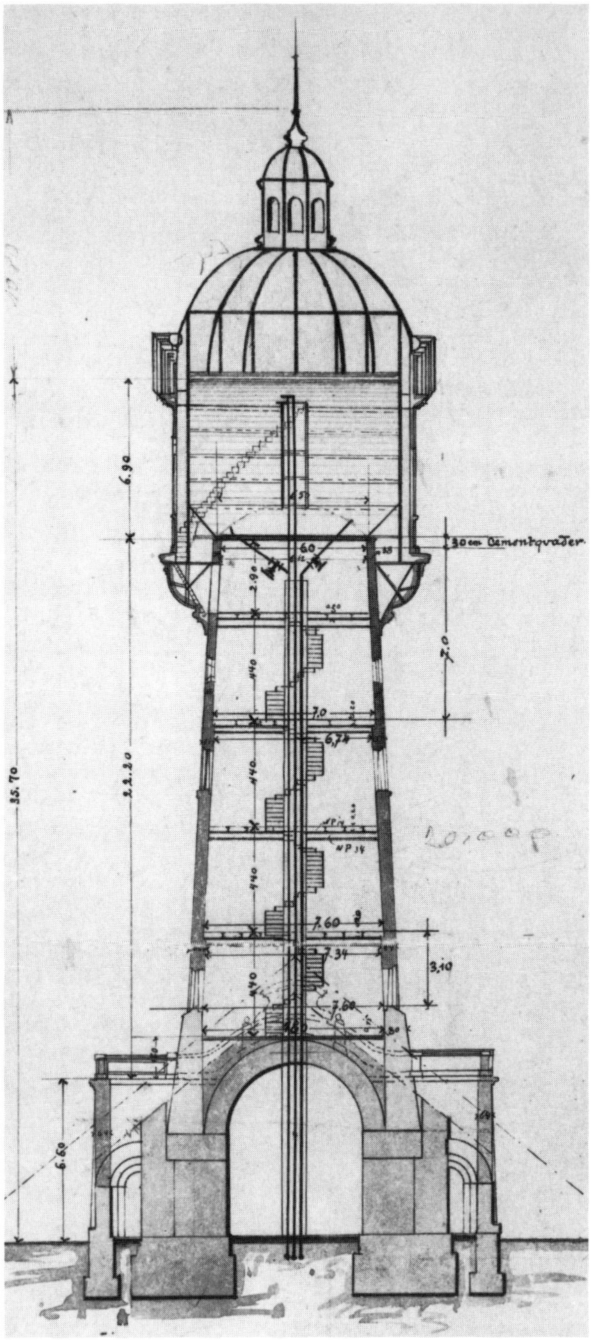

Schnitt, Bauzeichnung aus dem Jahre 1898
Photo: Stadtarchiv Neu-Ulm

Ansicht, Bauzeichnung aus dem Jahre 1898
Photo: Stadtarchiv Neu-Ulm

Wasserturm der Stadt Neu-Ulm/Donau
Photo:
D. Robakowski, München

Technische Angaben
Baujahr: 1898/1900
Nutzinhalt: 350 m^3
Höhe des max. Wasserspiegels: 33,5 m über Gelände
Behältersystem: Intze
Hersteller des Behälters: BAMAG, Berlin

Berlin-Mariendorf

Der Wasserturm Berlin-Mariendorf ist ein Betriebs-Wasserturm der Berliner Gaswerke (GASAG). Er wurde vornehmlich erstellt zur Versorgung der Hydranten im Gaswerksgelände zu Feuerlöschzwecken und im Bedarfsfalle zur Betriebswasserversorgung der Gaserzeugungsanlagen. Heute sind ihm Betriebsaufgaben zugewiesen. Der Turm wurde errichtet von der Imperial Continental Gas Association. Der Wasserbehälter wurde im Jahre 1960 erneuert, der Turmaufbau einschließlich des Erkers in den Jahren 1979/80. Der Turm steht unter Denkmalschutz.
Da sich die Höhe des niedrigsten Wasserspiegels im Wasserturm, die den Druck in den angeschlossenen Leitungen bestimmt, immer mehr als zu gering erwies, wurde auf dem Gelände des Gaswerkes Mariendorf im Jahre 1969 ein zweiter Wasserturm errichtet, dessen oberster Wasserspiegel 46 m über Gelände liegt. Der Wasserbehälter dieses zweiten Wasserturmes hat einen erheblich höheren Nutzinhalt, nämlich von 500 m³.
Da die GASAG beabsichtigt, in nächster Zeit die Gas-Eigenerzeugung aufzugeben, werden die noch vorhandenen Wassertürme ihren Bestimmungszweck verlieren.

Lit.:
Angaben und Unterlagen der Berliner Gaswerke
DVGW, Das Gaswerk Mariendorf bei Berlin ..., Verfasser: E. Drory, E. Körting, H. Schüller, München 1903

Wasserturm Berlin-Mariendorf
Photo: entnommen der DVGW-Broschüre aus dem Jahre 1903 ▷

Photo: Berliner Gaswerke ▷▷

Technische Angaben
Baujahr: 1900
Nutzinhalt: 150 m³
Höhe: 33 m über Gelände

Husum

Der Entwurf des Wasserturms stammt von dem Architekten von Gerlach. Daß es gelang, seine Ausführung 1891/92 durchzusetzen, ist dem seinerzeitigen Bürgermeister Menge und dem Universitäts-Professor Dr. Mathaei, Kiel, zu verdanken. Der Wasserturm wurde in der Nähe des Gewerbegebietes errichtet.
Der 300 m³ fassende Intze-Behälter hat einen Durchmesser von 9,00 m und liegt mit seinem Boden 22,50 m über dem umliegenden Gelände. Auf einem achteckigen Unterbau ruht eine runde Mauersäule, die sich nach oben stark verjüngt. Die Wanddicke des Turmschaftes beginnt unten am Granitsockel mit 1,19 m, beträgt im achteckigen Unterbau 1,16 m und verringert sich im Turmschaft bis auf 51 cm.
Für die Verblendung des Mauerwerkes wurden rote Rathenower Handstrichsteine verwendet, die zu Wasser nach Husum transportiert worden sind. Die wenigen Werksteinstücke der Fenstersohlbänke, der Bogenwiderlager, des Gurtgesimses und der Wappenplatte sind aus Kottaer Sandstein gearbeitet. Die Turmspitze ist 33,00 m über Gelände. Die Ummantelung des Behälter-Kopfes besteht aus einer Holzkonstruktion, die bis in die Turmspitze hinaufragt und mit Schiefer-Platten versehen ist.

W. Mevius

Lit.:
K. Mühlke, Der Neubau eines Wasserturmes in Husum, Zentralblatt der Bauverwaltung, Nr. 69 (1903), S. 432

Wasserturm Husum
Photo: D. Robakowski, München ▷▷

Wasserturm Husum
Photo: D. Robakowski, München ▷

Technische Angaben
Baujahr: 1891/92
Nutzinhalt: 300 m³
Höhe des Behälters:
22,50 m über Gelände
Behältersystem: Intze

Münster/Westfalen

Beschlossen wurde der Bau einer zentralen Wasserversorgung am 7. Juni 1879; die erste Pumpstation nahm am 1. Juli 1880 ihren Betrieb auf. Die öffentliche Wasserversorgung löste private und öffentliche Brunnen mit fortschreitendem Ausbau des Rohrnetzes ab. Die Hauptwasserleitung von der ersten Pumpstation wurde im Halbkreis durch die Stadt über den Prinzipalmarkt bis in den nordwestlichen Stadtteil zum Buddenturm verlegt.
Der Buddenturm war zuvor von der damaligen Militärverwaltung erworben und als Wasserturm mit einem Nutzinhalt von 500 m^3 ausgebaut worden. Mit zunehmender Wasserabgabe – sie lag im Jahre 1900 bei 1,9 Millionen m^3 – wurde der Wasserbehälter im Buddenturm für den Ausgleich der Verbrauchsschwankungen und zur Deckung des Löschwasserbedarfs praktisch bedeutungslos. Die Aufgaben übernahm ein neuer Wasserturm, der am 1. Juli 1903 in Betrieb genommen und „auf der Geist" erbaut wurde. Die architektonische Gestaltung und die Bauausführung lagen in den Händen von Stadtbaurat Merkens und Stadtbaumeister Drießen.
Der an Wehrtürme erinnernde Wasserturm weist in seiner Gliederung Ähnlichkeiten mit dem Wasserturm in Worms auf, wirkt aber durch sein helleres Sandstein-Material und die leichteren Gliederungselemente eleganter und schlanker. Auffällig und bemerkenswert ist auch hier das besondere Architekturverständnis, einen Wasserturm in einer von historischen Bauten geprägten Stadt in historisierenden Formen zu erbauen.
Der Wasserturm wurde unter anderem mit folgender Begründung unter Denkmalschutz gestellt: „Der Wasserturm ist aus städtebaulicher Sicht eine weithin sichtbare Sichtmarke und Merkzeichen, welches ganz wesentlich die Stadt-Silhouette der Südstadt prägt. Er zeigt – ganz im Anspruch dieser Zeit –, daß das Funktionelle eines solchen Bauwerkes auch einem gestalterischen Anspruch genügen sollte. Der Wasserturm erinnert in seiner ganzen gestalterischen Ausprägung stark an einen Wehrturm einer romanischen Burganlage. In der Tat wurde z.Z. des Historismus der Stil der Neuromanik oft für wuchtige und massive Baukörper verwendet."

Lit.:
Angaben und Unterlagen der Stadtwerke Münster GmbH
R. Slotta, Technische Denkmäler in der Bundesrepublik Deutschland, Bochum 1975

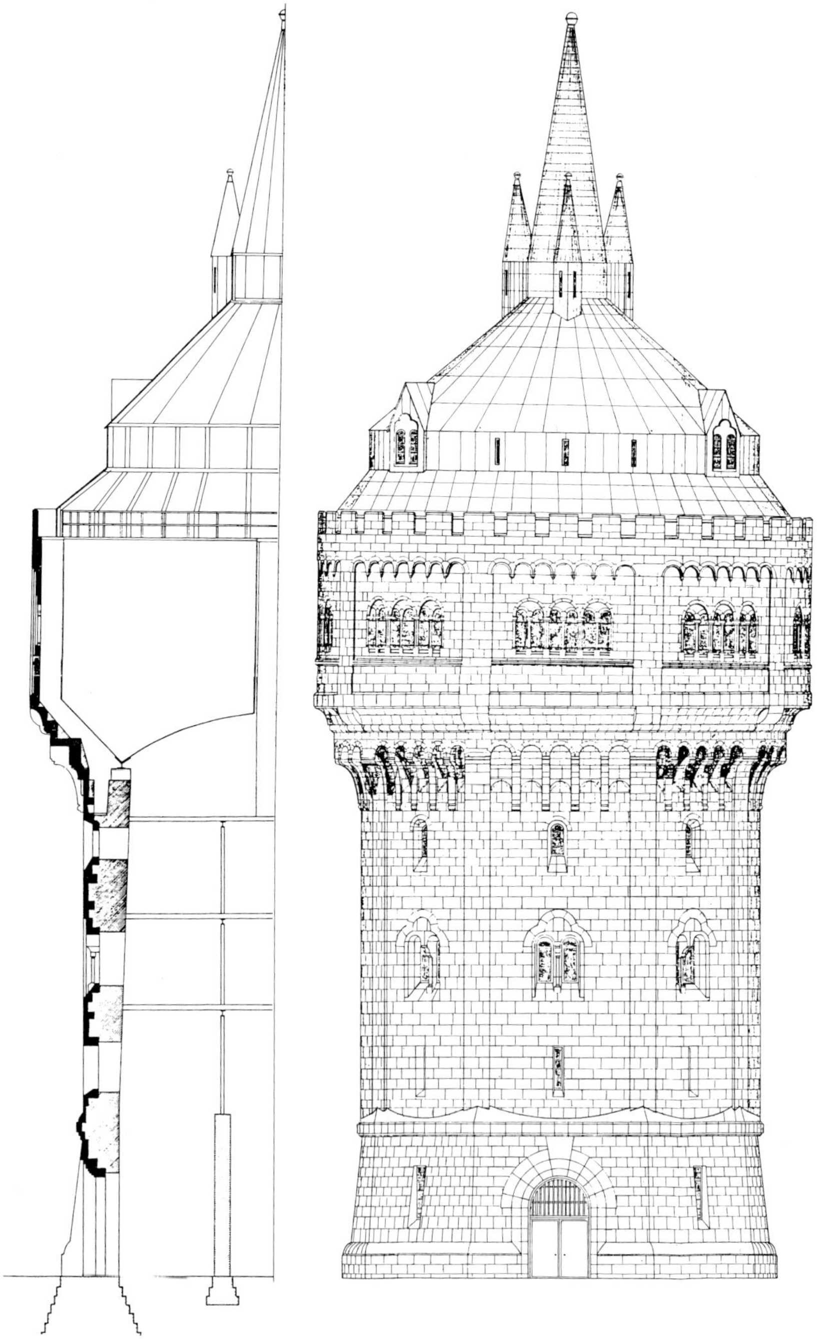

Wasserturm Münster
Ansichts- und Schnittzeichnung, überarbeitet 1984
Photo: Stadtwerke Münster GmbH

Wasserturm Münster/Westf.
Photo: Schmieding-Armaturen/Brasse

Technische Angaben
Baujahr: 1900 bis 1903
Nutzinhalt: 2500 m^3
Turmhöhe: 59 m über Gelände
Behältersystem: Intze
Hersteller des Wasserspeichers: Fa. Neumann, Eschweiler

Braunschweig – Giersberg

Auf der Grundlage eines erweiterten Projektes des Eisenbahn-Ingenieurs Clauss beschloß die Braunschweiger Stadtvertretung die erste Ausbaustufe für die öffentliche, zentrale Wasserversorgung im Jahre 1862. Bestandteil der Anlagen war ein Wasserturm (Druckturm), der zusammen mit den Förderanlagen auf einer Insel des Flusses Oker am Rande des Bürgerparkes erbaut wurde. Auf einen Wasserhochbehälter mit Speicherfunktion wurde verzichtet. Mit der architektonischen Gestaltung der Hochbauten befaßte sich der Braunschweiger Stadtbaurat Tappe. Ihm ist es zweifellos gelungen, den 54 m hohen schlanken Druckturm dem Erscheinungsbild der turmreichen Stadt gut anzupassen. Er griff dabei zurück auf spätgotische Stil- und Schmuckformen. So ähnelt der Druckturm dem Turm einer spätgotischen Kirche – ein treffendes Beispiel für die „im späteren 19. Jh. übliche Flucht in historisierende Stile". Heute ist er Bestandteil des Freizeit- und Bildungszentrums der Stadt. Eine versorgungstechnische Funktion hat er nicht mehr.

Der Wasserturm auf dem Giersberg wurde gebaut auf Empfehlung des Zivil-Ingenieurs Thiem, der den schon zuvor wiederholt diskutierten Gedanken aufgriff und in sein Projekt für die Wasserversorgung der Stadt „auf der Basis von Grundwasser" im Jahre 1899 einbezog. Die architektonische Gestaltung besorgte der Braunschweiger Stadtbaumeister Osterloh. Der Wasserturm wurde im Jahre 1901 fertig.

Der Wasserbehälter selbst besteht aus genieteten Eisenblechen. Sein Gesamtgewicht beträgt 160 t. Er ist im oberen Teil zylindrisch, mit einem Durchmesser von 18 m und einer Seitenhöhe von 6,20 m. Der Boden des typischen Hängebodenbehälters ist als Kugelabschnitt von etwa 4 m Höhe (Kugelradius 11,75 m) ausgebildet. Die Überlaufleitung liegt etwa 44 m über der durchschnittlichen Geländehöhe der Stadt.

Der Turm hat den Bombenkrieg unbeschädigt überstanden; er ist noch im Originalzustand erhalten. Da die Bürger der Stadt eine bauliche Änderung des Turmes – sei es aus technischen oder wirtschaftlichen Gründen – ganz sicher nicht hinnehmen werden, dürfte der Turm noch über viele Jahre die Silhouette und das Stadtbild von Braunschweig bereichern.

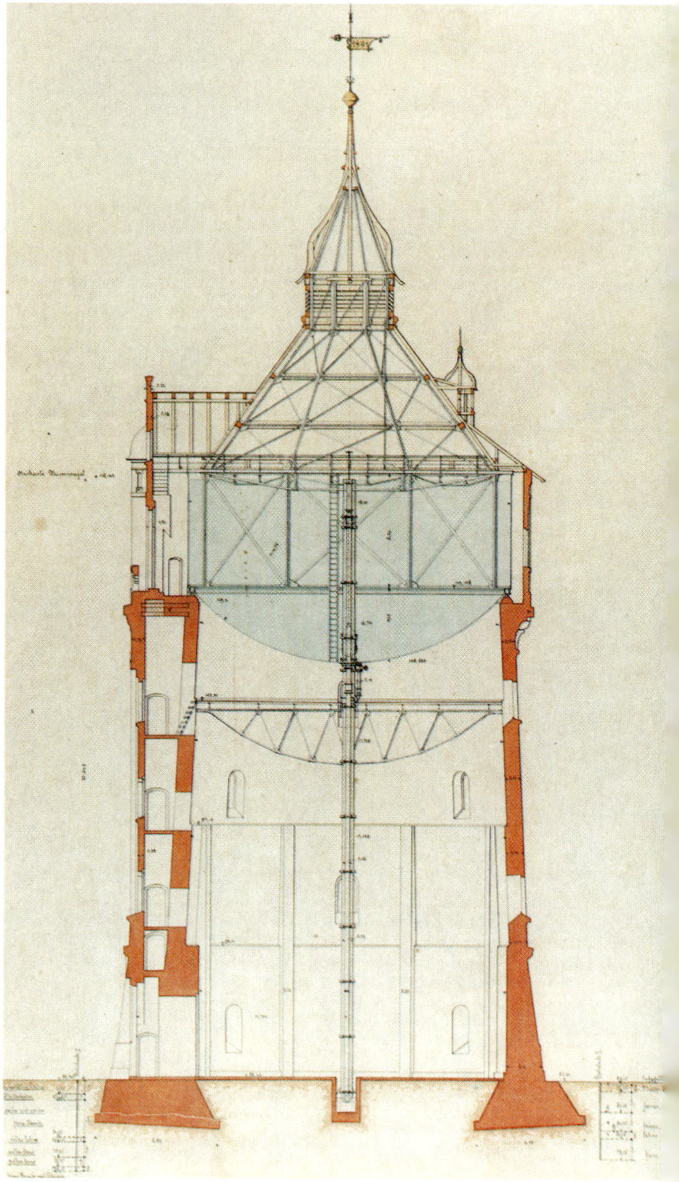

Lit.:

Angaben und Unterlagen der Stadtwerke Braunschweig GmbH

E. Grahn, Die städtische Wasserversorgung im Deutschen Reiche ..., München und Berlin 1902

W. Appelt u. W. Müller, Wasser-Künste – Wasserwerke, Braunschweig 1965

Ansicht und Schnitt, Bauzeichnung aus dem Jahre 1901
Photo: Stadtwerke Braunschweig GmbH

Wasserturm Braunschweig-Giersberg
Photo: Stadtwerke Braunschweig GmbH

Technische Angaben
Baujahr: 1901
Nutzinhalt: 2000 m^3
Turmhöhe: 58,7 m (auf einem 12 m hohen Hügel)
Behältersystem: Hängebodenbehälter
Entwurf: Stadtbaumeister Osterloh
Hersteller des Behälters: Wilke-Werke, Braunschweig

München – Karl Müller'sches Volksbad

Im März 1894 überließ der Zivilingenieur Karl Müller seinen Grund- und Hausbesitz der Stadt München mit der Maßgabe, „aus dem bei Veräußerung sich ergebenden Erlöse ein Volksbad, hauptsächlich für das unbemittelte Volk, zu bauen". Die Stadt München löste diese Bedingung ein und errichtete das Karl Müller'sche Volksbad auf einer Grundfläche von fast 4000 m^2 mit einem Schwimmbad für Männer, einem Schwimmbad für Frauen, einem römisch-irischem Bad, ferner mit 86 Wannenbädern, einem Brausebad, einem Hundebad und den zugehörigen Wirtschafts- sowie Personalräumen. Die Inbetriebnahme erfolgte im Mai 1901. Die Badeanstalt ist heute noch in Betrieb.

Im Turm der Badeanstalt wurde ein Wasserbehälter mit einem Fassungsvermögen von 100 m^3 installiert, etwa in Höhe der großen Uhr. Die Wasserversorgung erfolgte aus der nahegelegenen Nockherberg-Quelle über eine eigene Druckerhöhungsanlage. Später wurde ein zusätzlicher Anschluß an die Münchener Wasserwerke hergestellt; der Nutzinhalt des Behälters, der fortan auch der Netztrennung diente, wurde auf 50 m^3 verringert. Im Jahre 1984 wurde dann die Nockherberg-Quelle abgetrennt, obwohl ihr Wasser stets hygienisch einwandfrei war. Die verlangte Einrichtung eines Quellschutzgebietes erwies sich nämlich als nicht möglich.

Die im Jahre 1984 abgeschlossene Renovierung des Volksbades, eines Jugendstil-Juwels, kostete insgesamt 8,3 Mio. DM; davon entfiel auf Wasserturm und Fassade der Betrag von rd. 3,5 Mio. DM.

Der Wasserturm ist heute noch in Betrieb.

Lit.:

Angaben und Unterlagen der Stadtwerke München

Unterlagen von G. Merkl, München

Wasserturm des Karl Müller'schen Volksbades
Photo: D. Robakowski, München

Flensburg

Um 1900 stellte sich heraus, daß zur besseren Versorgung der höhergelegenen Stadtteile das seit 1881 bestehende Rohrnetz in zwei getrennte Druckzonen aufgeteilt werden mußte. Laut Kollegiumsbeschluß vom 28.5.1901 erhielt der Ziv.-Ing. G. Oesten, Berlin, den Auftrag, zur Erweiterung des Wasserwerkes einen Wasserturm an der Mühlenstraße zu planen. Zum Bau stellte die Stadthauptkasse eine Anleihe von 170000,– Goldmark zur Verfügung. Die Abrechnung vom 15.8.1902 zeigt, daß die tatsächlichen Baukosten um rd. 30000,– Goldmark unter dem Voranschlag geblieben waren.
Die Arbeiten begannen im Herbst 1901 und waren im August 1902 beendet. Aus einem vorhandenen Erdbehälter wurde das Wasser mittels zwei Elektropumpen (80 m^3/h) in den Turmbehälter gefördert. Diese Pumpen wurden im Jahre 1913 gegen zwei Pumpen mit 250 m^3/h ausgetauscht.

W. Mevius

Lit.:
Stadtwerke Flensburg, Die Wasserversorgung in Flensburg, 75 Jahre Flensburger Wasserwerk 1881–1956, Flensburg 1956

Wasserturm Flensburg
Photo: W. Mevius

Technische Angaben
Baujahr: 1901/1902
Nutzinhalt: 350 m^3
Gesamthöhe: 29,25 m über Gelände
Behältersystem: Hängeboden-Behälter

Rastatt

Die Stadt Rastatt verfügt über zwei architektonisch bemerkenswerte Bauwerke der Wasserversorgung: Das „herrschaftliche“ Brunnenhaus auf dem linken Ufer der Murg, das um 1700 errichtet worden ist und vornehmlich der Bewässerung der markgräflichen Gartenanlagen diente, und den historischen Wasserturm aus dem Jahre 1901, der bis heute unverändert erhalten geblieben ist und nach wie vor der Rastatter Wasserversorgung dient.

Der Wasserturm steht auf dem höchsten Punkt Rastatts, zwischen den barocken Baudenkmälern „Einsiedelner-Kapelle“ und „Pagodenburg“ inmitten gepflegter Garten- und Parkanlagen. An dem Stil des im Neohistorismus errichteten Turmes scheiden sich die Geister: Der Volksschriftsteller Heinrich Hansjakob meinte 1912, daß der Turm zwischen den zierlichen, stilvollen, alten Bauten wie ein „betrunkener Barbar zwischen zwei Edelfräulein“ stehe; ein Lokal-Redakteur der „Badischen Neuesten Nachrichten“ nannte ihn 1950 „ein steinernes Ungeheuer“. Nach R. Slotta ist der Turm „wohl proportioniert und harmonisch dem Rastätter Stadtbild eingefügt“. Die kunsthistorische Bedeutung liege im übrigen „in der absichtsvollen Andeutung und im Zusammenspiel von Architekturformen und geschichtlichem Bewußtsein ..., für diese Geisteshaltung ein besonders eindringliches Beispiel“. Der Turm steht inzwischen unter Denkmalschutz.

Besonders augenfällig ist der hohe, helmartige Dachaufbau, der mit seiner Gesamthöhe von 17,50 m etwa ein Viertel der Gesamthöhe des Turmes ausmacht. An der Ausbildung eines derart reichgeformten Turmabschlusses in „neobarocken Stilmerkmalen“ seien ohne Zweifel die Bemühungen der Baumeister zu erkennen, den Turm als weithin sichtbares Stadtzeichen der barocken Stadtanlage, vor allem dem Residenzschloß und der benachbarten Pagodenburg anzupassen.

Nach dem 2. Weltkrieg wurde der durch Geschoßeinschläge beschädigte Turm notdürftig repariert und im Jahre 1953 im Zuge des Caféanbaues saniert. Das Gartencafé ist heute sektorförmig um den Fuß des Turmes angeordnet. Eine Modernisierung und Erweiterung des Gartencafés erfolgte im Jahre 1984. Dazu wurde vor Baubeginn die Turmfassade renoviert und der Farbe der umliegenden historischen Gebäude angepaßt.

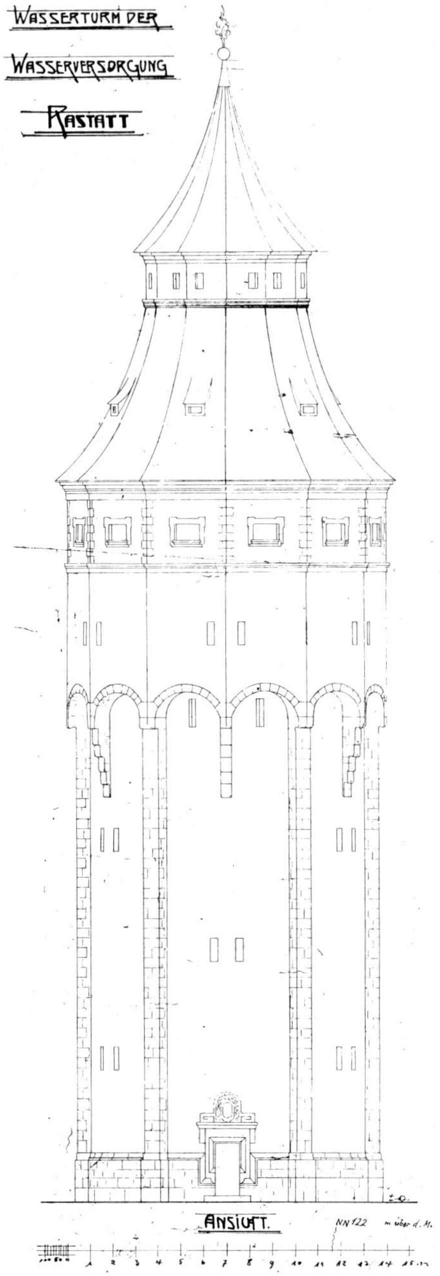

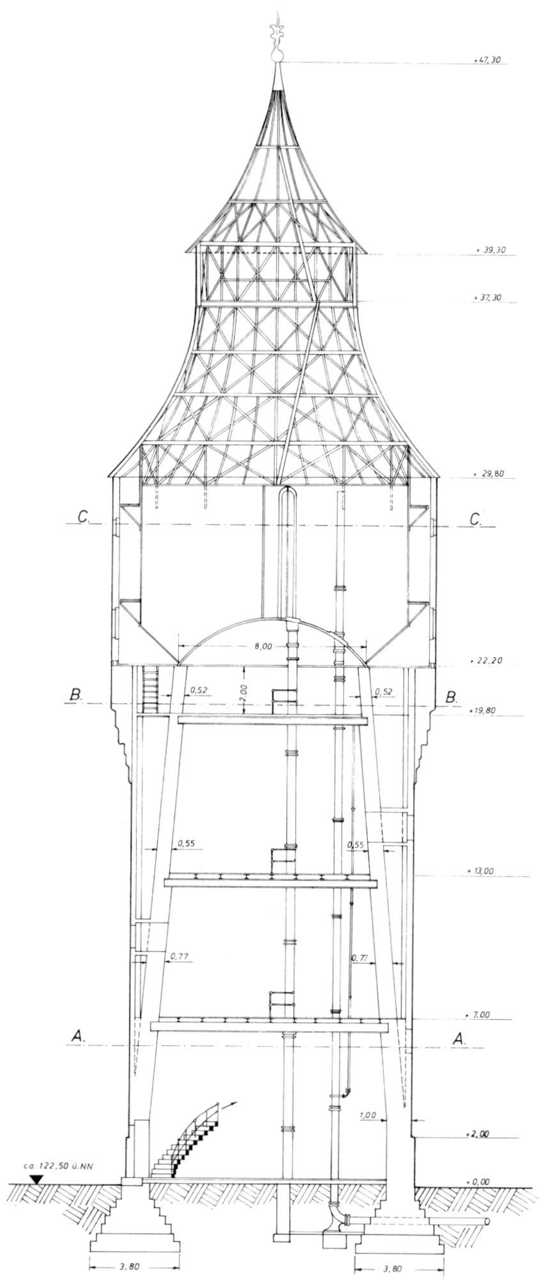

Lit.:
Angaben und Unterlagen der Stadtwerke Rastatt
R. Slotta, Technische Denkmäler in der Bundesrepublik Deutschland, Bochum 1977

Abb. links:
Ansichtszeichnung
Photo: Stadtwerke Rastatt

Abb. rechts:
Schnittzeichnung
Photo: Stadtwerke Rastatt

Wasserturm Rastatt
Photo: Stadtwerke Rastatt

Technische Angaben
Baujahr: 1901
Nutzinhalt: 670 m^3
Turmhöhe: 47,3 m
Behältersystem: Intze
Hersteller des Wasserbehälters: Fa. Neumann, Eschweiler
Baukosten: 61 000,00 Goldmark

Dortmund-Grevel

Der Wasserturm Dortmund-Grevel, der zur Versorgung der heutigen Dortmunder Stadtteile Derne, Lanstrop, Grevel, Hostedde und Lünen im Jahre 1904 von der Dortmunder Firma August Klönne gebaut worden ist, wird im Volksmund „Lanstroper Ei" genannt. Er ist eines der wenigen noch erhalten gebliebenen Beispiele des funktionell ausgeprägten und nicht durch gestalterische Elemente kaschierten Industriebaus. Deutlich erkennbar sind die statisch tragenden Elemente, ebenso wie das System der Wasserkammer, das von Barkhausen kurz vor der Jahrhundertwende entwickelt worden ist. Dem Wasserturm fehlt sicher für manchen Betrachter der ästhetische Glanz; er gilt jedoch als das statische und konstruktive Zeugnis ingenieurmäßigen Denkens für die Zeit der Jahrhundertwende. Der Behälter besteht aus einem 5 m hohen Zylinder und beidseitig aufgesetzten Halbkugeln mit Radien von 7,5 m. Zur Aussteifung dienen Rippen, Wandversteifungen und Trägergurte, vor allem in Höhe des Auflageringes. Trotz des relativ großen Behälterraumes erhielt der Turm ein schmiedeeisernes Standgerüst mit quadratischem Grundriß. Eine Spreizung der Stützenfüße habe sich als überflüssig erwiesen, da durch die Stützenanordnung eine ausreichende Standsicherheit gewährleistet werde (Werth).

Der Wasserturm wurde im Jahre 1980 außer Betrieb genommen und verkauft. Er steht unter Denkmalschutz. In der Begründung wird u. a. auch darauf hingewiesen, daß er in Verbindung mit dem daneben liegenden Wetterschacht einer Zeche als „Orientierungspunkt und Wahrzeichen einer Industrielandschaft" weithin die Umgebung präge. Diese herausragende Position wurde in den letzten Jahren häufiger zum Anbringen von Parolen ausgenutzt. Auch wurden Fahnen unterschiedlichsten Symbolcharakters auf der Turmspitze angebracht.

Der wohl wagemutigste Kletterkünstler wurde in der Mitte der sechziger Jahre auf der Plattform unterhalb der Kugel von Mitarbeitern der Gelsenwasser-AG, Unna, angetroffen; Ein Waschbär, der den Sprung in die Tiefe wagte und (offenbar) schadlos überlebte.

Lit.:

Angaben und Unterlagen der Gelsenwasser AG, Unna

R. Slotta: Technische Denkmäler in der Bundesrepublik Deutschland, Bochum 1977

J. Werth, Ursachen und technische Voraussetzungen für die Enwicklung der Wasserhochbehälter, in: B. und H. Becker, Die Architektur der Förder- und Wassetürme, München 1971

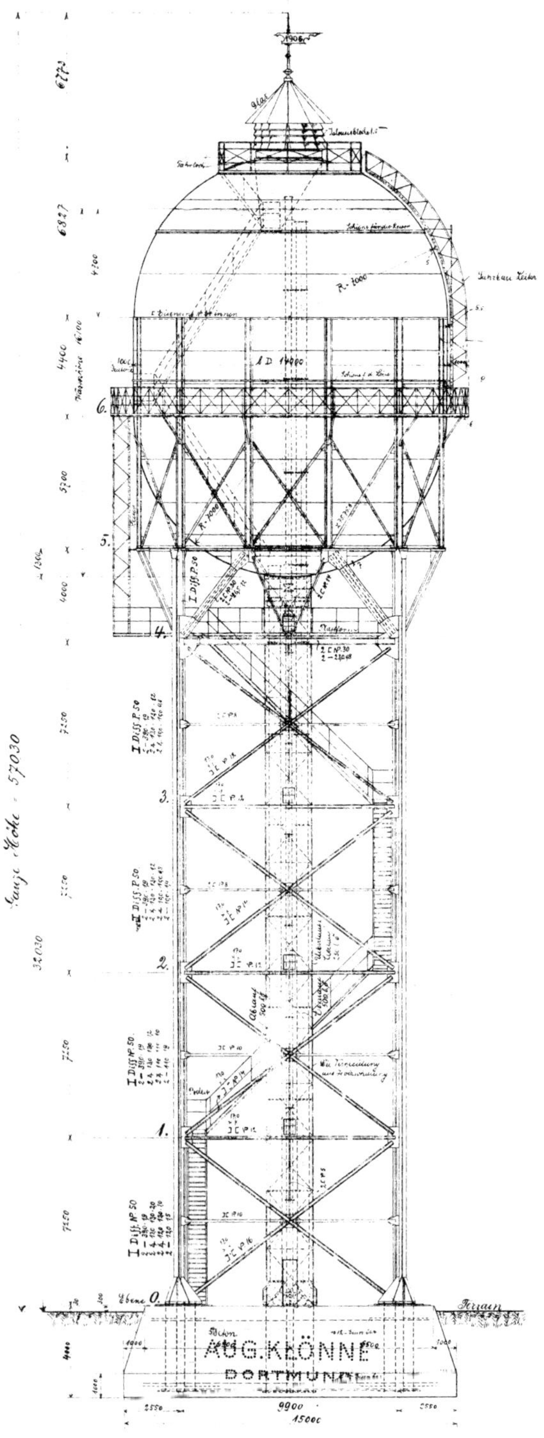

Ausführungszeichnung der Fa. A. Klönne, Dortmund ▷ aus dem Jahre 1904
Photo: Gelsenwasser AG, Unna

◁ *Turmkopf des Wasserturmes Dortmund-Grevel*
Photo: Gelsenwasser AG, Unna

Wasserturm Dortmund-Grevel
Photo: Schmieding-Armaturen/Brasse

Technische Angaben
Baujahr: 1904
Nutzinhalt: 2000 m³
Turmhöhe (ohne Haube):
~50 m über Gelände
Planung und Ausführung:
Fa. August Klönne, Dortmund

Nürnberg – Gaswerk

Am 1. Dezember 1847 wurde das Gaswerk Nürnberg, eines der ältesten deutschen und das erste und älteste bayerische Gaswerk dem öffentlichen Betrieb übergeben. Diese Anlage war nahe dem heutigen Plärrer – neben dem historischen, mittelalterlichen St.-Rochusfriedhof – gelegen. Im Jahre 1901 begann der Bau eines neuen, erweiterungsfähigen Gaswerkes an anderer Stelle (Sandreuthstraße). Hier wurde in den Jahren 1902 bis 1904 die „Reiniger-Anlage mit Wasserturm" errichtet, in der das erzeugte Stadtgas vom Schwefelwasserstoff gereinigt wurde. Nach rund 40jähriger Betriebsdauer wurde die Reiniger-Anlage im Jahre 1944 stillgelegt; der Wasserturm blieb jedoch in Betrieb.
Da die Bausubstanz – trotz einiger Bombenschäden – und vor allem die Fassade noch relativ gut erhalten waren, wurde nach dem Krieg von einem Abriß abgesehen. Das Gebäude wurde zunächst als Lager und Notgarage verwendet.
Vom Frühjahr 1982 bis zum Herbst 1983 ist die heute so benannte „Alte Reinigung" in eine Zentral-Werkstatt umgebaut worden. Im Obergeschooß befinden sich Büro- und Sozialräume.
Mit geringfügigen Ausnahmen konnten die Außenmauern und die Deckenkonstruktionen erhalten werden, wobei besonderer Wert gelegt wurde auf die stilgerechte Wiederherstellung der Fassade sowie der Dächer und der Fenster. Der Wasserturm, an dem der Krieg starke Spuren hinterlassen hatte, wurde renoviert. Auf eine Wiederherstellung des Daches in der ursprünglichen, geschwungenen Form, mußte allerdings verzichtet werden. Die alte Turmuhr mit ihrem Schlagwerk wurde instandgesetzt; die Zeiger und die Zifferntafeln sind neu. Der Wasserbehälter ist auch heute noch in Betrieb.
Bemerkenswert ist auch hier, daß es sich als betriebswirtschaftlich vorteilhaft herausgestellt hat, die alte Bausubstanz, deren Fassade im Jahre 1980 in die Denkmalliste der Stadt Nürnberg aufgenommen worden ist, zu erhalten und einer neuen Nutzung zuzuführen. Die Renovierung und der aufwendige Umbau erwiesen sich als erheblich preisgünstiger, als der sonst erforderlich gewordene Neubau einer Zentralwerkstätte.

A. Donath, Nürnberg

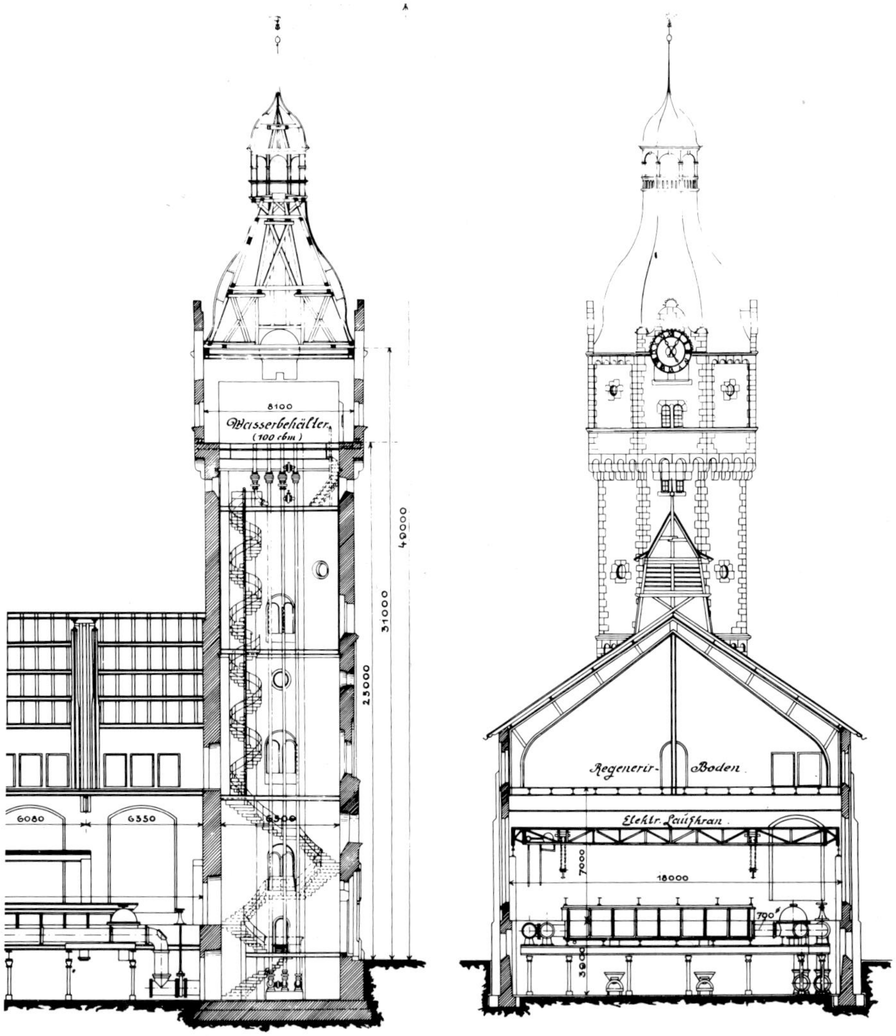

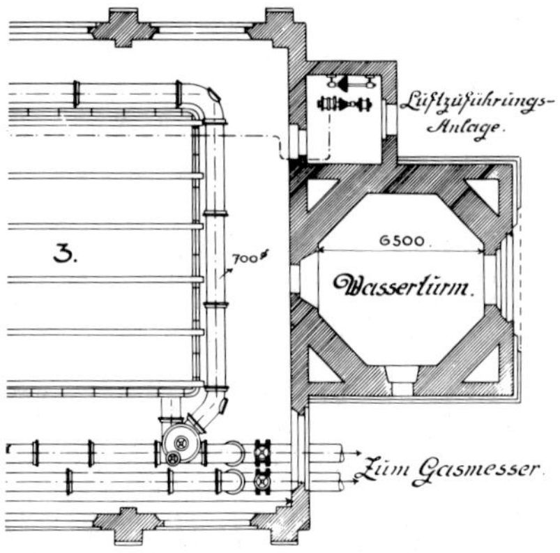

Schnitt der Bauzeichnung
Photo: EWAG Nürnberg

Wasserturm „Alte Gasreinigung" des Nürnberger Gaswerkes ▷
Photo: EWAG Nürnberg

Lit.:
Angaben und Unterlagen der Energie- und Wasserversorgungs AG Nürnberg
H. Haygis, Gaswerk Nürnberg – ehemaliges Gasreinigungsgebäude, Vortragsmanuskript, 1984

Technische Angaben
Baujahr: 1904
Nutzinhalt: 100 m^3
Turmhöhe: 49 m über Gelände
Behältersystem: Flachbodenbehälter
Denkmalschutz seit 1980

Stuttgart – Bismarckturm

Der Bismarckturm wurde 1904 nicht als Wasserturm erbaut. Es ist ein Beispiel einer ganzen Reihe von Bismarcktürmen, die um diese Zeit in vielen deutschen Universitäts- und Hochschulstädten zu Ehren des am 30.7. 1898 verstorbenen Kanzlers und Reichsgründers Fürst Otto von Bismarck errichtet wurden. Die Initiatoren zum Bau des Stuttgarter Bismarckturms waren Studenten der Stuttgarter Technischen Hochschule, wobei die Studentenverbindungen teilweise auch für die Kosten aufkamen. Der Entwurf des Turms stammt von dem Dresdener Architekten Professor W. Kreis, bauleitender Architekt war Gemeinderat Heim. Der Turm ist 20 m hoch aus wuchtigen Sandsteinquadern gefügt. Seine Einweihung fand am 16. Juli 1904 statt, wie die Chronik berichtet, „unter ungeheurer Beteiligung aller Kreise der Einwohnerschaft". In den Folgejahren wurden Sonnwendfeuer bei Feiern der Studenten auf dem Turm abgebrannt. Zeitweise diente er auch als Aussichtsturm.

Seit der Jahrhundertwende dehnte sich die Bebauung um die Kernstadt Stuttgart immer mehr auch auf die Hänge und Höhengebiete aus. Um den Bismarckturm entstand auf der Feuerbacher Heide ein Villenviertel. Der Wasserdruck aus dem vorhandenen Wasserbehälter erwies sich immer mehr als unzureichend. Während in einem weiter entfernten Gebiet ein Windkesselpumpwerk errichtet wurde, benutzte das Städtische Wasserwerk 1928 hier den vorhandenen Bismarckturm für den Einbau eines 25 m^3 großen Wasserbehälters. Das Wasser wird 800 m weit über ein Pumpwerk am Behälter Mühlbachhof durch das Versorgungsnetz zum Behälter Bismarckturm gefördert.

Die Behälterwände sind in teilweise bewehrten Backsteinwänden (Kesslerwänden), die Decke in Betonfertigträgern (Rapiddecke), ausgeführt, den Boden bildet eine Betonplatte, in die Stahlträger eingelegt sind. Der Behälter hat die Grundrißmaße 4,50 m × 2,50 m, der höchste Wasserstand liegt auf 425,97, die Sohle auf 423,47, das Gelände auf 408,80 m üNN.

K. Hofrichter, Stuttgart

◁ *Ansicht des Bismarckturmes, gezeichnet von H. Sipple nach dem Entwurf von W. Kreis*
Photo: Technische Werke der Stadt Stuttgart

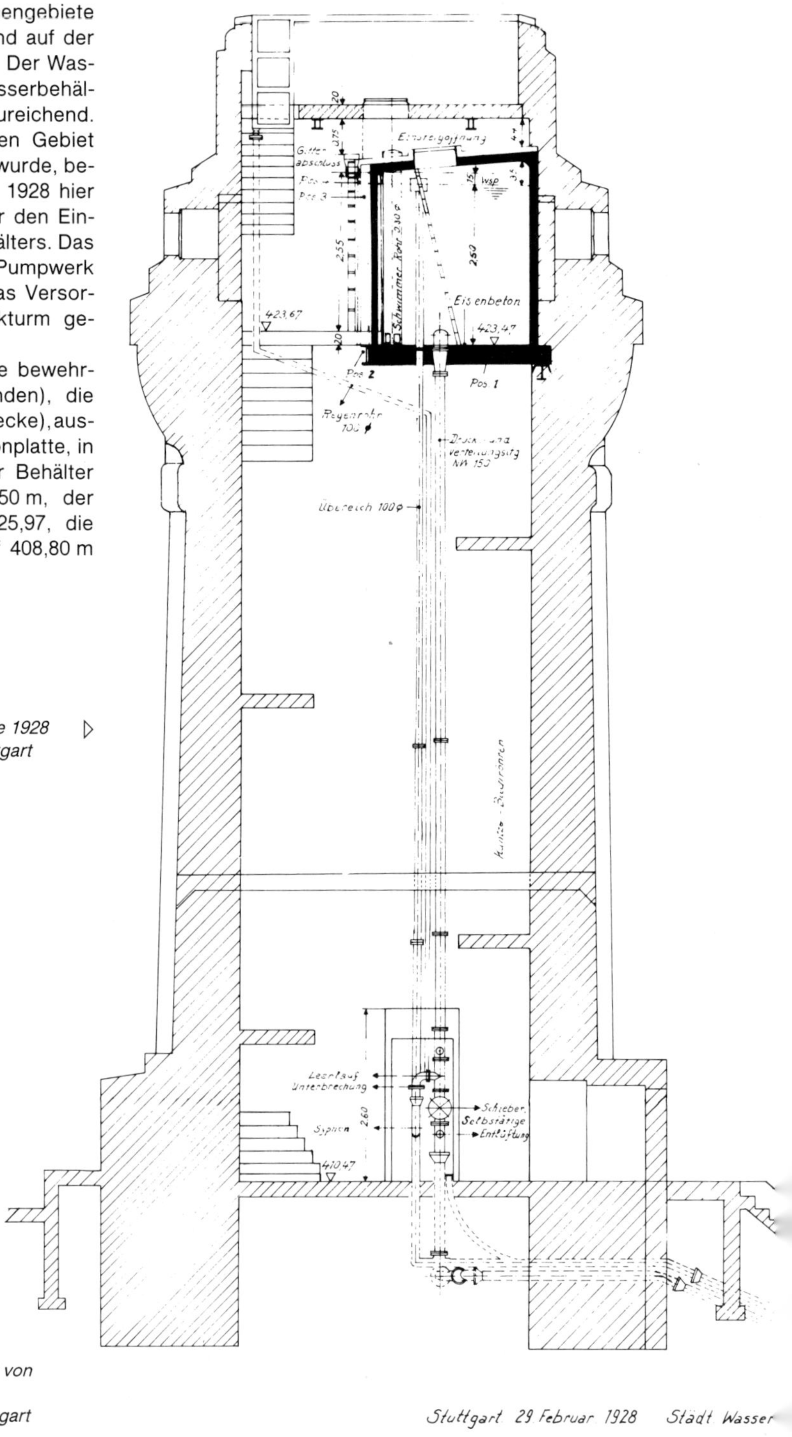

Schnittzeichnung der TWS aus dem Jahre 1928 ▷
Photo: Technische Werke der Stadt Stuttgart

Bismarckturm
Photo: Technische Werke der Stadt Stuttgart

Technische Angaben
Baujahr: 1904
Einbau des Wasserbehälters: 1928
Nutzinhalt: 25 m^3
Höhe des max. Wasserspiegels: rd. 17,20 m über Gelände

Wuppertal

Die Wassertürme „Lichtscheid" und „Hatzfeld", auf gegenüberliegenden Höhenzügen gelegen, die das Tal der Wupper von einander trennt, gehörten zu den weitsichtbaren und architektonisch bemerkenswertesten Wassertürmen des Bergischen Landes. Die beiden „alten" Türme markierten den nördlichen und den südlichen Bereich des Wuppertaler Versorgungsgebietes; sie waren nahezu bauidentisch. Beide Türme sind inzwischen durch Neubauten mit z. T. erheblich größerem Nutzinhalt ersetzt; der altersschwache und zu klein gewordene Wasserturm „Lichtscheid" wurde im Jahre 1977 außer Betrieb genommen und am 2. 12. 1977 gesprengt.

Die „alte Pracht" des gesprengten Turmes, der als ein ausdruckstarkes Beispiel typischer Backsteinarchitektur der Gründerjahre galt, kann das Foto aus dem Jahre 1977 kaum noch vermitteln. Nach Rainer Slotta bestach schon der Sockel durch die sorgfältige Verwendung des Baumaterials: Grobquader wurden als Abschluß des Fundamentes verwendet, Haustein wurde an den Stellen eingesetzt, denen im architektonischen Zusammenhang der Funktionsglieder eine besondere Rolle zukam; Ziegelstein bildete das dekorative Fassadenelement für die schweren Strebepfeiler und für die Wandteile der Nischen. Der optischen Auflockerung des Sockelteiles dienten weiß geputzte Wandflächen. Ein Tympanon, ein Hausteinrelief im klassischen Jugendstil, war über der Eingangstür eingelassen.

Auch das Dach des Wasserturmes zeigte charakteristische Eigenarten: vier kleine Gauben in den Haupthimmelsrichtungen mit geschwungenen Dachlinien und acht stehende Ovalfenster belichteten den einschwingenden Dachraum. Auf der oberen, mit einem Geländer versehenen Plattform erhob sich ursprünglich ein vier Meter hoher und 2,4 m breiter Laternenkörper, der dem 10,4 m hohen, steilen, geschwungenen Helmdach seinen Abschluß gab.

Im Wasserturm „Hatzfeld" waren sowohl hinsichtlich der Konstruktion als auch vieler Architekturdetails die charakteristischen Merkmale des Wasserturmes „Lichtscheid" übernommen bzw. wiederholt worden. Eine Restaurierung im Jahre 1953 hat dem Hatzfelder Turm jedoch diese charakteristischen Einzelformen genommen: Der Turm ist vollständig verputzt worden; seine Schmuckglieder sind verschwunden, der Fries verloren, der Wechsel im Baumaterial nicht mehr wahrnehmbar und das bekrönende Dach ist nur sehr vereinfacht wieder errichtet worden.

Lit.:

Angaben und Unterlagen der Wuppertaler Stadtwerke AG

Mitteilungen des Stadtarchivs Wuppertal, H. 2, 1982

R. Slotta, Technische Denkmäler in der Bundesrepublik Deutschland, Bd. 2, Bochum 1977

◁ *Wassertürme Lichtscheid (alt und neu)*
Photo: Wuppertaler Stadtwerke AG

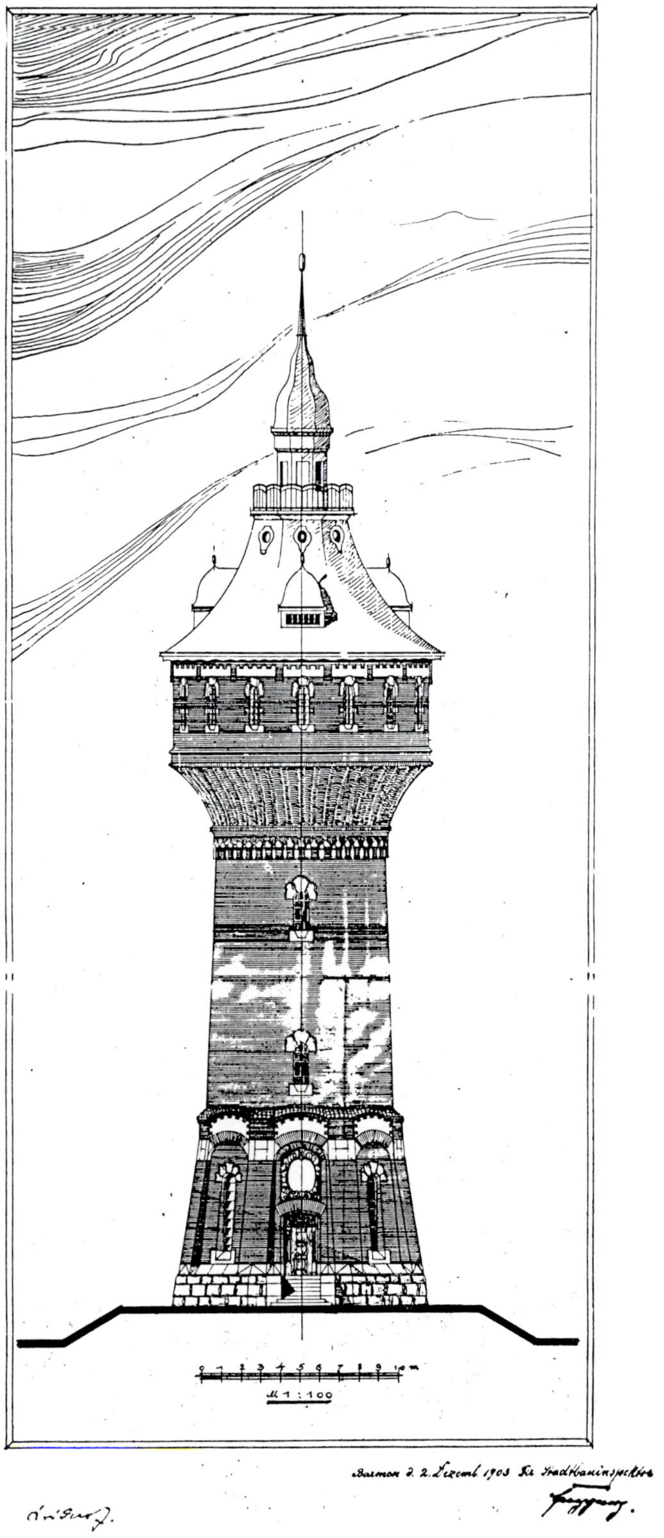

Wasserturm Lichtscheid (alt)
Ansichtszeichnung aus dem Jahre 1903
Photo: Wuppertaler Stadtwerke AG ▷

Technische Angaben:
Wasserturm Lichtscheid (alt)
Baujahr: 1902/03
Nutzinhalt: 400 m³
Gesamthöhe: 52 m
über Gelände

Wassertürme Hatzfeld (alt und neu)
Photo: Wuppertaler Stadtwerke AG

Wasserturm Hatzfeld (alt) ▷
Ansichtszeichnung aus dem Jahre 1904
Photo: Wuppertaler Stadtwerke AG

Wasserturm Hatzfeld (alt)
Photo: Wuppertaler Stadtwerke AG

Technische Angaben
Wasserturm Hatzfeld (alt)
Baujahr: 1904
Nutzinhalt: 250 m^3
Gesamthöhe: 57,0 m
über Gelände
Baufirma: A. Klönne,
Dortmund

Kehl

Die Wasserversorgung der Stadt Kehl geht zurück auf einen Vertrag der Stadt mit dem Zivilingenieur M. Hessemer, Frankfurt am Main. Hessemer entwarf und baute die Versorgungsanlagen auf eigene Kosten. Die Inbetriebnahme soll am 1. Oktober 1905 erfolgt sein. Vor allem der hohe Wasserpreis (0,20 Goldmark pro m³) erzürnte den Gemeinderat mit der Zeit jedoch so sehr, daß viele Anstrengungen unternommen wurden, Hessemer die Lizenz zu entziehen und den Betrieb in eigene Regie zu übernehmen. Dies gelang nach mehreren Prozessen im Jahre 1910 – allerdings für eine Abfindung in Höhe von 285000,– Goldmark. Ab 1922 wurden die Gewinnungsanlagen ständig erweitert bzw. erneuert. Das „Neue Wasserwerk der Stadt Kehl" (Gewinnungs-, Aufbereitungs- und Förderanlagen) hat eine installierte Förderleistung von etwa 210 l/s (aus drei Brunnen) und ging im Oktober 1980 in Betrieb.

Der Wasserturm wurde in den Jahren 1904/05 gebaut. Er zählt zu den Türmen mit der höchsten Gesamtbauhöhe und dem höchsten architektonischen Wert. Die harmonische Gliederung von Sockel, Schaft und vor allem Turmkopf mit Dach wurde allerdings bei der Renovierung und der Beseitigung der Kriegsschäden durch die Umgestaltung des Kopfteiles gestört; das charakteristische, unverwechselbare Erscheinungsbild ging damit nicht unwesentlich verloren. Dennoch gilt der Wasserturm auch heute noch als ein gutes Beispiel gelungener Wasserturmbauten um die Jahrhundertwende.

Besonders bemerkenswert sind Konstruktion und Fassadengestaltung des Turmkopfes und des Dachabschlusses. Den Wasserbehälter umschließt eine Eisenkonstruktion, die auch das schiefergedeckte Dach trägt. Diese Stahlkonstruktion, die in ähnlichem Aufbau auch beim Wasserturm in Frankfurt-Rödelheim anzutreffen ist, gilt nach R. Slotta „zu den einfallsreichsten, kompliziertesten und phantasievollsten", die jemals gebaut worden sind. „Oberhalb der zwölfeckigen Tropfbodenverkleidung setzte (vor der Zerstörung) eine durch ein Horizontalgesims zweigeteilte Wandzone über zwei niedrigen, auskragenden Zwischenzonen an ... Insgesamt zwölf rechteckige Fenster belichteten diese zweigeteilte Wandzone; die Anordnung der Fenster wurde so gewählt, daß die sechs Fenster jeder Zone gegeneinander versetzt standen. Über einem ausladenden Gesims schwang sich dann das Schieferdach ein, um in einem hohen mit sechs kleinen Gauben besetzten Haubendach zu endigen." Zweifellos war es eine sehr aufwendige Konstruktion, die gerade heute vollen Respekt verdient.

◁
Schnitt und Ansicht aus dem Jahre 1904
Photo: Stadtwerke Kehl

Lit.:
Angaben und Unterlagen der Stadtwerke Kehl
R. Slotta, Technische Denkmäler in der Bundesrepublik Deutschland, Bd. 2, Bochum 1977

Wasserturm Kehl am Rhein
Photo: Stadtwerke Kehl

Technische Angaben
Baujahr: 1904/1905
Nutzinhalt: 300 m³
Gesamthöhe: 47,50 m
über Gelände
Entwurf: M. Hessemer,
Frankfurt/Main
Bauunternehmen: Azone,

Bochum-Weitmar

Im Jahre 1902 wurde von 10 Gemeinden der Landkreise Bochum, Gelsenkirchen und Hattingen das „Verbandswasserwerk Bochum", das zum Teil vorhandene Wasserversorgungsanlagen übernahm, gegründet. Um vor Ablauf der gekündigten Verträge die Wasserlieferung durch das neue Verbandswasserwerk sicherstellen zu können, mußten in relativ kurzer Zeit neue Wassergewinnungs- und Förderanlagen sowie Hochbehälter und Zubringerleitungen gebaut werden. Dabei kamen für das weit ausgedehnte und durch den Bergbau besonders gefährdete Gebiet der „unteren Druckzone" zwei große und in der Konzeption sowie äußeren Gestaltung sehr ähnliche Wasserbehälter zur Ausführung: Gewählt wurden Behälter-Bauwerke im Stil hochherrschaftlicher Wohnhäuser, deren Wasserbehälter nach Vorschlägen der Firma F. A. Neumann in Eschweiler ausgebildet und zusammen mit den eisernen Dachkonstruktionen auch geliefert wurden. Der Wasserbehälter Weitmar erhielt einen Fassungsraum von etwa 2000 m^3, der inzwischen abgerissene Wasserbehälter Harpen einen Fassungsraum von 3000 m^3. In beiden Fällen war der Fassungsraum auf jeweils 2 Behälterkammern aufgeteilt. Die Behälterkammern des Wasserturmes Weitmar bestanden aus je 3 Zylindersegmenten, die Behälterwände sowie deren Böden aus sich überlappenden Stahlblechen, die miteinander vernietet worden sind.

Für die Planung und den Bau von Wassertürmen in einer „Verschleierungsarchitektur" (G. Drebusch) wurde angegeben, daß das Gesamtbauwerk gut für Wohnungen und ähnliche Zwecke habe ausgenutzt werden können. So sind die Räume des Wasserturms Harpen an die gleichnamige Gemeinde vermietet worden, die dort außer Wohnungen und Diensträumen auch „vier Arrestzellen" untergebracht hatte. Beide Wassertürme sind errichtet worden von der Firma Heinrich Scheven, einem Bauunternehmen, das in den Annalen der Wasserversorgung immer wieder genannt wird.

Der Wasserturm Weitmar wurde im Jahre 1959 stillgelegt und im Jahre 1971 an die Stadt Bochum gegen einen symbolischen Mietpreis von DM 1,00 pro Jahr vermietet. Die Stadt Bochum hat dort heute das Deutsche Institut für Puppenspiele untergebracht.

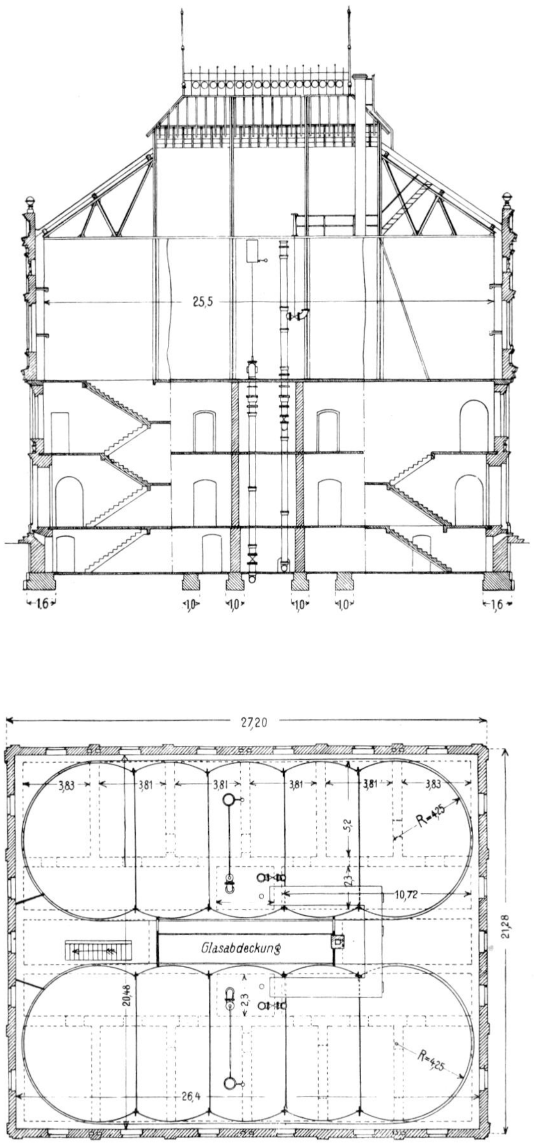

Wasserturm Bochum-Harpen, 1976 abgerissen
Photo: Journal für Gasbeleuchtung und Wasserversorgung, S. 410, Mai 1905

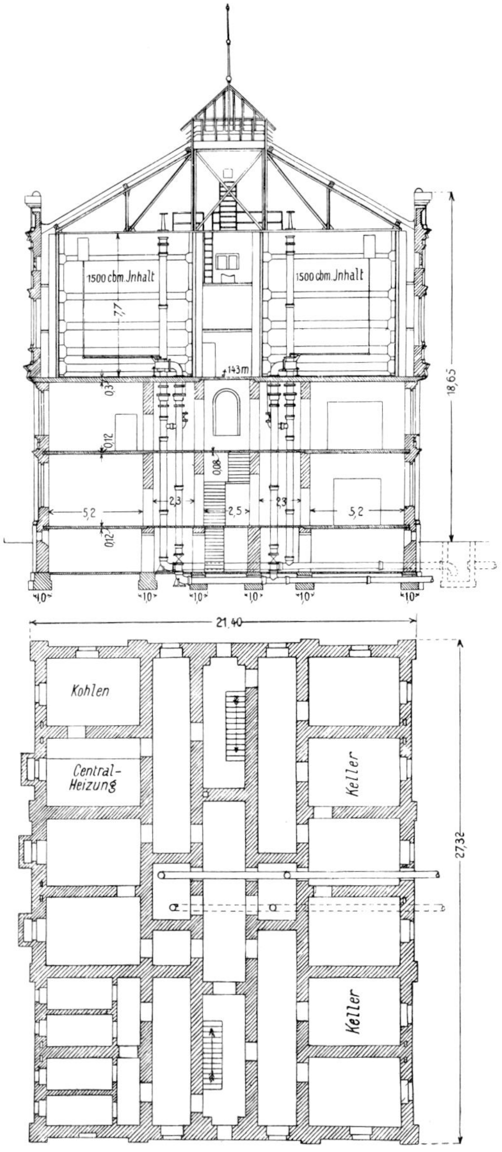

Wasserturm Bochum-Weitmar
Photo: Stadtwerke Bochum GmbH

Technische Angaben
Baujahr: 1905
Nutzinhalt: 2000 m^3
Behältersystem: Flachbodenbehälter mit zylindrischen Wandelementen
Hersteller des Turmkörpers: H. Scheren, Bochum
Hersteller der Wasserbehälter: F. A. Neumann, Eschweiler

Lit.:
Angaben und Unterlagen der Stadtwerke Bochum GmbH
D. Aschoff, Das Verbandswasserwerk Bochum, Journal für Gasbeleuchtung und Wasserversorgung, Nr. 19 und 20, 1905
R. Slotta, Technische Denkmäler in der Bundesrepublik Deutschland, Band 2, Bochum 1977
G. Drebusch, Industrie-Architektur, München

△ *Wasserturm Bochum-Weitmar*
Photo: Stadt Bochum
Freigegeben durch den Reg.-Präs. Münster
Freigabe Nr. 6484/83

◁ *Wasserturm Bochum-Weitmar*
Ansicht NO und SW
Bauaufnahme, Fachhochschule Bochum, Fachbereich Architektur, 1984

Schlettstadt

Die Stadt Schlettstadt, franz. Sélestat, liegt zwischen Straßburg und Colmar im Elsaß. Sie ist eine Kreisstadt mit bedeutenden Zeugnissen einer stolzen Vergangenheit, geprägt vor allem durch romanische Kirchen und Bauten im Renaissance-Stil. Seit 1905 gehört auch der Wasserturm zum Panorama der Stadt. Als Vorbild diente der Wasserturm in Deventer, Holland. Die Spitze der aufgesetzten Dachlaterne krönte anfänglich der deutsche Reichsadler. Am 28. 12. 1918 wurde der Adler ersetzt durch den gallischen Hahn, der wiederum im Jahre 1940 weichen mußte. Diese beiden Embleme, die Ausstellungsstücke in einem europäischen Museum sein könnten, sind leider nicht mehr vorhanden. In Schlettstadt sagt man, daß man besser den Löwen aus dem Stadtwappen auf die Spitze des Turmes hätte setzen sollen; der Löwe wäre jedenfalls auch heute noch vorhanden. Nun, vielleicht kann man das nachholen.

Lit.:
Angaben und Unterlagen von Compagnie Générale des Eaux, Secteur Alsace, Sélestat

Wasserturm Schlettstadt ▷
Photo: F. Coutin,
Compagnie Générale de Eaux

Technische Angaben
Baujahr: 1905
Nutzinhalt: 500 m^3
Gesamthöhe: ~50 m über Gelände
Behälter ist noch in Betrieb

Kevelaer/Niederrhein

Nähert man sich der Stadt Kevelaer von Süden oder Westen, so erblickt man am Stadtrand einen hochherausragenden, kuppelbewehrten Turm, den Wasserturm, der 1905 im Jugendstil errichtet wurde.
Die Lage der Gemeinde im niederrheinischen Flachland war der entscheidende Grund für den Bau des Wasserturms. Zunächst war geplant, den Nutzinhalt des Wasserbehälters auf rd. 300 m^3 festzusetzen. Auf Anraten eines hinzugezogenen Gutachters wurde der Nutzinhalt auf 450 m^3 ausgelegt. Diese Erweiterung wurde mit den erhöhten Anforderungen durch den starken Fremdenverkehr des Wallfahrtsortes begründet. Während der Planungsphase hat die Form der Kuppel mehrmals Veränderungen erfahren, wie dies aus alten Zeichnungen hervorgeht.
Der Wasserturm ist während seiner rd. 80jährigen Geschichte auch für verschiedene Nebenzwecke genutzt worden. So waren im Turmschaft jahrzehntelang Wohnungen untergebracht; dann wurde er zeitweise vom städtischen Bauhof und anderen städtischen Stellen als Unterkunft benutzt.
Im Laufe der Jahrzehnte waren immer wieder Instandsetzungsarbeiten kleineren und größeren Umfangs erforderlich. Im Jahre 1978 machten sich sehr gravierende, bauliche Schäden bemerkbar, vor allem am Gesims, den Behälterwänden und an der Kuppel. Diskutiert wurden eine umfassende und kostspielige Sanierung oder der Abriß. Schließlich setzte sich der Wunsch, dieses schöne Bauwerk aus der Jugendstilepoche der Nachwelt zu erhalten, sowohl bei der Bevölkerung als auch bei den Verantwortlichen durch. Mit den umfangreichen Arbeiten wurde im Herbst 1980 begonnen. Im Frühjahr 1981 war der Turm wieder von den Gerüsten befreit und erstrahlte im neuen Glanz.

Lit.:
Angaben und Unterlagen der Stadt Kevelaer

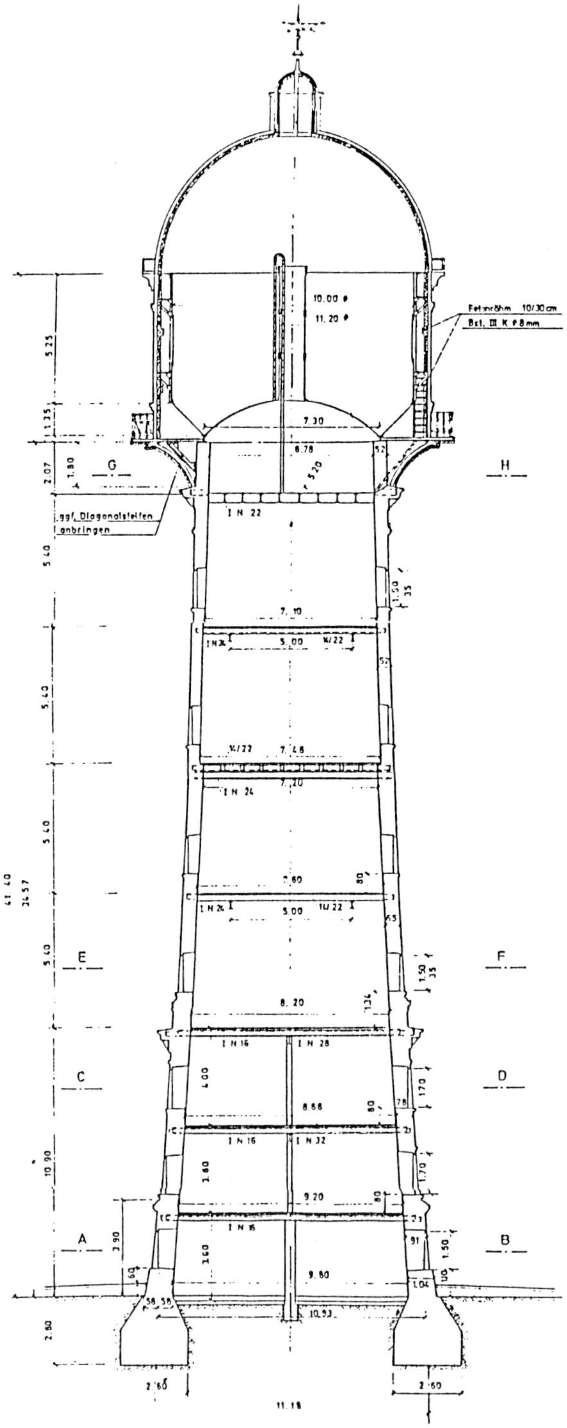

▷
Schnitt, teilweise Rekonstruktion, aus dem Jahre 1979
Photo: Stadt Kevelaer

▷
Wasserturm Kevelaer
Photo: Schmieding-Armaturen/Schulz

Technische Angaben
Baujahr: 1905
Nutzinhalt: 450 m^3
Turmhöhe: 54 m über Gelände
max. Wasserspiegel: rd. 40 m über Gelände
Behältersystem: Intze

Lüneburg

Noch um die Jahrhundertwende gab es in Lüneburg sechs Wasserkunst-Gesellschaften, „die als deutsch-rechtliche Genossenschaften mit Corporationsbefugnissen" bestanden: die Abtskunst, die Rathskunst, der Mönchsbrunnen, der Kranke Heinrich, der Schierbrunnen und der Spillbrunnen. Diese sechs Gesellschaften versorgten jeweils nur einen bestimmten Interessentenkreis. Die Rathskunst ging im Oktober 1896 in den Besitz der Stadt über. Zu diesem Zeitpunkt versorgte die Rathskunst etwa 700 Wohnhäuser mit 4000 Einwohnern. Die Wasserförderung erfolgte nur während der Zeit von 6.00 bis 23.00 Uhr. Da der zugehörige über 40 m hohe „Wasserturm" nur ein Standrohr aufwies und somit keine Speicherfunktionen besaß, beschränkte sich auch die tägliche Wasserlieferung der Kunden auf die angegebene Tageszeit. Aus der Rathskunst hat sich die erste öffentliche und zentrale Wasserversorgung der Stadt Lüneburg entwickelt.
Der Bau des Wasserturms der Stadt Lüneburg geht zurück auf einen Raths-Beschluß vom 15. September 1905. Entwurf und Bauleitung lagen in den Händen des Stadtbaumeisters Kampf und des Architekten F. A. Krüger. Für die architektonische Gestaltung, vor allem die Fassaden soll das Uenglinger Stadttor in Stendal Pate gestanden haben. Der untere Teil des Turm-Schaftes wurde auch für andere Anlagen und Einrichtungen benutzt. Im 3. Stockwerk befanden sich z. B. die Wasseraufbereitungsanlagen.
Der Lüneburger Wasserturm wurde im November 1907 in Betrieb und soll 1985 außer Betrieb genommen werden. Er steht nicht unter Denkmalschutz und wird gelegentlich auch im Ensemble prächtiger Bauten, die das Stadtbild bestimmen, als Fremdkörper angesehen. Da sich bisher kein Interessent fand, der die nötige Instandsetzung besorgen und den Turm übernehmen will, ist das Schicksal dieses gewaltigen Bauwerks durchaus ungewiß.

Lit.:
Angaben und Unterlagen des Wasserwerkes der Stadt Lüneburg, treuhänderlisch verwaltet durch die Hannover-Braunschweigische Stromversorgungs-Aktiengesellschaft, Lüneburg
E. Grahn, Die Wasserversorgung im deutschen Reiche , Berlin und München 1902

◁
Wasserturm Lüneburg, daneben der Wasserturm der alten „Rats-Wasserkunst" Photo: Hannover-Braunschweigische Stromversorgungs-AG/Makovec

▷
Wasserturm Lüneburg
Photo: Hannover-Braunschweigische Stromversorgungs-AG/Makovec

Technische Angaben
Baujahr: 1906/1907
Nutzinhalt: 500 m^3
Turmhöhe: etwa 54,50 m über Gelände

München – Gaswerk

Die Festschrift zur 53. Jahresversammlung des Deutschen Vereins von Gas- und Wasserfachmännern (DVGW), München, 1912, beschreibt u.a. auch die Funktionen des Wasserturmes der Gasanstalt:
Zur Versorgung der Apparate mit Kühlwasser, zum Löschen des Koks u. dgl. „wurde eine Nutzwasserpumpenanlage aufgestellt, welche mittels zweier Hochdruckzentrifugalpumpen in der Stunde je 100 cbm Wasser einem an der Nordseite des Werkes liegenden Brunnen von 2 m lichter Weite entnimmt und in die hochgelegenen Reservoire von 120 cbm Inhalt des Wasserturmes drückt. Das Grundwasser findet sich 3,2 bis 4,5 m unter Fabrikplanie in ausreichender Menge und von brauchbarer Beschaffenheit. Das aus den Kühlern des Apparatenhauses ablaufende Wasser wird in das im Fundament des Wasserturmes untergebrachte Eisenbetonreservoir geleitet und aus Rücksichten der Sparsamkeit von hier in ein zweites im Wasserturm befindliches Reservoir von 90 cbm Inhalt gepumpt und zum Kokslöschen sowie für die Speisung der Kessel und der Verdampfer der Generatoren verwendet. Um bei Betriebsstörungen das nötige Betriebswasser zu erhalten, ist das Werk mit einem 150 mm weiten Strang an das städt. Wasserrohrnetz angeschlossen. Von dieser Leitung aus erfolgt auch die Trinkwasserversorgung der einzelnen Betriebsräume und die Speisung der Hydranten für Feuerlöschzwecke."
Mit der Einstellung der Gaserzeugung aus Kohle im Jahre 1967 hat der Turm seine ursprünglichen Funktionen verloren. Er dient zur Zeit zur Unterbringung elektrotechnischer Einrichtungen.
Der Wasserturm ist in der Liste für Denkmalspflege mit der Angabe „Modern-historisierender Wasserturm" verzeichnet.

Lit.:
Angaben und Unterlagen der Stadtwerke München, HA Gasversorgung

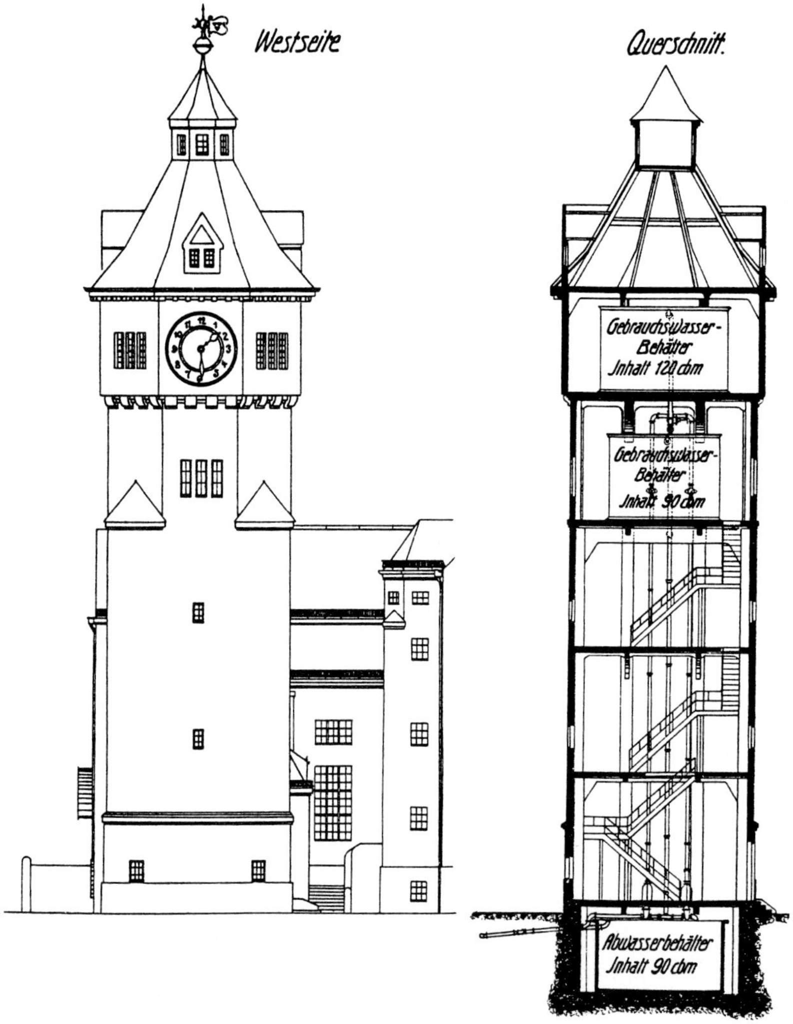

◁
*Wasserturm der städt. Gasanstalt
Ansicht und Schnitt aus der Festschrift zur 53. Jahresversammlung des DVGW, München 1912*

▷

Wasserturm der Stadtwerke München, Gaswerk an der Dachauer Straße

Technische Angaben
Baujahr: 1906 bis 1909
Nutzinhalte
Tiefbehälter: 90 m^3
1. Hochbehälter 90 m^3
2. Hochbehälter 120 m^3
Turmhöhe: etwa 40 m über Gelände
System: Flachbodenbehälter
Außerbetriebnahme: 1967

Pirmasens

Der Wasserturm liegt im Nordosten der Stadt auf der Husterhöhe. Den Bewohnern und Besuchern sowie den Durchreisenden auf der nahegelegenen Bundesstraße 10 gilt er als weithin sichtbares Zeichen der Wasserversorgung von Pirmasens und auch der Stadt.
Seit seiner Erbauung im Jahre 1907 (durch „The Pirmasenser Water Works Comp. Ltd. London") und die Übernahme dieser Gesellschaft durch die Stadt Pirmasens im Jahre 1912, dient der Turm bis heute der Wasserversorgung. Der Turm versorgt eine der fünf aufgrund der topographischen Verhältnisse in Pirmasens notwendigen Druckzonen (Höhenunterschied innerhalb der Stadt rund 150 m): die Stadtteile Husterhöhe, Sommerwald und große Teile des Horebs.
Heute wird der Turm über eine Förderanlage aus dem unmittelbar daneben befindlichen Erdbehälter „Husterhöhe" gefüllt.
Als Aussichtspunkt bietet er dem Betrachter einen herrlichen Überblick über die Stadt und den Pfälzer Wald, bei klarer Sicht sogar Einblicke bis weit ins Saarland und die Vogesen.
Der Wasserturm wurde in den Jahren 1967/1968 renoviert. Diese Erneuerung verlief – nach heutigen Gesichtspunkten – nicht ganz so schonend, wie es nötig gewesen wäre, um die wichtigsten Stilelemente zu erhalten: Das ursprüngliche Schieferdach wurde durch eine Abdeckung mit Kupferblechen ersetzt. In Höhe des Wasserbehälters wurde die Fassade vereinfachend umgestaltet. Dabei entfiel die obere Fensterreihe, die schlecht zugänglich war und immer wieder Probleme verursachte. Die Fensterreihe in der Laterne wurde bis auf zwei Fenster entfernt. Dennoch ist der Wasserturm ein markantes Baudenkmal geblieben, ein bemerkenswertes Stadtzeichen der Schuhmetropole im Pfälzer Wald.
Der Wasserturm wurde bereits vor ca. 15 Jahren in den Katalog Technischer Denkmäler aufgenommen; es wird erwartet, daß er in Kürze unter Denkmalschutz gestellt wird.

Lit.:
Angaben und Unterlagen der Stadtwerke Pirmasens

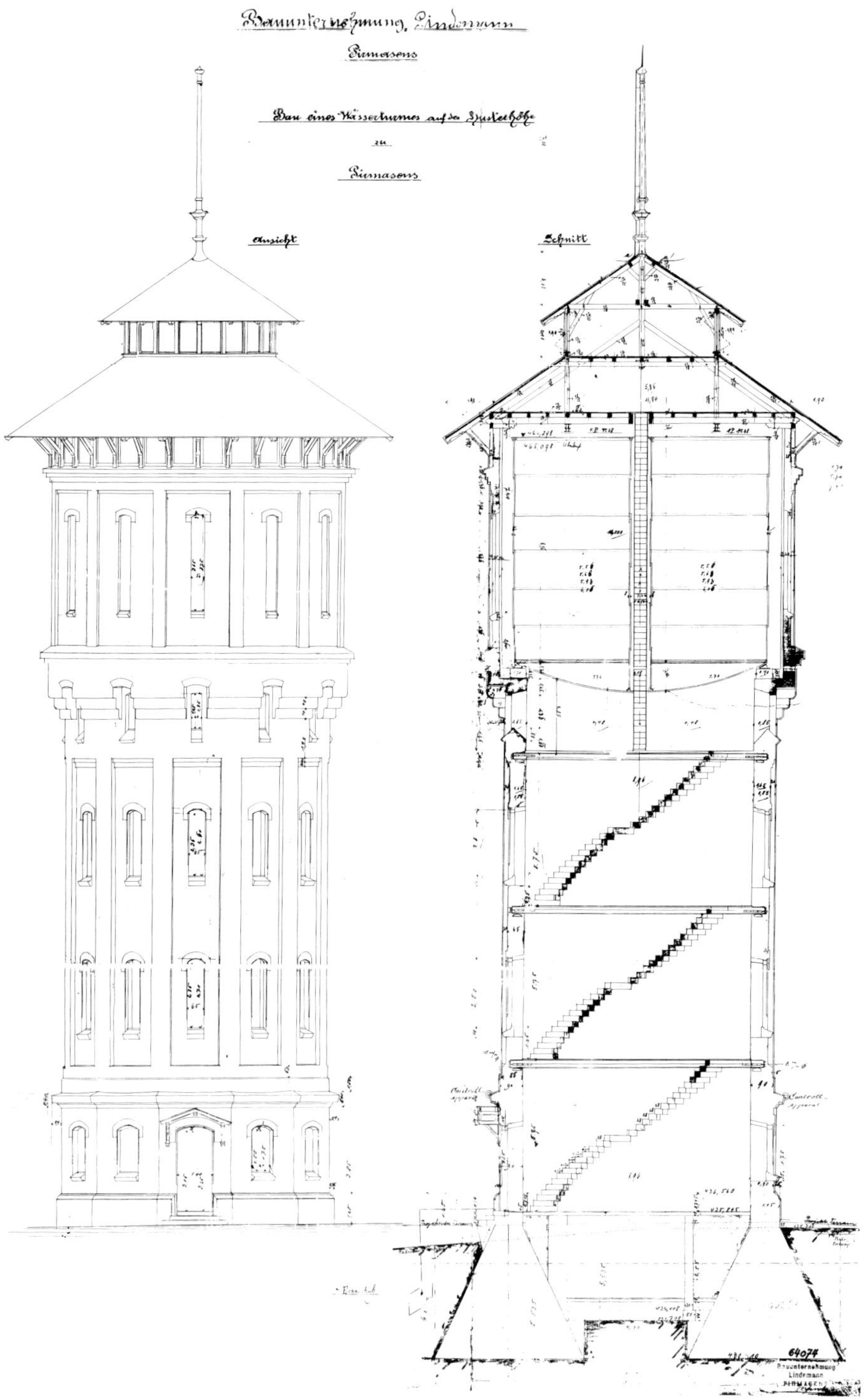

▷
Schnitt und Ansicht, Bauzeichnung aus dem Jahre 1907
Photo: Stadtwerke Pirmasens

▷
Wasserturm Pirmasens
Photo: D. Robakowski, München

Technische Angaben
Baujahr: 1907
Nutzinhalt: 700 m³
Turmhöhe: 37 m über Gelände
Entwurf und Ausführung: F. A. Lindemann

Göttelborner Höhe/Saarland

Einer der markantesten und charakteristischen Wasserhochbehälter des Wasserversorgungsnetzes der Saarbergwerke ist der Hochbehälter auf der Göttelborner Höhe zwischen den Ortschaften Holz und Göttelborn. Der auffällige, innen wie außen hell verputzte Betonbaukörper besteht aus zwei ungleich großen Polygon-Bauwerken, die durch einen Zwischentrakt miteinander verbunden sind. Die Staatliche Denkmalspflege des Saarlandes bezeichnet diesen Wasserturm – vor allem wegen seiner unregelmäßigen Formgebung – als einen der merkwürdigsten Industriebauten der Zeit vor dem Ersten Weltkrieg – ein reiner Zweckbau, ein markantes Industrie-Denkmal.
Der Turm wurde in Skelettbauweise aus Stahlbeton ausgeführt, ein Baumaterial, das sich offensichtlich besonders in den benachbarten französischen Gebieten beim Bau von Wasserbehältern zu dieser Zeit besonderer Beliebtheit erfreute. Materialgerecht erscheint auch das Gliederungselement der Rechteckblenden und der Rechteckfenster, die in beiden Bauten gleichermaßen auftauchen. Einziger „unfunktioneller Zierat" der Wassersilos und vielleicht der letzte Nachklang neoklassizistischer Architekturen sind die Ovalfenster und der über die Dachzone emporgeführte Treppenturm mit seiner auffälligen, zinnenbekrönten Balustrade.
In den Jahren 1907/08 wurde als 1. Bauabschnitt der nordöstliche Behälterteil gebaut: Das Umfassungsgebäude in eckiger Ausführung (12-Eck) aus Backsteinmauerwerk, innen und außen verputzt, mit nach innen vorspringenden Pfeilern und Diagonalverbänden aus Stahlbeton, Fundament verstärkt, Flachdach aus Stahlbeton mit Dachbelag und 1,00 m hoher Brüstung als äußere Begrenzung. Im Innenraum steht ein schmiedeeiserner Behälter in genieteter Ausführung, Gesamthöhe 10,00 m, im oberen Teil mit einem Durchmesser von 11,00 m, unterer Teil in konischer Ausführung (2,50 m Höhe, Durchmesser fallend von 11,00 auf 6,00 m). Der Nutzinhalt beträgt 700 m³.
In einem zweiten Bauabschnitt wurde in den Jahren 1912/13 der südwestliche Behälterteil errichtet. Das Umfassungsgebäude in eckiger Ausführung (10-Eck) wurde an das bestehende Gebäude angebaut, die innenstehende südwestliche Wand des 1. Bauabschnittes abgebrochen, an der Nordwestseite des Umfassungsgebäudes in der Mitte zwischen beiden Behältern eine Wendeltreppe und als Eingang ein Gebäudevorbau mit Überdachung aus Stahlbeton mit Dachbelag gebaut. Die Ausführung des Daches wurde dem 1. Bauabschnitt angepaßt. Im Innenraum wurde ein Rundbehälter aus Stahlbeton von 10,00 m Gesamthöhe und einem Durchmesser von 8,50 m mit einem Nutzinhalt von 550 m³ erstellt.
Die Wendeltreppe endet in einem Türmchen und überragt das Dach um 3,5 m, einschließlich der 1 m hohen Brüstung. Im Vorraum des Anbaues ist die Funkleitstelle der Deutschen Bundesbahn untergebracht.

Lit. (teilweise zitiert):
Mitteilungen der Betriebsleitung des Bereiches Wasserwirtschaft der Saarbergwerke AG
24. Bericht der staatlichen Denkmalpflege im Saarland (1977)
R. Slotta, Förderturm und Bergmannshaus

△
Wasserturm (Silo) Göttelborner Höhe
Photo: Saarbergwerke AG

Technische Angaben
Baujahr: 1907/08 und 1912/13
Nutzinhalt: 700 m³ und 550 m³
Behälterwerkstoff: Stahl und Beton

Nykøbing/Falster, Dänemark

Die Kleinstadt Nykøbing liegt auf der dänischen Insel Falster. Im Jahre 1908 wurde hier von der Firma Christiani und Nielsen A/S ein Wasserturm innerhalb des „Holländischen Gartens" errichtet. Der Wasserturm gilt als einer der ersten Stahlbetonbauten dieser Art, die in Dänemark errichtet worden sind. Wegen seiner günstigen Lage erhielt er eine Aussichtsplattform in etwa 32 m Höhe.
Der Turm besitzt eine Gesamthöhe von rd. 43 m; die Wasserkammer hat einen Nutzinhalt von 300 m³. Der Behälter wurde am 1.5.1972 außer Betrieb genommen. Der Turm dient heute nur noch als Aussichtsturm.

W. Mevius

Lit.:
Angaben und Unterlagen von Nykøbing F. Kommune, Byplan – og Projekteringsafd

▷
*Wasserturm Hollands Gaard
der Stadt Nykøbing
Photo: Stadtverwaltung Nykøbing*

Hamburg-Sternschanze

Zur architektonischen Gestaltung des Wasserturmes schrieb die Hamburger Stadtwasserkunst um die Jahrhundertwende einen Wettbewerb aus, der mit 3100 Goldmark dotiert war. In den Ausschreibungsbedingungen war gefordert, daß der Wasser-Hochbehälter „gute und schöne Umrißlinien und schöne Verhältnisse im Aufbau haben" sollte. Der architektonische Aufwand müsse auf ein geringes Maß unter Vermeidung aller kleinlichen Architekturformen beschränkt bleiben. Eingesandt wurden 135 Entwürfe. Den ersten Preis erhielt der Colmarer Regierungsbauführer Keith; zur Ausführung kam jedoch der Entwurf des Hamburger Architekten Schwarz, Mitarbeiter der Hamburger Stadtwasserkunst. Der Wasserturm wurde in einen ehemaligen, quadratischen Wasser-Erdbehälter mit 45 m Seitenlänge hineingebaut. Der Grundriß des Wasserturmes ist achteckig; der größte Durchmesser beträgt 32 m. Zur Aufstellung kamen zwei übereinander angeordnete und etwa gleich ausgelegte Wasserbehälter für die Hochdruck- bzw. Niederdruckzone.
Der Wasserturm wurde bis in eine Höhe von 17 m aus Klinker-Mauerwerk errichtet, das durch 24 hohe Betonpfeiler und zwei stahlarmierte Betonringe verstärkt wurde. Der obere Teil besteht aus „Eisenfachwerk" mit Backsteinfüllung. Das achtseitig gebrochene Pyramidendach war mit Kupferplatten gedeckt.
In die Füll-Leitung für den unteren Behälter war eine Turbine eingebaut, die zum Antrieb der Pumpen diente, die das Wasser aus dem unteren in den oberen Behälter förderten.

W. Mevius und *B. Gockel*

Lit.:
Angaben und Unterlagen der Hamburger Wasserwerke
O. Kelting, Die Wasserspeicherung und die Druckregelung innerhalb des hamburgischen Leitungsnetzes im Wandel der Zeiten, gwf, Heft 1, S. 1–6 und 24–26, 1935
Düwel, Die neuen Wassertürme des Stadt Hamburg, Journal für Gasbeleuchtung und Wasserversorgung, S. 657–662 und 679–682, 1910
R. Slotta, Technische Denkmäler in der Bundesrepublik Deutschland, Bochum 1975
W. Holthusen und R. Schröder, Hamburger Wasserwerke, Band 25 der Industrie-Bibliothek, Berlin 1928

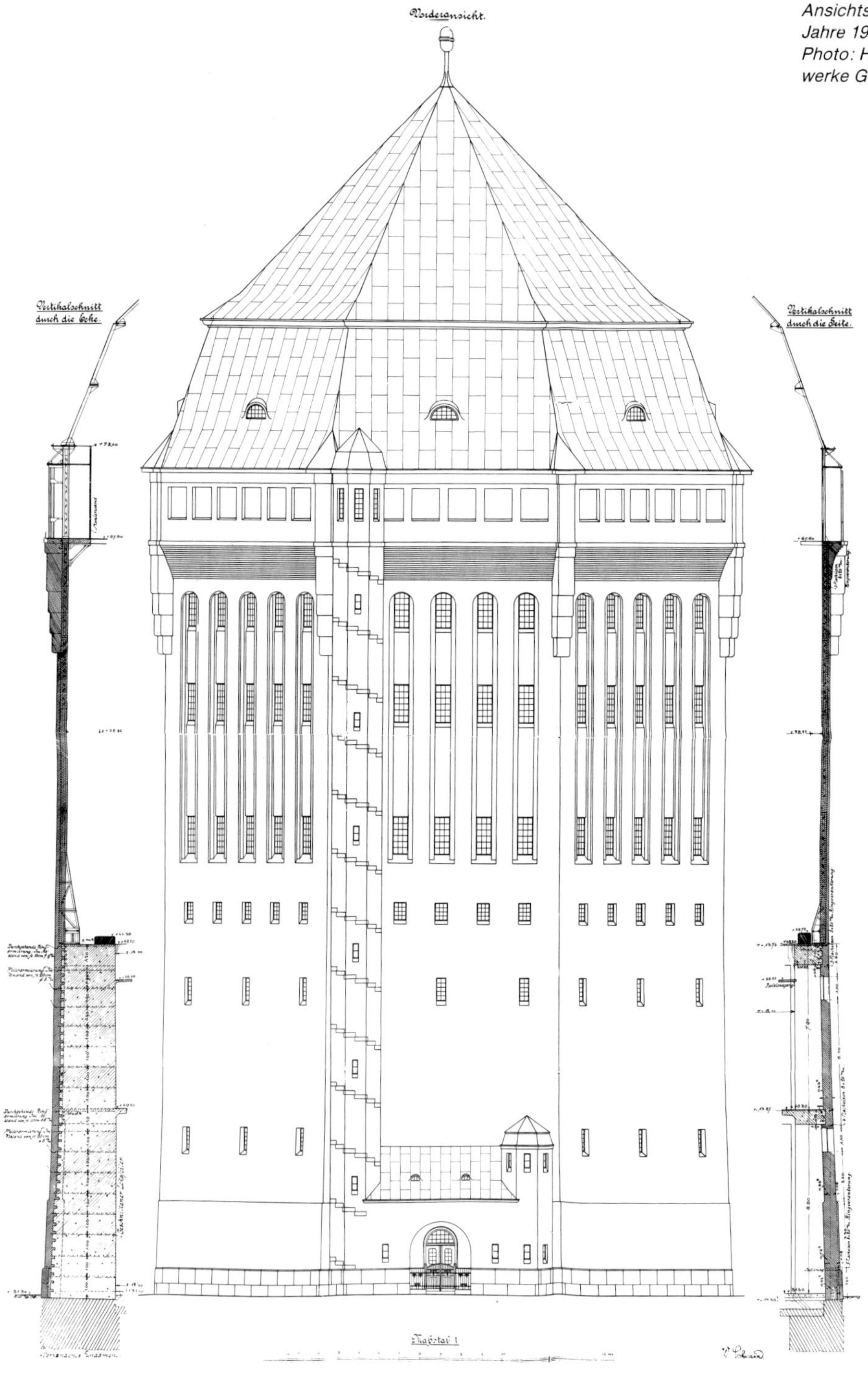

Ansichtszeichnung aus dem Jahre 1908
Photo: Hamburger Wasserwerke GmbH

▷

Wasserturm Hamburg-Sternschanze
Photo: Hamburger Wasserwerke GmbH/Industrie-Werbebild, Hamburg

Technische Angaben
Baujahr: 1907/1908
Nutzinhalt: 2 × 2150 m^3
Gesamthöhe: 60 m
über Gelände
Behältersystem:
Hängeboden-Behälter
max. Wassertiefe: 2,70 m
Außerbetriebnahme: 1961

Metz – Bahnhof

Metz war um die letzte Jahrhundertwende eine deutsche „Festung ersten Ranges", 17 km von der französischen Grenze entfernt und durch das Militär beherrscht. Sie beherbergte neben etwa 40000 (zivilen) Einwohnern, darunter (im Jahre 1880) 20000 deutschsprachigen, den Sitz des Generalkommandos des 16. deutschen Armeecorps und die Garnisonen von 15 preußischen, bayerischen und sächsischen Regimentern. Die Bahnanlagen, vor allem der Bahnhof Metz mit seinen Versorgungs- und Verladeeinrichtungen wurde im Jahre 1908 entsprechend der militärpolitischen Bedeutung der Stadt ausgebaut. Der Ausbau-Konzeption lag die Forderung zugrunde, daß 20000 Soldaten an einem einzigen Tag zu entladen und zu versorgen waren. Der Wasserturm sollte vor allem der Beschickung der Dampflokomotiven mit Wasser und dem Tränken der Pferde während der Be- und Entladung der Militärtransportzüge dienen.

Der auf 87 Stahlbetonstützen errichtete Wasserturm am Bahnhof in Metz, der heute im Eigentum der Französischen Staatsbahnen steht, gehört zu den Bauwerken, die – wie das Empfangsgebäude – 1908 im neoromanischen Stil erbaut wurden, verziert mit Reliefs „germanischen Ursprungs".

A. Schontz/B. Gockel

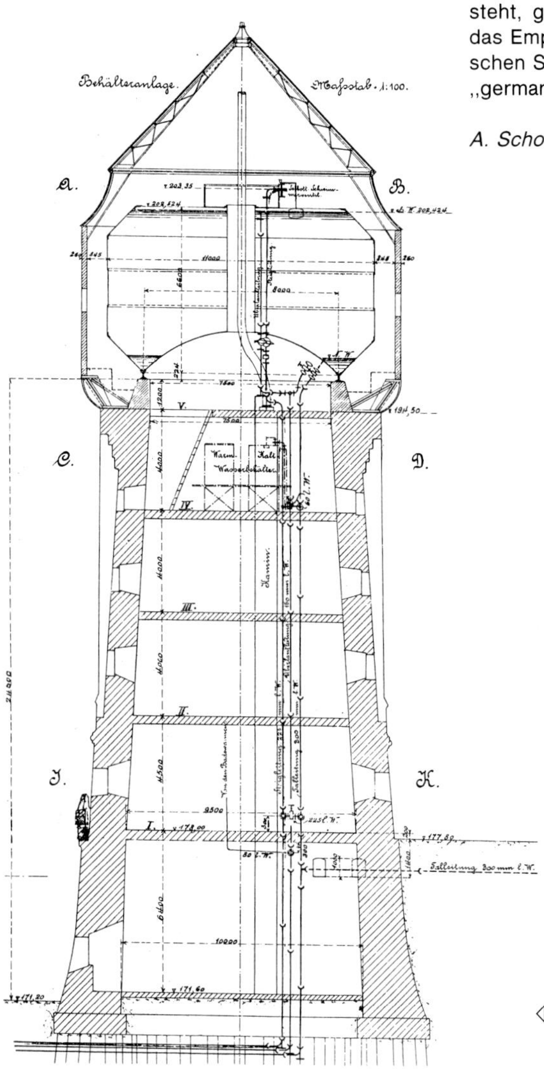

◁ *Schnittzeichnung aus den Bauunterlagen des Jahres 1906*
Photo: SNCF, Metz

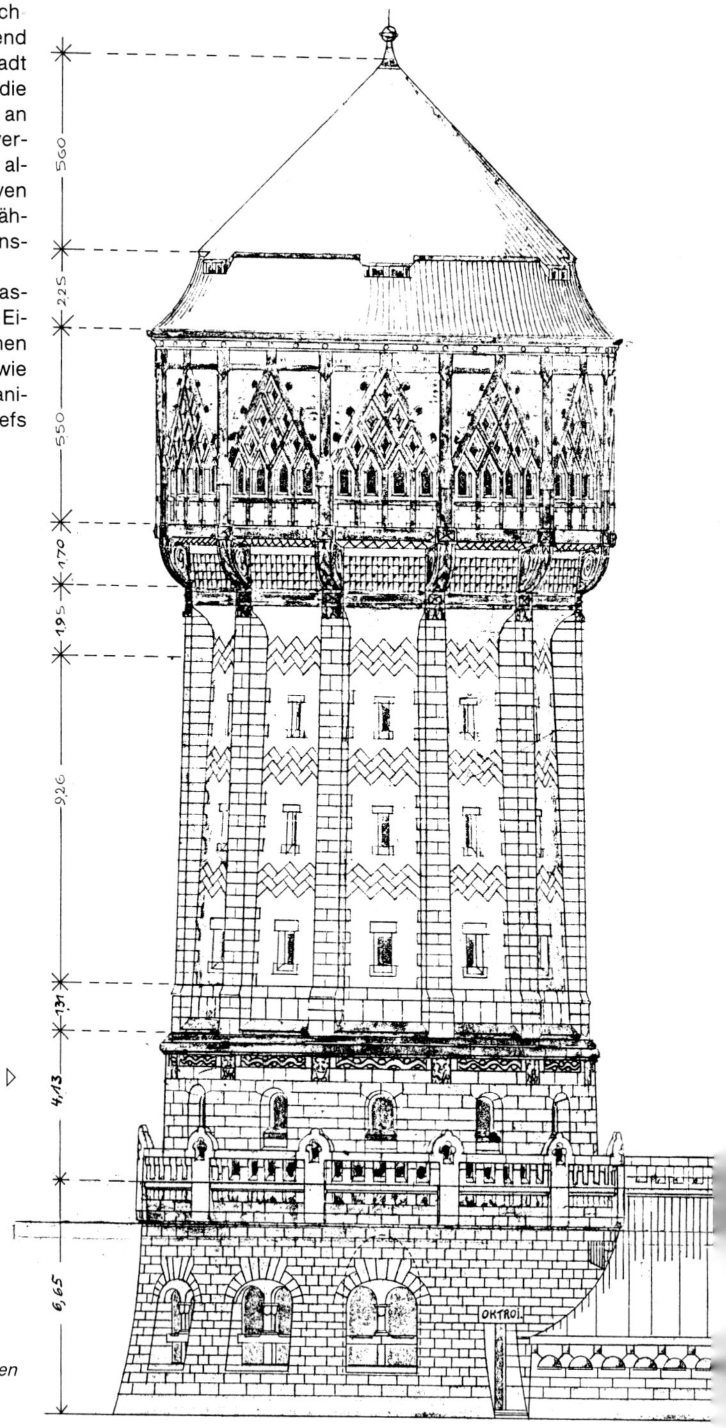

Ansichtszeichnung aus den Bauunterlagen des Jahres 1906 ▷
Photo: SNCF, Metz

▷
Wasserturm Bahnhof Metz
Photo: A. Schontz

Technische Angaben
Baujahr 1907/1908
Nutzinhalt: 300 m^3
Turmhöhe: 38,35 m
Architekt: Kröger, Berlin
Baufirma: Ed. Züblin & Cie

Edingen

Der im Jahre 1908 bei der Gründung des Wasserversorgungs-Zweckverbandes „Nekkargruppe" in Edingen, einer kleinen Gemeinde zwischen Heidelberg und Mannheim, errichtete Wasserturm zeigt Konstruktionselemente, die ihn von anderen Wassertürmen gleicher Bauzeit abheben: Der Turmschaft besteht aus Ziegelmauerwerk, der Behälter aus Stahlbeton mit einer ausgemauerten Stahlbeton-Fassade. Als Grund für diese ungewöhnliche Konstruktion wird angegeben, daß man sich während des Baus entschlossen habe, wegen der geringeren Instandhaltungskosten anstelle des geplanten Intze-Behälters aus Stahl einen Intze-Behälter aus Stahlbeton auszuführen. Zu diesem Zeitpunkt war der rund 25 m hohe Turmschaft nicht mehr abzuändern. Man entschied sich daher, Dach und Behälter-Fassade auf auskragenden Konsolen mit 10 Stahlbetonsäulen und -riegeln abzustützen. Die Wasserdichtheit des Wasserbehälters wurde erreicht durch einen Zementputz mit einer Dicke von 2 cm, der auf der Behälter-Innenseite aufgebracht wurde.

Der Wasserturm mußte mehrfach saniert oder renoviert werden, z.B. als Folge schwerer Kriegseinwirkungen im Jahre 1945. Im Jahre 1970 wurde der Behälter außer Betrieb genommen. Da der Turm inzwischen unter Denkmalschutz gestellt war, kam ein Abriß nicht in Frage. Die Verbandsversammlung entschloß sich daher zu einer erneuten Renovierung, die Ende 1984 zu einem Angebotspreis von insgesamt rund DM 400 000,– abgeschlossen werden konnte.
Hier hat ein kleiner Wasserversorgungs-Zweckverband die Erhaltungspflicht für ein technisch-historisches Bauwerk ernst genommen.

Lit.:
Angaben und Unterlagen des Wasserversorgungsverbandes „Neckargruppe" in Edingen-Neckarhausen
J. Werth, Ursachen und technische Voraussetzungen für die Entwicklung der Wasserhochbehälter in: B. u. H. Becher, Die Architektur der Förder- und Wassertürme, München 1971

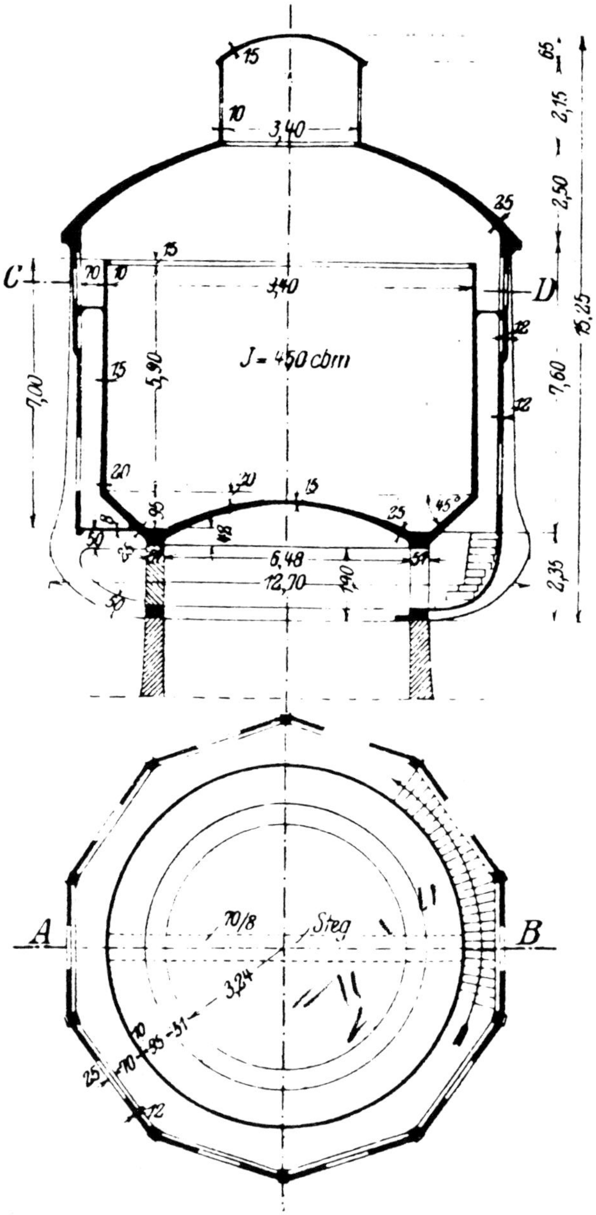

△
Senkrechter und waagerechter Schnitt, Bauzeichnung aus dem Jahre 1908
Photo: Wasserversorgungsverband „Neckargruppe"

◁ *Bau des Wasserturms, Photo vom 31. 8. 1908*
Photo: Wasserversorgungsverband „Neckargruppe"

▷

Wasserturm Edingen
Photo: D. Robakowski, München

Technische Angaben
Baujahr: 1908
Nutzinhalt: 450 m^3
Höhe des max. Wasserspiegels: 36 m über Gelände
Behältersystem: Intze-Behälter aus Stahlbeton
Baufirma: Dyckerhoff & Widmann, Karlsruhe
Außerbetriebnahme: 1970

Haltingen

Haltingen ist der Name eines Ortes an der Schweizer Grenze, in etwa zwischen Lörrach und Basel, heute Stadtteil von Weil am Rhein. Den Eisenbahnern ist der Name sehr geläufig, da sich hier einer der größten Verschiebebahnhöfe der Deutschen Bundesbahn befindet. Diesem Verschiebebahnhof ist – wie üblich – ein Bahnbetriebswerk angeschlossen, das zur Zeit der Dampflokomotiven mit einer Bekohlungs- und Wasserstation ausgerüstet war. Es mußte alltäglich eine stattliche Anzahl von Dampfloks mit Kohlen und mit Betriebswasser beladen werden. Die Statistik gibt darüber ein anschauliches Bild. Stationiert waren hier in den Jahren 1913 insgesamt 15 Loks, 1928 insgesamt 29 Loks der Typen G 10, G 12, IVb und Xb, 1946 insgesamt 86 Loks der Baureihen 50, 42, 44, 57, 58, 59, 75, 64, 92, 1950 insgesamt 44 Loks der Baureihen 42, 50, 57, 75, 92.

Die letzte Dampflok des Betriebswerkes Haltingen war eine Lok der Baureihe 57. Sie wurde am 30.10.68 dort abgestellt und am 3.3.1969 „ausgemustert". Damit war die Dampflokomotivzeit für das Betriebswerk Haltingen beendet und der Wasserturm, der in etwa 60 Jahre lang der Beschickung der Dampfloks mit Wasser gedient hatte, war überflüssig und zu einer Last geworden.

Der Wasserturm, entwickelt und gebaut von der Firma Klönne, Dortmund, zählt zu den vielen baugleichen Türmen, die die westfälische Maschinenfabrik in standardisierten Größen gefertigt hat. Leider sind nur noch wenige dieser Türme mit Kugelbehältern erhalten.

Lit.:
Angaben und Unterlagen der Deutschen Bundesbahn

Bauzeichnung aus dem Jahre 1908 ▷
Photo: Deutsche Bundesbahn

▽ Lok bei der Wassernahme
Photo: Privatarchiv

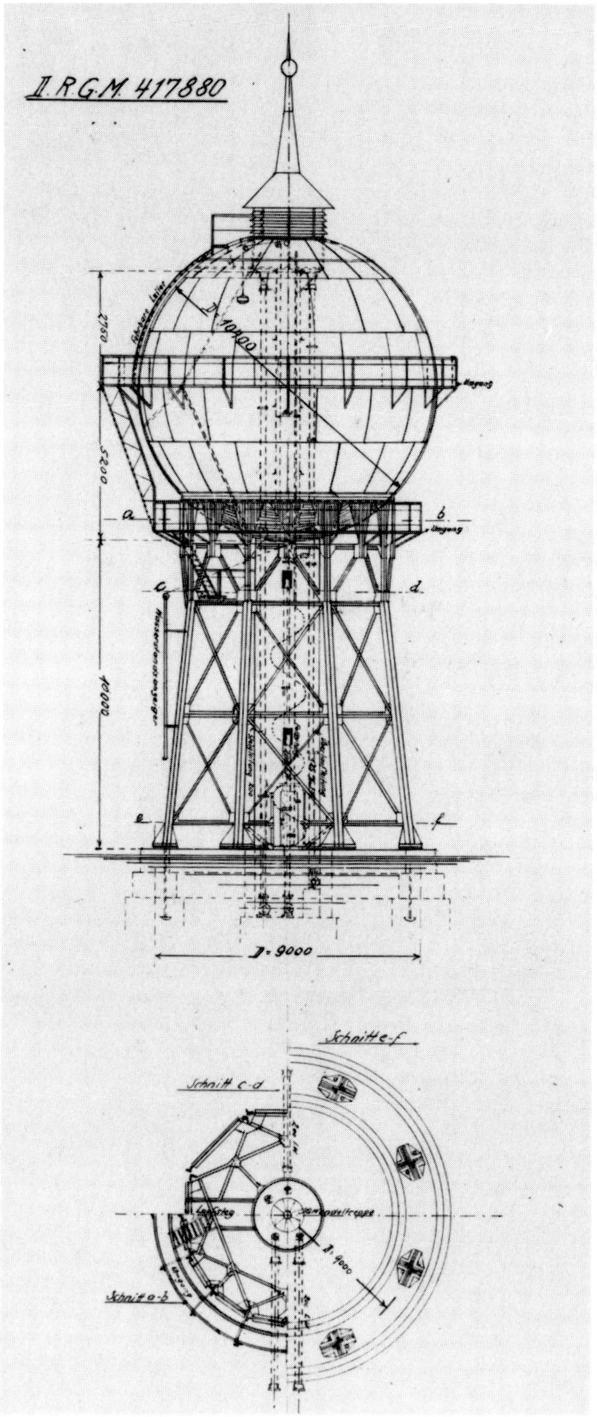

▷

Wasserturm des Bahnbetriebswerkes Haltingen der Deutschen Bundesbahn
Photo: Privatarchiv

Technische Angaben
Baujahr: 1908
Nutzinhalt: 500 m^3
Behältersystem: A. Klönne
Kugeldurchmesser: 10,40 m
Gesamthöhe: 25 m über Gelände

Mannheim-Luzenberg

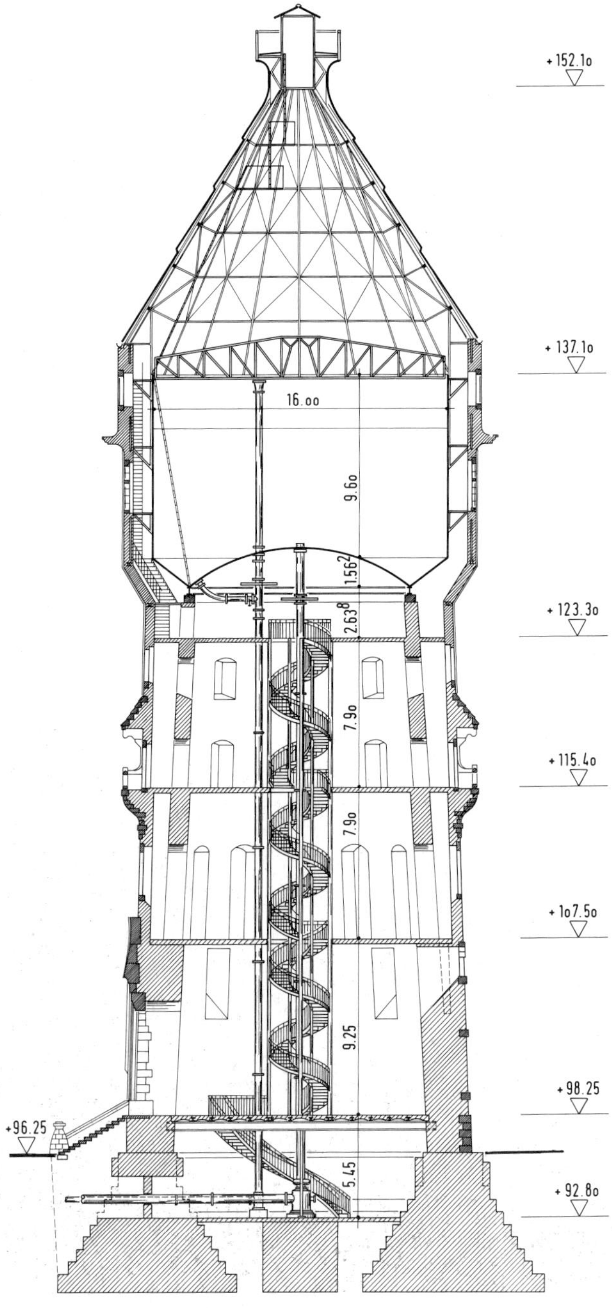

Schnittzeichnung, Energie- und Wasserwerke Rhein-Neckar AG, Mannheim

Grundrißzeichnung, Energie- und Wasserwerke Rhein-Neckar AG, Mannheim

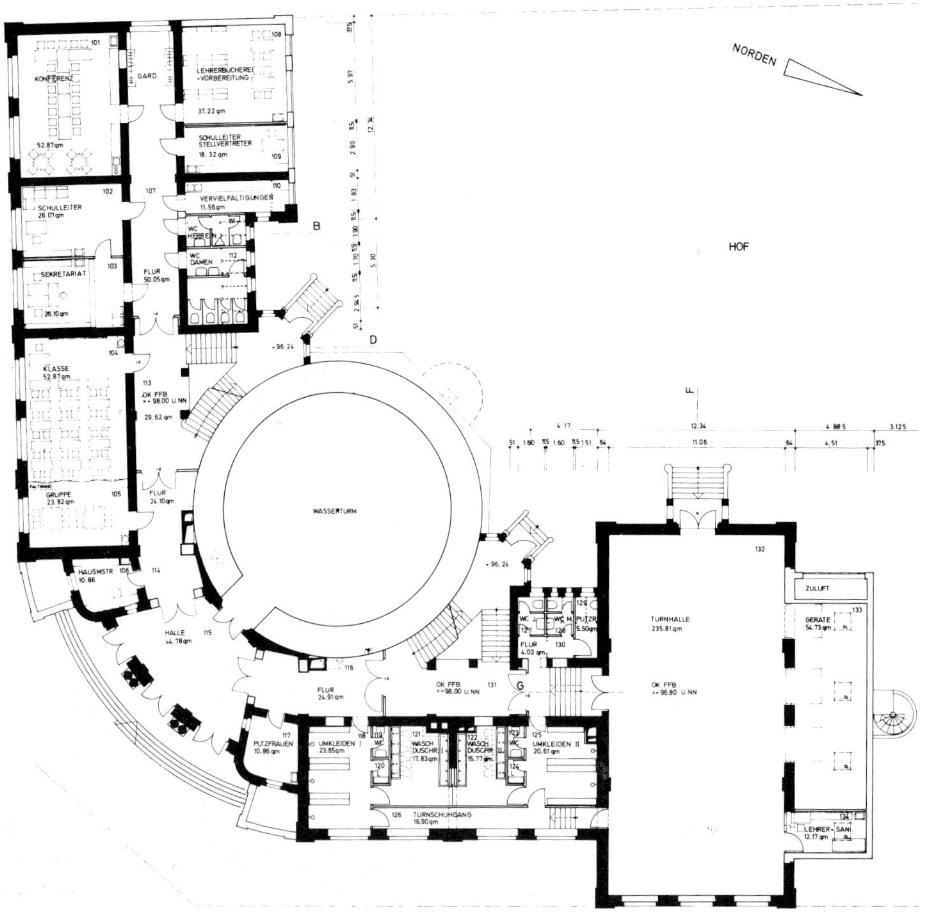

▷
Wasserturm Mannheim-Luzenberg-Schule
Photo: D. Robakowski, München

Technische Angaben:
Baujahr: 1908
Nutzinhalt: 2000 m^3
Turmhöhe: 55,85 m über Gelände
Außerbetriebnahme: vor 1970
Turm steht unter Denkmalschutz

Mönchengladbach

Der Wasserturm „Viersener Straße“ ist einer von fünf Wassertürmen der Stadtwerke Mönchengladbach; er ist aber ganz sicher der Turm mit dem prächtigsten Erscheinungsbild und dem weitesten Bekanntheitsgrad – das stolze Wahrzeichen der Stadt.

Der Wasserturm ist von Anfang an geplant und gebaut worden auf dem höchsten Punkt der Stadt als ein Wahrzeichen und Denkmal, das sich die Bürger der Stadt selbst setzten. Ein neues Stadtviertel wurde nach ihm ausgerichtet: Die Straßen laufen achsial auf den Turm zu, die Gebäudefassaden der umgebenden Baublöcke sind dem Turm angepaßt. Die Bauzeit des Turmes betrug nur 1 Jahr; die Kosten beliefen sich auf 216000 Goldmark – ein phantastisch hoher Betrag.

Die architektonische Fassaden-Gestaltung des Turmes geht zurück auf Stadtbaurat Greiß, geplant und gebaut mit dem Willen und dem Anspruch, „diesen reinen Nützlichkeitsbau in seiner Formgebung aus der Alltäglichkeit herauszuheben und zum Wahrzeichen der Stadt zu machen“. Greiß gelang ein bemerkenswertes Bauwerk des „Jugendstils“, ein Zeugnis städtischen Repräsentationswillens zu Beginn dieses Jahrhunderts. Auch heute noch zählt der Turm zu den eindruckvollsten und architektonisch wertvollsten Beispielen dieser Baugattung. Seit der letzten umfassenden Renovierung (1978/79) erstrahlt der Turm in der heute vertrauten Farbgebung.

R. Slotta hat die Architektur des Turmes wie folgt beurteilt: „,... Die Unverwechselbarkeit des Turmes liegt in der aufwendigen Gestaltung des oberen Abschlußes mit seiner Dachlösung: Ein ausgesprochener Kontrast besteht zwischen dem reich modellierten, vor- und zurückspringenden Oberbau und dem zylindrischen Unterbau, der durch die farblichen Unterschiede abgeschwächt wird. Die Funktion des Turmes wird durch die Wassertier-Konsolen am Sockel für jedermann verdeutlicht und angezeigt; die Zugehörigkeit des Turmes zur Stadt zeigt das Wappen an, das zur Altstadt herunterblickt. ...“

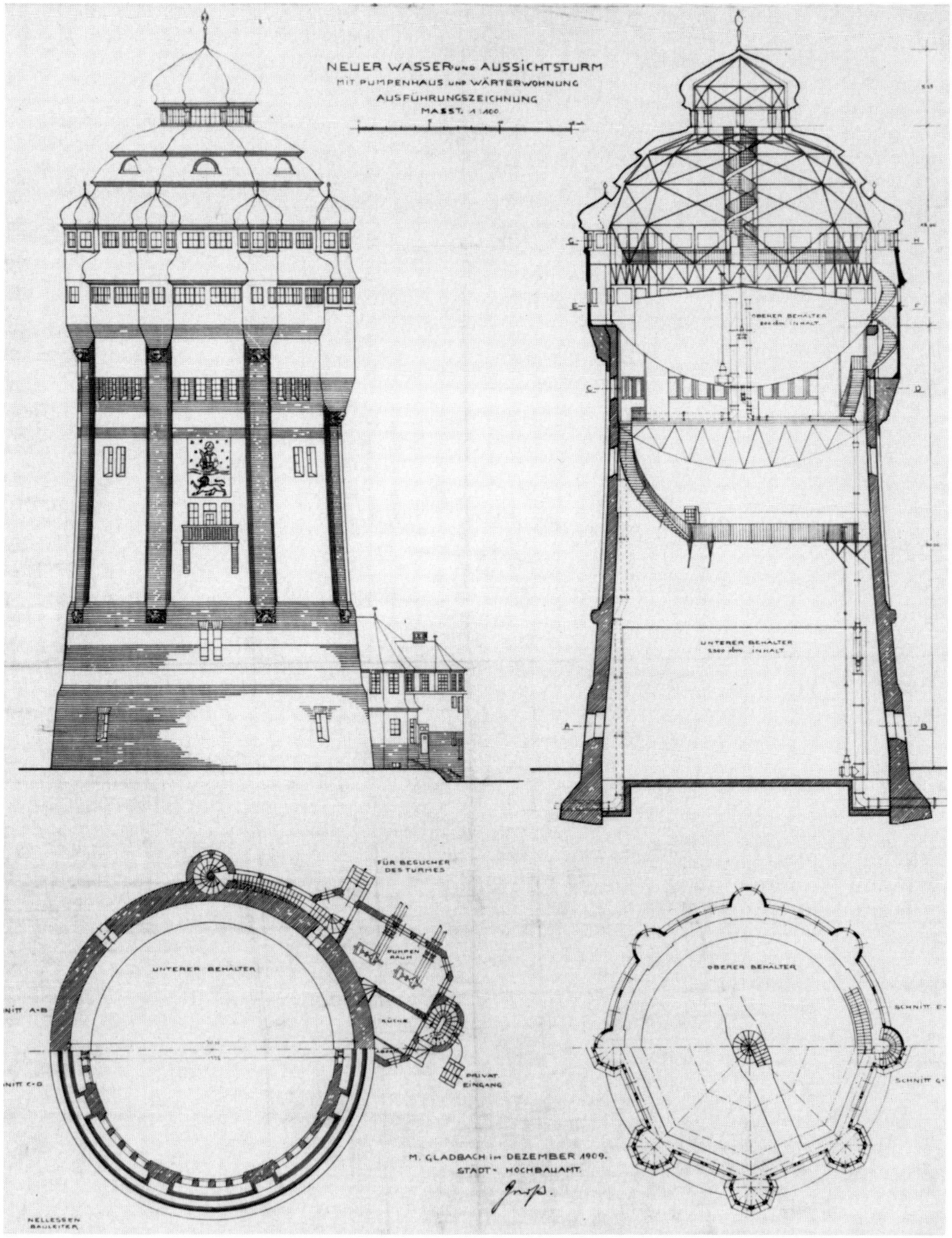

Schnitt und Ansicht der Bauzeichnung aus dem Jahre 1908
Photo: Stadtwerke Mönchengladbach

Lit.:
Angaben und Unterlagen der Stadtwerke Mönchengladbach
R. Slotta, Technische Denkmäler in der Bundesrepublik Deutschland, Bd. 2, Bochum 1977

▷

Wasserturm Mönchengladbach, Viersener Straße
Photo: Stadtwerke Mönchengladbach

Technische Angaben
Baujahr: 1908/1909
Nutzinhalt:
 untere Kammer: 2300 m^3
 obere Kammer: 800 m^3
Gesamthöhe: etwa 50 m über Gelände
Behältersystem:
 untere Kammer: Flachbodenbehälter
 obere Kammer: Hängebodenbehälter
Entwurf: Greiß

Berlin-Westend

Mit der zunehmenden Erschließung von Neu-Westend, einem neuen höher gelegen Stadtteil von Charlottenburg, zu Beginn des 20. Jahrhunderts stellte sich die Frage der Wasserversorgung für dieses Versorgungsgebiet. Neu-Westend liegt im Durchschnitt + 62,00 m über NN. Bei der Berücksichtigung einer viergeschossigen Bebauung und der auftretenden Rohrreibungsverluste ergab sich ein mittlerer Wasserstand im oberen Behälter von + 98,00 m über NN für den notwendig werdenden neuen Wasserturm. Der Wasserstand des vorhandenen Wasserturmes, erbaut 1882/83, betrug durchschnittlich + 84,00 m über NN. Für die Errichtung des neuen Wasserturmes mußte auch berücksichtigt werden, daß im Falle einer erforderlich werdenden Instandsetzung des vorhandenen Wasserbehälters mit 1000 m^3 Inhalt keine Reserven vorhanden wären, die für die sichere Wasserversorgung während der Arbeit genutzt werden konnten. Mit diesen Vorgaben beauftragte die Stadt Charlottenburg den Stadtbaurat Heinrich Seeling, die Entwürfe für einen neuen Wasserturm zu erstellen. Seine Mitarbeiter waren der Architekt Max Niedenhoff und der Magistratsbaurat Walter, der für die Bauleitung zuständig war. Am 21. 9. 1908 wurde mit den Bauarbeiten auf dem Gelände des vorhandenen Wasserturmes begonnen, die im November 1909 mit der Inbetriebnahme des neuen Wasserturmes beendet wurden. Die beiden Wassertürme wurden durch ein Dienstgebäude verbunden, das im Erdgeschoß eine Wassermesserprüfstation, einen Wachraum, Magazinräume, eine Werkzeugreparaturschmiede und Büroräume enthielt. Im Obergeschoß waren zwei Dienstwohnungen für die Wächter untergebracht.

Der neue Wasserturm erhielt zwei Wasserbehälter mit je 500 m^3 Fassungsvermögen. Der obere Behälter ist auch heute noch mit der Hochdruckzone des Westendplateaus verbunden. Der untere Behälter befindet sich in gleicher Höhe mit dem Behälter des alten Turmes. Er hatte eine Reservefunktion.

Die dem Turm zugeordnete Pumpstation bestand aus zwei mit Drehstrommotoren angetriebenen Zentrifugalpumpen mit automatischer Anlaß- und Ausrückvorrichtung. Die Leistung einer Pumpe betrug 360 m^3/h und reichte aus, die 30000 Einwohner mit Wasser zu versorgen. Eine Pumpe war als Reservepumpe vorgesehen. Die Räumlichkeiten des Pumpenhauses waren für die Versorgung von 90000 Einwohner ausgelegt, so daß im späteren Verlauf eine Anpassung der Förderleistung an die jeweiligen Bedürfnisse kurzfristig möglich war.

In einer zeitgenössischen Beschreibung des neuen Wasserturmes Westend ist über die Architektur folgendes berichtet:

„Seeling glich den Turm der Villengegend an, zugleich sollte er als Aussichtswarte dienen. Beabsichtigt war eine dreifache Leistungssteigerung der Wasserlieferung. Der alte Turm wurde in seinem Äußeren der neuen Anlage angepaßt; der geringe Durchmesser des neuen Turmes mit den zwei Behältern – ein Treppentürmchen wurde an einer Seite vorgelegt, um den Durchmesser des Turmes nicht unnötig zu vergrößern – läßt ihn mit seiner dreifachen Verjüngung nach oben und der heute vereinfachten Laterne sehr viel höher erscheinen als den viel älteren Wasserturm. Er wurde wie auch die anderen Teile der Anlage mit roten Rathenower Handstrichsteinen verblendet. Der neue Verbindungsbau wirkt mit seinen geschwungenen Ziergiebeln und dem gebrochenen Dach wie ein ländliches Wohnhaus. Diese Anlage ist ein feines, wirkungsvolles architektonisches Großstadtbild, welches sich dem Beschauer dort auf dem Spandauer Berg heute in den beiden Türmen darbietet.“ Auch heute noch.

H. Nobis-Wicherding, Berlin

◁
Ansichtszeichnung aus dem Jahre 1911
Photo: Berliner Wasserwerke

Schnitt aus dem Jahre 1910 ▷
Photo: Berliner Wasserwerke

Wasserturm Westend (Akazienallee) ▷▷
Photo: Berliner Wasserwerke

Technische Angaben
Baujahr: 1908/1909
Nutzinhalt:
unterer Behälter: 500 m^3
oberer Behälter: 500 m^3
Behälter Oberkante:
unterer Behälter: 27 m über Gelände
oberer Behälter: 62 m über Gelände
Behältersystem:
Barkhausen
Lieferfirma der Behälter:
A. Klönne, Dortmund
Entwurf des Turmes:
H. Seeling, Berlin

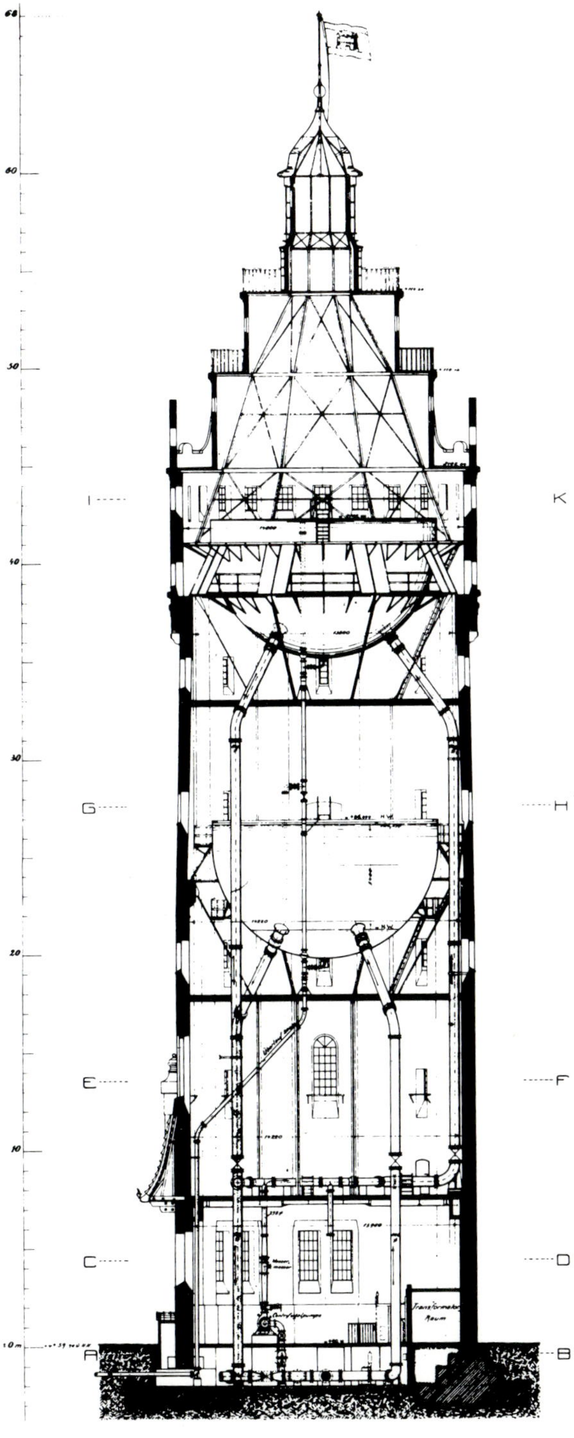
I
K
G
H
E
F
C
D
A
B
10
20
30
40
50
60

Langeoog

Am 1. August 1984 war der Wasserturm, Wahrzeichen des Nordsee-Heilbades Insel Langeoog, 75 Jahre alt. Unmittelbarer Anlaß für eine zentrale Wasserversorgung und damit dem Bau des Wasserturms war – wie so oft – eine Naturkatastrophe: Die große Sturmflut in der Nacht vom 13. zum 14. März 1906 hatte den größten Teil der Hausbrunnen für lange Zeit unbrauchbar gemacht. Diese Notlage erzwang ein Umdenken der Inselbevölkerung und damit auch die notwendige Mehrheit im Gemeindeausschuß.

Den Auftrag erhielt die BAMAG, Berlin, der mit Vertrag vom 15. März 1909 auch die Anlagen des Wasserwerkes für eine Zeit von dreißig Jahren verpachtet wurden. Die Finanzierung der neuen Wasserversorgungsanlagen – und der gleichzeitig beschlossenen Entwässerungsanlagen – war nur mit Hilfe von Darlehen möglich.

Heute haben sich die zentrale Wasserversorgung und die Kanalisation als wesentliche Voraussetzungen für die Entwicklung des Fremdenverkehrs auf der Insel erwiesen. Die Entwicklung des Fremdenverkehrs verlief zeitweise stürmisch. Bei der Inbetriebnahme der Wasserversorgung im Jahre 1909 hatte das öffentliche Rohrnetz noch eine Länge von nur 4500 m mit 90 Hausanschlüssen; heute beträgt die Gesamtlänge (ohne Hausanschlüsse) etwa 25 km mit 825 Hausanschlußleitungen. Im Jahre 1983 betrug der Wasserverbrauch 445 000 m^3; die Entwicklungsprognosen sehen für das Jahr 1990 einen jährlichen Wasserbedarf von etwa 700 000 m^3 voraus.

Der Wasserturm dient nicht nur der Wasserversorgung; er ist auch als Aussichts-Turm freigegeben. Die Aussichtsplattform befindet sich 23 m über NN. Sie wird erreicht über eine schmiedeeiserne Wendeltreppe, die durch den Wasserbehälter führt.

Für die Inselbewohner ist der Wasserturm „das Symbol des Fortschritts und der (eigenen) Leistung".

Lit.:
Angaben und Unterlagen der Inselgemeinde Langeoog

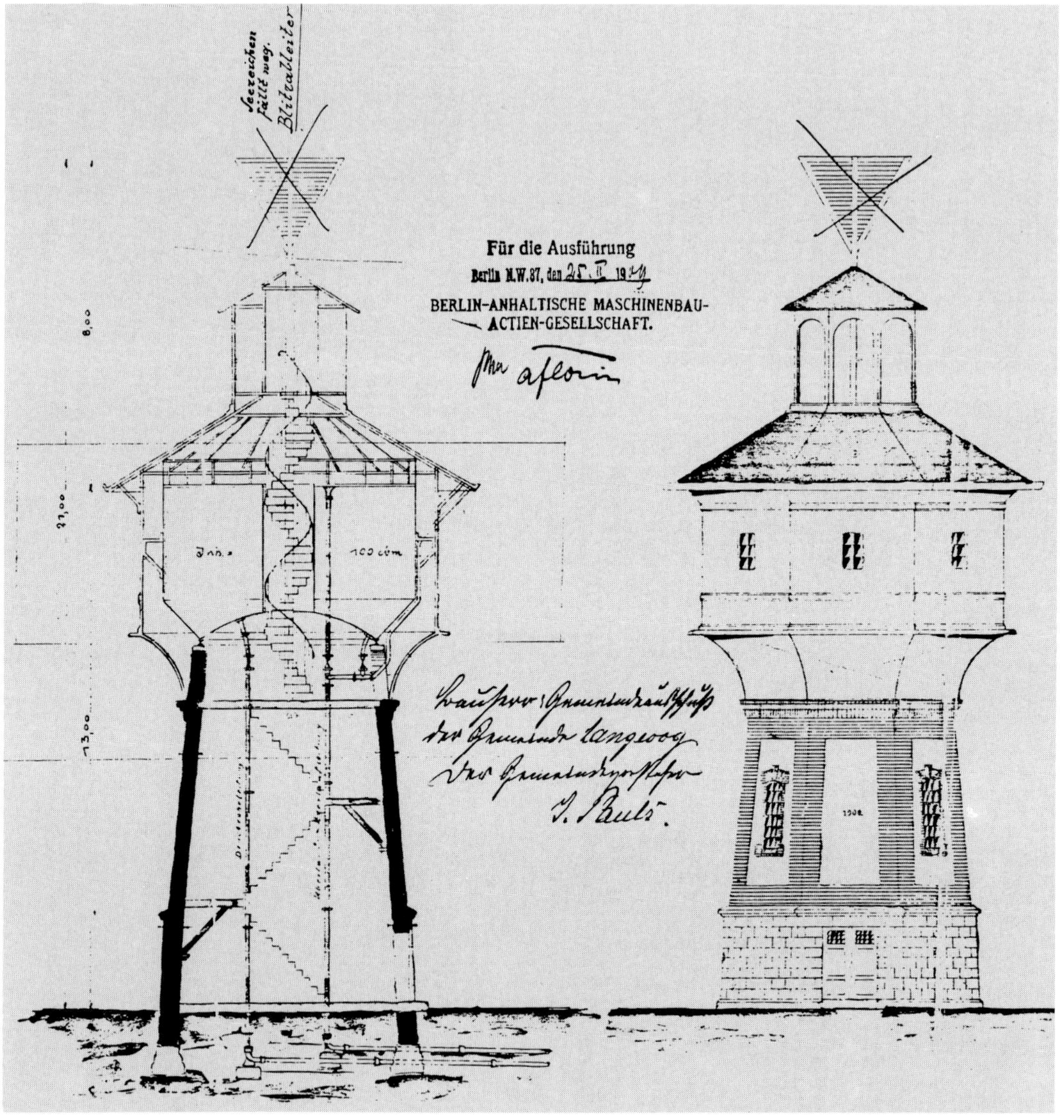

Schnitt- und Ansichtszeichnung
Photo: Inselgemeinde Langeoog

▷
Wasserturm Langeoog
Photo: Schmieding-Armaturen/Zöllner

Technische Angaben
Baujahr: 1909
Nutzinhalt: 100 m^3
Turmhöhe: 18,5 m
über einer 18 m hohen
Düne des Westkaps
Baufirma: BAMAG, Berlin

Darmstadt – Hauptbahnhof

Der in seiner äußeren Gestaltung besonders markante Wasserturm, erbaut zur Versorgung der Anlagen des Darmstädter Hauptbahnhofes und der dort stationierten Lokomotiven, im Jungendstil dem Darmstädter Hauptbahnhof angeglichen und unmittelbar an einer historischen Brücke stehend, hatte mit dem Ende der Dampflokomotivenzeit ausgedient. Zur Verminderung von Unfallgefahren sollte er daher abgerissen werden bis etwa in Höhe des mehrfenstrigen Erkers, hinter dem sich das Stellwerk für die Weichen und Signalanlagen im unmittelbaren Bereich des Darmstädter Hauptbahnhofes befand.

Das Abbruchgerüst stand bereits, als die Darmstädter Bevölkerung und die Denkmalschutzbehörde, die den Wasserturm längst unter Denkmalschutz gesetzt hatte, aufmerksam wurde. Schnell stellte sich die Frage, wer für die Instandhaltung und Konservierung technikgeschichtlicher Denkmäler verantwortlich ist und bezahlen soll. Schließlich gibt es im Bereich der Deutschen Bundesbahn eine große Anzahl technikgeschichtlich wertvoller und ausgedienter Wassertürme, ähnlich dem Darmstädter Streitobjekt. Die Presse schaltete sich mit dem eindeutig parteinehmenden Schlagwort „Denkmalschutz ist nicht allein für Schlösser da" ein. Es verstehe sich von selbst, daß die Denkmalspflege nicht beim Schutz von Kathedralen, Rathäusern und Fürstenschlössern stehen bleiben könne. Heute sei auch der Schutz von Bauten nötig, die etwas über die sozialen, ökonomischen und technischen Arbeitsbedingungen unserer Großväter aussagen können. Im privaten Bereich könne sich die Denkmalschutzbehörde leicht durchsetzen; hat jedoch die Denkmalspflege auch Einfluß auf Bauten der Deutschen Bundesbahn? Die Bundesbahn berief sich demgegenüber immer wieder auf die Unfallgefahr, die das sanierungsbedürftige Gebäude verursache, und die hohen Instandhaltungskosten für ein Gebäude, das für den Bahnbetrieb nicht mehr nutzbar ist. Diese konkurrierenden Rechtsauffassungen wurden schließlich vor dem Verwaltungsgericht in Darmstadt ausgetragen. Im Jahre 1981 entschied das Verwaltungsgericht als „Weichensteller zwischen Bundesbahn und Denkmalschutz", daß der Eintrag des Jugendstilwasserturms in das hessische Denkmalschutzbuch rechtens und daß das Bundesbahngelände insoweit „kein exterritoriales Gebiet" sei.

Damit hat sich die Auffassung des hessischen Landesamtes für Denkmalspflege durchgesetzt, das im Jahre 1978 den Wasserturm als Kulturdenkmal wie folgt beurteilte: „... Der Wasserturm in Darmstadt stellt ... ein für den Beginn des 20. Jahrhunderts zeittypisches technisches Denkmal in der Entwicklung des Wasserhochbehälters dar, an dessen Erhaltung ein öffentliches Interesse besteht. ... Neben dem Stellenwert in der Technikgeschichte ist ebenfalls die städtebauliche Bedeutung dieses Turms im Gesamtzusammenhang mit der Bahnhofsanlage – eine bedeutende Schöpfung des Architekten Pützer – hervorzuheben. ..." Der Wasserturm besitzte mit seinem eindrucksvollen Dachabschluß eine unverzichtbare städtebauliche Bedeutung im gesamten Bahnhofsviertel. Eine Verstümmlung dieses Turmes durch Teilabriß würde zu einer dauernden Beeinträchtigung und Verarmung des Bahnhofsbereiches führen.

Die Direktion Frankfurt am Main der Deutschen Bundesbahn sucht nun nach Interessenten, die den Turm käuflich erwerben und entsprechend instandhalten. Ein typisches Schicksal für einen Bahn-Wasserturm. Vielleicht wechselt der Turm den Eigentümer (wie der Wasserturm des Bundesbahn-Verschiebebahnhofes Hohenbudberg) zum Kaufpreis von DM 1,–, vielleicht lassen sich die Abrißkosten, die die Deutsche Bundesbahn dann einspart, als Grundstock für eine Sanierung einsetzen – wie beim Wasserturm in Uetersen.

Lit.:

Angaben und Unterlagen der Deutschen Bundesbahn

Presseberichte Darmstädter Tageszeitungen

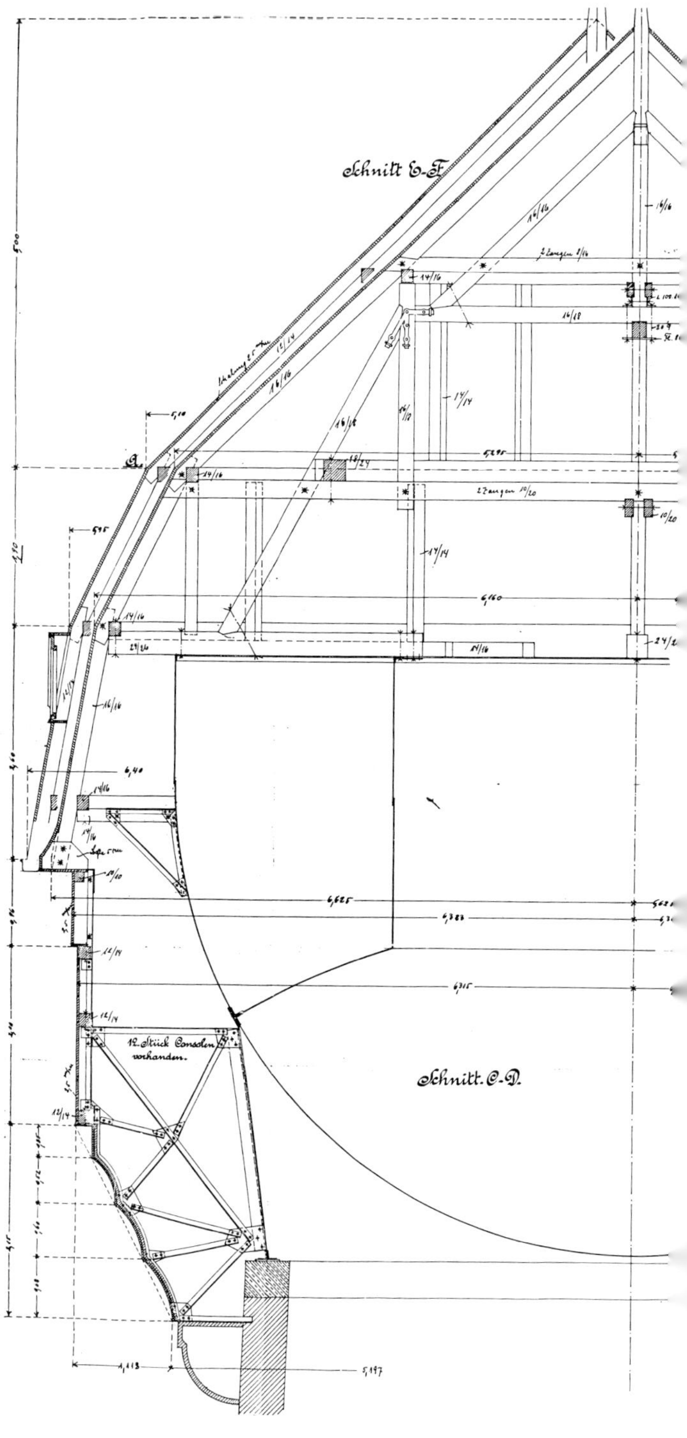

▷

Behälter und Dach-(Holz-)Konstruktion, Schnitt aus dem Jahre 1909
Photo: Deutsche Bundesbahn

▷
Wasserturm Darmstadt Hauptbahnhof
Photo: D. Robakowski, München

Technische Angaben
Baujahr: 1909/1910
Nutzinhalt: 400 m³
Turmhöhe: 41 m über Fundament
Hersteller des Wasserbehälters:
Darmstädter Eisenbauanstalt
Außerbetriebnahme: 1975

Schwabmünchen

Die Einwohner der mittelschwäbischen Landstadt Schwabmünchen (25 km südwestlich von Augsburg) deckten ihren Wasserbedarf bis in die ersten Jahre des 20. Jahrhunderts aus hauseigenen und Gemeinschafts-Grundwasserbrunnen. Nur die Postbrauerei besaß einen eigenen Wasserturm, und die Feuerwehr holte sich das Löschwasser aus der Singold, die im Westen des alten Ortskerns von Süden nach Norden fließt.
Im März 1906 nun heißt es in einem Gutachten: „Schwabmünchen bezieht seinen Wasserbedarf aus Pumpbrunnen, welche aber infolge weitgehender Verunreinigungen des Untergrundes kein einwandfreies Wasser mehr liefern. Es besteht daher der Wunsch nach Erbauung einer zentralen Wasserversorgungsanlage mit Hausanschlüssen und Hydranten."
In den Jahren 1909/10 wird die Wasserversorgung angelegt. Der Wasserturm entsteht auf der Höhe östlich des alten Ortskerns und die Pumpstation im Quellgebiet des „Saugriesle" an der Straße nach Hiltenfingen, 3 km vom Wasserturm entfernt.
Der Wasserturm wurde in damals relativ neuartiger „Eisenbeton-Skelettbauweise" errichtet. Diese ist im Leistungsverzeichnis beschrieben: „Eisenbeton für Fundamentplatte, ebensolcher Sohle und Umfassungsmauern bis Sockelhöhe. Die sämtlichen Tragkonstruktionen an Säulen, Rippen, Etagengebälke mit Fußboden sowie der Dachstuhl, die Etagentreppen, das zweikammerige Reservoir für je 200 m^3 Nutzinhalt aus Eisenbeton. Die Tragsäulen direkt auf der Betonfundamentplatte ruhend, mit Ausmauerung der Zwischenfelder der Umfassung über Sockelhöhe mit gut gebrannten Backsteinen mit $1^1/_2$ Steinstärke mit verlängertem Zementmörtel ... Die äußeren Ansichtflächen über Sockelhöhe mit verlängertem Zementmörtel in sandsteingrünem Terranovaputz ausgeführt ... Der Dachstuhl ebenfalls aus Eisenbeton mit innerem Verputz. Der Wasserspiegel des zweikammerigen Turmreservoirs rund 30 m über Terrain, cote 590,0.
Die Wasserstandshöhe beträgt 4,0 m.
Das Turmreservoir wasserdicht mit bestem Portlandzementmörtel 1:1 verputzt ... Der Turm in Souterrain und fünf Stockwerke eingeteilt."
Im Erdgeschoß des Pumpenhauses am „Saugriesle" standen von 1910 bis 1956 die – manuell geregelten – Pumpenmaschinerien: zunächst Kolbenpumpen, über Transmission vom Dieselmotor angetrieben, später elektrisch betriebene Kreiselpumpen. In der Inflationszeit wurde an der nahen Gennach sogar ein Kleinkraftwerk zur Stromversorgung des Pumpwerks gebaut (30 kW; 1939 durch Hochwasser zerstört). Heute steht im alten Pumpenhaus nur noch das Notstromaggregat.

W. Ruckdeschel, Augsburg

◁
Wasserturm Schwabmünchen
Photo: W. Ruckdeschel, Augsburg

Technische Angaben
Baujahr: 1909/1910
Nutzinhalt: 400 m^3 in zwei Kammern
Höhe des max. Wasserspiegels: ~30 m über Gelände

Hamburg-Stellingen

Die Wasserversorgung der seinerzeit selbständigen Gemeinden Stellingen-Langenfelde und Eidelstedt geht auf das Jahr 1911/1912 zurück. Bestandteil der gemeinsamen Wasserversorgungsanlagen war ein Wasserturm, der als „Gegenbehälter" konzipiert worden ist. Die architektonische Gestaltung des Wasserturmes, der von einer Wandelhalle und von einem großzügig angelegten Parkgelände umgeben war, weist eine augenfällige Besonderheit auf: Der Turm verfügt über eine betonte Frontseite.
Dazu heißt es in einem Bericht, daß die Gemeinden keine Kosten gescheut hätten, „um der Anlage den Charakter eines anmutigen Bildes zu verleihen, was durch ungewöhnlich ansprechende Ausführung der Baulichkeiten, wie durch gartenartige Ausgestaltung der Umgebung erreicht wurde".
Diese Beschreibung ist nur aus Fotos der Zeit verständlich. Heute befindet sich im Rücken des Wasserturms ein Hochhaus; an seiner Landstraßenseite wurden mehrere kleine Einfamilienhäuser errichtet. Der Wasserturm selbst wurde zum Wohnturm umgebaut. So stammt die Mehrzahl der Fenster aus der Neuzeit.

W. Mevius und *B. Gockel*

Lit.:
F. Guth, Die Wasserversorgungsanlagen der Landgemeinden Lokstedt, Niendorf, Stellingen-Langenfeld und Eidelstedt, Gesundheits-Ingenieur, H. Juni, 1913

▷
Wohn-Wasserturm Hamburg Stellingen
Photo: W. Mevius, Hamburg

Technische Angaben
Baujahr: 1911
Nutzinhalt: 600 m^3
Höhe: 53 m über Gelände
Behältersystem: zylindrischer Hängeboden-Behälter
heutige Nutzung: Wohnhaus

Bardenberg

Zu den Wassertürmen, deren bauliche Gestaltung besonderen künstlerischen Ansprüchen entspricht, gehört der Wasserturm Bardenberg des Wasserwerkes des Kreises Aachen. Das Zusammenspiel runder, eckiger, welliger und geknickter Formen zeigt – in Verbindung mit dem imponierenden, komplizierten Kupferdach – eine leichte Hand sowie ein sicheres und in seinen Wirkungen meisterhaft ausgeprägtes Stilgefühl. Der Turm ist ein Musterexemplar eines Jugendstil-Wasserturmes.
Der Wasserbehälter diente ursprünglich dem Ausgleich der Abnahmespitzen der Wasserversorgung von Bardenberg. Er wurde als Durchlaufbehälter betrieben. Mit dem Ausbau des Transportnetzes, bedingt durch den steigenden Wasserbedarf im nördlichen Versorgungsgebiet, verlor der Behälter im Laufe der Zeit an Bedeutung. Er ist auch heute noch in Betrieb.
Der Wasserturm wurde am 19. November 1982 unter Denkmalschutz gestellt.

Lit.:
Angaben und Unterlagen der Wasserwerke des Kreises Aachen GmbH
R. Slotta, Technische Denkmäler in der Bundesrepublik Deutschland, Band 2, Bochum 1977

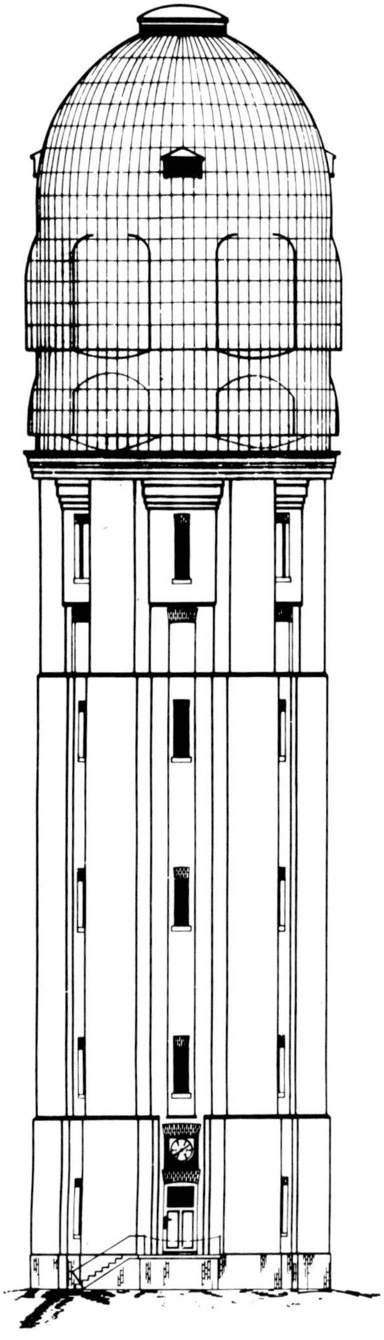

Turmansicht

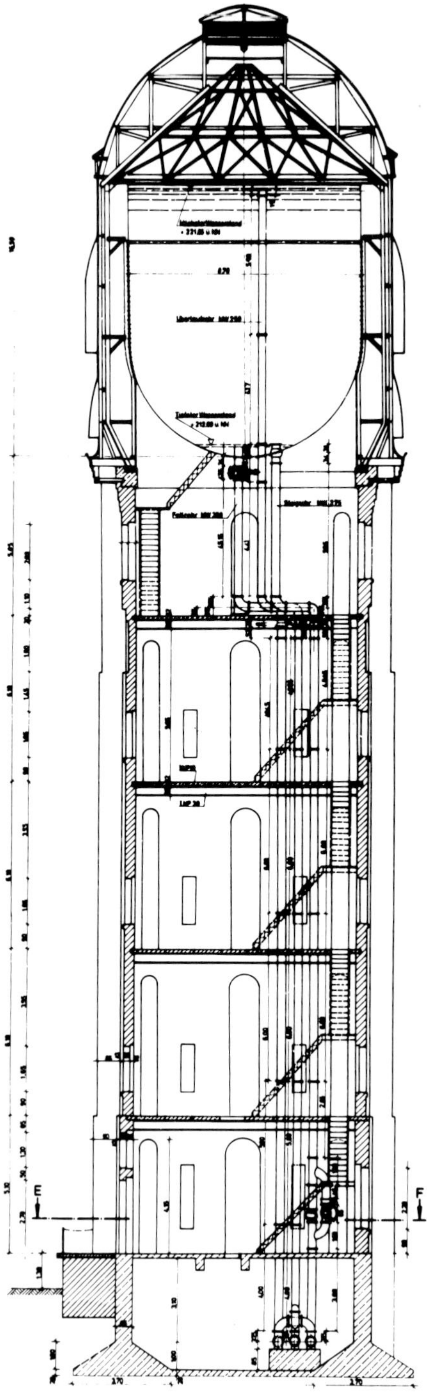

Längsschnitt A-B

▷
Schnitt- und Ansichtszeichnung
Photo: Wasserwerk des Kreises Aachen GmbH

▷
Wasserturm Bardenberg
Photo: EWV-Betriebs-führungs GmbH, Stolberg/ W. Frings, Aachen

Technische Angaben
Baujahr: 1909/1911
Nutzinhalt: 750 m^3
Gesamthöhe: 46 m über Gelände
Behältersystem: Barkhausen
Denkmalschutz: seit 1982

Wiener Neustadt

Obwohl die Bevölkerung von Wiener Neustadt dem Bau einer Wasserleitung zunächst derart ablehnend gegenübergestanden war, daß die Stadtverwaltung Zweifel hegen mußte, jemals genügend Abnehmer für die Wasserlieferung aus der geplanten Tiefquellenwasserleitung gewinnen zu können, änderte sich die Situation schon wenige Monate nach Inbetriebnahme der ersten Teilstrecke des vorgesehenen Wasserleitungsnetzes grundlegend: Hatte im Frühsommer des Jahres 1909 noch die im Schlachthof befindliche Dampfpumpe zur Aufrechterhaltung des Pumpenbetriebes ausgereicht, so zeigte es sich bereits im August 1909 deutlich, daß durch den ständig steigenden Wasserverbrauch der Bau eines Wasserturmes unbedingt erforderlich war. Man faßte daher in einer Sitzung am 31. August 1909 den Entschluß, im Süden der Stadt einen 50 Meter hohen Wasserturm zu errichten und betraute mit der Ausarbeitung der Pläne die Architekten S. Theiss und J. Jaksch aus Wien. Am 1. September 1909 begann die Wiener Neustädter Baufirma A. Koblischek mit der Aufmauerung des Turmschaftes und trieb die Arbeit derart rasch voran, daß am 16. Dezember des genannten Jahres der Rohbau des Turmschaftes bis zur Granit-Konsolen-Gleiche vollendet war. Im Jahre 1910 lieferte die Firma C. Korte & Co. die Eisenkonstruktionen und installierte den Hochbehälter. Dieser mit Korkstein ausreichend gegen Temperaturschwankungen geschützte Hochbehälter faßte ungefähr 780 cbm Wasser; der Behälter hatte vor allem als Druckregler zu dienen, war aber auch dafür eingerichtet, das überschüssig zufließende Wasser aufzuspeichern.

Ende des Jahres 1910 waren sowohl die Innenarbeiten am Wasserturm beendet als auch der eigene Hochbehälter gefällig verkleidet und mit einem hohen spitzen Ziegeldach versehen. Die Architekten Theiss und Jaksch scheinen bei ihrem Entwurf für den Wasserturm ein wenig an jenen Pokal gedacht haben, den die Stadt Wiener Neustadt seit Jahrhunderten als besondere Kostbarkeit hütete – und zwar den „Corvinus-Pokal"! Diese Inspiration führte zwar zu keiner getreuen Nachbildung dieses berühmten Trinkgefäßes, doch konnte – und kann auch heute noch – der Wiener Neustädter Wasserturm seine Ähnlichkeit mit einem stilisierten Pokal nicht verleugnen. In der Gemeinderatssitzung am 13. Dezember 1910 berichtete Stadtrat Julius Willerth, daß an diesem Tage der Wasserturm erstmals in Betrieb genommen worden und damit die Wasserversorgung Wiener Neustadts für die Zukunft gesichert sei. Wie aus den Berichten „Die Verwaltung der k. u. k. Stadt Wiener Neustadt in den Jahren 1907 bis 1911" hervorgeht, betrugen die Kosten für Bau und Einrichtung des Wasserturms – der bald zu einem Wahrzeichen von Wiener Neustadt wurde – insgesamt 204 364 Kronen. Nahezu bis zum Ende des Zweiten Weltkrieges hatte der Wasserturm die Bombenangriffe ohne Schaden zu nehmen überstanden. Doch als am 4. März 1945 vor allem der südliche Stadtteil bombardiert wurde, erhielt dabei auch der Wasserturm einen Volltreffer, der den Wasserbehälter zerstörte und so die Trinkwasserversorgung der Stadt für geraume Zeit lahmlegte. An die Wiederherstellung des Wasserturmes konnte aus Mangel an Material (für den Bau des Hochbehälters wären 80 Tonnen Eisen erforderlich gewesen) in den letzten Kriegsmonaten ebensowenig gedacht werden wie in den ersten Nachkriegsjahren. Um die Versorgung der Stadt mit Wasser aufrechterhalten zu können (dazu war es notwendig, das Rohrnetz unter Druck zu halten), mußten sämtliche Pumpen ununterbrochen laufen. Diese übermäßige Beanspruchung des Schöpfwerkes barg jedoch große Gefahren in sich, und so waren die Wiener Neustädter Stadtwerke eifrigst bemüht, den Wiederaufbau des Wasserturmes so rasch wie nur möglich in die Wege zu leiten. Am 6. Juni 1950 war es endlich so weit, daß mit der Eingerüstung des Turm-Torsos begonnen werden konnte. Der Wiederaufbau des Wiener Neustädter Wasserturmes ging ungemein schnell vor sich. Bereits im Juli des genannten Jahres wurde der eiserne Wasserbehälter montiert, und am 25. November 1950 konnten die Arbeiten als abgeschlossen gelten. Die Inbetriebnahme des in seiner ursprünglichen Höhe und – von geringfügigen Veränderungen abgesehen – Form wiedererstandenen Wasserturmes erfolgte am 30. April 1951.

Die Bauarbeiten für den Wasserturm, die am 1. September 1909 begannen, sind entsprechend dem Baufortschritt minuziös festgehalten worden. So wird beispielsweise berichtet, daß „beim Auflegen der Granit-Quader ... ein Polier, ein Vizepolier, zwanzig Maurer, sechsundfünfzig Handlanger, zwölf Weiber und fünf Lehrlinge beschäftigt" waren. Angegeben wurden auch die Einzelheiten der erstmaligen Wasserfüllung des Behälters am 12. Dezember 1910 und die anschließenden Prüfungen. Keine Chronik berichtet indessen über ein Richtfest, eine Einweihung oder offizielle Inbetriebnahme. Eine Eröffnungsfeier hat es auch nie gegeben – und dafür gab es mehrere, vielleicht sonderbare, Motive:

Zunächst mißtraute man dem Flächen-Fundament, das nicht mit einer Dicke von 1,50 m, sondern nur von 1,20 m hergestellt worden war. Besondere Bedenken wurden jedoch laut gegen die Stahlbeton-Konstruktion. Die Stahlfirma Korte, der der Bau des Behälters übertragen worden war, hielt eine Ausführung des Turmschaftes aus Ziegelmauerwerk für viel sicherer, da „die Festigkeit des Betons von der Güte des Zementes, der Sorgfalt der Arbeiter, der Witterung während des Baus usw. abhängt". Dennoch war „Stampfbeton" eingesetzt worden. Hinzu kam, daß eine Teillieferung von Granit-Steinen starke Verwitterungen zeigte. Sie mußte zurückgeschickt werden.

Von besonderer Bedeutung für Zweifel, Kritik und mangelndes Vertrauen erwies sich jedoch die Nachricht, daß der Wasserturm der östlich von Leipzig gelegenen Stadt Oschatz im Jahre 1910 zusammengestürzt war. Für den Wasserturm von Wiener Neustadt hatte das ein böses Ergebnis: Der Baumeister Koblischek gab am 24. Mai 1910 zu Protokoll, daß er sowohl für das „Eisengerippe als auch für die Berechnung der Mauerstärke jede Verantwortung ablehne und nur für die Solidität der durch ihn ausgeführten Arbeiten haften werde". Aber auch diese eingeschränkte Verantwortung lehnte er später für das unter seiner Leitung hergestellte Mauerwerk ab, nachdem die Firma Korte „zwecks Verlegung von Traversen" in das Mauerwerk „einige Stützlöcher" eingestemmt hatte.

Fortsetzung Seite 272

▷
Wasserturm
Wiener Neustadt
Photo: Stadt Wiener Neustadt

Technische Angaben
Baujahr: 1910
Nutzinhalt: etwa 780 m^3
Turmhöhe (insgesamt): 50 m über Gelände
Behältersystem: Intze

Fortsetzung von Seite 270

Alle Welt – selbst einige der verantwortlichen Bauleiter – befürchtete den Einsturz des Turmes und damit vor allem eine große Blamage. Die Einweihung wurde (zur Erprobung, jedoch in Erwartung eines Einsturzes) so lange hinausgeschoben, bis sie nicht mehr aktuell war. Dennoch gibt es eine Widmungstafel, von der man sagt, daß sie „eines Tages einfach da gewesen" sei.
Auf ihr steht zu lesen: „Erbaut unter Bürgermeister Franz Kammann und unter hervorragender Betätigung des k.k. Baurates Julius Anton Schwarz von der Firma Korte und Comp., Bauleitung Stadtbauamt, Architekten S. Theiss und J. Jaksch, Baumeister Anton Koblischek."

Lit.:
Amtsblatt der Statutarstadt Wiener Neustadt, H. August 1978

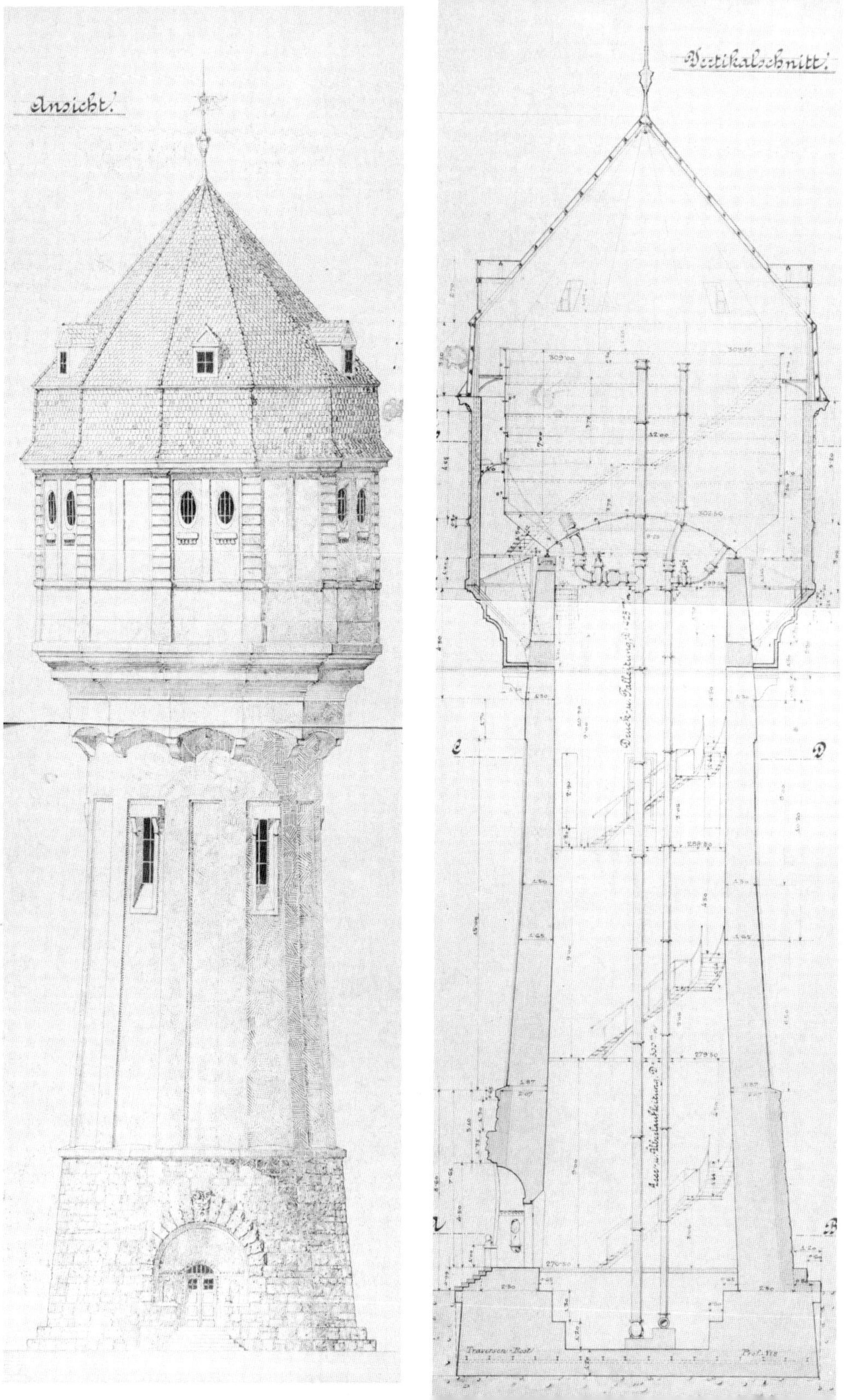

▷
Wasserturm Wiener Neustadt
Ansicht und Schnitt, Bauzeichnung aus dem Jahre 1909
Photo: Stadt Wiener Neustadt

Warendorf/Münsterland

Die Stadt Warendorf zählte wenig mehr als 5000 Einwohner, als im Jahre 1906 mit der Planung und wenig später mit dem Bau der öffentlichen, zentralen Wasserversorgung begonnen wurde. Die Inbetriebnahme des Wasserwerkes ist auf den 4. August 1908 datiert. Der erste Wasserturm wurde im Jahre 1906 geplant und – gegenüber der Planung mit geringfügigen Änderungen – im Jahre 1908 in Betrieb genommen. Den Entwurf lieferte das Ingenieurbüro Claß in Wuppertal-Barmen.
Der Landeskonservator beschreibt den Turm stichwortartig wie folgt:
„Polygonales Fundament aus großen Bergsteinquadern; das gleichfalls polygonale Sokkelgeschoß des Turmes wird durch acht Strebepfeiler gestützt, die durch Korbbögen untereinander verbunden sind; an den Wandflächen alternierend Spitzbogenfenster; der runde, sich verjüngende Turm über dem Sokkelgeschoß wird durch einen Korbbogenfries oben abgeschlossen; darüber ruht ausladend über einer Kehle der tonnenförmige Wasserbehälter mit paarigen kleinen Rechteckfenstern in der unteren Zone, mit größeren in der oberen; der Wasserbehälter ist durch horizontale Gesimse sparsam gegliedert; Kegeldach mit vier Dachhäuschen mit einer Laterne mit Zwiebeldach; seitlich schließt sich an den Wasserturm hinter einem flachgedeckten Verbindungsgebäude ein zweigeschossiges Betriebsgebäude mit Satteldach an. Der Turm liegt als Landmarke am östlichen Stadtrand von Warendorf.
Zustand: gut!"
Der Landeskonservator charakterisierte den Wasserturm wie folgt:
„Der Warendorfer Turm zeigt am Schaft eine für die Industriearchitektur der Jahrhundertwende typische Ausbildung im Wechsel von Natur- und Backstein mit Jugendstilelementen und -dekorationen. Der dekorative Schmuck der Fenster des verputzten Behälters wurde dem Formenschatz der Renaissance entlehnt. Die repräsentative Ausbildung des Daches mit der charakteristischen Laterne läßt klar den bewußten städtebaulichen Bezug auf die Silhouette der Stadt erkennen. Dieser städtebauliche Bezug wird besonders dem von Osten kommenden Besucher Warendorfs eindrucksvoll erlebbar ..."
Der Wasserturm wurde im Jahre 1968 außer Betrieb genommen. Er steht unter Denkmalschutz.

Wasserturm Warendorf/ Münsterland
Photo: Schmieding-Armaturen/Brasse

Lit.:
Angaben und Unterlagen des Wasserwerkes der Stadt Warendorf

Technische Angaben
Baujahr: 1907/08
Nutzinhalt: 250 m^2
Turmhöhe (Gesamthöhe): 48 m über Gelände
Entwurf: Claß, Wuppertal-Barmen
Außerbetriebnahme: 1968

Hannover – Vahrenwald

Die Stadt Hannover mußte bald nach der Jahrhundertwende zur Erweiterung ihrer Wasserversorgung das Grundwasserwerk Elze bauen. Dieses Werk wurde mit dem Hauptversorgungsring des Stadtkernes durch eine 26 km lange gußeiserne Druckrohrleitung DN 700 verbunden. Im Norden der Stadt wurde an der damaligen Stader Chaussee (heute Vahrenwalder Straße) in unmittelbarer Nähe des heutigen Mittellandkanals ein Wasserturm gebaut. Nach einer Veröffentlichung im Jahre 1911 war dies der Wasserturm mit dem größten Nutzinhalt innerhalb Europas. Die Wasserkammer (Intze-Behälter) aus genieteten Stahlblechen ruht über 140 Stützen aus Stahlguß auf einem Betonzylinder. Das Fundament des Betonzylinders wurde auf 132 Betonpfählen gegründet.

Das Einlaufrohr war als vertikal bewegliches Schwimmerrohr ausgebildet (minimale Höhe über Sohle 4 m), um ein Einlaufen des Wassers in der jeweiligen Wasserspielhöhe zu gewährleisten. Das Ablaufrohr befand sich an der Sohle. Die Kammer war mit einer Eisenblechdecke luftdicht abgedeckt. Über die notwendige Be- und Entlüftung ist nichts bekannt. Eine Überlaufleitung war nicht vorhanden.

Der Behälter mit seinem Unterbau wird durch einen architektonisch ausgebildeten, massiven Umbau von 24 m Weite und 46 m Höhe umschlossen, der nach einem preisgekrönten Enwurf des Architekten Schaedtler ausgeführt ist. Er besteht aus blaugrauen Kalksandsteinen aus Steinbrüchen bei Ochsenfurt am Main.

Der Behälter erfüllte seine Aufgabe ohne Störung bis 1930. In diesem Jahr wurde das neu erbaute Wasserwerk Berkhof in Betrieb genommen, das mit höherem Druck in das Netz einspeiste. Um den Behälter wenigstens zum Ausgleich von Druckschwankungen benutzen zu können, wurde der Zulauf nach oben verlängert.

Während des Zweiten Weltkrieges wurde der Behälter zu Feuerlöschzwecken gefüllt gelassen. Im Jahr 1944 erhielt der Turm einen Bombentreffer, der das Dach und den Behälter teilweise zerstörte. Die Wasserreserve ergoß sich in die Umgebung.

Nach dem Kriege wurde der Wasserturm wieder notdürftig repariert und als Standrohr der Elzer Leitung benutzt. In der Mitte der 50er Jahre wurde der Turm einschließlich Dach grundlegend saniert und repariert. Im Jahr 1963 wurde der Turm endgültig stillgelegt. Danach erfolgten laufend Unterhaltungsarbeiten, um den Bestand zu sichern.

O. Schatz, Hannover

◁ Photo: Stadtwerke Hannover AG

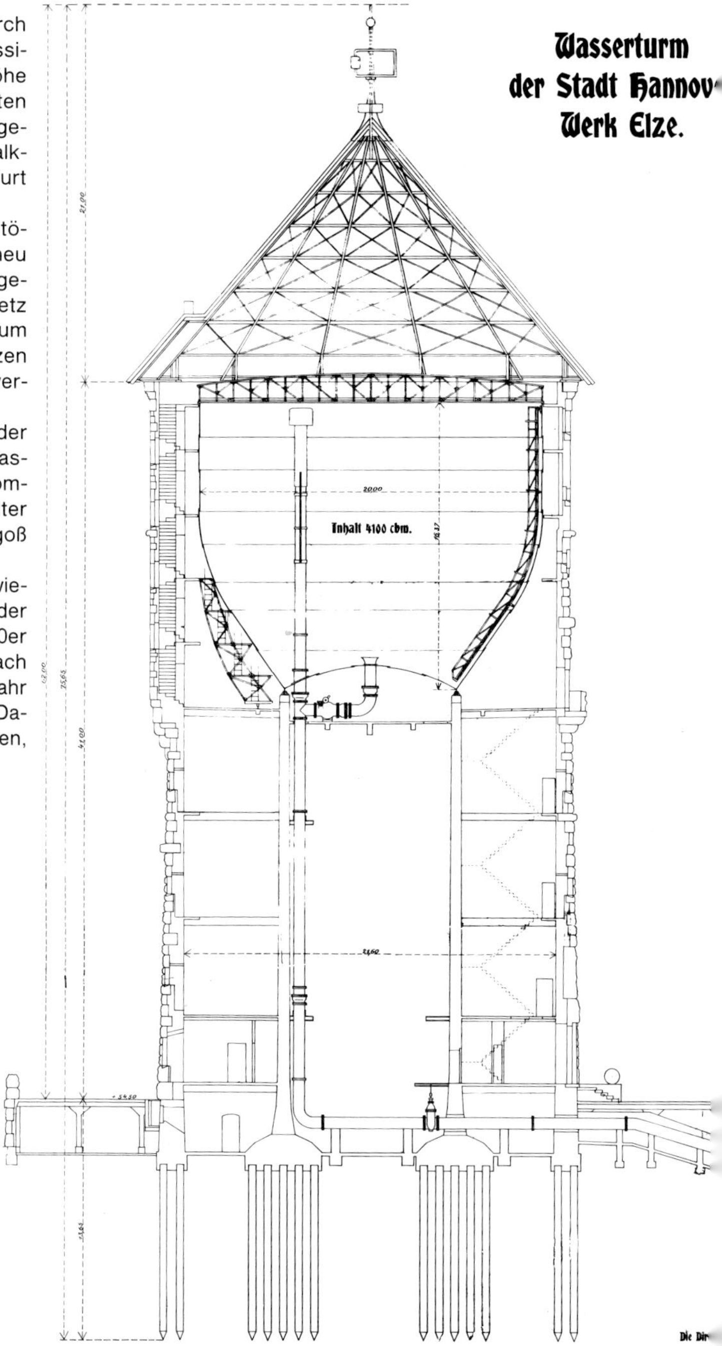

Schnitt, Bauzeichnung aus dem Jahre ▷ 1909
Photo: Stadtwerke Hannover AG

▷
Wasserturm Hannover-Vahrenwald
Photo: Stadtwerke Hannover AG

Technische Angaben
Baujahr: 1910/1911
Nutzinhalt: 4100 m^3
Gesamthöhe: 62 m über Gelände
max. Wassertiefe: 16,40 m
Behältersystem: Intze
Architekt: Schaedtler

Bremen-Blockland

Die verschiedenen Baureihen der Einheits-Dampflokomotiven verfügten über einen recht unterschiedlichen Wasservorrat. So betrug beispielsweise das maximale Wasser-Fassungsvermögen der Tender von Dampflokomotiven der Baureihe 45 insgesamt 38 m^3, das Fassungsvermögen des Tenders der Baureihe 52 (Kondensator-Lok) 13,5 m^3. Die Naßdampf-Lok der Baureihe 89 verfügte über einen Wasservorrat von nur 4,5 m^3.
Bei der Ermittlung des täglichen Bedarfs an Betriebswasser hat die Bundesbahn für Dampflokomotiven überschläglich 25 m^3 je im Dienst eingesetzter Strecken-Lokomotive angesetzt. Als Anhaltspunkte für die mit einer Tenderfüllung durchfahrbaren Strecken (günstige Streckenverhältnisse) werden für Schnellzug-Lokomotiven etwa 300 km und für Güterzug-Lokomotiven etwa 80 km angegeben. Das Betriebswasser mußte in sehr kurzer Zeit in die Tender eingefüllt werden können. Für Schnellzüge und Durchgangs-Eil-Güterzüge wurden die Leitungen sowie die zugehörigen ,,Wasserkräne" für eine Leistung von mindestens 10 m^3/min bemessen.
Für die Wassertürme, die häufig durch eine bahneigene Wassergewinnung beschickt wurden, galt, daß sie möglichst in der Nähe der Hauptverbrauchsstelle stehen sollten. Der Nutzinhalt sollte so groß sein, daß er den Ausgleich zwischen Wasserförderung und Verbrauch – z. B. bei Ausfall der Pumpen – für eine dreistündige Höchstleistung und in untergeordneten Fällen für eine zweistündige Höchstleistung sicherstellen konnte.
Der Wasserturm des Rangier-Bahnhofes Bremen-Blockland zeichnet sich durch die Stahlbeton-Skelettbauweise (mit Ausmauerung des Ständerteils) und durch die (nicht häufig anzutreffende) Übertragung der Wasserbehälter-Lasten auf die äußeren Stützen aus. Das typische Erscheinungsbild eines Intze-Behälters wurde hier vermieden.

Lit.:

Angaben und Unterlagen der Deutschen Bundesbahn

DB-Leitfaden für den Dampflokomotiv-Dienst, 9. Auflage, 1957

DB, Das Bahnbetriebswerk, 2. Auflage, 1965

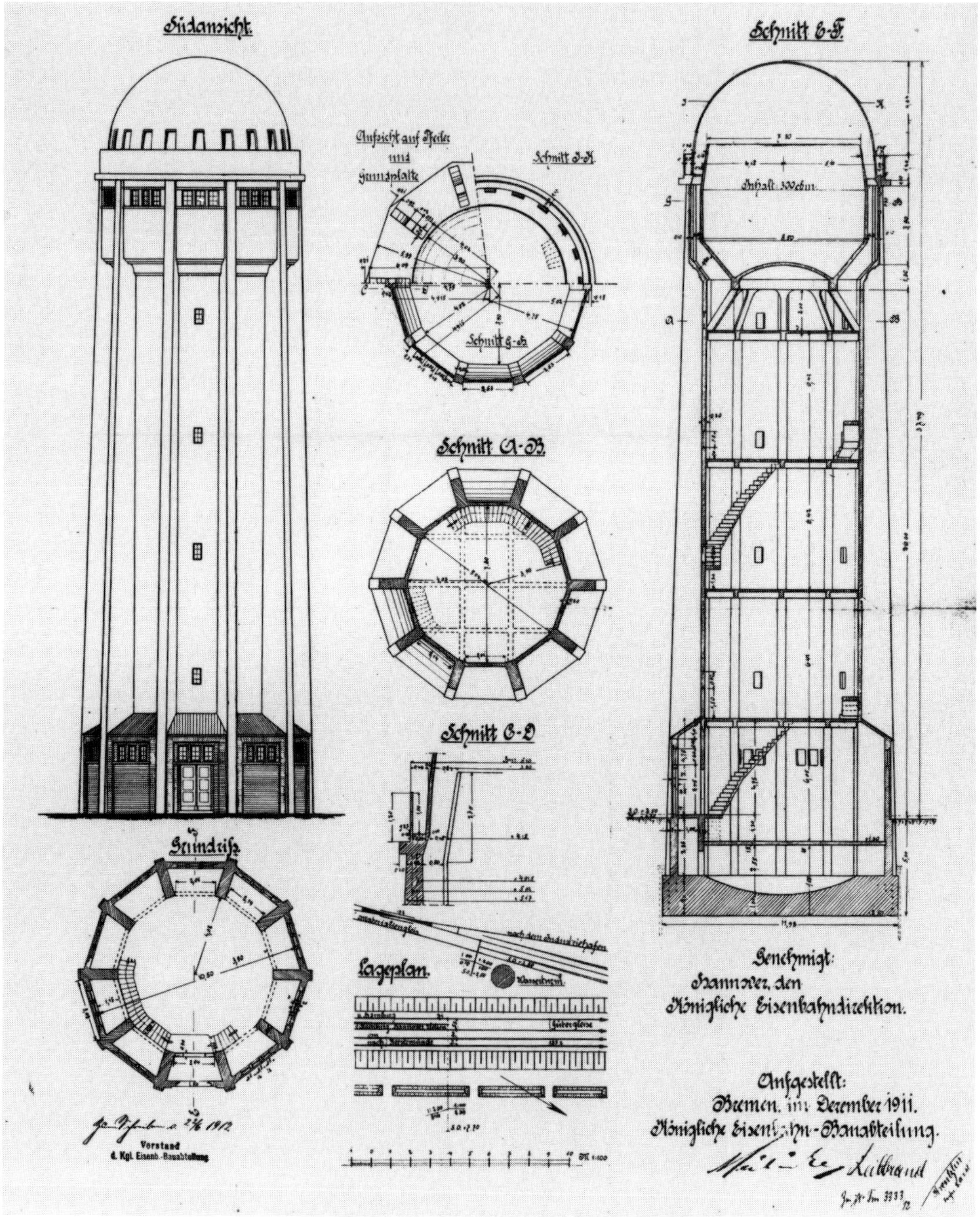

△
Wasserturm des Rangierbahnhofs Bremen-Blockland
Ansicht und Schnitt aus dem Baujahr 1911
Photo: Deutsche Bundesbahn

▷
Wasserturm Bremen-Blockland
Photo: Privatarchiv

Hamburg-Wilhelmsburg

Die Gemeinde Wilhelmsburg hat im Herbst 1911 eine neue Wasserversorgung in Betrieb genommen, für die die ersten Vorarbeiten 1904 begonnen wurden. Zu dieser Wasserversorgung gehörte auch ein Wasserturm, der nach einem Entwurf des Architekten Brünicke aus Altona erstellt wurde. Dieser Turm ist in der Hauptsache in Eisenbeton hergestellt und besteht aus acht im Kreis angeordneten Pfeilern, die durch sechs Eisenbeton-Zwischendecken ausgesteift sind. Jeder Pfeiler steht auf 19 Holzpfählen, die von einem durchgehenden Betonfundament überdeckt sind. Die Betonpfeiler des Turmes sind durch Mauerwerk kreisförmig verbunden und mit Boizenburger Klinkern verblendet. In den durch die Zwischendecke gebildeten Stockwerken waren die Leitung des Wasserwerkes, drei Dienstwohnungen und die Altertumssammlung Wilhelmsburgs untergebracht.
Der eiserne Wasserbehälter, dessen zylindrischer Mantel entsprechend der Dachneigung eingezogen ist und so niedriger erscheint, ruht frei auf einer konsolenartigen Auskragung aus Eisenbeton und Granit. Der Zulauf erfolgt durch ein schwimmergetragenes Schwenkrohr; der Abfluß befindet sich etwas über dem schalenartig gewölbten Boden. Das Treppengerüst dient gleichzeitig zur Versteifung der Steig- und Fall-Leitungen.
Im letzten Kriege wurde der Turm von Bomben getroffen, aber wieder hergestellt.
Im Zuge der Bildung des Stadtstaates Freie und Hansestadt Hamburg auf Grund des Groß-Hamburg-Gesetzes vom 26.1.1937 ist die Gemeinde Wilhelmsburg heute ein Ortsteil von Hamburg.

W. Mevius

Lit.:
Vatiché, Das Wasserwerk Wilhelmsburg, Buchdruckerei Schüthe, Wilhelmsburg 1912
O. Smreker, Wasserwerk der Gemeinde Wilhelmsburg (Elbe), Erläuterungsbericht 1910

▷
Wasserturm Hamburg-Wilhelmsburg
Photo: W. Mevius

Technische Angaben
Baujahr: 1911
Nutzinhalt: 800 m^3
Gesamthöhe: 46 m (auf Anschüttung)

Nienburg/Weser

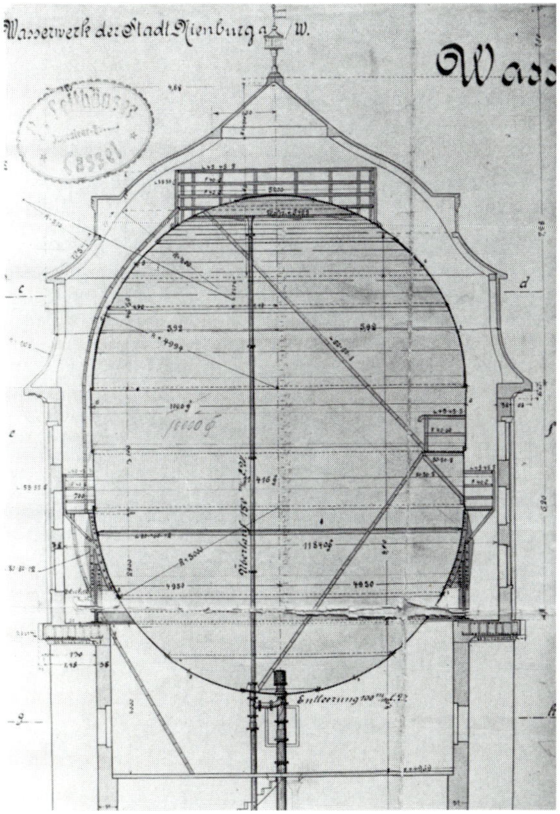

△
Schnitt des Behälterteils, Bauzeichnung
Photo: Stadtwerke Nienburg GmbH

Wasserturm Nienburg/Weser ▷
Photo: Stadtwerke Nienburg GmbH

Technische Angaben
Baujahr: 1912
Nutzinhalt: 750 m^3
Turmhöhe: etwa 40 m über Gelände
Entwurf: Leithäuser, Kassel

Emden

Im Auftrag des Wasserwerkes für das nördliche westfälische Kohlenrevier zu Gelsenkirchen, dem im Jahre 1911 der Bau und der Betrieb der zentralen Wasserversorgungsanlagen der Stadt Emden vertraglich oblag, wurde auch der Wasserturm gebaut.
Dieser Wasserturm zählt zu den frühen Wassertürmen mit einem Fassungsvermögen über 500 m³, die ab 1903 in Stahlbeton (mit schlaffer Bewehrung) hergestellt worden sind. Die statischen und konstruktiven Probleme lagen in der großen Spannweite freitragender Kuppelböden. Der planende Ingenieur entschloß sich daher, für den Stahlbetonbehälter eine zylindrische Form zu wählen und ihn durch zwei konzentrische Auflagerringe, die von 10 biegesteif miteinander verbundenen Doppelsäulen getragen werden, zu unterstützen.
In statischer und konstruktiver Hinsicht ist der Wasserturm durchaus als eine Pionierleistung zu werten; das konstruktive System fand jedenfalls in den nächsten Jahren zahlreiche Anwendungen – auch bei Wassertürmen mit einem Nutzinhalt über 1000 m³. Nach Angaben von J. Werth ist der Wasserturm der Stadt Halle – Nutzinhalt: 2000 m³ – der bedeutendste und größte Turm dieser Art.
Es gehört zu den besonderen Glücksfällen, daß die Stadtwerke Emden GmbH noch über die Bauakten und Bau-Unterlagen verfügen. Neben der statischen Berechnung, die bereits zu dieser Zeit von einem prüfenden Ingenieur kontrolliert worden ist, enthalten sie unter anderem auch Notizen aus Besprechungen, Bau-Anträge, Einsprüche gegen das Bauvorhaben, Unfallberichte, Bauprotokolle und Mahnungen. Darunter befindet sich sogar ein „Bauerlaubnis-Schein" für „eine Einfriedung" des Wasserturm-Grundstückes, für den eine Gebühr von 2,50 Goldmark zu entrichten war.
Die sorgfältige, gelungene Sanierung und Restaurierung erfolgte in jüngster Zeit.

Lit.:
Angaben und Unterlagen der Stadtwerke Emden GmbH
J. Werth, Ursachen und technische Voraussetzungen für die Entwicklung der Wasserhochbehälter, in: B. u. H. Becher, Die Architektur der Förder- und Wassertürme, München 1971

◁
Wasserturm Emden
Photo: Schmieding-Armaturen/Zöllner

Technische Angaben
Baujahr: 1911/1912
Nutzinhalt: 1000 m³
Höhe des max. Wasserspiegels: 38 m über Gelände
Bauunternehmen: Wayss & Freytag AG, Düsseldorf

Plön

Der Wasserturm in Plön zählt zu den „ausdrucksstärksten und in seiner Formgebung beachtlichsten Wassertürmen Norddeutschlands". Der Entwurf geht zurück auf den Bremer Ingenieur C. Franke. Auf einem schlanken, hohen und sich leicht verjüngenden Ständerteil aus Backstein-Mauerwerk mit sechs zentrisch angeordneten Wandvorlagen, die Betonkonsolen für eine Aussichtsplattform tragen, erhebt sich der zylindrische Turm-Kopf, in dem sich der Behälter befindet. Die äußere Behälter-Verkleidung, der Turmhelm, besteht aus einer Stahlkonstruktion, dessen Außenhaut mit Schieferplatten versehen worden ist. Bauhistorisch ist der Turm in die Zeit des ausklingenden Jugendstils einzureihen.

Der Wasserturm war bis zum Jahre 1974 in Betrieb. Im Jahre 1976 wurde er unter Denkmalschutz gestellt, um dem drohenden Abbruch zu begegnen. Im Jahre 1983 wurde der Turm, der für den damaligen Eigentümer, die Schleswag, immer mehr zu einer Bürde geworden war, an ein Journalisten-Ehepaar aus Plön verschenkt. In dem ungewöhnlichen, aber auch mit erheblichen Renovierungskosten belasteten Wasserturm wurde inzwischen eine Wohnung eingerichtet, deren Hauptraum im ehemaligen Wasserreservoir liegt – eine „Wohnung am Stiel".

Auch hier ist es wieder gelungen, durch eine sinnvolle Zweitnutzung ein Kulturdenkmal zu erhalten.

B. Gockel und *W. Mevius*

Lit.:
R. Slotta, Technische Kulturdenkmäler in der Bundesrepublik Deutschland, Bd. 2, Bochum 1977
Flensburger Tagesblatt vom 8. 7. 1983
Pinneberger Tageblatt vom 16. 2. 1985

▷
Wasserturm Plön
Photo: W. Mevius

Technische Angaben
Baujahr: 1913
Nutzinhalt: 150 m^3
Gesamthöhe: 42,45 m über Gelände
Behältersystem: Intze
Außerbetriebnahme: 1974
heute: Wohnturm

Stuttgart-Degerloch

Der jetzige Degerlocher Wasserturm ist der zweite Wasserturm an dieser Stelle. Die früher selbständige Gemeinde Degerloch hatte 1872 eine Quellwasserversorgung gebaut. In der Nähe von Stuttgart gelegen, mit dem es durch eine Zahnradbahn verbunden wurde, entwickelte sich Degerloch in der Zeit vor 1900 zu einem Luftkurort und zu einem bevorzugten Wohnort von Stuttgarter Bürgern mit einigem Vermögen. Da unmittelbar um den vorhandenen Wasserbehälter Villen entstanden, reichte der Wasserdruck nicht mehr aus. Die Gemeinde errichtete deshalb im Jahre 1898 nach Entwürfen des ,,Königlichen Bauamts für das öffentliche Wasserversorgungswesen" unter der Leitung von Baurat von Ehmann einen Wasserturm mit einem Nutzinhalt von 70 m³. Dieser Turm hatte nur eine Gesamthöhe von 13,20 m. Bei einer Geländehöhe von 485 m ü. NN lag der Überlauf auf 497,33 m ü. NN. Die Konstruktion bestand aus einem schmiedeeisernen, genieteten Behälter. Für die Blechdicke wählte man je nach Beanspruchung zwischen 7 und 9 mm. Der Behälter hatte einen Durchmesser von 5,50 m und eine Behälterhöhe von 2,70 m. Er stützte sich auf eine ringsum geschlossene Mauerwerkskonstruktion. Die Kosten beliefen sich auf 9800 Goldmark.

Als die Quellwasserversorgung unzureichend geworden war, gründete die Gemeinde Degerloch – zusammen mit anderen Orten – im Jahre 1904 den Gemeindeverband ,,Filderwasserversorgung". Bald zeigte sich jedoch, daß der Anschluß an diese Wasserversorgungsgruppe die Probleme nicht vollständig löste; es bestand weiterhin Druckmangel in den hochgelegenen Gebieten. Nachdem Degerloch im Jahre 1908 nach Stuttgart eingemeindet worden war, betrieb das Städtische Wasserwerk mit Nachdruck den Bau eines neuen, größeren und höheren Wasserturms. Die Baukosten von 50000 Goldmark wurden schließlich zu 60% von der Wasserversorgungsgruppe und zu 40% von der Stadt Stuttgart getragen.

Der neue Wasserturm wurde in den Jahren 1911 bis 1912 neben dem alten Turm nach Plänen des Städtischen Hochbauamts errichtet. Behälter und Tragkonstruktion bestehen aus Stahlbeton. Das Skelett der Tragkonstruktion ist mit Klinkern ausgemauert. Der Behälter hat einen Nutzinhalt von 400 m³ und ist als einkammriger Zylinder mit einem Durchmesser von 8 m ausgebildet.

Nach Fertigstellung des neuen Turms wurde der alte abgebrochen. Im Jahre 1930 wurde zu Füßen des Turmes ein Erdbehälter errichtet, von dem aus ein Pumpwerk in den Turmbehälter fördern konnte. Entscheidend verbessert haben sich die Versorgungsverhältnisse aber erst im Jahre 1958 mit der Inbetriebnahme der Bodensee-Wasserversorgung. Der Degerlocher Wasserturm ging im Jahre 1943 mit anderen auf Stuttgarter Gemarkung liegenden Anlagen der Filderwasserversorgung in das Eigentum der Technischen Werke der Stadt Stuttgart über.

K. Hofrichter, Stuttgart

Ansicht des Wasserturms, gezeichnet 1911
Photo: Technische Werke der Stadt Stuttgart AG

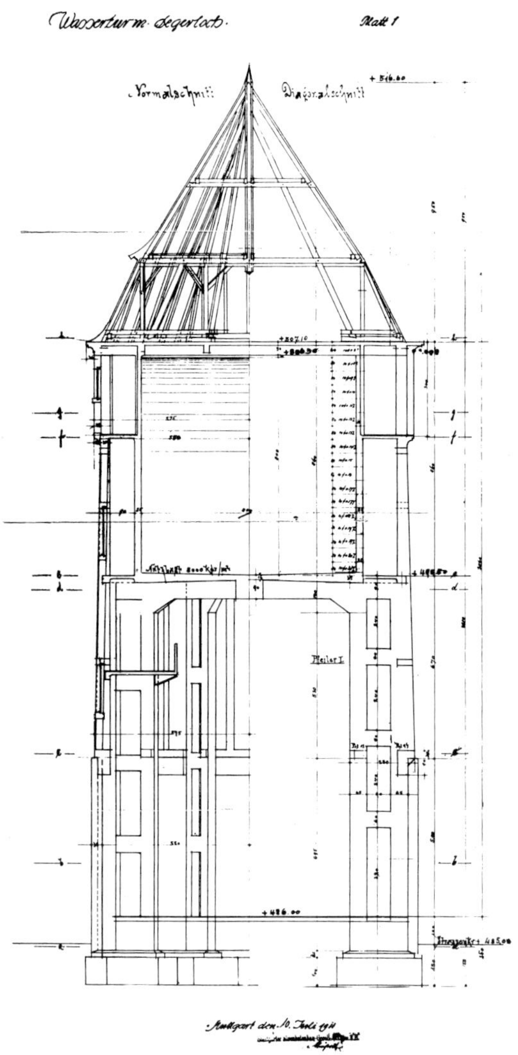

Schnitt des Wasserturms, gezeichnet 1911
Photo: Technische Werke der Stadt Stuttgart AG

▷
Wasserturm Stuttgart-Degerloch
Photo: Technische Werke der Stadt Stuttgart AG

Technische Angaben
Baujahr: 1911/1912
Nutzinhalt: 400 m^3
Turmhöhe: 31 m
über Gelände

Detmold

Die Geschichte des Wasserturmes Detmold-Rödlinghausen ist eng verknüpft mit dem Beginn der zentralen, öffentlichen Wasserversorgung. Wie in vielen anderen Städten auch bedurfte es besonderer Anstrengungen und auch Überredungskünste, um die Bevölkerung und den Magistrat der Stadt von der Notwendigkeit und den Vorteilen einer „modernen“ Wasserversorgung zu überzeugen. Für die Diskussionen, Planungen und schließlich den Bau der ersten Ausbaustufe wurde eine Zeitspanne von rd. 35 Jahren benötigt. Zufriedenstellend war die Versorgung jedoch immer noch nicht: Im nördlichen Bereich der Stadt ließ z. B. der Versorgungsdruck manche Wünsche offen. Doch es dauerte weitere 10 Jahre, bis erste Pläne für eine Besserung ausgearbeitet werden konnten. Ein Bestandteil dieser Neuplanung war der Bau eines Wasserturms im Ortsteil Rödlinghausen, für den die Baukosten mit 10000,– Goldmark veranschlagt worden waren. Die Stadtverordnetenversammlung lehnte zunächst ab und erst eine Trockenperiode im folgenden Jahr konnte das nötige Umdenken erzwingen.
Der Wasserturm ist in Stahlbeton ausgeführt. Der Turm-Schaft ist nur rd. 10 m hoch; darüber befindet sich der Wasserbehälter mit einer maximalen Wassertiefe von 4 m. Der Turm kostete einschließlich Bodenerwerb rd. 17000.– Goldmark. Für das Richtfest, das im September 1912 stattfand, wurden immerhin 25 Goldmark gestiftet. Die Inbetriebnahme erfolgte am 23. 12. 1912.
Dennoch waren die Versorgungsschwierigkeiten noch nicht auf Dauer beseitigt. Infolge seiner geodätischen Höhenlage und des gestiegenen Wasserverbrauchs in anderen Stadtteilen erhielt der Wasserbehälter im Turm im Jahre 1918 nur noch selten Wasser. Als Notlösung entschloß man sich daher, zu ebener Erde in den Turmschaft eine 2. Behälterkammer einzubauen, die allerdings nie so recht dicht und auch kaum benutzt wurde. Eine entscheidende Besserung wurde erst erreicht mit der Fertigstellung einer neuen Wassergewinnung für das Versorgungsgebiet Rödlinghausen im Jahre 1929, die in den Wasserturm einspeiste.
Aber auch diese Lösung war letztlich nicht von Dauer. Im Jahre 1975/76 mußte das Wasserwerk Rödlinghausen stillgelegt werden. Heute erhält der Turm sein Wasser aus den Gewinnungsanlagen Donoperteich und Klüt im Osten der Stadt. Allerdings ist der Turm inzwischen umringt von Wohnhäusern, so daß man wohl absehen kann, daß die Druckhöhe, die von der Höhe des Behälter-Wasserspiegels über Gelände abhängig ist, bald kaum noch ausreichen dürfte.

Lit.:
Angaben und Unterlagen der Stadtwerke Detmold GmbH

Ansicht und Schnitt, Bauzeichnung aus dem Jahre 1912
Photo: Stadtwerke Detmold GmbH
▽

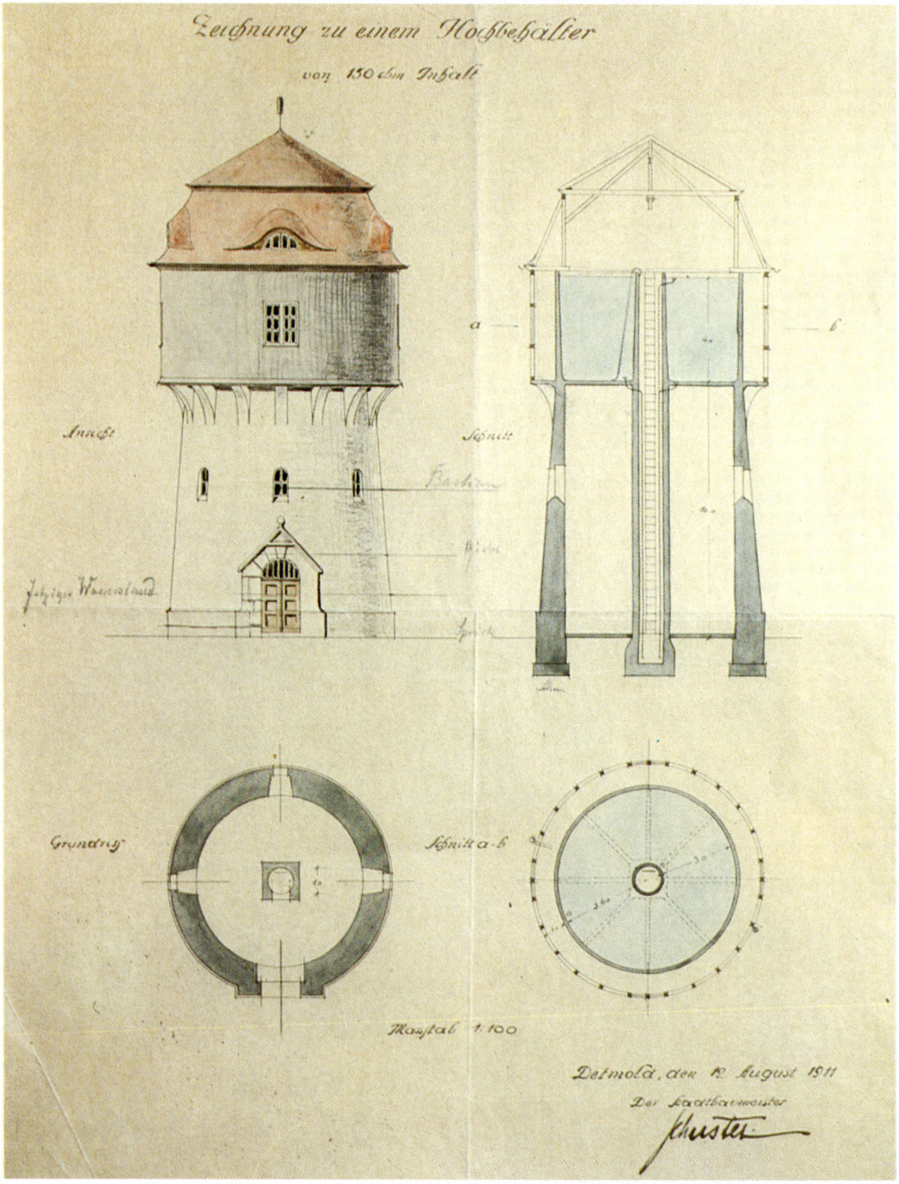

▷
Wasserturm Detmold-Rödlinghausen
Photo: Stadtwerke Detmold GmbH

Technische Angaben
Baujahr: 1912
Nutzinhalt:
oberer Behälter: 150 m^3
unterer Behälter: 100 m^3
Turmhöhe: 19,5 m
über Gelände

Hamburg – Stadtpark Winterhude (Planetarium)

Für die Gestaltung des Wasserturms wurde in den Jahren 1906/1907 ein Architekten-Wettbewerb ausgeschrieben. Den ersten Preis (bei 89 eingereichten Entwürfen) erhielt der Dresdener Architekt O. Menzel. Dieser Entwurf kam auch zur Ausführung. Der denkmalhafte Bau wurde zum Pol der Hauptachse des Stadtparkes. Mit Rücksicht auf die Lage im Stadtpark erhielt der Wasserturm eine betonte Frontseite. So erinnert der Turm in seiner Fassadengestaltung an das Dresdener Krematorium von F. Schumacher.

Der Wasserturm ist ein riesiger, ungewöhnlich monumentaler und schwerer Baukörper, dessen Wirkung durch die glatten Mauermassen aus rotem Backstein bestimmt ist. Im Grundriß besteht er aus einem Quadrat, dem rückwärtig ein Halbkreis angesetzt wurde. Zwischen den hochaufstrebenden räumlich vorspringenden und den Baukörper rahmenden Treppenhäusern, die die Erdgeschoß-Zonen durch großformatige Nischen gliedern, lockert die Pfeiler-Architekur den Baukörper etwas auf.

Der Wasserbehälter befindet sich in dem aufgesetzt erscheinenden zylindrischen Tambour, der mit einem grünen Kuppeldach abgeschlossen ist.

Der Wasserturm kann den typischen Repräsentativbauten mit monumentalem Charakter zugerechnet werden. R. Slotta ist der Auffassung, daß von dem riesigen Baukomplex eine „beklemmende und monströse" Wirkung ausgehe.

Der Wasserturm war nur von 1915 bis 1924 in Betrieb. Für den riesigen, ungenutzten Innenraum fand man jedoch eine fast ideale Verwendung: Wie Planunterlagen ausweisen, entschloß man sich bereits im Jahre 1928, im Unterbau des Wasserturms ein Planetarium einzurichten, das sich auch noch heute dort befindet.

W. Mevius und *B. Gockel*

Lit.:
Mitteilungen und Unterlagen der Hamburger Wasserwerke GmbH
O. Kelting, Die Wasserspeicherung und die Druckregelung innerhalb des hamburgischen Leitungsnetzes im Wandel der Zeit, gwf, S. 1–6 und 24–26, 1935
NN, Wassertürme für Hamburg, Deutsche Konkurrenzen, XXII, H. 3/4
Architekten- und Ingenieurverein zu Hamburg (Herausgeber), Hamburg und seine Bauten, Hamburg 1914
R. Slotta, Technische Denkmäler in der Bundesrepublik Deutschland, Bd. 2, Bochum 1977

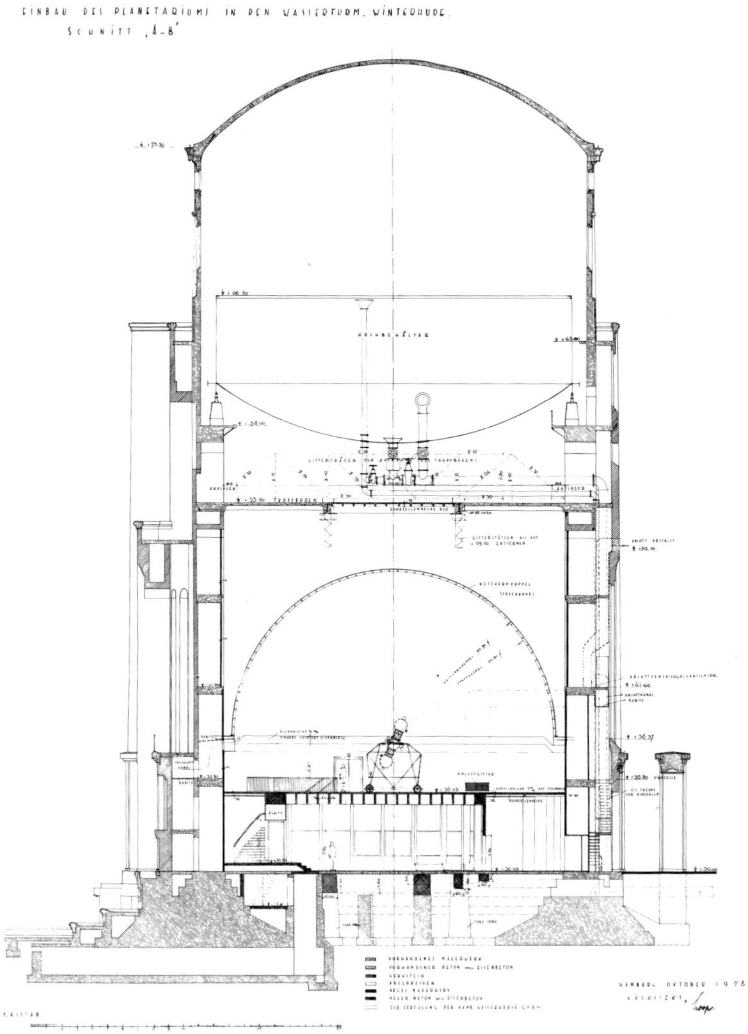

◁ *Schnitt, Entwurfszeichnung für den Einbau des Planetariums aus dem Jahr 1928 Photo: Hamburger Wasserwerke GmbH*

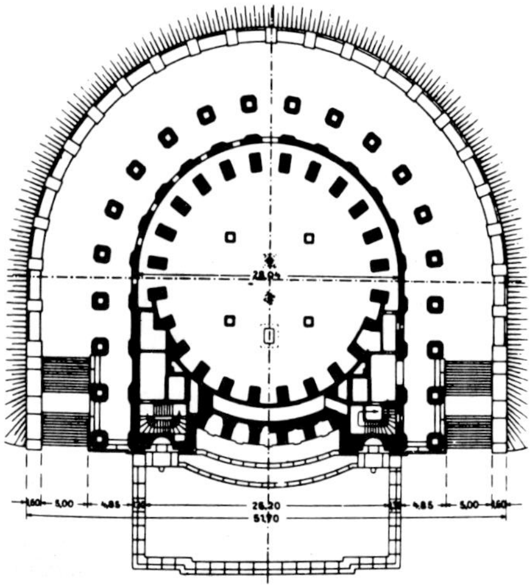

◁◁ *Grundriß des Wasserturms*

Wasserturm Stadtpark-Winterhude
Photo: W. Mevius

Technische Angaben
Baujahr: 1912 bis 1915
Nutzinhalt: 3000 m^3
Gesamthöhe: 64,5 m
Behälterdurchmesser: 23 m
Außerbetriebnahme: 1924

Ahlen/Westfalen

Der Wasserturm liegt im Außenbereich der Stadt Ahlen. Er wurde im Jahre 1915 gebaut und diente zuletzt der Versorgung der Zeche Westfalen sowie der Anlieger der Guißener Straße (etwa 20 Häuser). Zur Zeit der Spitzenentnahme reichte der nutzbare Behälterinhalt für etwa 3 Stunden. Der Turm wurde in jüngster Zeit außer Betrieb genommen.
Die Denkmalschutz-Behörde sieht den Wasserturm als nicht unbedingt erhaltungswürdig an, da im näheren Bereich ein baugleicher Wasserturm bereits unter Denkmalschutz steht. So dürfte zu erwarten sein, daß auch dieser Turm, der seine Aufgabe erledigt hat und nur noch Kosten verursacht, nicht mehr lange aufrecht stehen wird.

Lit.:
Angaben und Unterlagen der Gelsenwasser AG, Gelsenkirchen und Unna

◁
Wasserturm Ahlen
Photo: Gelsenwasser AG

Technische Angaben
Baujahr: 1915
Nutzinhalt: 1000 m^3
Gesamthöhe: 44 m
über Gelände
Behältersystem: Klönne

Bremerhaven-Wulsdorf

Durch Vereinigung der Gemeinden Geestemünde und Lehe entstand 1924 an der Unterweser die Hafenstadt Wesermünde, die heute in Bremerhaven aufgegangen ist. In den Jahren 1926/27 wurde unter der Bauleitung des Stadtbaurates Dr.-Ing. Kunz ein „Wohnwasserturm" errichtet.
Die Lage dieses Turmes in einer reinen Wohngegend mag den Ausschlag zur Ausbildung als Wohnwasserturm gegeben haben. Der Turm ist außerdem Mittelpunkt eines rechtwinkligen Straßenrasters, dessen Straßen axial auf den Turm ausgerichtet sind. Er ist damit die zentrale Dominante eines Stadtviertels.
Der Wohnwasserturm ist als Stahlbetonskelettbau mit ausgefachter und vorgeblendeter Klinkerfassade errichtet worden. Die Klinkerfassade basiert auf den Architekturvorstellungen von P. Bonatz, H. und O. Gersons sowie F. Högers. Die einfache Linie ist nachdrücklich betont worden. Durch die aufstrebenden Linien der schweren Eckpfeiler, der Lisenen und der dreieckigen Treppenhausvorbauten, ist dem Bauwerk das Gepräge des Massigen aufgedrückt. Durch das die Pfeiler nach oben abschließende Gurtgesims sind die beiden Hauptteile des Gebäudes – Unterbau und Behältergeschoß – scharf getrennt.
Der Bau eines Wohnwasserturms ist anfänglich auf erhebliche Bedenken gestoßen. Dabei wurde von der Vermutung ausgegangen, daß sich ein Wasservorrat von 1500 m³ hoch über den Köpfen der Bewohner von 24 Kleinwohnungen nachteilig auswirken müßte. Nach einer Betriebs- bzw. Wohnzeit von etwa vier Jahren konnte jedoch bereits festgestellt werden, daß sich diè Turmbewohner in keiner Weise benachteiligt fühlen; auch für das Wasserwerk haben sich keinerlei Schwierigkeiten herausgestellt.
Die städtebauliche Konzeption, die Ausbildung als Mehrzweckbau und die gelungene Gestaltung haben diesen Wasserturm zu einem der eindrucksvollsten und typischsten dieses Jahrhunderts werden lassen. Mit der Fertigstellung verfügte die Stadt Wesermünde über drei Wassertürme. In allen drei Türmen lag der Wasserspiegel auf dem gleichen Niveau.

W. Mevius und B. Gockel

Lit.:
Angaben und Unterlagen der Stadtwerke Bremerhaven AG
G. Friese u. H. Mangel, Die Wasserversorgung der Stadt Wesermünde und der neuerbaute Wasserturm, GWF 1928, S. 217–220
R. Slotta, Technische Denkmäler der Bundesrepublik Deutschland, Bd. 2, Bochum 1977

Wasserturm Bremerhaven-Wulsdorf
Photo: Stadtwerke Bremerhaven AG

Technische Angaben
Baujahr: 1926/27
Nutzinhalt: 2 × 750 m³
Behälterhöhe: 33 m über Gelände
Behältersystem: Stahlbeton-Rundbehälter
Turmschaft: 24 Mietwohnungen

Ingolstadt

Mehrere Wassertürme verdanken ihre Existenz den militärstrategischen Überlegungen der Zeit, so auch der Wasserturm auf dem Gelände der Firma Schubert & Salzer AG in Ingolstadt. Im Zuge der Erweiterung der in den 70er Jahren des letzten Jahrhunderts entstandenen Bayerischen Landesfestung Ingolstadt entstand 1915 das unübersehbare, wuchtige Gebäude mit seiner großen Turmuhr. Für den Bau verantwortlich war das Königlich Bayerische Militärbauamt II in Ingolstadt. Den Bau führte aus die Firma Rank, München, für 95 000 Goldmark; hinzu kamen 7000 Goldmark für die „hydrotechnische Ausstattung".

Dreigeschossig, ohne Unterkellerung, erhebt sich das achteckige Bauwerk in Ziegelbauweise mit bewehrten Stahlbetondecken bis zur Sohle des runden Stahlbeton-Wasserbehälters, der ein Fassungsvermögen von 1000 m³ hat und von dem Außenmauerwerk sowie neun innenliegenden Stahlbetonstützen getragen wird. Rings um den Behälter ist ein schmaler Gang, ruhend auf außen sichtbaren Konsolen, angeordnet. Über das am Gebäude angesetzte Türmchen führt eine Treppe auf die Plattform, von der aus ein Ausblick auf die nähere und weitere Umgebung möglich ist. Die drei Geschosse unter dem Wasserbehälter dienen seit eh und je Lagerzwecken, nur vorübergehend war in einem Geschoß eine Metallhärterei eingerichtet.

Der Wasserturm ist noch in Betrieb.

Lit.:

G. Escher: Neuere Wassertürme, in Der Bauingenieur, H.13 (1920)

E. Müller: Wahrzeichen Wasserturm, in Werkszeitschrift der Firma Schubert & Salzer AG, März 1978

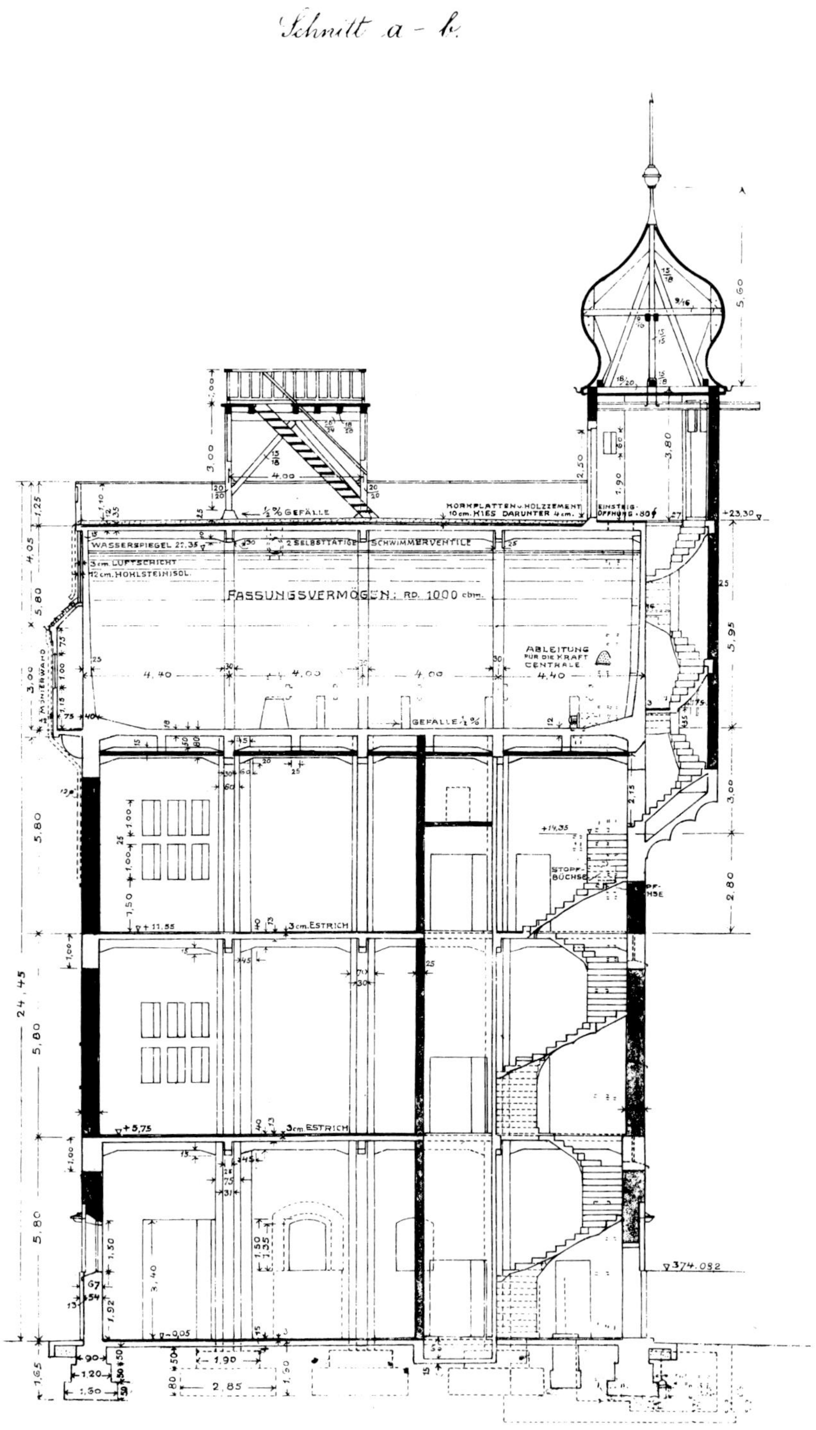

▷

Schnitt, Bauzeichnung aus dem Jahre 1915 (?)
Photo: Schubert & Salzer AG, Ingolstadt

▷

Wasserturm der Firma Schubert & Salzer AG, Ingolstadt
Photo: Schubert & Salzer AG, Ingolstadt

Technische Angaben
Baujahr: 1915
Nutzinhalt: 1000 m^3
Turmhöhe: etwa 28 m über Gelände
Bauunternehmen: Rank, München

Hohenbudberg

Besondere Aufmerksamkeit verdient ein Wasserturm, der in den Jahren 1915 bis 1916 auf dem Verschiebebahnhof Hohenbudberg, heute Stadtteil von Duisburg-Rheinhausen, zur Versorgung der Dampflokomotiven mit Betriebswasser entstand. Der Nutzinhalt des Behälters von 1000 m³ wurde nämlich auf 2 gleichgroße kreisrunde Kammern, die nebeneinander liegen und dem gesamten Bauwerk sein besonderes Gepräge geben, aufgeteilt. Fünf Zwischendecken schufen eine Reihe von Räumen, die unter anderem auch als Wohnungen genutzt werden konnten.
Die Bundesbahn nahm die beiden Wasserbehälter im Jahre 1964 außer Betrieb; seit 1970 standen auch die Wohnungen leer. Der ausgediente Wasserturm verursachte der zuständigen Bundesbahndirektion und den Bewohnern der Eisenbahnersiedling, an deren Peripherie der Turm steht, nun manchen Ärger. Doch zu einem Abriß kam es nicht: Der rheinische Landeskonservator machte sich zu einem einflußreichen Fürsprecher für das „einmalige technische Baudenkmal". Als Sanierungskonzept schlug er der Bahn die Suche nach einem privaten Nutzer vor.
Heute gehört der Turm einem Architekten, der mit Unterstützung des Landeskonservators sowie mit beträchtlichen eigenen Mitteln und viel Liebe den Turm saniert und wieder bewohnbar gemacht hat. Die Kellerräume hat er umgebaut zur „Galerie und Kneipe"; darüber befinden sich Büroräume und eine Wohnung. Der Turm hat jetzt eine neue Aufgabe, die ihm voraussichtlich noch eine lange Lebensdauer bescheren wird: Er vereinigt Wohnung, Kunst, Büro und Kneipe.

B. Gockel

Lit.:
Angaben und Unterlagen des jetzigen Eigentümers
G. Escher, Neuere Wassertürme, Der Bauingenieur, H. 13, 1920
Veröffentlichungen der Tagespresse

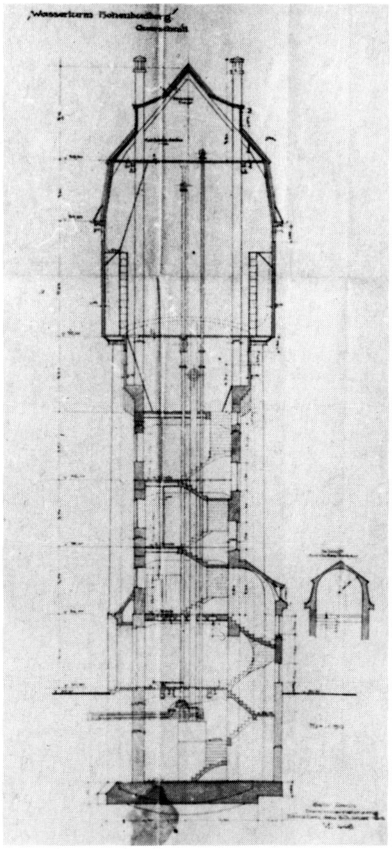

Querschnitt, Bauzeichnung aus den Jahren 1915/16
Photo: H. Jochums, Duisburg

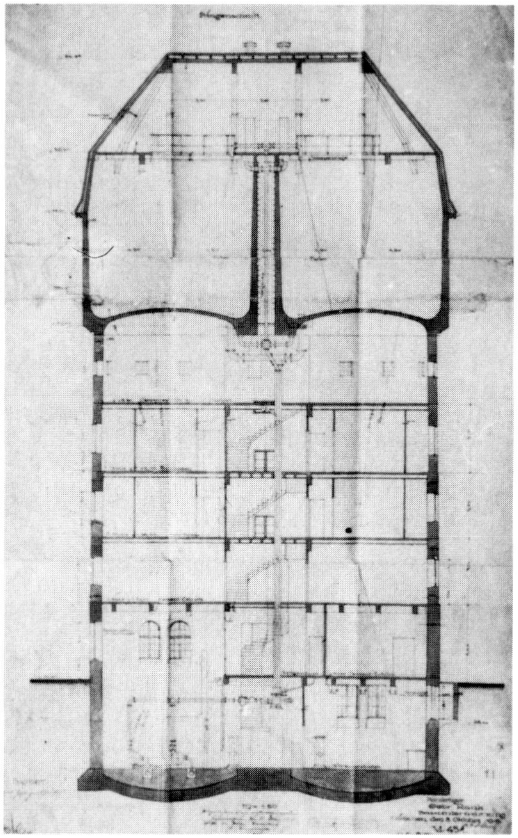

Längsschnitt, Bauzeichnung aus den Jahren 1915/16
Photo: H. Jochums, Duisburg

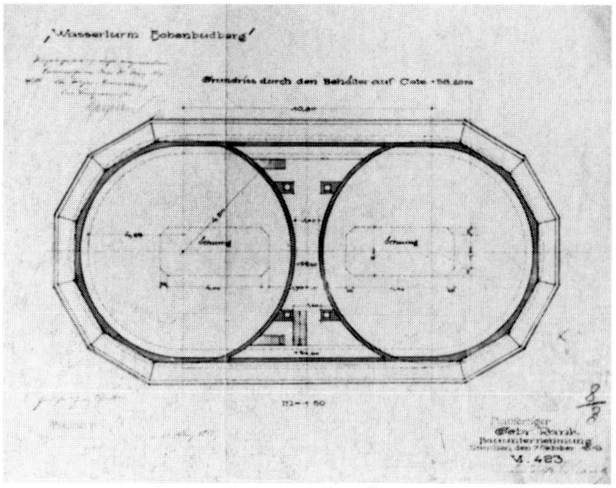

Grundriß, Behälter, Bauzeichnung aus den Jahren 1915/16
Photo: H. Jochums, Duisburg

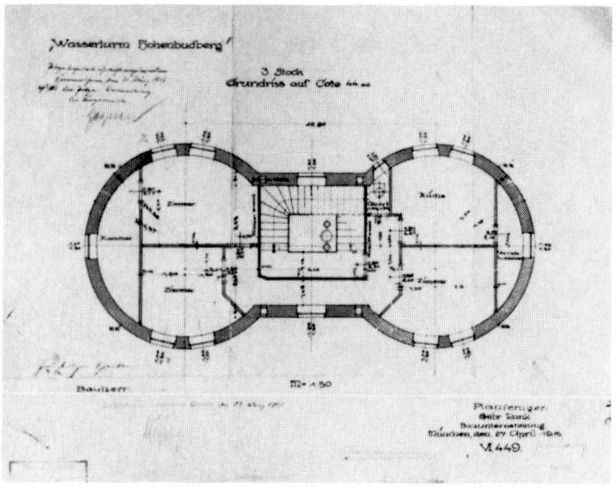

Grundriß, Stockwerk, Bauzeichnung aus den Jahren 1915/16
Photo: H. Jochums, Duisburg

▷

Wasserturm Hohenbudberg
Photo: H. Jochums, Duisburg

Technische Angaben
Baujahr: 1915/16
Turmhöhe: etwa 35 m über Gelände
Nutzinhalt: 1000 m³
Behältersystem: Stahlbeton mit freitragendem Kuppelboden
Entwurf und Ausführung: Gebr. Rank, München
Außerbetriebnahme: 1964/1970
Sicherung und Instandsetzung: 1979 bis 1982
Nutzung als Wohnturm: ab Oktober 1982

Mannheim-Feudenheim

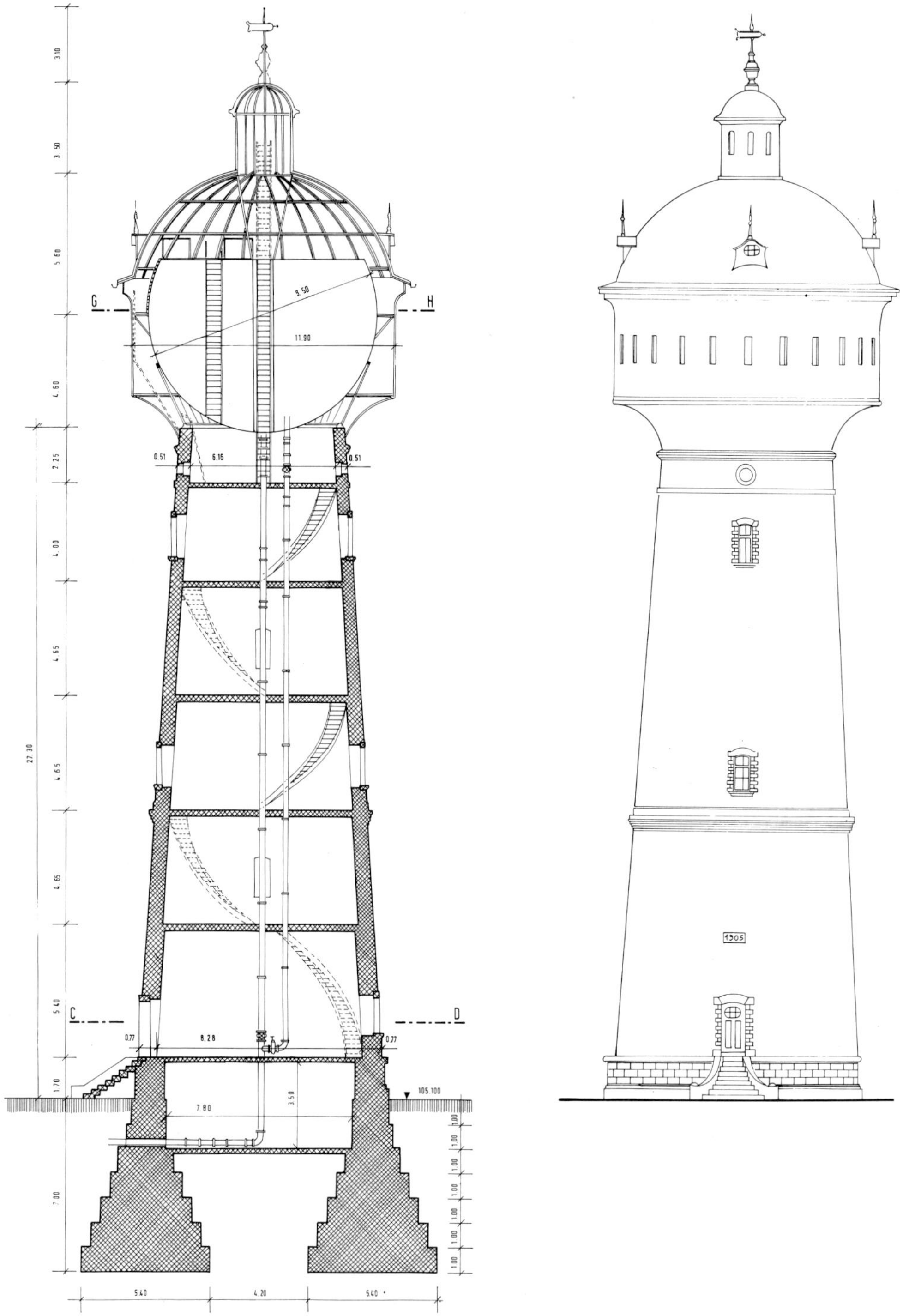

Wasserturm Mannheim-Feudenheim
Schnitt und Ansicht

▷
Wasserturm Mannheim-Feudenheim
Photo: D. Robakowski, München

Technische Angaben
Baujahr: 1919
Gesamthöhe: 44,10 m über Gelände
Nutzinhalt: 350 m^3

Essen-Bredeney

Bis zum Beginn des 16. Jahrhunderts deckte die Essener Bevölkerung den Wasserbedarf ausschließlich aus Brunnen, die sich z.T. in Privatbesitz wohlhabender Bürger befanden. Die Ergiebigkeit dieser Brunnen ging jedoch mit zunehmendem Bergbaubetrieb erheblich zurück. Die Stadtverwaltung sah sich daher bereits zu Anfang des 16. Jahrhunderts gezwungen, mehrere städtische Straßenbrunnen durch eine Wasserleitung, die „Kaupenleitung", zu speisen. Die Leitung hatte ihren Namen von einem im Süden der Stadt aufgemauerten Wasserbehälter, die „Kaupe" genannt, in dem das Wasser von zehn Quellen gesammelt wurde. Im Laufe der Zeit verringerte sich aber auch die Schüttung dieser Quellen, während der Wasserbedarf stieg. So sah sich gegen Mitte des letzten Jahrhunderts die Stadt von einem völligen Wassermangel bedroht. In regenarmen Sommermonaten mußte das Wasser immer häufiger von weither in die Stadt gefahren werden.
Dies war der Anlaß für die Gründung einer „Commission", die vor allem den Standort für eine neue Wassergewinnungsanlage untersuchen sollte. Am 3. Dez. 1883 beschloß die Stadtverordnetenversammlung den Bau einer Wassergewinnungsanlage auf dem rechten Ufer des Flusses Ruhr. Diese Wassergewinnungsanlage erfüllte die Erwartungen jedoch nicht; sie mußte wieder aufgegeben werden. Im Mai 1898 wurden neue Wasserfassungsanlagen auf dem linken Ruhr-Ufer in Betrieb genommen. Das geförderte Wasser wurde in Wassertürme und -behälter auf die die Stadt umziehenden Höhenrücken gepumpt. Von dieser Phase der Essener Wasserversorgung zeugt noch heute der Wasserturm auf dem Laurentiusberg in Essen-Steele.
Der Wasserturm in Essen-Bredeney wurde erst im Jahre 1921 errichtet. Er gehört zum Typus der aus genieteten Blechen hergestellten Behälter, System Klönne, Dortmund, und steht auf Stahlbeton-Stützen. Die Gefache im Ständerteil sind mit Mauerwerk später ausgefüllt worden. Der sechseckige Ständerteil verjüngt sich nach oben; seine Kanten sind durch breite Eckbänder betont.

D. Schütze

Lit.:
R. Slotta, Technische Denkmäler in der Bundesrepublik Deutschland, Bd. 2, Bochum 1977
N. N., Die Verwaltung der Stadt Essen im 19. Jahrhundert, Bd. 1, Essen 1902

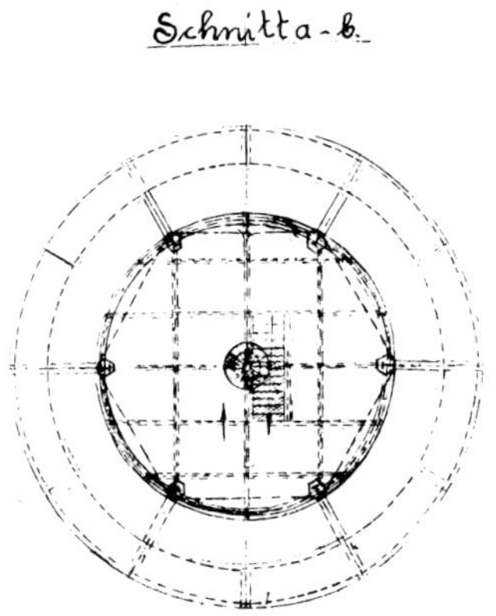

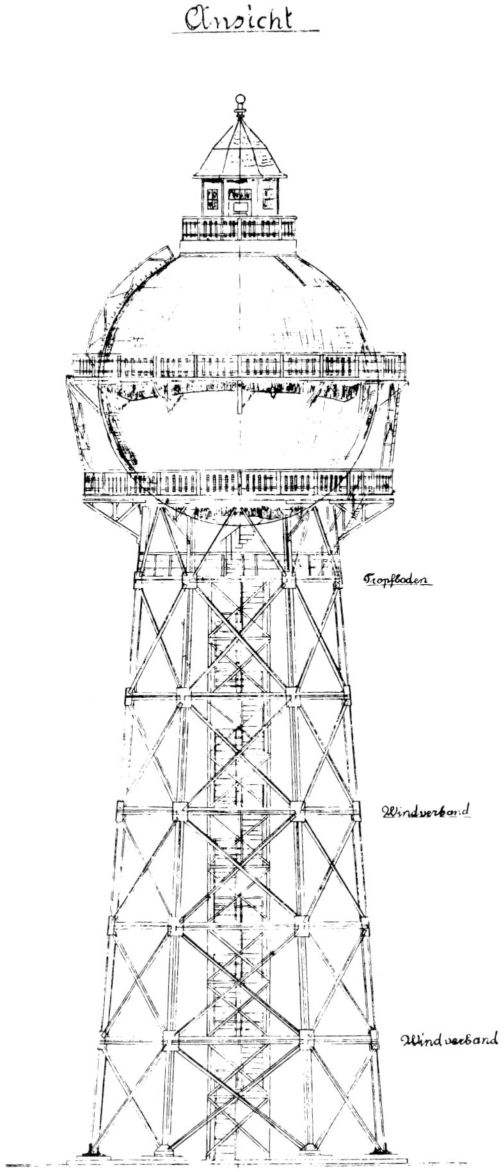

Ansicht, Entwurfszeichnung der Firma Klönne mit Ständerteil in Stahlskelettbauweise
Photo: Stadtwerke Essen AG

Preetz/Schleswig-Holstein

Durch die Regulierung des Flusses Schwentine, der die Stadt Preetz durchfließt, wurde der Grundwasserspiegel im Stadtgebiet um etwa 80 cm abgesenkt; manche Hausbrunnen versiegten. Dies war der Anlaß für die Errichtung einer öffentlichen, zentralen Wasserversorgung, die für den Tagesbedarf von 40 l/E bemessen wurde. Die Planung erfolgte durch die Firma Gebr. Leon, Kiel; als Sachverständiger wurde der Berliner Ingenieur Vaupel gefunden, der auch die Oberleitung während der Bauzeit behielt. Der zugehörige Wasserturm wurde in den Jahren 1928 und 1929 errichtet.
Angeregt durch die klinkerverkleideten Bauten von Fritz Höger in Hamburg (Chile-Haus, Gesundheitsamt usw.) erhielt der von Giesenhagen (Sadtbauamt) entworfene Wasserturm eine hochaufgerichtete Rechteckform aus massivem Klinkermaterial mit abschließendem Flachdach. Die Bauart des Turmes, ob rund, viereckig, sechseckig oder achteckig hat die zuständigen Stellen lange beschäftigt – vor allem im Hinblick auf die Baukosten. „Um das Praktische mit dem Nützlichen zu verbinden, einigte man sich auf die viereckige Form mit dem gleichzeitigen Einbau von fünf 3-Zimmerwohnungen." Für die Wohnungen konnten die Hauszinssteuer und verbilligte Baudarlehen in Anspruch genommen werden.
Durch diese Konzeption ergab sich die nüchterne Rechteckform, die durch eine besondere Fassadengestaltung gemildert worden ist. Die expressionistische Vertikalgliederung wurde durch das spitzwinklig vorragende Treppenhaus und die umlaufende, über Eck gestellten Lisenen betont. Für die Lisenen wurde – gegenüber den Wandflächen – ein etwas dunkleres rotes Klinkermaterial verwendet, wodurch ein farbiger Kontrast und eine Betonung der architektonischen Gliederungselemente erreicht wurde. Die Wandflächen sind ferner durch kleine, über Eck gestellte und vorspringende Mauerstreifen gegliedert.
Der zylindrische Wasserbehälter aus Stahl besitzt einen Durchmesser von 6,5 m und befindet sich in der obersten Etage. Der Nutzinhalt beträgt 150 m^3. Gesamthöhe des Turmes: 25,20 m.
Heute liegt die Wasserversorgung der Stadt Preetz in den Händen der Stadtwerke Kiel.

W. Mevius

Wasserturm Preetz *Photo: Stadt Preetz*

Lit.:
Angaben und Unterlagen der Stadt Preetz
J. Schütz, Bau eines Wasserwerkes und einer Warmbadeanstalt, Deutsche Licht- und Wasserfach-Zeitung, Oktober 1930
W. Brönnau, Regulierung der Schwentine ließ die Pumpen versiegen, in Ostholsteiner Zeitung vom 1.11.1979.

Emsdetten/Münsterland

Der Wasserturm der münsterländischen Stadt Emsdetten, im Zentrum des Kreises Steinfurt gelegen, ist zusammen mit den Förder- und Aufbereitungsanlagen in einem Gebäude integriert. Der Reinwasserbehälter besteht aus einer zylinderförmigen Stahlbeton-Konstruktion mit einem äußeren Durchmesser von 9,0 m und einer maximalen Wassertiefe von 8,80 m. Das Fassungsvermögen beträgt 500 m³. Eine Renovierung des Wasserbehälters, die durch Risse notwendig geworden war, erfolgte im Jahre 1965.

Die Bausubstanz der Anlagen aus dem Jahre 1931 hat sich bis heute nahezu unverändert erhalten. Die einzelnen Räume werden allerdings kaum noch genutzt. Lediglich im ersten Obergeschoß befindet sich der Verdüsungsraum der Trinkwasseraufbereitungsanlage.

Nach R. Slotta findet der Emsdetter Wasserturm seine nächste architektonische Parallele im Wasserturm von Bremen-Blumenthal. Die Emsdetter Anlage sei als ein Nachfolgewerk zu sehen, wenn auch die Bauformen in Emsdetten vereinfacht worden sind und die expressiven Architekturelemente zu Gunsten glatter Wandflächen entfallen seien.

Der Wasserturm von Emsdetten ist insgesamt ein schlichtes und für seine Bauzeit sowie die norddeutsche Tiefebene typisches Bauwerk. Man erkennt den hoch aufragenden Wasserturm der kleinen Industriestadt, die sich ihre Reize bewahrt hat durch eine weiträumige Bauweise, bei der sich Industriebetriebe und komfortable Wohnhäuser geschickt in die Landschaft einfügen, bereits aus großer Entfernung. Der Wasserturm ist insoweit auch ein markantes, dominierendes Zeichen in der Weite des Münsterlandes.

Lit.:
Unterlagen und Angaben der Stadtwerke Emsdetten GmbH
R. Slotta, Technische Denkmäler in der Bundesrepublik Deutschland, Band 2, Bochum 1977

▷
Wasserturm Emsdetten-Grevener Damm
Photo: Stadtwerke Emsdetten GmbH

Technische Angaben
Baujahr: 1930/32
Nutzinhalt: 500 m³
Turmhöhe: etwa 39 m über Gelände

Kornwestheim

Der Wasserturm Kornwestheim ist Teil des städtischen Rathaus-Komplexes; in ihm sind – im ersten bis dritten Stockwerk – Kanzleiräume der Stadtverwaltung untergebracht. Im vierten und fünften Stockwerk befinden sich Wohnungen. Der Entwurfsgestalter war Prof. Paul Bonatz, ein weltbekannter Architekt aus Metz, der an den Technischen Hochschulen Stuttgart und (nach Ende des Krieges) Istanbul lehrte. Bonatz schuf bemerkenswerte Bauten, wie das Empfangsgebäude des Hauptbahnhofes in Stuttgart (1911–1927), die Universitätsbibliothek Tübingen (1910–1912), einen Wasserturm in Bremerhafen-Wesermünde (siehe Seite 289), die Stadthalle in Hannover (1910–1914) sowie die Staatsoper in Ankara (1946/47). Die Stilelemente, die er beispielsweise für den Turm des Empfangsgebäudes des Hauptbahnhofes in Stuttgart benutzte, kennzeichnen auch den Wasserturm in Kornwestheim.

Nach den Worten des damaligen Kornwestheimer Bügermeisters Kercher wurde der Bau des Wasserturmes in den Jahren 1933/34 erforderlich, da der vorhandene Turm, der einen Nutzinhalt von 600 m³ aufwies und im Eigentum der Deutschen Reichsbahn stand, für die Bedürfnisse einer über 10000 Einwohner zählenden Stadt nicht mehr ausreichend war. Durch einen zweiten Behälter werde die Möglichkeit gewonnen, die Stadt in größerem Umfang als bisher mit Wasser aus den eigenen Quellen zu versorgen. Kercher wies besonders darauf hin, daß das eigene Quellwasser selbstverständlich billiger sei, als das Trinkwasser, das von der ,,Landeswasserversorgung" bezogen werde. Zudem sei ein größerer Wasservorrat auch aus Gründen der Versorgungssicherheit erforderlich, da sich Unterbrechungen der Zufuhr von Landeswasser ,,wiederholt unliebsam bemerkbar gemacht" hätten.

Zu beklagen sei weiterhin die ,,immer mehr auftretende Schwäche des Wasserdruckes".

▷

Wasserturm Kornwestheim
Photo: Stadtwerke Kornwestheim/Röckle

Technische Angaben
Baujahr: 1933/1935
Nutzinhalt: 200 und 590 = 790 m³
Gesamthöhe: 48 m über Gelände
Entwurfsgestalter: P. Bonatz, Stuttgart

Da keine natürlichen Höhenlagen innerhalb des Stadtgebietes vorhanden sind, habe man sich zum Bau eines Wasserturmes ,,mitten in der Stadt" entschließen müssen.

Recht ungewöhnlich erschien dem Bürgermeister die Ausmauerung des Stahlbeton-Skelett-Turmes mit Ziegelmauerwerk. Als Begründung gab er dafür u. a. folgendes an: ,,Sicherlich wäre es schöner gewesen, wir hätten anstelle des Backstein-Mauerwerkes einen Naturstein, etwa einen Muschelkalkstein wie etwa beim Bahnhofturm in Stuttgart nehmen können. Die Kosten eines solchen Steins würden aber das Bauwerk in einer für uns untragbaren Weise verteuert haben. Auch müssen wir uns im Süden unseres Vaterlandes nach und nach daran gewöhnen, daß auch ein gutes Ziegelmauerwerk seine Schönheiten hat."

Lit.:
Kercher (Bürgermeister), Unser Turm, in Kornwestheimer Zeitung, Ausgabe vom 9. Juni 1934

Seligenstadt

Seligenstadt ist eine alt-ehrwürdige kleine Stadt, direkt am Main gelegen zwischen Aschaffenburg und Hanau, „gegründet" im Jahre 815 von Einhard, dem Biographen Karls des Großen. Einhard stiftete hier auch eine Abtei (828) und baute die einzige nördlich der Alpen erhaltene große Basilika der Karolingerzeit. In Seligenstadt sind ferner Reste einer staufischen Kaiserpfalz erhalten. Mathis Nithardt (Grünewald) lebte hier in der Zeit von 1501 bis 1525.

Der im Schaft achteckige Wasserturm wurde erst im Jahre 1937 gebaut. Er diente dazu, den Druck in den überörtlichen Verbundleitungen eines Teilbereiches des Ostkreises Offenbach und damit auch im Ortsnetz Seligenstadt in etwa konstant zu halten. Hier gespeichert war auch die Löschwasserreserve, vor allem für das benachbarte Kreiskrankenhaus.

Da der Turm in den letzten Jahren durch einen immer noch leicht steigenden Wasserverbrauch und damit höhere Druckverluste und höhere Pumpendrücke regelmäßig „überfahren" wurde und der Grundschutz sowie der Objektschutz für das Krankenhaus im Brandfall in anderer Weise sichergestellt werden konnte, ist der Wasserturm zur Zeit außer Betrieb. Dennoch wird er in mehrfacher Hinsicht genutzt: mehrere Wohnungen sind im Wasserturm-Schaft vorhanden, die an den Kreis Offenbach für Ärzte und das Pflegepersonal seines Krankenhauses verpachtet worden sind. Mitbenutzt wird der Turm auch vom Deutschen Amateur-Radio-Club e.V., Seligenstadt, der seit November 1980 dort einen Funkumsetzer installiert hat und betreibt. Auch der Kreis Offenbach hat dort ein Funk-Relais eingerichtet.

Der Wasserturm gilt in Seligenstadt als städtebauliche Dominante und neben Einhardsbasilika, Abtei, Steinheimer Turm und Wasserschlößchen als Wahrzeichen der Stadt. Da auch eine zukünftige Wiederinbetriebnahme für Zwecke der Wasserversorgung (z.B. Bereitstellung von Löschwasser) nicht völlig ausgeschlossen werden kann, wurde er in den letzten Jahren gründlich renoviert.

W. Ribbeck, B. Gockel

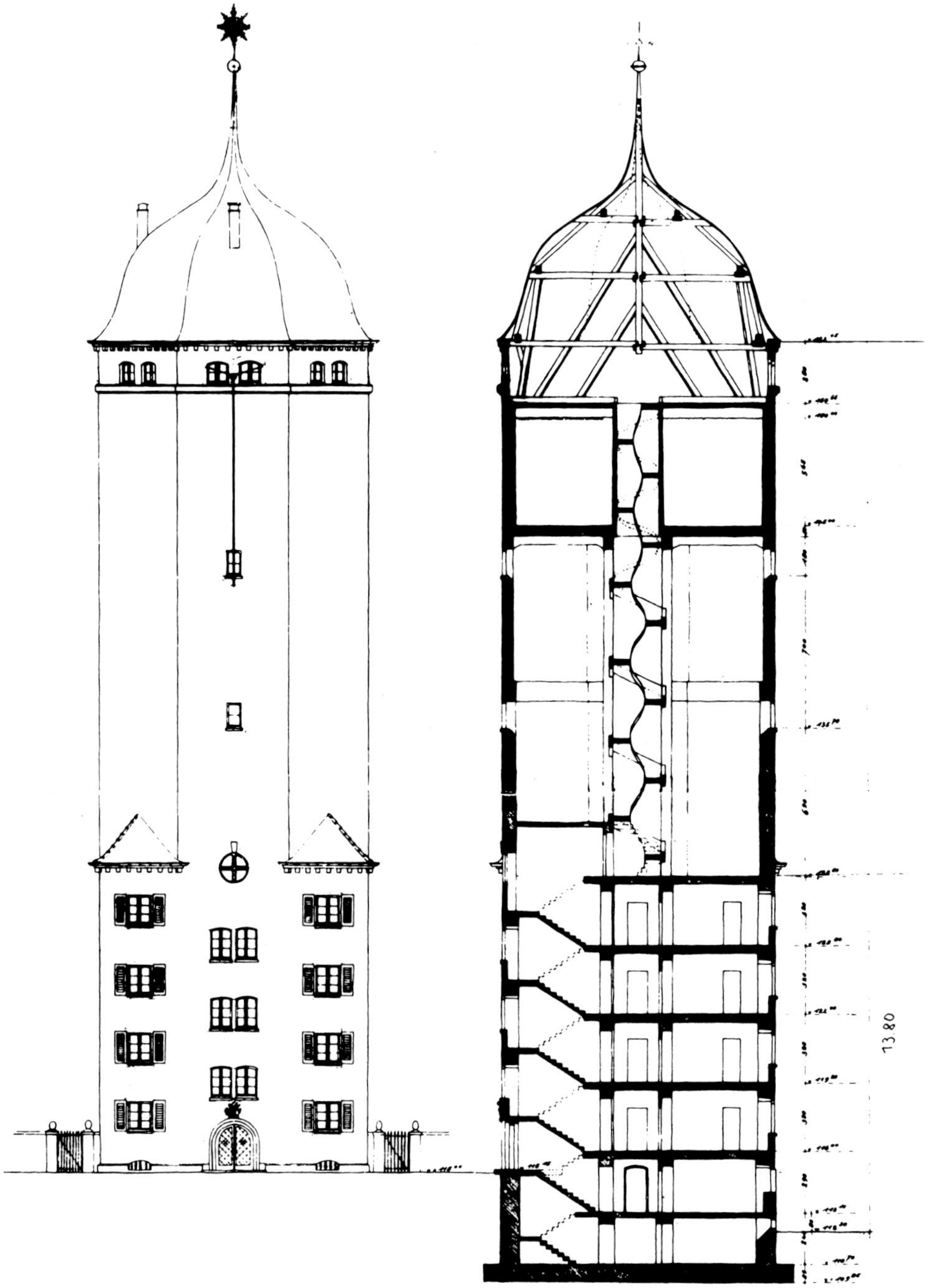

Schnitt und Ansicht, Bauzeichnung aus dem Jahre 1936
Photo: Zweckverband Wasserversorgung Stadt und Landkreis Offenbach, Seligenstadt

▷
Wasserturm Seligenstadt
Photo: Zweckverband
Wasserversorgung
Stadt und Landkreis
Offenbach, Seligenstadt

Technische Angaben
Baujahr: 1936/37
Gesamthöhe: 50 m
über Gelände
Nutzinhalt: 500 m^2

Völklingen/Saar

Der Wasserturm der Völklinger Hütte heißt in der Werksprache „Rohwasser-Hochbehälter". Er dient zur Versorgung der Hochöfen, der Kokerei und des Blasstahlwerkes mit Produktions- und Kühlwasser. Bei Ausfall der Wasserförderung reicht der Wasservorrat (bei voller Füllung) für eine Betriebszeit von etwa 20 bis 30 Minuten. Bis zum Jahre 1956 wurde das unbehandelte Wasser dem Fluß „Saar" entnommen und lediglich über eine Feinrechenanlage in die beiden Wasserkammern geleitet. Heute wird etwa 50% das Wasserbedarfes durch rückgeführtes Kühlwasser der Hochofenanlagen gedeckt. Die sich in beiden Wasserkammern aufbauenden Ablagerungen werden im Turnus von etwa 1 bis 1½ Jahre mittels Spülung entfernt.

Im Erdgeschoß und im ersten Obergeschoß befinden sich Material-Lager. Der bauliche Zustand des Wasserturmes führte im Jahre 1981 zu recht aufwendigen Reparaturen im Bereich der beiden Wasserbehälter. Die schadhaften Stellen wurden torkretiert und verputzt.

Seit etwa 20 Jahren nisten alljährlich auch ein bis drei Falkenpaare in den Mauernischen oder den vom Werk aufgehängten Nistkästen.

G. Merkl

Lit.:

Angaben und Unterlagen der ARBED-Saarstahl, Werk Völklingen

▷
Wasserturm der Völklinger Hütte
Photo: ARBED-Saarstahl

Technische Angaben
Baujahr: 1917/18
Nutzinhalt: 2 × 1500 m³
Bauhöhe: ~37 m über Gelände

Bramsche-Bahnhof

Bramsche ist eine kleine Stadt und liegt wenige Kilometer nördlich Osnabrück. Der Eisenbahn-Wasserturm, der bis vor wenigen Jahren der Versorgung von Dampflokomotiven der Bundesbahn mit Betriebswasser diente, besteht aus einem 16 m hohen Stahlbetonunterbau, der einen Stahlbeton-Wasserbehälter mit einem Nutzinhalt von etwa 100 m^3 trug. Der Unterbau setzt sich im wesentlichen zusammen aus acht im Kreis angeordneten Stützen von 16 m Höhe, die auf einem achteckigen Ringfundament mit einem Innendurchmesser von 7,40 m stehen. Die obere (sehr starke) Plattenbalkendecke verbindet außen vier Plattenbalken und acht Stützen durch einen achteckigen Kranz. Im übrigen sind die acht Stützen durch vier dazwischen angeordnete Plattenbalkendecken mit ringförmigem Ringbalken in gleichmäßigen Höhenabständen ausgesteift.
Durch eine Teilsprengung im Jahre 1945 wurden die vier Zwischendecken relativ stark beschädigt; die beiden unteren Decken wurden fast ganz herausgerissen. Der Wasserbehälter konnte wegen Einsturzgefahr nicht gefüllt werden. Zur Wiederherstellung der Standfestigkeit wurden die vier beschädigten Zwischendecken so ausgebessert bzw. wiederhergestellt, daß sie die acht Hauptstützen zug- und druckfest wieder miteinander verbinden und als gegenseitige Aussteifung dienen. Gleichzeitig wurden die Risse in den acht Hauptstützen geschlossen. Die fehlende Ausmauerung der Zwischenwände zwischen den Pfeilern – und zwar von Fundamenthöhe bis etwa zur Höhe der Oberkante des 4. Zwischenbodens – wurde erneuert. Der Wasserbehälter wurde saniert; die Treppenanlage ausgewechselt:
In diesem Stadium begann sich eine Konzeptions-Änderung der Deutschen Bundesbahn durchzusetzen: Der Wasserturm, der sich in direkter Nähe des Lokomotiv-Schuppens befindet, wurde durch den Einsatz von Diesel- und E-Loks immer mehr entbehrlich; schließlich wurde er nicht mehr benötigt und Ende 1980 an einen privaten Interessenten verkauft. In der Zwischenzeit ist der Wasserturm zum „Wohnturm“ umgebaut worden.

Lit.:
Unterlagen der Deutschen Bundesbahn

◁
Wasserturm des Bahnhofes Bramsche, heute privater Wohnturm; wahrscheinliches Baujahr: 1926/27
Photo: Schmieding-Armaturen/Brasse

Autorenangaben

Dipl.-Ing. Albert Baur, Gerlingen,
Verbandsbaudirektor a. D. der Vedewa,
Obmann des DVGW-Fachausschusses „Wasserbehälter“

Dipl.-Ing. Bernd Gockel,
DVGW-Hauptgeschäftsführung Eschborn,
Referent des Fachbereiches „Wasserverteilung“

Dr.-Ing. Gerhard Merkl,
Technische Universität München, Lehrstuhl für
Wassergütewirtschaft und Gesundheitsingenieurwesen

Dipl.-Biologe, Dr. rer. nat. Walter Mevius,
Hamburger Wasserwerke GmbH.,
Obmann des DVGW-Fachausschusses „Desinfektion“